# 中流砥柱

## 卡尔逊抗战史料

中共上海市委党史研究室
上海市政协文史资料委员会
编著

上海书店出版社
SHANGHAI BOOKSTORE PUBLISHING HOUSE

本 书 获 上 海 市 新 闻 出 版 专 项 资 金 资 助

# 前　言

2015 年 7 月，为纪念中国人民抗日战争暨世界反法西斯战争胜利七十周年，上海市政协文史资料委员会、中共上海市委党史研究室、上海社会科学院等共同承办了一个由中国人民政治协商会议上海市委员会主办的“国际视野下的中国抗战 · 上海记忆”珍贵历史图片展览，引起观众和媒体热切关注，亮点之一即首次公开展示的“卡尔逊抗战史料”。

埃文思 · 福代斯 · 卡尔逊（Evans Fordyce Carlson，1896–1947），美国海军陆战队军官，曾多次来中国，其中最重要的是中国展开全国性抗战后的第三次中国之旅。从 1937 年 8 月到 1938 年 8 月，卡尔逊不畏艰险，长途跋涉，深入敌后和正面战场，认真考察了中国军队，特别是中国共产党领导的八路军和敌后根据地的抗战，受到毛泽东、朱德等党和军队领导人的亲切接见，成为第一个深入敌后战场考察的西方军事观察家，也是 1944 年美军驻延安观察组之前唯一一个访问过延安的美国官员。卡尔逊对中国抗战，特别是中共及八路军抗战的真切观察和忠实宣传，不仅影响了美国总统罗斯福对中国抗日形势的判断和处置，也使他成为中国人民最尊敬的美国朋友之一。

卡尔逊的敌后之行，从抗战迄今一直广泛流传，各种回忆和传记出了很多。1974 年，卡尔逊身前好友、著名医生查尔斯 · 格罗斯曼在美国发起成立“埃文思 · 卡尔逊与中华人民共和国之友社”，先后组织了二十多个“卡尔逊中国之友”旅行团来华访问。1988 年 4 月，当年陪同卡尔逊考察敌后抗日根据地的刘白羽等人应邀访问美国，专程来到华盛顿阿灵顿公墓向卡尔逊墓碑献花。2002 年 7 月，卡尔逊的孙女凯伦 · 洛文首次访问中国山西、河北等地，采访当地群众，搜集祖父的事迹。2011 年，八一电影制片厂拍摄了以卡尔逊第一次华北之行为题材的故事片《孔庆德生死护送卡尔逊》。但是很少有人知情：当年卡尔逊搜集的许多珍贵的中国抗战文献资料，历经近八十年以后，居然还完好地保存在美国哥伦比亚大学史带东亚图书馆特藏室，总计约百件，通称“卡尔逊抗战文献”或“卡尔逊抗战史料”。这批史料的被发掘，并由上海世纪出版集团获得授权公开出版，包括部分资料依实物原貌仿真复制，既是对这位中国人民的真诚朋友的一种纪念，又深刻诠释了中国共产党是全民族抗战的中流砥柱的史实和真理，同时也有助于众多抗日战争纪念馆、陈列馆的展品陈列，使之发挥理想教育、信仰教育和爱国主义教育的素材作用。

为体现卡尔逊抗战史料的文献价值并方便研究利用，本书对所收史料基本上按原件影印，其中部分已有较多整理稿或印刷品传世者，酌情采用缩图、叠放等形式，以省篇幅。其编排方式是根据卡尔逊的著述、报告、书信，及陪同考察的周立波、刘白羽、金肇野等人的回忆，逐件对照资料名称与内容，作出对卡尔逊获取这些资料的时间地点等相关情况的初步判断，再依此分项排版并作简明介绍。其编排方式、分项取名和简明介绍未必准确，仅供读者参考。

本书的编撰工作得到上海师范大学苏智良教授和李健博士的宝贵支持，著名摄影家沙飞的女儿王雁女士和卡尔逊研究者赵岳先生提供了珍贵的图片及参考资料，在此致以诚挚的感谢！

# 卡尔逊史料与中国共产党的敌后抗战

苏智良

埃文思·福代斯·卡尔逊（Evans Fordyce Carlson，1896–1947），美国海军陆战队军官，一生曾多次来到中国。最耀眼的是 1937 年夏季，在中国人民奋起全面抗战的重要历史时刻，卡尔逊肩负着罗斯福总统赋予的特殊使命，第三次启程来华，从淞沪战场开始，启动了他对中国正面、敌后两个抗日战场的深入考察。期间，曾两度不畏艰险、长途跋涉，在八路军的护送下，多次穿越敌人的封锁线，足迹遍及延安和晋察冀、晋西北、晋冀豫、山东等北方所有的抗日根据地，受到毛泽东、朱德等党和军队领导人的亲切接见，从而成为第一个深入敌后战场考察的西方军事观察家，也是第一个访问延安的美国官员。他从敌后游击战争的发展看到了日本必败、中国必胜的前景，从共产党、八路军的身上看到了中国的希望。正如其老朋友斯诺所说："1938 年，除史迪威外，埃文斯·卡尔逊是我所知道的唯一认识到日本人战线后方游击队这种惊人发展的重要意义的美国军官。"

卡尔逊是一个相当珍视文献搜集与收藏的人。长期从事远东军事观察与分析的驻华海军武官的身份，使他具备了这一职业素养。在考察与访问中，卡尔逊搜集了一批在今天看来是极为珍稀的抗战史料，由美国哥伦比亚大学史带东亚图书馆收藏。总计约 100 件，包括各种文件、告示、讲义、表册、报纸、标语等，其中油印和手写件占 90% 以上，有些告示上的红色印章清晰可辨，十分珍贵。2015 年中国人民抗日战争暨世界反法西斯战争胜利七十周年之际，这批以"卡尔逊抗战史料"通称的历史文献得以数字资料形式原貌回归，既有历史意义，也有现实意义。

卡尔逊抗战史料的内容很丰富，不仅为抗战研究提供了鲜活详实的注解与佐证，还从多个方面凸显中国共产党及其领导的人民抗日武装力量的不可磨灭的历史功绩，有力地证明了中国共产党在抗日战争中的中流砥柱地位。以往人们提起八路军，脑海里总会浮现小米加步枪的形象，但卡尔逊抗战史料再一次证明事实上并非完全如此。共产党拥有巩固的抗日民主根据地和组织健全的各级抗日民主政权。军政大学、学兵队在打造优势部队力量、打下扎实理论及战术基础上不遗余力，让后人看到了中国共产党在培养青年干部时所倾注的大量心力。在创建和领导抗日民族统一战线，坚持抗战、团结、进步的方针，开辟和发展由共产党领导的人民军队为主担负的敌后战场过程中，更是高屋建瓴，有勇有谋，气魄非凡。下面仅就其中若干方面的资料作一简述。

## 成立抗日民主政权

1938年1月，卡尔逊来到中国共产党领导建立的第一个统战性质的抗日民主政权——晋察冀边区行政委员会首府所在——河北阜平，专门听取了晋察冀边区行政委员会主任宋劭文关于抗日民主政府的组织与体制的讲解，同时就地搜集了有关阜平县政权和各民众团体的成套文件。这些资料具体展现了中国共产党在阜平发动民众建立和巩固抗日民主政权、从各方面开展抗日根据地建设的方式和过程。资料中有阜平县人民自卫军和农会、工会、职教会、青救会、妇救会、儿童团等民众团体的组织章程条例，它们是凝聚各种抗日力量的组织形式。民众通过这些组织受到政治、军事和文化教育，被教以为什么而战，如何自治，怎样配合八路军作战，开展游击战争，承担维持治安、侦察警戒、捕捉敌探、传送消息、运送军实、救护伤兵、破坏敌军交通等任务，武装保卫边区政府，在抗日斗争做出贡献。人民群众的充分发动和基层政权的巩固，是人民军队赖以生存的基础，也是它能够在艰苦的敌后环境中不断发展壮大的奥秘所在。卡尔逊对此大加赞赏，称为“新中国的试管”。

## 进行正规的军政教育

卡尔逊抗战史料让人们看到了党和军队在培养青年干部时所倾注的大量心血和精力。

成立八路军学兵队。以卡尔逊在临汾获得的《国民革命军第八路军学兵队（短期）第二周进度实施表》，可以看到这个短期学校的学习课程既有以政治教育为宗旨的“社会科学概论”“群众工作”“中国革命问题”“政治工作”等，也有军事专业性、技术性很强的“侦查警戒”“防空防毒”“夜间作战”“地形地势”等，从中可以分析出八路军对侦查、警戒、防毒、防空、夜战等特种任务训练的重视。

组建随营学校。由于中国共产党善于动员和组织广大群众，抗日武装迅速发展强大，提高部队干部政治军事素质成为紧迫问题。从卡尔逊在沁县获得的山西新军《随营抗日政治军事学校第一分校功课表》可知，学校一周六天有课，每天早上6:20开始上早操，7:40正式上课，晚上8点下课，除了军事课程外，还有世界政治、民族统一战线、社会科学基本知识、军队政治工作、民族革命基本问题、民族革命史、军队政治工作等课目，上课时间较长，内容涵盖面广，课程信息量大，在提高干部理论素养的同时，重视提升应对繁杂局势、总揽全盘的军事指挥能力。此外还有课外活动、唱歌、小组讨论会等，培养学员的综合素质。

创办中国抗日军政大学。全民族抗战开始后，中共中央所在地延安成为抗日青年向往的“圣地”， 大批知识青年冲破国民党的封锁线奔赴延安，中共中央为此创办了中国抗日军政大学、陕北公学等一批干部学校。卡尔逊在延安获得的《中国抗日军政大学第四期第五大队课程表》上，详细列举了许光达、谭政、冯达飞、洪学智、郭化若、何长工、艾思奇、何思敬等授课教员的姓名，多为党的高级干部、军队高级将领和著名学者，他们亲自走上抗大讲台，将在长期革命斗争和革命战争中积累的丰富经验与渊博学识，传授给立志把青春和热血献给中华民族解放事业的爱国青年，这无疑也是一件快乐的事。抗大学员在学校学习时间为四个月，毕业后被分配去军队和游击队，或到敌后去组织发动群众。

延安抗大和各分校，以及各军区、各部队的军政学校、随营学校、学兵队等教育单位，培训了一大批军政干部，极大地提高了人民抗日武装力量的战斗力。

## 开展敌后抗日游击战

1937 年 11 月太原失守后，华北的形势是，由中国国民党为主体的正规战争基本结束，由中国共产党为主体的游击战争上升到主要地位。卡尔逊从 1937 年 12 月到 1938 年 8 月两度赴华北敌后考察时期，正值八路军相继开辟晋察冀、晋西北和大青山、晋冀豫、晋西南、山东、冀中、冀南等抗日根据地，给日、伪军以沉重打击，人民抗日武装获得很大发展。人民军队的战绩战果，游击战争的战略战术，在卡尔逊抗战史料中有多方面的记录。如彭雪枫在临汾八路军短期培训学校的讲稿《游击队政治工作》中，专门讲到抗战初期八路军三大“首战告捷”之一——一举击毁日军二十四架作战飞机的阳明堡战役。又如那本得自一二九师的日本士兵家信摘译，篇首注明原信均为著名的全歼日军四百余人的响当铺战役中缴获，大量披露了盘踞于山西长治一带的侵华日军不断遭受八路军游击战略沉重打击的困境。

## 高举抗日民族统一战线的旗帜

抗日战争总体上是在以中国共产党同中国国民党再次合作为基础的抗日民族统一战线的历史条件下进行的。卡尔逊抗战史料以大量的实物证据表明，中国共产党既是抗日民族统一战线的积极倡导者和组织者，也是忠实的实施者和维护者。从军政学校课程到部队政治教育，统一战线都是最重要的设置，并有各种讲义教辅和讲授提纲等。第二战区民族革命战争战地总动员委员会（简称战动总会）的成套文件和《战动通讯》等油印报纸，以及《中华民族解放先锋队章程》等其他资料，在在显示抗日民族统一战线这面旗帜的巨大的召唤力和凝聚力。如果说战动总会是全国首创的敌后统一战线组织的光辉范例，那么晋绥军骑兵第一军第二期军政训练的全套教材、授课讲义，以及历次小组讨论问题结论等资料，就是一个八路军热忱帮助友军整军经武、团结抗战的典型事例。

再如，在 1938 年 1 月 26 日出版的油印《抗敌报》第二版上，大字登载有国民政府行政院长孔祥熙的题为“中日战争继续中不能有任何谈判”的言论，文字旁边配有孔祥熙正面画像，毫无丑化之意。在中共晋察冀边区党委机关报上刊载这类报导，传达了中共以国家民族利益为重，坚持国共两党联合抗日的战略立场。此外我们还有一个发现，卡尔逊抗战史料中，诸如国民党《抗战建国纲领》《蒋委员长告全国军民书》这类文件告示，都是八路军印发的，这也从一个侧面体现了中共与八路军致力与维护国共合作的实际情况。

中国人民抗日战争的胜利是中华民族走向复兴的历史转折点，卡尔逊抗战史料为这一胜利提供的注释，与他在给罗斯福总统报告里的内容陈述和观点表达，以及返美后的相关著述与演讲，是完全一致的。所有这些，对于罗斯福对中国抗日形势的判断和处置，美国人民对中国抗战的同情和支持，都产生了积极的影响。太平洋战争爆发后，卡尔逊受命组建并统率海军陆战队第二突击营，他把八路军的游击战术成功地运用于他指挥的马金岛战役，极大地提振了太平洋地区的美军士气，也从一个侧面展示了中国抗日战场对世界反法西斯战争中其他战场的积极作用。

卡尔逊在枪林弹雨中和八路军官兵同甘共苦，建立了诚挚的跨国友谊。20 世纪 70 年代中美关系走向正常化后，美国俄勒冈州成立了“埃文思 · 福代斯 · 卡尔逊与中华人民共和国之友社”，并多次组团来中国访问。卡尔逊亲手栽种的联结两个大陆的友谊之花，永恒地盛开在中美两国人民心田，愈久弥香。

# 目　录

# 背负着民族的希望

1937 年 12 月 10 日，卡尔逊得到毛泽东批准去华北的消息，当天下午 4 点，登上赴潼关的火车，12 日抵山西临汾，首先接待他的是八路军负责供需保障的杨立三将军，随后又被引到总部参谋处处长兼驻晋办事处主任彭雪枫的办公室。同日，彭雪枫陪他前往位于汾河西北刘村镇的的一所八路军短期培训学校，做了两天时间的考察。卡尔逊在其所著《中国的双星》里记述：

课程用九周时间，学生毕业后到日本人战线后面的地区去组织游击队。百分之六十的课程是军事战术和技术，特别强调游击战术……

第二天，彭将军陪我去各个教室和生活区参观。学生们坐在随身携带的凳子上，课本是油印的小册子。教学以美国大学里用的启发式进行，学生记大量的笔记，教师一面讲，一面在黑板上写写画画。

哥伦比亚大学史带东亚图书馆藏卡尔逊抗战史料（以下简称“卡尔逊抗战史料”）中彭雪枫在培训学校的讲稿《游击队政治工作》，以及《国民革命军第八路军学兵队（短期）第二周进度实施表》《第八路军学兵队逐日作息时间表》等资料，就是这次考察所得。

12 月 15 日，卡尔逊被送往洪洞县以西一个叫高公村的小村庄——八路军总部所在地。在这里他待了十天，见到朱德、任弼时、彭德怀、左权、林彪等人。朱德给他讲解了八路军发展的抵抗模式，包括游击战术的运用，并请他出席军事会议；任弼时给他讲解了八路军政治工作的性质。其间获得不少资料，一套由八路军政治部颁布的《告亲爱的东北同胞》，几份八路军从日本人那里缴获的军事文件的中文译本，以及一份由八路军一一五师参谋处印的署名林彪的《我简述抗战经验的一个电报》等。

12 月 24 日，卡尔逊给罗斯福总统写信说：“或许有人会说，既然我已在司令部从指挥官和参谋那里获得了技术资料，再去前线就没必要了。然而，我还是想亲眼看一看这些思想和理论在实践中是怎样发挥作用的。”26 日，他和翻译周立波在一支八路军小

八路军骑兵挺进敌后　山西灵丘　1937 年秋　沙飞摄

八路军攻克平型关　1937 年秋　沙飞摄

分队护送下，走上了穿越日军封锁线深入敌后抗日根据地实地考察的旅程，直至翌年春天返回洪洞八路军总部。“卡尔逊抗战史料”中八路军《告被日寇占领区域的同胞》，大概也是他在此期间搜集的。此外据卡尔逊给美国海军部的军事报告，在洪洞时八路军参谋长左权曾向他提供过一份 1937 年 9 月初八路军抵达山西以来的行动报告，可惜未能发现。

卡尔逊寄给罗斯福总统的信函，1937 年 12 月 24 日写于山西高公村八路军司令部。（赵岳提供）

史料名称：游击队政治工作（共 26 页）

尺寸：宽 150，高 190（单位：mm，下同）

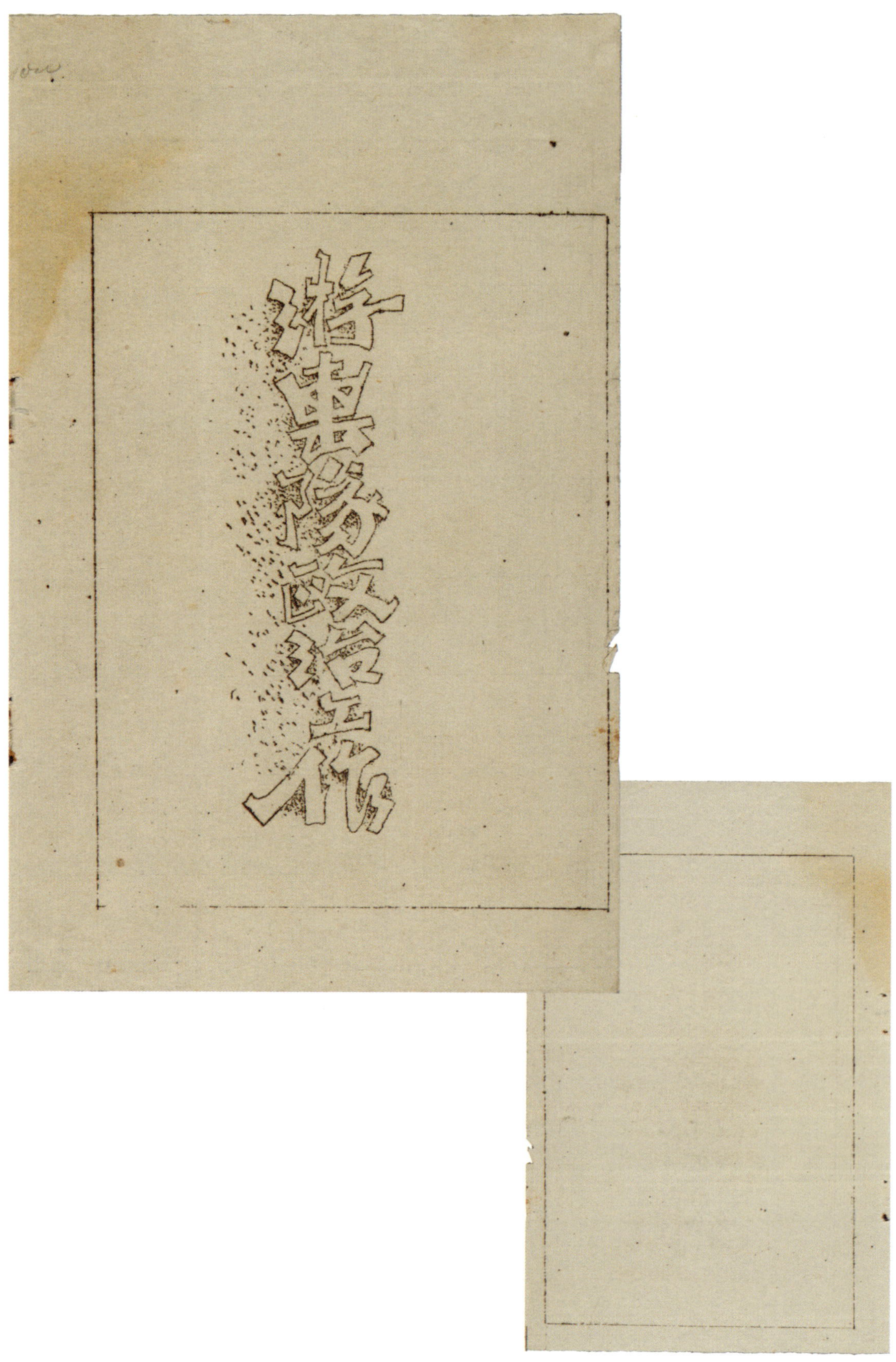

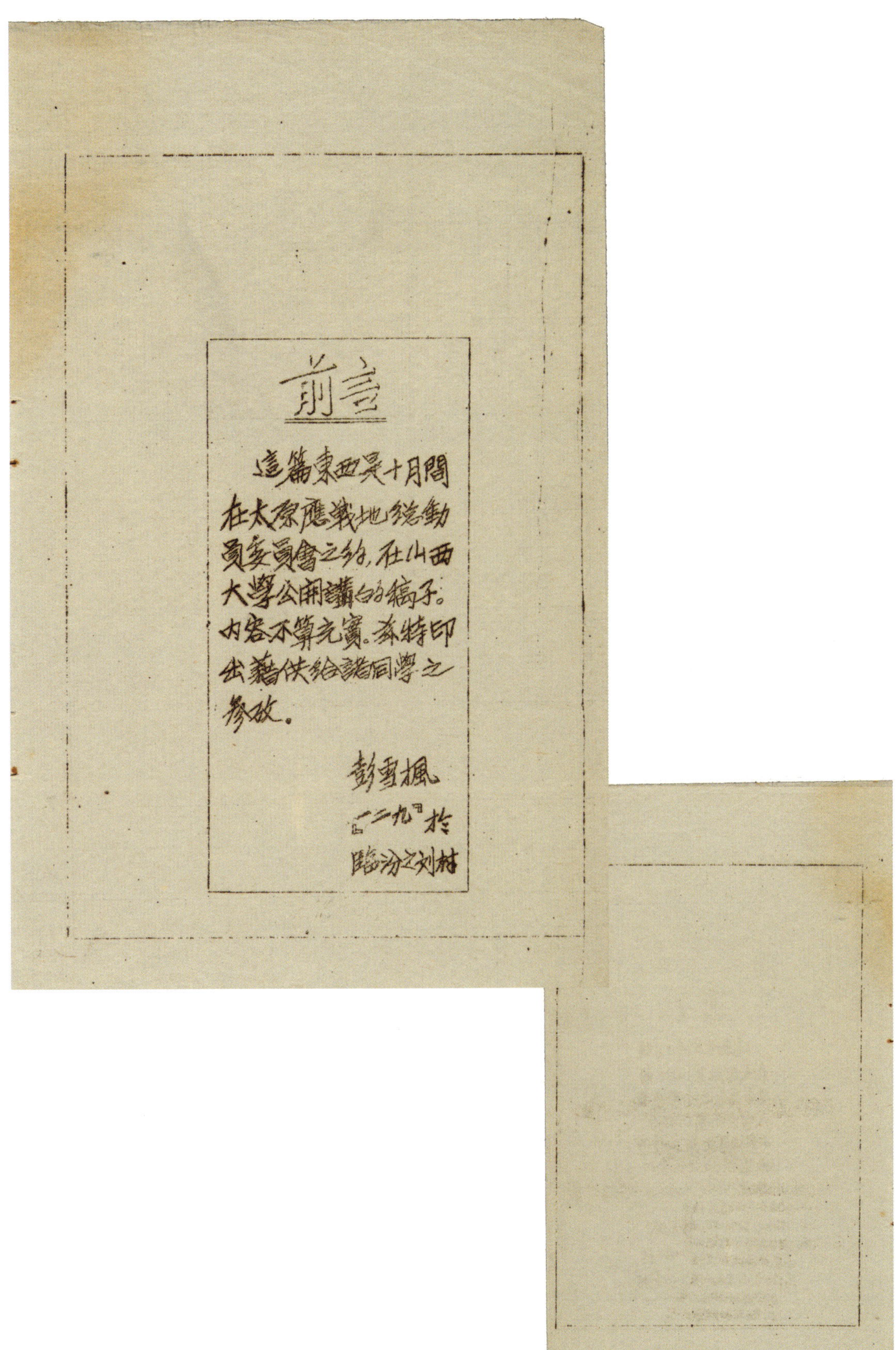

## 前言

這篇東西是十月間在太原應戰地總動員委員會之約，在山西大學公開講的稿子。内容不算充實。茲特印出藉供給諸同學之參攷。

彭雪楓

「一二九」於

臨汾之刘村

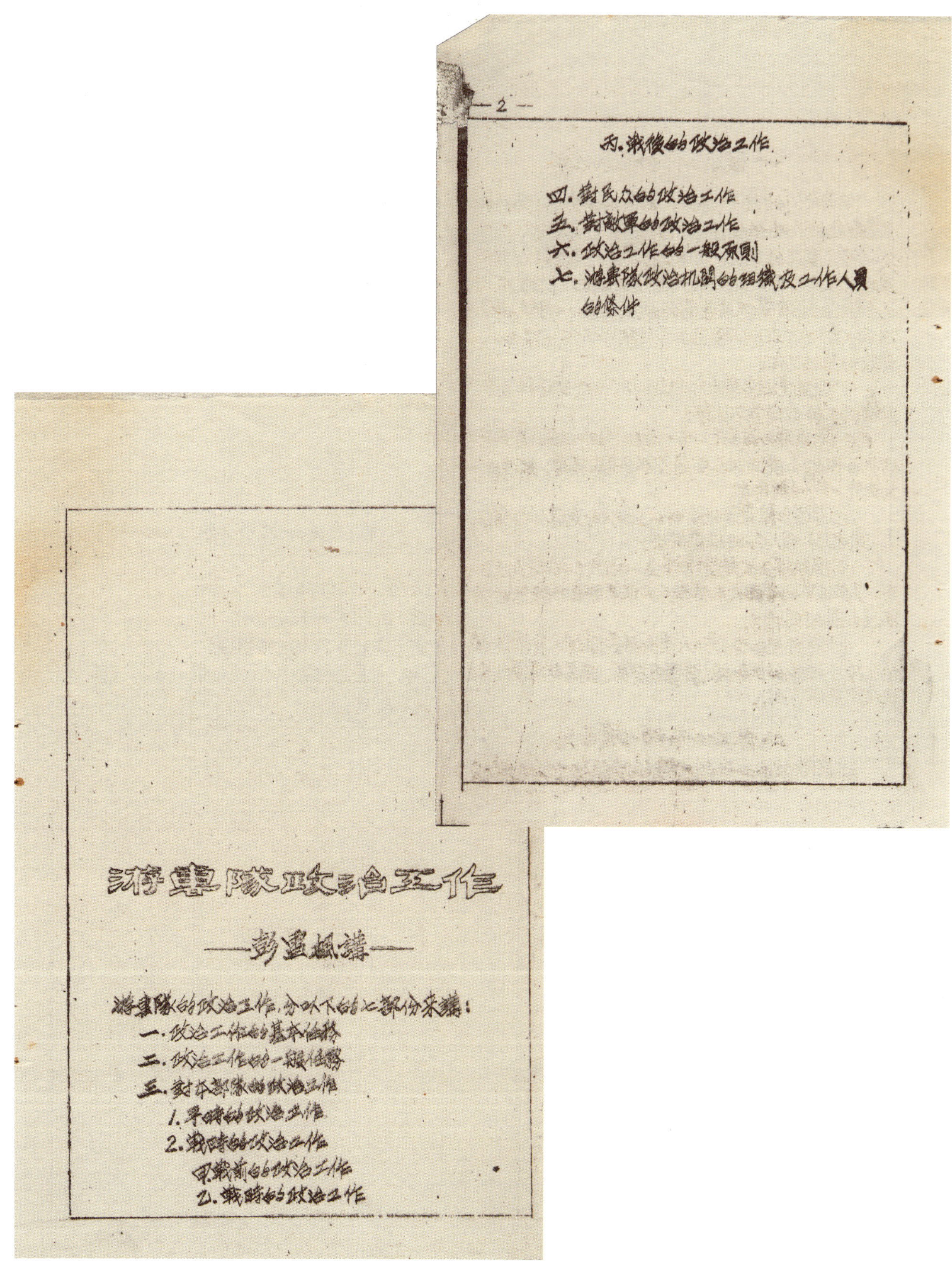

# 游擊隊政治工作

——彭雪楓講——

游擊隊的政治工作，分以下的七部份來講：

一、政治工作的基本任務

二、政治工作的一般任務

三、對本部隊的政治工作

1.平時的政治工作

2.戰時的政治工作

甲.戰前的政治工作

乙.戰時的政治工作

—2—

丙.戰後的政治工作

四、對民众的政治工作

五、對敵軍的政治工作

六、政治工作的一般原則

七、游擊隊政治機関的組織及工作人員的條件

## 一 政治工作的基本任務

目前我们的抗戰局面下，發展游擊戰爭，配合主力軍在運動戰的戰略戰術方針下，對抗敵人，消滅敵人，已經是一件萬分重要的事了。因為游擊隊更便於對農發動組織並且武裝民眾，更便於深入敵人後方破壞敵人政權，成立自己的抗日政權，實現共產黨所提出的十大綱領。這些偉大而又迫切的戰斗任務，完全在於政治工作，尤其在於游擊隊的政治工作。

一般說來游擊隊的政治工作（正規軍同樣）應該担負以下的四個基本任務：

(一)應該讓全体官兵上下一致的了解中國目前在國共兩党合作的基礎上聯合各党各派各軍各團体一致抗戰的民族統一戰線的新局面。

(二)應讓全體隊員明白目前民族革命戰爭的性質，和這一戰爭与全國人民的切膚關係。

(三)應該讓全体隊員懂得這一抗戰已經得到了全中國以至全世界的勞動大眾有識人士以及各友邦像蘇聯、英、法、美各國的同情了。

(四)應該使全体政工人員和軍事指揮人員懂得政治工作是部隊的生命線，要鞏固部隊，提高部隊戰斗能力，爭取戰爭勝利。

## 二 政治工作的一般任務

游擊隊政治工作的一般任務應該是實現整個

抗戰中戰略意志的統一，爭取大大小小的戰斗勝利，用政治工作來保証軍事技術与戰術素養的提高。游擊隊是人民自己組成的軍隊，所謂「農村中的大衆是軍隊中的營連」，那就絕不應該「一旦拿起槍桿，馬上忘了鋤頭」。這裏就須要把游擊隊戰士們的紀律問題，提到最高度「自覺的」程度。必須培養新的軍事生活与新的軍事紀律。我們又要担任着「在敵人火力之下去組織新的軍隊，去繁殖新的游擊部隊」。這些是只有政治工作才能担当得起的事業，所以我們說：「政治工作是軍隊中的生命線」。和以上這些迫切任務緊緊的連繫着的是我們——政治工作人員要繼續不斷的和下述各種不正確傾向作斗爭：

一、反對土匪主義——游擊隊是常常的離開主力部隊，跑到敵人的後方，遠离上級首長，獨当一面的去四處活動，所謂「天高皇帝遠」，很容易做出種種不守紀律侵犯群衆利益，甚至姦淫擄掠的土匪行為，所以我們要堅決反對這種「土匪主義」。

二、反對軍閥主義——對部下打人，罵人，對群衆擺派，動輒發脾氣，一發起來甚至還要殺兵士，壓迫群衆，這些軍閥軍隊的惡習，在游擊隊裡最容易發生而且是不容許一刻存在的。我們承認并要保持有限制的民主生活，如經濟公開，官兵一致，常開会討論政治等，但並不是極端民主化。因為在軍隊裡如果發生了極端的民主現象，各自為做行為，那就一定要妨碍戰斗任務了。

三、反對官僚主義——由於游擊隊所負的任務的重大。所以游擊隊不僅要「官兵一致」，而且更要「軍民一致」，要能夠培養政治精神和進行政治工作。而阻礙這一工作的最大敵人是軍閥主義和官僚主義。官僚主義的最大特徵是不接近群眾，不面向群眾，甚至還害怕群眾，脫離群眾，壓迫群眾。就是對本部隊也是高高在上，不深入群眾。官僚主義的其次特點是遲緩，腐敗，不迅速，不敏捷。這些都是有礙於戰斗任務的。

四、反對宗派主義——在民族統一戰線總的政治路線之下，游擊隊是應當存在宗派主義的傾向的。不分階級，不論種族，不管信仰，不講地位，只揀定人才集中主義，凡是願抗日而不願意當漢奸的同胞都要吸收進來，願意過游擊隊生活的人，都允許他們參加。

五、反對逃跑主義——游是走路，擊是打仗，游而且擊，擊而且游，才是游擊隊的正當動作。如果無條件的游而不擊，便是逃跑主義，應當反對的。游而不擊只有在以下的情況中才做：

(一)敵人太多，打不勝他。

(二)當前敵人不多而其附近有很多敵人的友軍。

(三)敵人不多而據有堅固的陣地，如碉堡城寨。

(四)接觸以後，才知那打不能取勝。

總之，游擊隊的「游」字是有他的積極意義的，完全是為了「擊」，否則就是逃跑主義了。

六、反對盲動主義——逃跑主義是游而不擊，盲動主義是擊而不游。過低估計敵人，過高估計自己，不管當前的形勢和條件，盲目的拼命胡撞結果，不是打硬仗便是攻堅，犯了游擊戰術的忌諱，一定要吃虧的。

—6—

總括的說，游擊隊的政治工作，是要保証軍事上的勝利，保証在戰略上的適當配合，在戰術上的靈活運用，這裡應有以下的原則：

㈠防禦中的進攻——華北作戰以來，我們只取守勢，敵人進攻的地方，我們便派兵去防禦，甚至敵軍已經調開了，我們還不敢前進，這樣，我們的兵力分散，敵人的兵力集中，假如我們採取進攻戰術，派出多數游擊隊跑到敵人後方去，配合主力堅決進攻，使其應接不暇，分散進攻的力量，戰術上的進攻是利於我們戰略上的防禦。

㈡弱者中的強者——在兵力器械等方面，我們不如人，在士氣人數上說，敵不如我，我們在精神上應當是以一當十，而在戰術上則應當是以十當一。廣大的游擊隊繞到敵人的後方或者翼側，集中力量打擊敵之一點，那自然就把劣勢變為優勢了。

㈢被動中的主動——我們在整個戰爭局勢中是被攻的，而我們要在被動中來爭取主動，但我們一面派游擊隊到敵人的後方，破壞他的交通，截斷他的運輸，使他疲於應付，一面我們的主力採取運動戰，以殲滅敵人，這樣便轉變為主動的了。

最近八路軍佔領平山，繁峙，曲陽，使敵人窮於應付，尤其是陽明堡之役，把敵人在晉北活動的飛機，燒毀二十多架，敵機馬上便不像從先那樣猖狂，而我們的飛機就乘機主動的自由自在的轟炸他的飛機和部隊，這就是一個明显的例子。

## 三 對本部隊的政治工作

對本部隊的政治工作，又分平時的與戰時的。平時的分駐軍時與行軍時，戰時的分戰前，戰時，戰後，三個時期。

一、平時的政治工作

甲、在駐軍時：

第一，上政治課。政治課的內容，必須連繫到政治工作的基本任務，包括國際形勢概况，世界弱小民族及帝國主義國家內勞苦大衆反抗帝國主義統治的事實，友軍和各地民衆對我軍的慰勞關心的故事等。政治課必須用各種形式去進行，如開討論會，正式上課，首長做報告等。

第二，開各種會議。在會議中教育一般隊員。生活枯燥的最好調和劑是開游藝晚會。在晚會中有訓話，講演，報告，游藝，還可以開回憶晚會，在會中報告各人過去斗爭經驗和斗爭教訓，既可以保持部隊的傳統，又可以提高隊員的情緒。比如有抗戰經驗的隊員報告些喜峯口抗戰，十九路軍抗戰，東北義勇軍抗戰，紅軍二萬五千里的遠征等事實。

第三，文化娛樂工作。游擊隊的政治工作，不能像過去軍閥軍隊中的愚民政策，想盡千方百計要使部下盲目服從。我們的政治工作，要讓隊員增加其聰明知識，提高他的政治水平。除上政治課外，就是各式各樣的文化娛樂工作。比如做墻報，在行動作戰的間隙，讓隊員在實際生活中寫成文章，會寫的自己寫，不會寫的自己說出意思請別人代筆。六、比如識字競賽，應該規定每一定期間認識若干字，分班競賽，進度快的是飛机，進度慢的是火車牛車等。這樣來引起每個戰鬥員的學習興趣和競賽精神。總之，在一切文化娛樂工作之内，都應包含着軍事政治教育意在内。

乙．在行軍時：

政治工作人員得到了出發的命令（應該使他們先知道）立下要開一個會，規定行軍中的計劃，預先根據行軍的日程，經過的地点是山路還是平路，是急行軍還是強行軍等客觀條件，規定具体的工作計劃。一般的說，大致不外這些工作：（一）發動隊員講故事說笑話唱歌等，在路上一邊說，一邊走，一邊唱，不至感覺疲勞；這須在情况許可時。（二）討論問題，在行軍以前預先發下討論題目（如怎樣防空，華北某戰役的教訓等類）在行軍的大小休息時，由指導員做結論。（三）認字，在行軍中及休息時，彼此認字。（四）讀報，在休息時，一人朗讀，大家靜聽。（五）軍事上的測量距离比賽藉以練習對距离的測量。（六）偵察地形，研究当前的這一條河那一座山，應該如何防守如何進攻，來加強戰術研究的興趣。（七）大休息時的五分鐘瞄準，加強戰士瞄準的準確性。

二．戰時的政治工作

甲．在戰前当接到命令行動之前，政治工作應該：（一）使全体隊員了解首長受領的戰斗任務如要消滅的敵人，如他的兵力的強弱多寡，自己勝利條件，儘可能的開會（在時間和戰士精神許可的範圍内）簡單明了的說明任務後，要提出帶着煽動性的响亮口号，如『打倒擁垣，赴湯蹈火」「勇敢作戰」「奮勇殺敵」「輕傷不下火線，重傷不哭」「以一當十，以十當百」之類。這裏要特別注意的是不要洩漏了軍事秘密。(二)做簡單的軍事宣傳，如對於防禦毒氣，及對付敵人機械化兵種的方法須加以說明。(三)再一次提出優待俘虜的辦法。(四)對部隊中平時即有不穩傾向的份子的預先防範，使勇敢的份子影響他，鼓勵他，必要時則強制他。

乙．在戰時，(一)前進時政治工作人員要鼓勵戰士奮勇當先，轉移或撤退時，政治工作人員在後以穩定軍心，(二)必須隨時傳達友軍或自己勝利消息鼓勵激士氣，(三)政治工作人員要站在最危急的地方，(四)對於臨陣退卻，藉故不下火線者，政治工作人員應給以解釋與制止，(五)與友軍協同動作，(六)對於意外事變如空襲如敵人出襲，應從容應付和處決之，越在最危急之時，越要表示鎮靜，同時注意不好的態度來影響的戰士。

丙．在戰後(一)整理與補充，政治工作人員在戰後要協助軍事指揮員，在最短期內將有損傷的部隊整理補充完畢，準備繼續戰鬥。(二)打勝後解釋勝利的意義，並鼓勵隊員(可能時開會慶大會)，準備打第二個更大的勝仗。失敗後，說明這一次失敗的經驗教訓及以後應該改正的事情。(三)各種會議以各種形式對隊員實行物質上精神上的獎勵。戰斗中發生過失的應給以懲治。(四)優待俘虜，宣傳俘虜。(五)打掃戰場，對於死者傷者勝利物品要看當前情況與時間決定，或燒毀，或埋藏，或送回後方，或分給當地人民。

—10—

## 四 對民眾的政治工作

在敵人後方時，民眾的政治工作，三分之二的担子要放在游擊隊身上，因為，第一在自家後方，主力軍分不出時間來做居民的政治工作。第二，在敵人後方，只有較小的游擊隊才能夠到達。游擊隊對民眾的政治工作，注意以下幾點：

(一)發揚民族意識——過去大部分的軍隊，他們由於不願意改造舊的制度，這政治工作也做錯了方向，又可說是根本就沒有做，因之民族意識不能很高的發揚起來。民眾雖然仇恨日本，但同時又仇恨他們，因為民眾對於本身的痛苦是看得很清楚的。現在我們應該不算老賬，應該重新做去，游擊隊的政治工作人員應該担負起這個責任來。隊伍所到的地方，開群眾大會，並且個別宣傳，印發傳單小冊子，說明敵人的罪惡，說明抗戰的方針，加強民眾的國家民族意識。

(二)動員民眾參戰——在敵人後方，在敵我交界處，在我們自己的後方，要廣泛的動員民眾參戰。參戰是幹些什么事呢？這個問題不應看得太簡單，所謂參戰，除去拿起槍來，配合軍隊作戰外，民眾參戰的工作很多，分別說明於下：

甲.警戒偵察——游擊隊到了一個地方，要馬上動員當地的民眾，成立各種群眾團体和抗日的武裝組織，比如，少年先鋒隊，兒童團，武裝自衛隊等，加以初步的軍事訓練，分別担任警戒與偵察任務。像最前線的警戒，自然由軍隊自己担任，比較後方的警戒，組織壯丁如農民自衛隊來担任，在後方，可由兒童團來担任。從前紅軍在江西，就是分派兒童担任警戒，做得成績還好。兒童的熱情，如果發動起來，辦事就認真得多了。關於偵察，游擊隊每到一地，即組織當地機警民眾，按地區分派出去做偵察工作，游擊隊就省力省事省時了。這樣才能得到休養，增強戰鬥能力。比如像二三千人的游擊隊有個中心根據地，周圍有小游擊隊護圍着，小游擊隊外又有小游擊隊護圍着，小游擊隊、小游擊組以外，又有廣大群眾護圍着，有這樣層層掩護的外圍主力部隊，就可以在根據地休養，準備待機打擊敵人，加以外面如發現敵人，自可通報回來，迅速轉移，大部隊不至受敵人之襲擊。

乙。封鎖消息——可分兩方面：在消極方面，警戒專門派人担任，在警戒線以外，有廣大的民眾可以兼任封鎖消息之責。廣大的農民在田裡个个是我們的哨兵，有人經過田間，如行跡可疑，即施以盤問，必要時把他送到警戒線內來。在積極方面，如有人探問我們的消息時，可以用種種巧妙方法欺騙他，使他不能得到真實消息，甚至到處散佈謠言，迷惑敵人。關於封鎖消息，必然是要老百姓甘心情願去做，同時亦須施以技術上的訓練，才能夠做得好。

丙。堅壁清野——堅壁清野也分消極積極兩種，消極的堅壁清野是估計到敵人將要向某地進攻，須先發動民眾，把婦女老弱遷移到距離較遠的隱蔽地方，壯丁加入自衛隊，糧食用品都有封到的處理，或埋藏，或燒毀，或搬走，使敵人來時做飯沒有傢具，睡覺沒有門板，走路沒有嚮導，和瞎子聾子一般，感受嚴重的困难。倘若能夠這樣做，我們的民族就不會受人屠殺，我們的姊妹就不會被人家用汽車運去了。積極的堅壁清野，不僅東西搬走，人跑掉，而且要用種々埋伏暗算，使敵人來上我們的當。如預埋地雷於大路口或必要集合場所，派一個勇敢的人藏在幾百米遠以外，候敵人經過或集合時，拉火線爆炸，或在房門上吊炸彈（用炮罐裝火藥製成），在廁所內踏板下安炸藥，箱櫃裡還放爆炸物，此外在井裡飯裡放毒藥。總之，只要大家齊心，一定可以給敵人以莫大的窘困，使他一切動作都遭受到我們的破壞。

丁.幫助給養——游擊隊不能利用大車汽車運輸糧食，而隊員帶的糧食又實在有限，而且游擊隊行蹤飄忽，往來無常，很難依靠後方接濟，所以給養問題，非靠當地老百姓幫助不可，游擊隊每至一地，應立即進行在民眾中籌糧的政治工作。這裡應分如以下四種方式：（一）沒收——日寇漢奸賣國賊及逃往敵人區域的地主的財產一律沒收，小部自用，大部份分發當地民眾。（二）勸募——廣泛的動員富戶募捐糧食與財物，但在一般民眾中則以自主自願為原則。（三）征發——在上兩項不能進行時，則對地主存糧及富有者之餘糧實行強迫的征發。（四）借用——上述三種辦法都不能辦到時，即向一般民眾借糧，這裡須注意，不向貧苦者借，要付給「借糧證」，這些都要給民衆以各種鼓勵才能辦到。

戊、協助運輸——游擊隊得到群衆的擁護，發動群衆組織担架隊運輸隊慰勞隊，部隊在前打仗，群衆在後運輸，這樣，給養不會困難，傷兵有處醫治了。

己、救護傷兵——游擊隊能帶的醫生藥品是很少的，醫院更不能到處設置，如有傷兵，可以委託老百姓。他們有好辦法用草藥也可以治愈傷兵。重傷送到後方医院去，輕傷可以放在老百姓家裡，一面医療，一面休養，過些時候，又可以上前線了。

以上五項，只是發動民衆參戰的重要部門，而基本原則要出於自動，甘心情願，絲毫不帶强迫欺騙命令，要不然，强迫只有促使逃亡，命令实际等於具文，所以惟有靠艱苦的政治工作去誘導去說服去教育，才能收到效果，初到一地，必先弄清楚当地民衆的情緒，他的困難，然後召集群衆中有威信的領袖開一個會，先對他們詳細解釋民衆參戰的道理，得到他們的同情与擁護後，再由他們分別向老百姓說明，然後再召集群衆大會，由群衆大家來討論來表决，自然就大家贊成大家通過大家執行了。

（三）繁殖游擊隊——游擊隊為了鞏固向前發展首先是要建立自己的根據地，其次是繁殖新的游擊隊，這樣，才能一变十，十变百，以至把千百萬的人民都变成武裝的游擊隊員，以致成為正規軍隊。每到一地，要

—14—

先選擇群众斗争中的積極份子，向他們宣傳前述的抗戰意義和人民的任務。向他們講述游击戰爭的意義，和游击戰勝利的把握，鼓動他們參加，促成他們對游击隊的組織，發他們基礎的武裝，派去少數幹部給他們指示發展方向以及工作方針，鞏固勝利信心，討論具体辦法，自己离開以後，仍須經常与之連絡，派人指示工作，這樣，新的游击隊便成立了便發展了。或者先成立秘密的游击組（三五人不等），然後以此為基礎發展下去，到人多時，便又成一個小游击隊，以後合起來再成立大的游击隊。總之，動員廣大群众，發展游击戰爭是游击隊對民众政治工作的迫切任務之一。

（四）破壞敵人工作——游击隊單独去破壞敵人，那是萬分不夠的，必須還要動員廣大群众從各方面來瓦解敵人。這裡分消極積極兩方面，消極方面，用民众欺騙敵人，使他弄不清我們隊伍是向西向東，人數是少是多。積極方面，可以發動民众擾乱敵人打击敵人，敵多時叫他疲勞不堪，敵少時可以解決他消滅他，這叫作八同十五頼建子，大家一齊心。從前在江西某縣老百姓曾用鋤頭在夜間把對方的兩個哨兵捉住，因之打毁了它的無線電台，待敵人發覺時，他們已經跑開了。凡是擾乱敵人破壞敵人的技術辦法，政治工作人員要隨時告訴群众，并且選擇有技術的工人和勇敢的朋友執行這些簡單的或者繁重的任務。

（五）和群众打成一片——游击隊不只不擾民，

并且要和群众保持正確的關係，得到群众的擁護。最要緊的是本身的紀律，然後才能民軍一致互相合作；否則，群众的鋤頭鐮刀會不斫敵人先斫自家人的。這裡我附帶介紹給諸位關於紅軍中維持紀律的『八項注意』：(一)綑禾草（鋪了老百姓的禾草睡覺，臨出發前仍要綑好），(二)上門板（睡了老百姓的門板，走之前，仍要上好），(三)講話要和氣，(四)買賣要公平，(五)借東西要還，(六)損壞東西要賠，(七)不隨處大小便，(八)不搜俘虜腰包（武器除外）。此外在不妨碍戰争的條下，替老百姓作工種地做事。

總之，游擊隊要有嚴格的軍事政治紀律，然而絕對不是強迫的壓制的，而是主動的自覺的。八路軍政治部新近定了個新的三大紀律和八項注意，特來介紹在下面：

三大紀律——(一)實行抗日救國綱領！(二)服從上級指揮！(三)不拿人民一点東西。

八項注意——(一)進出宣傳，(二)打掃清潔，(三)說話和氣，(四)買賣公平，(五)借物送還，(六)損物賠償，(七)不亂屙屎，(八)不殺敵兵。

## 五 對敵軍的政治工作

對敵軍的政治工作最方便的是我們的游擊隊，因為我們可以常々接近他，所以瓦解敵人的工作，游擊隊要担起來，重要的有以下五項：

(一) 散布宣傳品——游擊隊要隨身攜帶種々

—16—

宣傳品，如傳單，小冊子，標語，佈告之類，沿途張貼散發，另外可派出會寫字的人專帶石灰筒子，裡面裝上石灰水，到了敵人的後方在牆上寫大字標語。有時游擊隊在撤退時，便將宣傳品，小冊子，傳單，散在陣地上，或放在老百姓家中的箱子櫃子之內，等敵人來翻箱倒櫃時發見出他會偷偷的看的，從先紅軍在江西作戰時，每一戰士的身上都揹了又短又薄的竹片標語，縛上石子向敵人陣地拋過去，假若可能裡邊再放上根把紙烟，那就有時把宣傳品裝在竹筒內，外面寫上「某某師弟兄請看」拋過去，更會引起讀閱我們宣傳品的興趣的。

(二)火線上喊話——組織喊話隊，帶上喇叭筒，擴音器，當兩軍對壘時（最好在夜間），用最容易鼓動的話，向着敵人高喊，紅軍在過去這種經驗很多，雙方弄熟了，對方士兵往往避過長官和我們歡聚，游擊隊打日本也可以使用此法。可以帶幾個懂日本話的人，朝鮮或者蒙古人對日本的士兵及被逼迫欺騙的東北同胞蒙古同胞做這種宣傳鼓動工作。倘若條件允許，簡單日本話，像「請你們繳槍，我們優待」「日本工農不打中國工農」，要每一個戰士都學會，以便喊話。

(三)優待俘虜——日本軍閥對他的士兵常常給以毒辣的武斷宣傳，說「中國人最野蠻，捉到日本兵，不挖眼睛就割鼻子，要不就剖肚割腸」，企圖以這種恫嚇來使他們死不繳槍。我們不應當殺害俘虜，因為俘虜的士兵多半是被迫而來的工農。同時不應在他失了戰斗力之後又給以殘殺。

要優待工作做得好，第一要不擺臉色，由政治工作人員帶動戰斗員安慰他們，供給他們較自己還好的食物，首先使他們得一好的印象，隨後用真誠的態度和他們談話，使他們覺悟，然後發他們的路費，派遣他們回去，實際上替我們做了宣傳工作了。首先要對自己的士兵進行高度的政治工作，提高他們的政治覺悟。

（四）組織民眾爭取敵人的工作網——游擊隊每在一個地方要注意找尋當地最積極勇敢的分子，組織爭取敵軍的工作網，告訴他們對敵人應該怎樣欺騙怎樣爭取，很容易使敵人士兵受感動受影響的。

（五）組織反偵探——游擊隊到一個地方政治工作人員選擇當地比較良善的人，尤其忠實的分子加以訓練，讓他故意裝作一個漢奸模樣，設法和敵人接近，得到敵人的信任，加入敵方的隊伍，表面上很努力的替敵人做工作，暗中卻積極做自己的工作。但這種人必須注意人選問題，否則便會做反偵探的反偵探。

## 六 政治工作的一般原則

總結起來，游擊隊政治工作一般的原則，有以下幾條：

（一）工作的不間斷性——在過去甚至現在，有人以為政治工作不過是在台上演演說，在講堂內上上課也就完了，又以為平時打仗是軍官的事，政治工作人員應該站在後方，這種認識是絕對錯誤的。要知道政治工作是軍隊的生命線，一時也不能間斷，尤其在

—18—

打仗的時候。即在戰時的政治工作和平時的政治工作，也有她的不間斷性，萬勿忽起忽落，半做半不做的。

(二)經常性與突擊性的配合——有些部隊的政治工作，按步就班，照例做去，養成死氣沉沉老氣橫秋的習慣，這當然是不好的。有的部隊，從早到晚專門應付某一部門的突擊工作，以致放棄了經常工作，這也是要不得的。所以政治工作要依據情況，經常性與突擊性很好的配合起來。

(三)自動性與計劃性——政治工作要有周密的計劃，尤要有高度的「彈性」。所謂「彈性」，是不要過於限制下級的工作自由，要給下級以獨立自主工作的機動，否則，對「細微小事」都機械規定，他除「照辦」之外，別無他法了。一般說來，要根據下級幹部的工作能力和工作經驗，給他以原則上的，或者較詳細的計劃，所以政治工作方式應該是：

(甲)指示要具体！

(乙)督促要經常！

(丙)檢查要嚴格！

(四)要適合當前的情況——政治服從軍事呢？軍事服從政治呢？在戰時，一切工作都要服從戰爭，政治工作當然也要服從軍事上的需要，都要圍繞在戰爭的環境，在平時一般的說是軍事服從政治的，因為軍事是為了政治上的大目標才打仗的，並不是為打仗而打仗的。

(五)在一切工作當中實行革命競賽方式——而[illegible]

動大家自動去学習,勇敢的去打仗,而且是大家比賽爭勝的去幹。

(六)核心的組織与模範的影响——①核心組織的模範作用。紅軍的核心,是共產党的支部小組,起着積極模範作用,影响一般戰士;比如,共產党員總是打仗在前,退却在後,吃飯穿衣總是要最差的,發動什么運動首先贊成進行。②團体的模範作用。找部隊中最好的一個,作為整個部隊的模範者,比如,营内可以建立模範連,連内可以建立模範班,在平時戰時可以影响其他隊伍。③抓住青年。青年具有高度的朝氣和熱情,他們在意識、興趣、習慣上,都和成年人不同,政治工作人員應抓住青年的特性,鼓動他們起模範作用,在一切工作或作戰上青年人都可以影响成年人們的。

## 七 游擊隊政治机関的組織及政治工作人員的條件

(一)游擊隊政治机関的組織——師一級的游擊部隊,應有政治部的組織,部内可分:組織部、宣傳部、地方工作部、除奸部等;團一級的游擊隊,組織政治處,為了簡便,政治處不設科,只設幹事;营連設政治指導員;排可設一政治戰士(或名冲鋒戰士、突擊戰士),政治戰士是受領上級政治任務對本連進行政治工作的,連或者隊裡面還需要組織不脫離戰士生活的

—20—

地方工作組、流動宣傳隊之類。

假如有兩個以上的游击隊在一個較大的地域活動，即可在這一地域（的）組織個統轄各個游击隊的軍政委員會，委員五人或七人，委員會可跟隨着一個主力游击隊行動，委員會可以指揮各游击隊的軍事政治工作。

（二）游击隊政治工作人員的條件——一、通曉軍事——在目前抗戰期中，將要發動全民族与敵人实行武裝鬥爭，所以每個人都應該懂得軍事，政治工作人員尤其要懂得軍事，如果不懂軍事，簡直不能做政治工作，况且有時政治工作人員還要代替軍事指揮員作戰，那麼更非通曉軍事不可了。二、經常的明白軍事上的企圖——這樣，才能適当的計劃自己的政治工作。三、估計当時的情况，規定政治工作的任務和政治工作的計劃。四、少用筆多用口——在游击隊裡的一切動作要迅速要緊張，有事情可以面談或者會商解决，用不着那種訓令、指令、命令之類雍容儒雅的文牘主義的。

以上所講，不過是根據個人過去工作中的一點經驗，就所知和所想到的報告給諸位，内容当然不充分，只是給各位在今後領導游击隊的工作中作一个参考罷了。

總之，政治工作和政治工作人員要有最高度的机動性、緊張性，一分一刻都要抓緊瞬息萬变的戰鬥情况，來適当的進行自己的政治工作，時刻的對抗日戰士們表示我們的關懷、敬感，相互瞭解，彼此幫助，到向群眾，深入群眾，瞭解群眾的情緒，[illegible]群眾

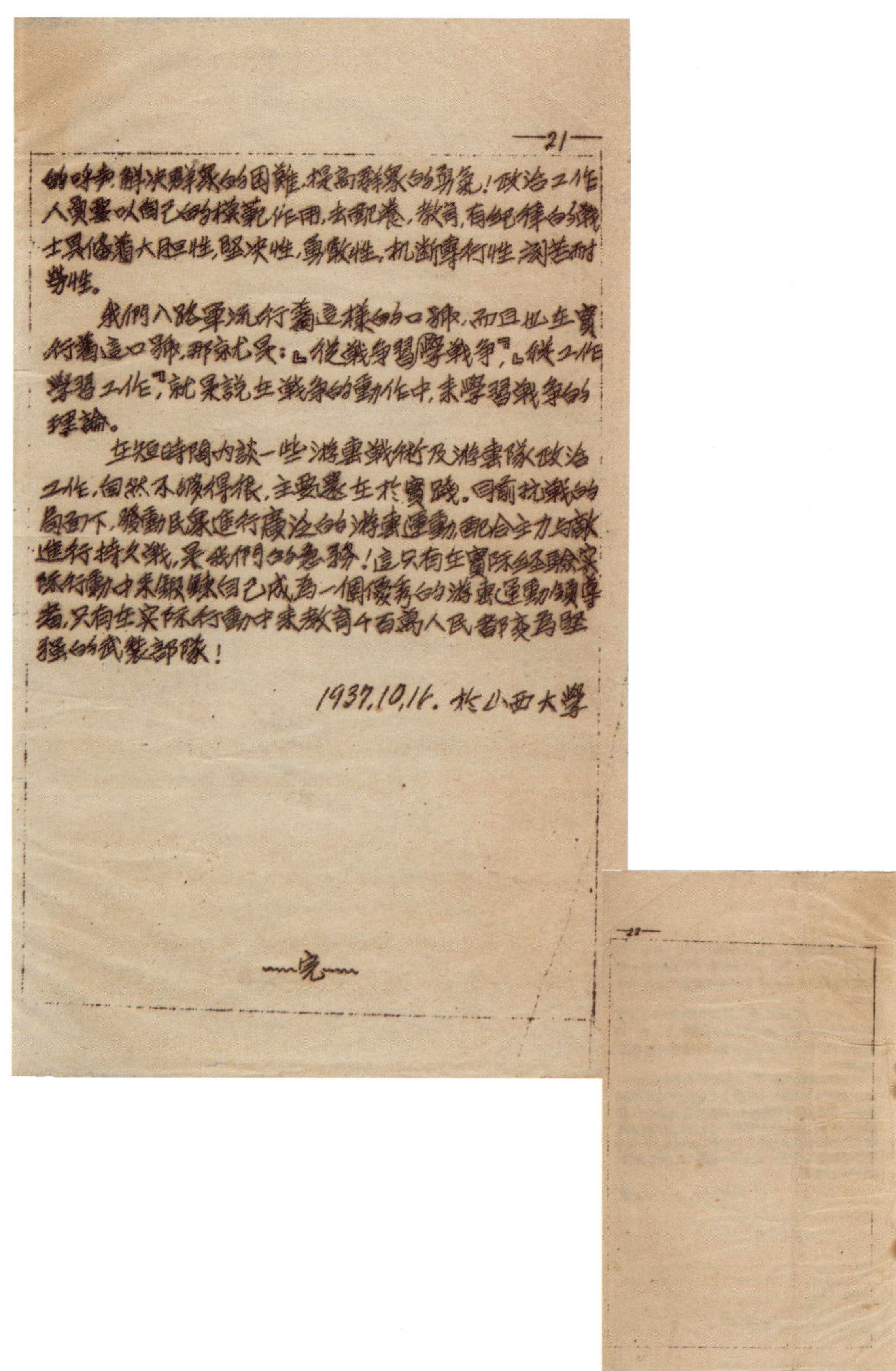



的呼声，解决群众的困難，提高群众的勇氣！政治工作人員要以自己的模範作用，去培養，教育，有紀律的戰士具備着大膽性，堅决性，勇敢性，机断專行性，刻苦耐勞性。

我們八路軍流行着這樣的口號，而且也在實行着這口號，那就是：「從戰争習學戰争」，「從工作學習工作」，就是說在戰争的動作中，来學習戰争的理論。

在短時間内談一些游擊戰術及游擊隊政治工作，自然不够得很，主要還在於實踐。目前抗戰的局勢下，發動民众進行廣泛的游擊運動，配合主力與敵進行持久戰，是我們的急務！這只有在實際經驗實際行動中来鍛鍊自己成為一個優秀的游擊運動領導者，只有在实際行動中来教育千百萬人民都變為堅强的武裝部隊！

1937.10.16. 於山西大學

—完—

史料名称：国民革命军第八路军学兵队（短期）第二周进度实施表

尺寸：宽 439，高 287

國民革命軍第八路軍學兵隊（短期）第二週進度實施表 十二月五日

| 星期 | 上午課目 | | 教員 | 下午課目 | 教員 |
|---|---|---|---|---|---|
| 一 | 体育 | 庖問教育 | 賀 | 社会科學概論 | 陳 |
| 二 | 爬山 | 通信联絡 | 張 | 中國革命問題 | 王 |
| 三 | 体育 | 紀律條例 | 何 | 民族統一戰線 | 赵 |
| 四 | 爬山 | 社會科學概論 | 陳 | 遊擊戰術 | 彭 |
| 五 | 体育 | 防空防毒 | 張 | 中國革命問題 | 王 |
| 六 | 爬山 | 利用地形地物 | 周 | 政治工作 | 楊 |

附記：一、如因天雨不能出操改變科目時再行通知
二、救亡室會議時間不在此表內
三、唱歌在遊戲時間內

命軍第八路軍學兵隊（短期）第一週進度實施表

| 星期 | 上午課目 | | 教員 | 下午課目 | 教員 |
|---|---|---|---|---|---|
| 一 | 体育 | 偵察警戒 | 謝 | 群众工作 | 李 |
| 二 | 爬山 | 庖問教育 | 賀 | 形勢任務政策 | 楊 |
| 三 | 体育 | 通訊連絡 | 張 | 遊擊隊政治工作 | 彭 |
| 四 | 爬山 | 群众工作 | 李 | 遊擊戰術 | 彭 |
| 五 | 体育 | 利用地形地物 | 周 | 形勢任務政策 | 楊 |
| 六 | 爬山 | 偵察警戒 | 謝 | 射擊與兵器 | 周 |

附記：一、如因天雨不能出操改變科目時再行通知
二、救亡室會議時間不在此表內
三、唱歌在遊戲時間內

史料名称：第八路军学兵队逐日作息时间表

尺寸：宽 251，高 308

(九)我軍須學会做堅固工事与精確之射击技能。以堅固工事掩護減少伤亡与保持陣地。以精確之射击能大量殺伤敵人。敵攻击精神甚差。每於攻進我陣地前数十米達時，如我不退，敵亦每数小時不進不退。此時最便于我之射殺，如我更以小部出击，則頓挫于我陣地前之敵必立即潰退，手榴彈為敵甚怕之武器，我軍宜多帶多用，更須人人会用。

(十)敵大軍所需粮彈統是日本運來。我軍對敵須一面堅壁清野，同時派多数游击隊各附小電台，在敵運輸綫上，進行襲击，断絕其粮彈車輛之運輸与毀壞汽路鉄路等。我軍應将正規战与游击戰配合起來。

(十一)在夜战中，敵之飛机大炮坦克騎兵，幾全失作用，敵官兵均無作战經驗，故我軍應極力利用夜战，殲滅敵人。在有月光之夜，可進行大規模之夜战。在有星光之夜，可進行小規模之夜战。在黑夜可進行擾敵之夜战。更須将夜間作战与日間作战互相配合，日間須扩張夜战之成果。

(十二)敵軍虽敗虽伤虽散，而仍堅不繳枪者，并非勇敢堅決，乃畏我軍将其活捉後殺頭活埋火燒。平型关之战敌伤亡二三千，伤兵全被我殺尽，因敌虽伤仍以刀枪殺我，故不得不将其殺尽。战後我軍獲敌日記信件甚多，内容均為想家念妻怕死，無自願作战之精神，其來華作战，係迫于國家法令。我因而在平型关战後，令各部學三句不殺与优待日軍俘虜等日語喊話。十一月四日正太路南廣陽战斗時，我大部官兵尚未學會三句日語，僅少数官長學会能喊，此少数人喊話結果，卒能生俘日軍一部。由此可見日軍不难以政治宣傳瓦解也。今後对日軍官兵須進行宣傳，对俘虜須优待。

(十三)平型关之战，我隐蔽於敌進路側面，距敌約廿里至卅十里，時間達一星期之久，在群众掩蔽下，我目标敌全未知，敌之漢奸亦失其作用，而我友軍某部之配備，敌則全明。我战後勝利品伤兵幾為群众搬運。我虽在山地，亦能購得粮食。該地一帶原已逃走之群众，見我軍到後，均回家來，可見部隊紀律及進行群众工作之重要。若說長期抗战，人力物力之補充，对敌堅壁清野与發動游击战争則更無論矣。

(十四)敵射击相当準確，隊形疏散，能作分散战，敌之战術，就是战斗綱要上的那一套。其動作常事先猜得到。新的創造与机变，則不見有，其犧牲吃苦精神作战經驗，均远不及中國兵。

(十五)敵在其佔領綫以内，極力培植偽政权与偽軍。我軍應派許多游击隊深入敵佔領綫内之廣大區域内，縱横游击，牽制与削弱大敌，消滅与驅逐小敌，收復失地（如本師之一部收復蔚縣及其週圍之十余縣之行動），破坏偽組織，發動群众組織抗敌政权与武装，收容潰兵使之继續抗战，并免其流落為匪与被敌利用作偽軍。須知敌如無漢奸政权作其工具，則實無法統治下去。要想收捐税做生意，逮捕革命份子，都是不可能的。

國民革命軍第八路一百十五師参謀處印

史料名称：我简述抗战经验的一个电报（本师干部军事研究材料之一）

尺寸：宽 670，高 280

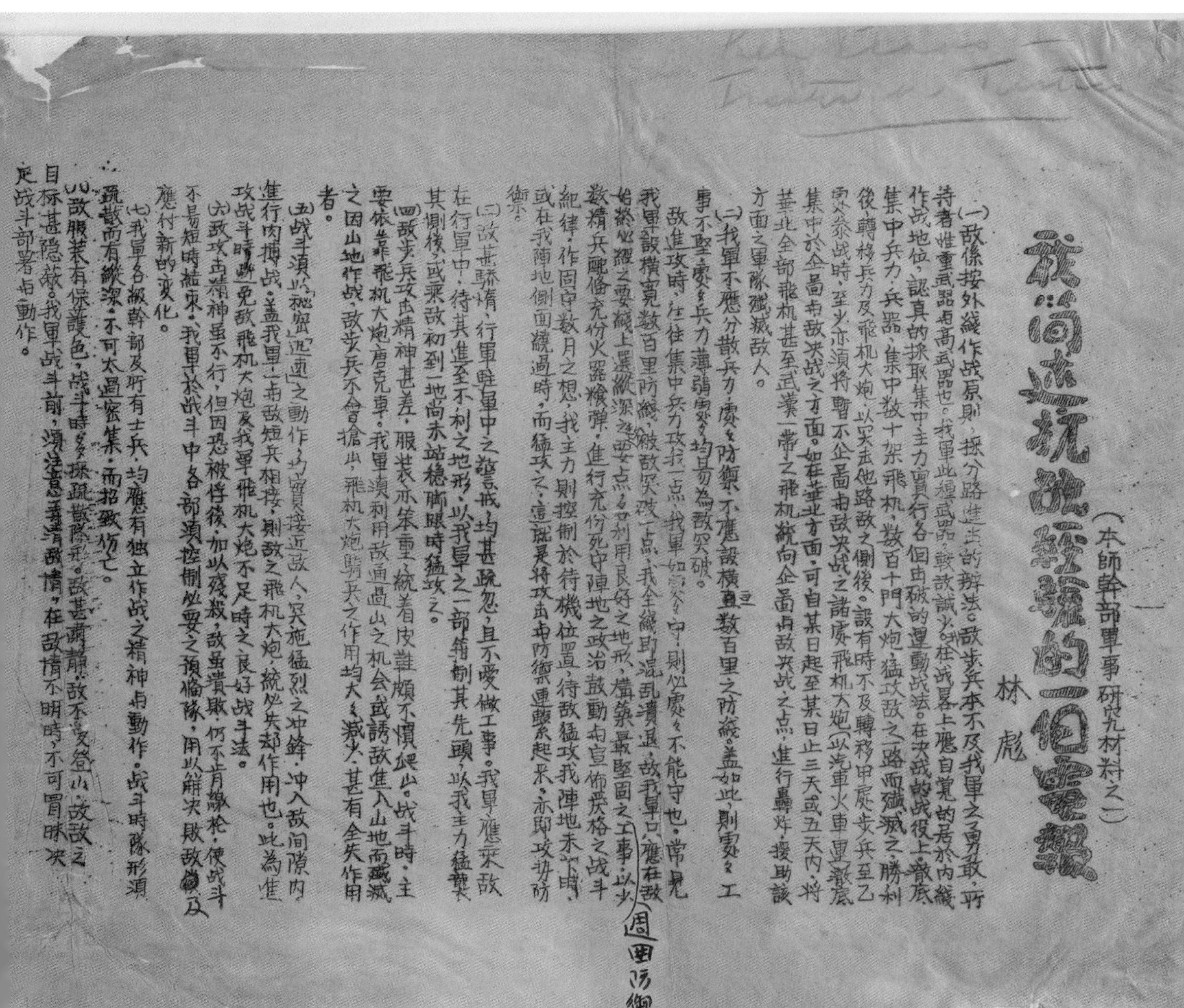

# 我簡述抗战經驗的一個電報

（本師幹部軍事研究材料之二）

林彪

(一)敌係按外綫作战原則，採分路進出的辦法。敌步兵本不及我軍之勇敢，所恃者唯重武器与高武器也。我軍此種武器，較敌誠少，在战略上應自覺的居於內綫作战地位，認真的採取集中主力實行各個击破的運動战法。在決战的战役上，徹底集中兵力、兵器，集中數十架飛机，數百十門大炮，猛攻敌之一路而殲滅之，勝利後，轉移兵力及飛机大炮，以突击他路敌之側後。設有時不及轉移甲處步兵至乙處参战時，至少亦須将暫不企圖击敌決战之諸處飛机大炮（以汽車火車運載）集中於企圖击敌決战之方面。如在華北方面，可自某日起至某日止三天或五天內，将華北全部飛机甚至武漢一帶之飛机，統向企圖击敌決战之点，進行轟炸，援助該方面之軍隊殲滅敌人。

(二)我軍不應分散兵力，處處防禦，不應設横直數百里之防綫。蓋如此，則處處工事不堅，處處兵力薄弱，處處均易為敌突破。

敌進攻時，往往集中兵力攻我一点，我軍如處處守，則必處處不能守也。常見我軍設横寬數百里防綫，被敌突破一点，我全綫即混乱潰退。故我軍只應在敌必經之要綫上選縱深之要点，各自利用良好之地形，構築最堅固之工事，以少（周圍防禦）數精兵配備充份火器粮彈，進行充份死守陣地之政治鼓動與宣佈嚴格之战斗紀律，作固守數月之想。我主力則控制於待機位置，待敌猛攻我陣地未下時，或在我陣地側面繞過時，而猛攻之。這就是将攻击与防禦連繫起来，亦即攻势防禦。

(三)敌甚驕惰，行軍駐軍中之警戒，均甚疏忽，且不愛做工事。我軍應乘敌在行軍中，待其進至不利之地形，以我軍之一部箝制其先頭，以我主力猛襲其側後；或乘敌初到一地尚未站穩腳跟時猛攻之。

(四)敌步兵攻击精神甚差，服装亦笨重，統着皮鞋，頗不慣爬山。战斗時，主要依靠飛机大炮唐克車。我軍須利用敌通過山之机会，或誘敌進入山地而殲滅之。因山地作战，敌步兵不會攀山，飛机大炮騎兵之作用均大大減少，甚有全失作用者。

(五)战斗須以"秘密""迅速"之動作，切實接近敌人，突施猛烈之冲鋒，冲入敌间隙內進行肉搏战。蓋我軍一与敌短兵相接，則敌之飛机大炮，統必失却作用也。此為進攻战斗時避免敌飛机大炮及我軍飛机大炮不足時之良好战斗手法。

(六)敌攻击精神虽不行，但因恐被俘後加以殘殺，故虽潰敗，仍不肯繳枪，使战斗不易短時結束。我軍於战斗中各部須控制必要之預備隊，用以解決敗敌及應付新的变化。

(七)我軍各級幹部及所有士兵，均應有独立作战之精神与動作。战斗時隊形須疏散而有縱深，不可太過密集，而招致傷亡。

(八)敌服装有保護色，战斗時多採疏散隊形。敌甚肅靜，敌不愛登山，故敌之目标甚隱蔽。我軍战斗前，須注意弄清敌情，在敌情不明時，不可冒昧決定战斗部署与動作。

史料名称：告亲爱的东北同胞（共 4 页）

尺寸：宽 140，高 190

# 告親愛的東北同胞(一)

自從東北亡了國，家家戶戶難過活，初因日軍方來中國土，人生地不熟，既怕百姓群起來反抗，又怕義勇軍來作難，只好利用漢奸花言巧語來欺騙，什麼皇道樂土新滿洲，什麼修築道路為民便，民間槍枝收完了，日本鬼子突然變了面，霸佔良田美園，姦淫東北姐妹，慘殺東北父老兄弟，捐稅多如山，我們同胞無衣無食流亡三千萬，日本鬼真陰險，強迫東北兄弟當肉彈，亡我國滅我種族的陰謀都實現，東北同胞兄弟啊，還能忍受嗎？此是何時何地？快快覺悟罷，快快團結一致參加抗日戰。

第八路軍政治部宣

# 告親愛的東北同胞(二)

陰險毒辣莫過日本鬼，滅人國佔人地，還教[illegible]國人滅自己殺自己，中國有五千年的歷史，我們都是皇帝的子孫，中華男兒漢，豈能被日本鬼子來欺騙，誰是中國的主人，中國是咱人的故鄉，那能容得日本強盜來欺咱，我們高呼對日持久戰，最後勝利定是咱，這是民族的革命戰爭，是中國人的生命線，快快投入抗日軍，快快參加抗日游擊戰，我們要回到東北那美好的故鄉，肥沃的田園，那個也不難，只有參加抗日戰，這是唯一的生路，這才不是欺騙。

第八路軍政治部宣

# 告親愛的東北同胞（三）

起來！東北的同胞兄弟們！！——日本小鬼又向你們來欺騙，他們說侵略中國是為防共，屠殺人民是日華親善，他們最恨八路軍（紅軍）因為他們是最英勇最敢最能堅決抗日的人，開展了大游擊戰，[illegible]大炮飛机失効，皇軍的勝利，只剩下幾條鐵路線，[illegible]政府也不滿，自從國共兩黨合了作，不記仇不[illegible]，大家共同[illegible]來，改造政府赴國难，肅清漢奸賣國賊，發動全民抗日戰，[illegible]優待軍人家眷，實行合理負担，全國上下一致都聲援，新中國就要在抗日战中來實現、東北同胞們！！我們要想回到那美好的家鄉，肥沃的田園，只有参加抗日战，敵人的毒計陰險絕难破坏我们的鉄陣線。

第八路軍政治部宣

# 告親愛的東北同胞（四）

中國人不打中國人，打回東北老家去，收復東北，收回中國一切失地，為东北同胞报仇雪恨，最毒莫過日本人，殺死日軍官投入抗日軍，誓死不做亡國奴，只有中國人才能救中國，日本人最陰險，不要受日本鬼的騙，忘記日本鬼在朝鮮，東北的凶狠暴行了嗎，參加八路軍共同抗日，欢迎东北同胞參加抗日軍，偽滿軍同胞兄弟掉回槍口打日本努力使日本軍打敗仗，被壓迫的民族反抗的時代到来了，為自己的子孫不做亡國奴而战，為中國民族解放而战，為自由生存而战，為建設新中國而战，打倒日本，驅逐日軍出中國境，中國抗日战争勝利萬歲，中華民族解放萬歲！（四）

第八路軍政治部（宣）

史料名称：告被日寇占领区域的同胞
尺寸：宽 323，高 320

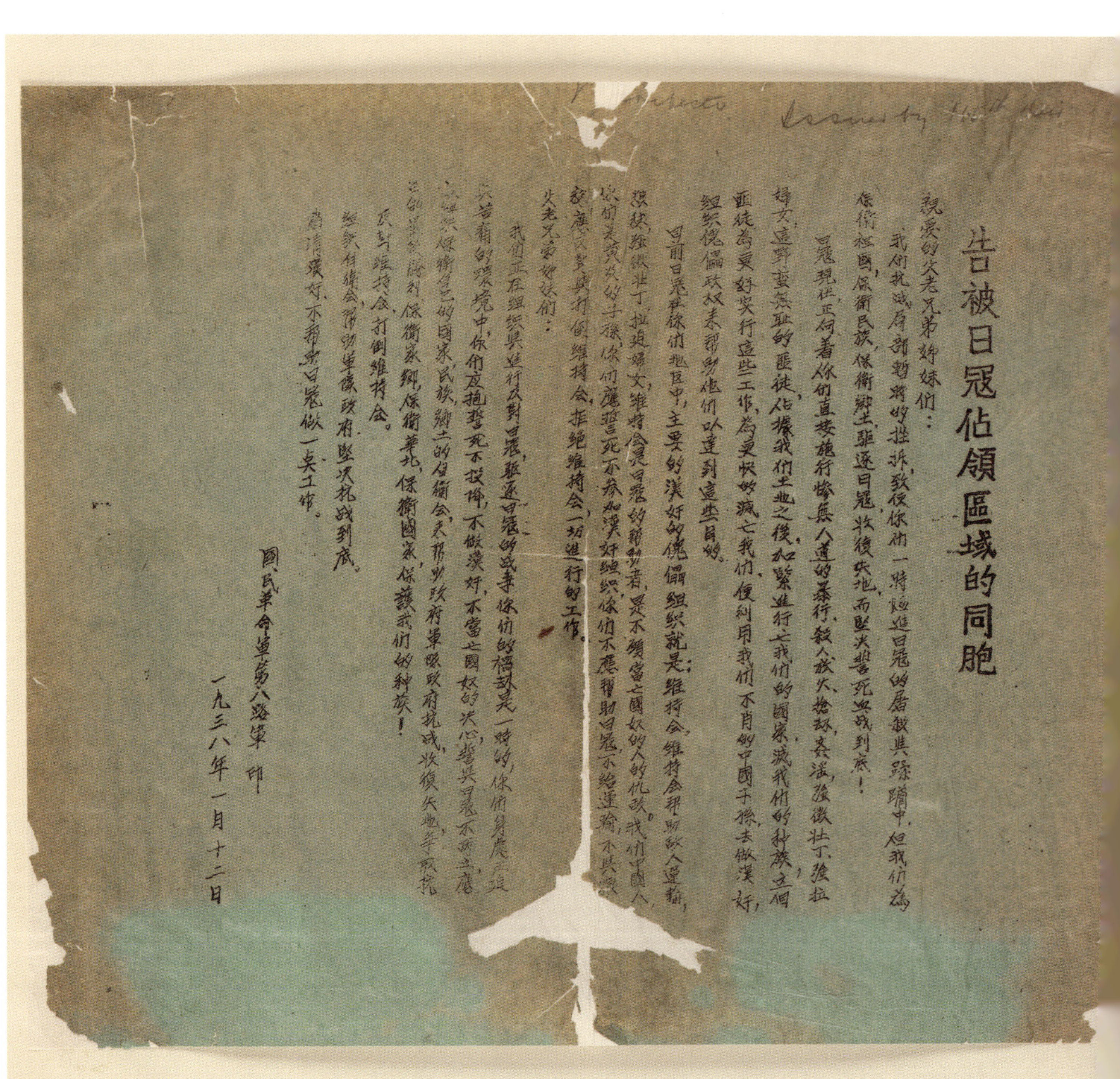

告被日寇佔領區域的同胞

親愛的父老兄弟姊妹們：

我們抗战屢遭挫折，致使你們一時陷進日寇的屠殺與蹂躪中，但我們為保衛祖國，保衛民族，保衛鄉土，驅逐日寇，收復失地，而堅決誓死抗战到底！

日寇現在正向着你們直接施行慘無人道的暴行，殺人放火、搶劫，姦淫，強徵壯丁，強拉婦女，這野蛮無耻的匪徒，佔據我們土地之後，加緊進行亡我們的國家，滅我們的种族，這個匪徒為更好實行這些工作，為更快的滅亡我們，便利用我們不肖的中國子孫去做漢奸，組織傀儡政权来帮助他們以達到這些目的。

目前日寇在你們地区中，主要的漢奸的傀儡組織就是：維持会，維持会帮助敌人運輸，搜括，強徵壯丁，拉迫婦女，維持会是日寇的帮助者，是不願當亡國奴的人的仇敌。我們中國人，我們是炎黃的子孫，你們應誓死不參加漢奸組織，你們不應帮助日寇，不給運輸，不與漢殺，應以實與打倒維持会，拒絕維持会一切進行的工作。

父老兄弟姊妹們：

我們正在組織與進行反對日寇，驅逐日寇的战争，你們的痛苦是一時的，你們身處在這與苦痛的環境中，你們应抱誓死不投降，不做漢奸，不當亡國奴的决心，誓與日寇不两立，應組織保衛自己的国家，民族，鄉土的自衛会，来帮助政府軍隊政府抗战，收復失地，爭取抗日的最後勝利，保衛家鄉，保衛華北，保衛國家，保護我們的种族！

反對維持会，打倒維持会。

拥護自衛会，帮助軍隊政府堅决抗战到底。

肅清漢奸，不帮助日寇做一点工作。

國民革命軍第八路軍 印

一九三八年一月十二日

# 保卫家乡　保卫黄河

1937年12月31日中午，卡尔逊来到山西有名的米粮仓、晋东南抗日活动中心之一——沁县。中共太岳区党委、山西第三行政区行政主任公署，以及中共领导的统一战线性质的山西青年抗敌决死队第一纵队、牺盟会沁县中心区、沁县总动员委员会等，都设在这里。

卡尔逊在此有幸见到要去八路军总部开会而路过沁县的一二九师师长刘伯承。夜晚，伴着除夕闪烁的烛光，刘伯承与客人长谈，半年来八路军前方战士的勇敢，抗日民族统一战线的结成，都预示了明年更大规模的胜利。第三行政区行政主任薄一波向客人介绍了统一战线在晋东南的建设和抗日活动的开展，并热忱邀请他参加即将举行的新年人民武装大检阅，“我们要集合所有部队和十五英里内的群众组织，我希望你见见他们”。

卡尔逊在《中国的双星》里详细描写了出席这次检阅的观感，1月2日上午：

薄将军带我来到已集合了部队的河边的广场上。临时搭起的平台前面聚集着代表当地社会各阶层的八千人。前面站着三、四百个儿童，后面排着妇女、农民、商人、各种民众组织和村民自卫队的队伍。男人们带着各式各样的武器——古老的长矛、大刀和前膛枪。山西部队的两个团和八路军的一个连站在后排。这就是中国：庞大的人力，孩子般的忠诚，只需要真诚的领导人的精心指导把它熔合一个强大的、拥有不可估量的力量、充满活力的国家。

“卡尔逊抗战史料”中，有沁县总动员委员会印发的《为沁县新年人民武装大检阅告民众书》和《口号》两份资料，分别是一式四份和一式五份，上面标有印制时间为“廿七年一月二日”。可能都是在检阅现场发给到场民众的，所以卡尔逊一下子拿到多份。

当时中共领导下的决死纵队（即上述引文中的“山西部队”）还在沁县举办有随营学校，

从晋东南各县招生，设四个队，政治课程设有“政治形势”、“统一战线”等。卡尔逊在给美国海军部的报告里写到对这所学校的考察：“我视察了一所抗日学校，作为组织群众工作的领导者，500名青年男性和60名女性正在这里接受培训。”“卡尔逊抗战史料”中的随营抗日政治军事学校第一分校功课表和该校自编的《社会科学基本知识读本》，以及抗日民族统一阵线讲授提纲等，就是他在视察该校时获得的。

山西五台县人民自卫队　1937年秋　沙飞摄

史料名称：为沁县新年人民武装大检阅告民众书（一式四份）

尺寸：宽 385，高 324

# 为沁县新年人民武装大检阅告民众书

亲爱的同胞们！

在敌人飞机大炮轰炸声中悲惨的把这一年结束了。为了检阅过去一年中我们工作的成败，为了检阅我们现有的民众武装力量，给敌人以有力的痛击，驱逐敌人出中国去，我们在这新年开始的日子在全县人民武装大检阅是有他特殊的意义与伟大的任务的。

同胞们！自芦沟桥事变以来，敌人侵我华北的计划，是逐步的实现了，初而占了平津保定，继而占了石家庄德州张家口，终而将太原济南也侵占了。整个的华北，差不多是丧失殆尽。然而敌人对我们的进攻并未放松，在敌人新的进攻计划中，陇东的青岛已在包围之中，敌人现在集中兵力于太原，企图分三路佔领晋南，首先我们的沁县，处在敌人进攻威胁中，敌人最近更向和顺子洪口增兵，沿白晋公路南犯，企图消灭晋东南各县部队、民众武装力量与同胞。

同胞们！我们沁县的危机是更加深了，在这千钧一发万分危急的情况下，挽救我们当前的危亡，消灭敌人坚持抗战到底紧急求生。

我们当前紧急的任务是：第一，加紧组织自卫队、游击队，配合正规军作战，为保卫家乡生命财产而战；第二，迅速实行坚壁清野工作，破坏公路，远道搬运食粮与人民到深山里去。第三，彻底实行合理负担，援助抗日战士，并优待其家属。第四，要实行减租减息，取消苛捐杂税，实行统一累进税法令。第五，加紧锄奸工作，组织情报网，侦察汉奸反动份子。第六，反对封锁投降，肃清托派和平妥协分子卖国投降。第七，拥护与执行蒋委员长坚持抗战到底的主张。

同胞们！我们不要忘记了过去半年来的抗战给与我们血的经验与教训，过去抗战失败的主要原因是：第一、是人民和军队未能打成一片，第二、指挥未能统一，第三、是战略战术的错误。要想克服这种缺点与错误，只有改革政治机构，建立抗日政权，开放民众运动及一切救国自由，彻底执行合理负担，改善人民生活，广泛的开展游击战争，唯有这样才可以保卫山西，驱逐敌人出中国去，也唯有这样才可以争取民族抗战的最后胜利。

同胞们！沁县人民武装起来了，要保卫沁县，誓死不让日寇占去沁县一寸土。今年在沁县开检阅人民武装大会的今日，我们要在太原、北平、南京以至东北开检阅人民武装大会，我们要为保卫华北收复失地、争取中国抗战的最后胜利而斗争！

沁县总动员实施委员会

廿七年一月二日

史料名称：口号（一式五份）

尺寸：宽 192，高 260

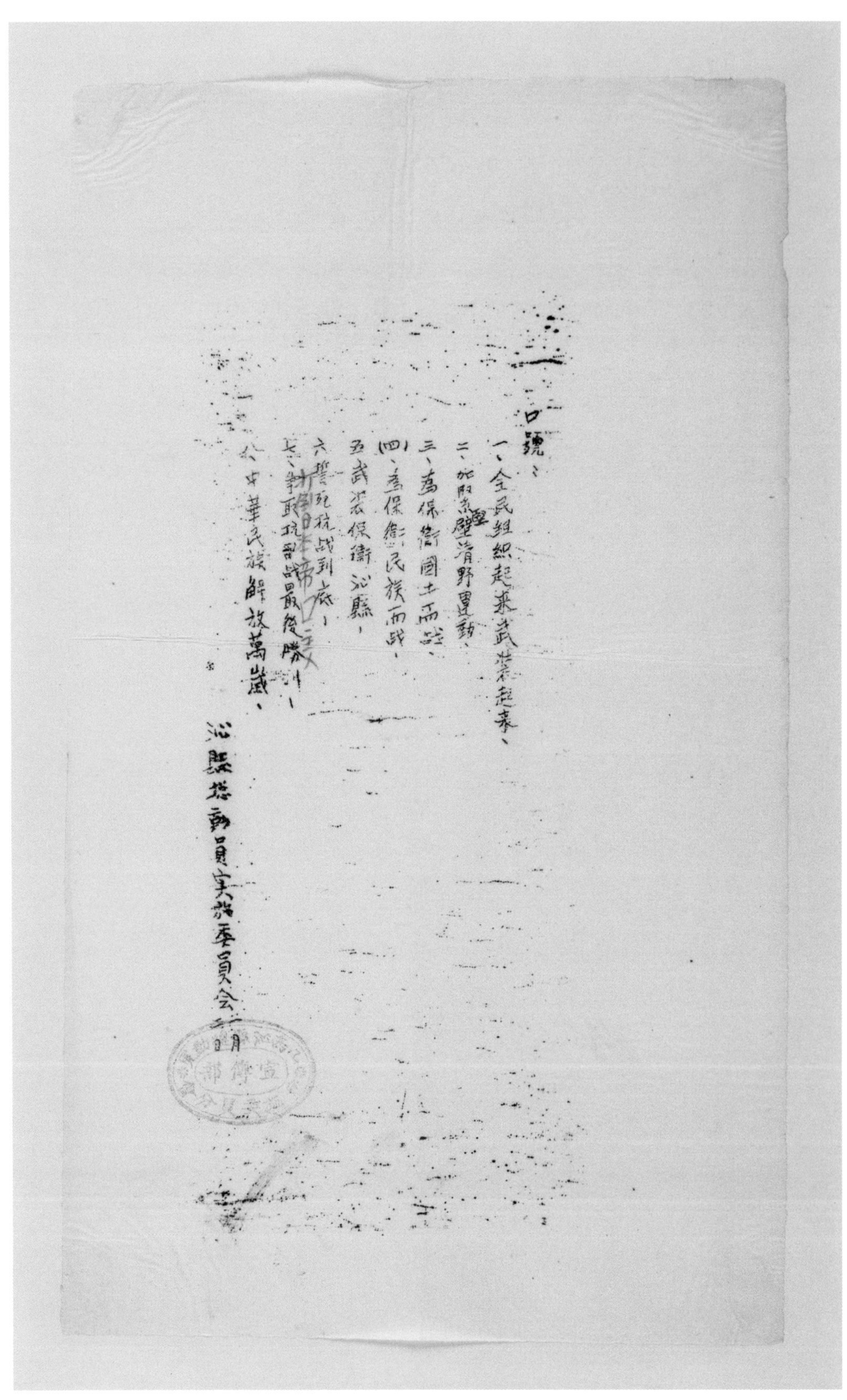

史料名称：随营抗日政治军事学校第一分校功课表

尺寸：宽 196，高 365

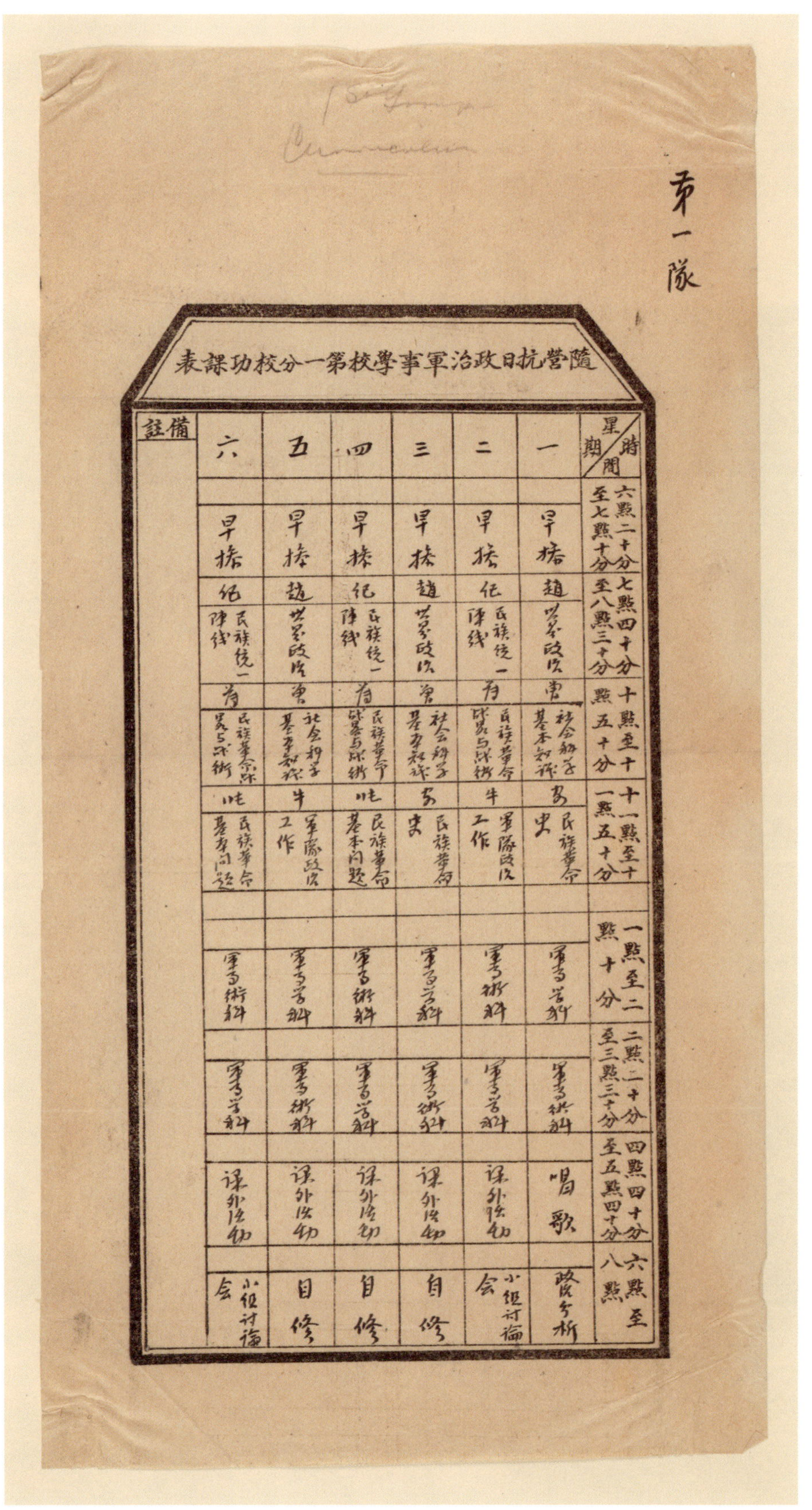

第一隊

隨營抗日政治軍事學校第一分校功課表

| 時間／星期 | 一 | 二 | 三 | 四 | 五 | 六 | 備註 |
|---|---|---|---|---|---|---|---|
| 六點二十分至七點十分 | 早操 | 早操 | 早操 | 早操 | 早操 | 早操 | |
| 七點四十分至八點三十分 | 趙 世界政治 | 任 民族統一陣线 | 趙 世界政治 | 任 民族統一陣线 | 趙 世界政治 | 任 民族統一陣线 | |
| 十點至十點五十分 | 曹 社会科学基本知識 | 肖 民族革命戰略与戰術 | 曹 社会科学基本知識 | 肖 民族革命戰略与戰術 | 曹 社会科学基本知識 | 肖 民族革命戰略与戰術 | |
| 十一點至十一點五十分 | 李 民族革命史 | 牛 軍隊政治工作 | 李 民族革命史 | 吒 民族革命基本問題 | 牛 軍隊政治工作 | 吒 民族革命基本問題 | |
| 一點至二點十分 | 軍事学科 | 軍事術科 | 軍事学科 | 軍事術科 | 軍事学科 | 軍事術科 | |
| 二點二十分至三點三十分 | 軍事術科 | 軍事学科 | 軍事術科 | 軍事学科 | 軍事術科 | 軍事学科 | |
| 四點四十分至五點四十分 | 唱歌 | 课外活动 | 课外活动 | 课外活动 | 课外活动 | 课外活动 | |
| 六點至八點 | 讀分析 | 小组讨論会 | 自修 | 自修 | 自修 | 小组讨論会 | |

史料名称：世界政治讲授大纲

尺寸：宽 438，高 292

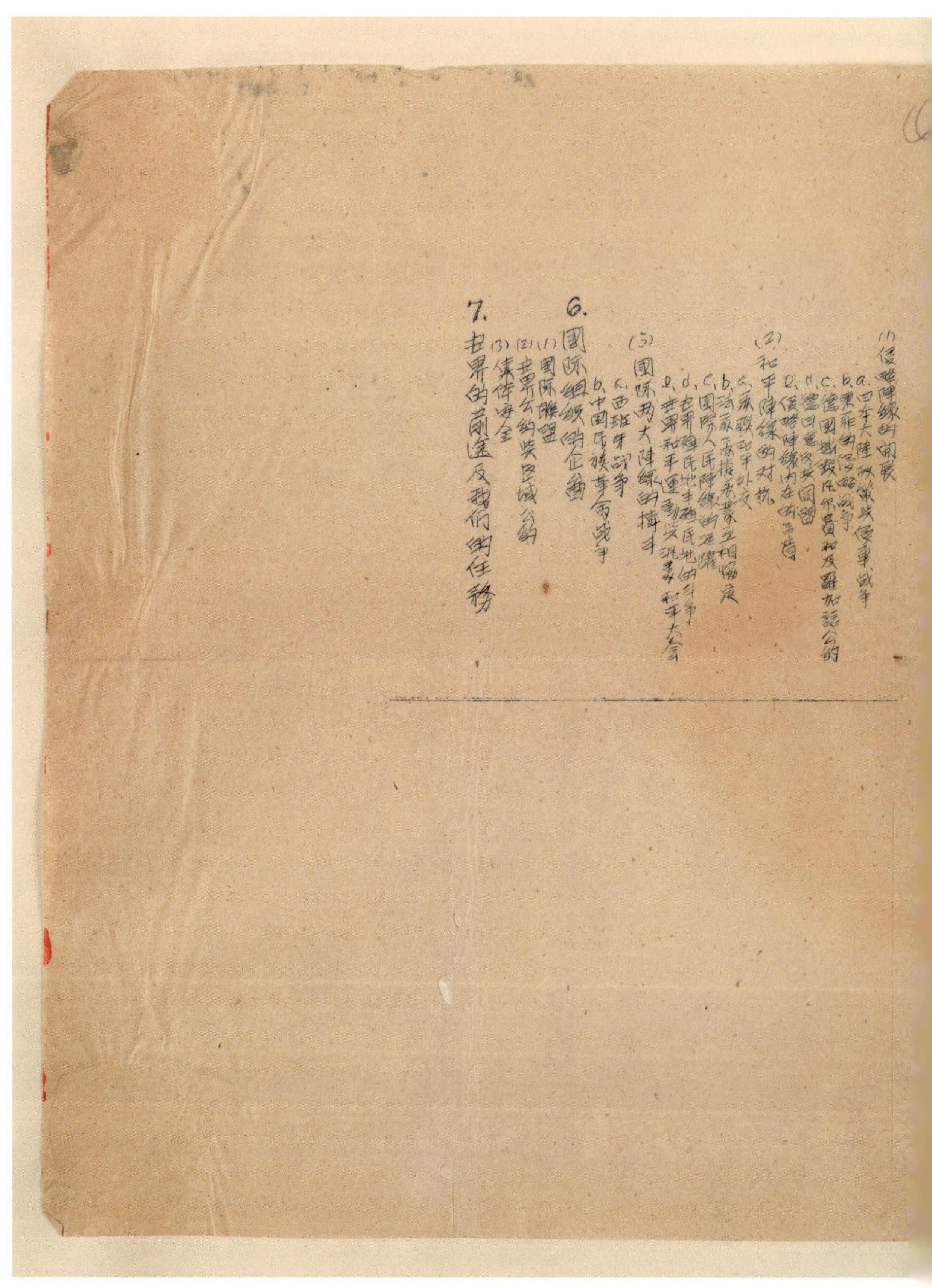

(1) 侵略陣線的開展

a. 日本大陸政策與侵華戰爭

b. 東非的侵略戰爭

c. 德國撕毀凡爾賽和及羅加諾公約

d. 德日意防共同盟

e. 侵略陣線內在的矛盾

(2) 和平陣線的对抗

a. 蘇聯和平外交

b. 法蘇蘇捷蘇蒙互相協定

c. 國際人民陣線的活躍

d. 世界殖民地半殖民地的斗爭

e. 世界和平運動與汎美和平大會

(5) 國際兩大陣線的搏斗

a. 西班牙戰爭

b. 中國民族革命戰爭

6. 國際組織的企圖

(1) 國際聯盟

(2) 世界公約與區域公約

(3) 集体安全

7. 世界的前途及我們的任務

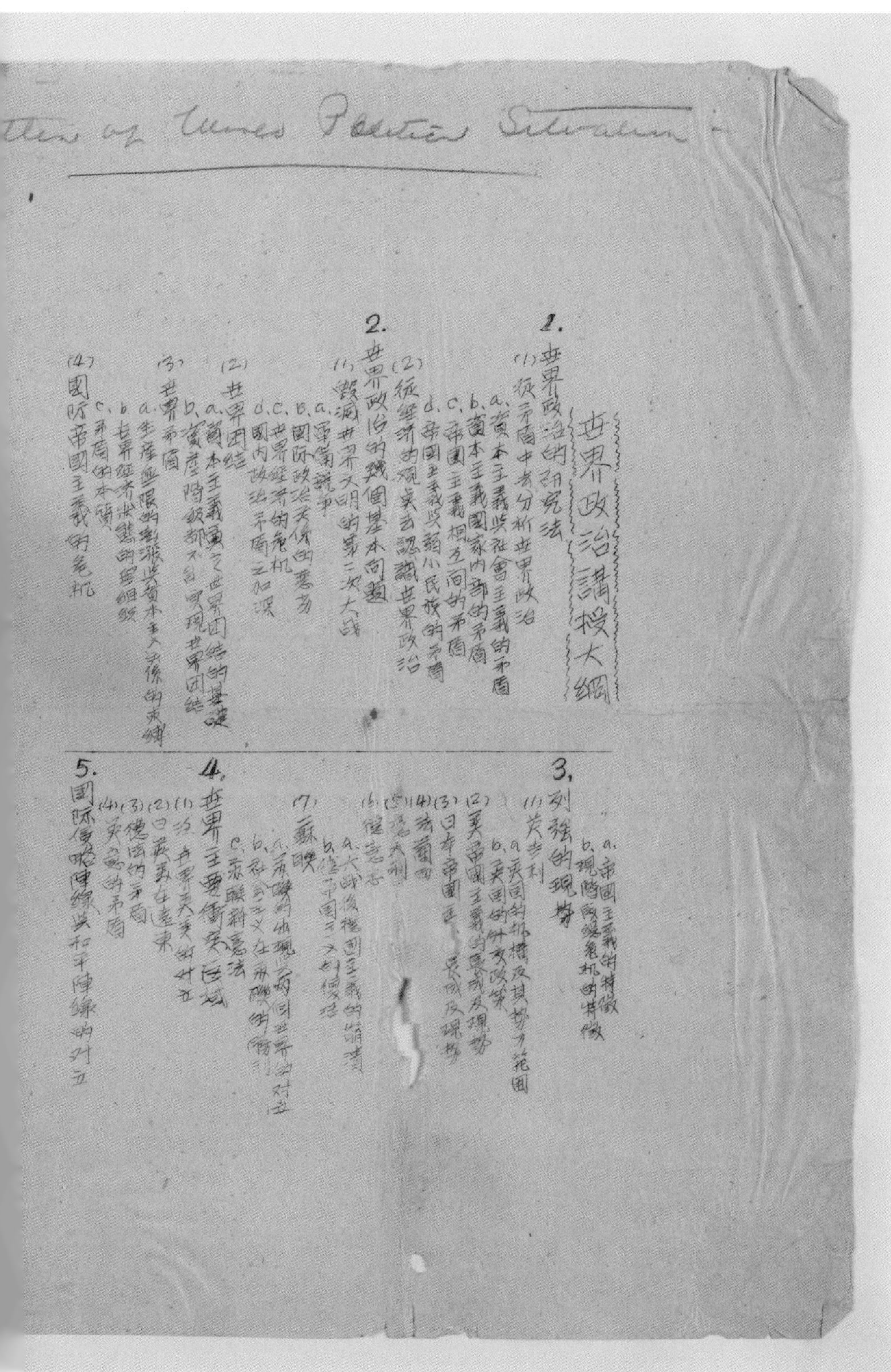

tline of World Political Situation

世界政治講授大綱

1\. 世界政治的研究法

(1) 從矛盾中去分析世界政治

a、資本主義與社會主義的矛盾

b、資本主義國家内部的矛盾

c、帝國主義相互間的矛盾

d、帝國主義與弱小民族的矛盾

(2) 從經濟的現實去認識世界政治

2\. 世界政治的幾個基本問題

(1) 毀滅世界文明的第二次大战

a、軍備競爭

b、國际政治关係的惡劣

c、世界經济的危机

d、國内政治矛盾之加深

(2) 世界团结

a、資本主義[illegible]之世界团结的基礎

b、資產階級都不能实现世界团结

(3) 世界矛盾

a、生產無限的膨脹與資本主义关係的束縛

b、世界經济狀態的[illegible]組織

c、矛盾的本質

(4) 國际帝國主義的危机

3\. 列強的現勢

a、帝國主義的特徵

b、現階段[illegible]危机的特徵

(1) 英吉利

a、英国的机構及其勢力範围

b、英国的外交政策

(2) 美帝國主義的[illegible]成及現勢

(3) 日本帝國主义的長成及現勢

(4) 法蘭西

(5) 意大利

(6) 德意志

a、大战後德国主義的崩潰

b、德帝国主义的復活

(7) 蘇聯

a、蘇聯的出現与两個世界的对立

b、社会主义在蘇聯的勝利

c、蘇聯新憲法

4\. 世界主要衝突區域

(1) [illegible] 世界英美的对立

(2) 日英美在遠東

(3) 德國的矛盾

(4) 英意的矛盾

5\. 國际侵略陣線與和平陣線的对立

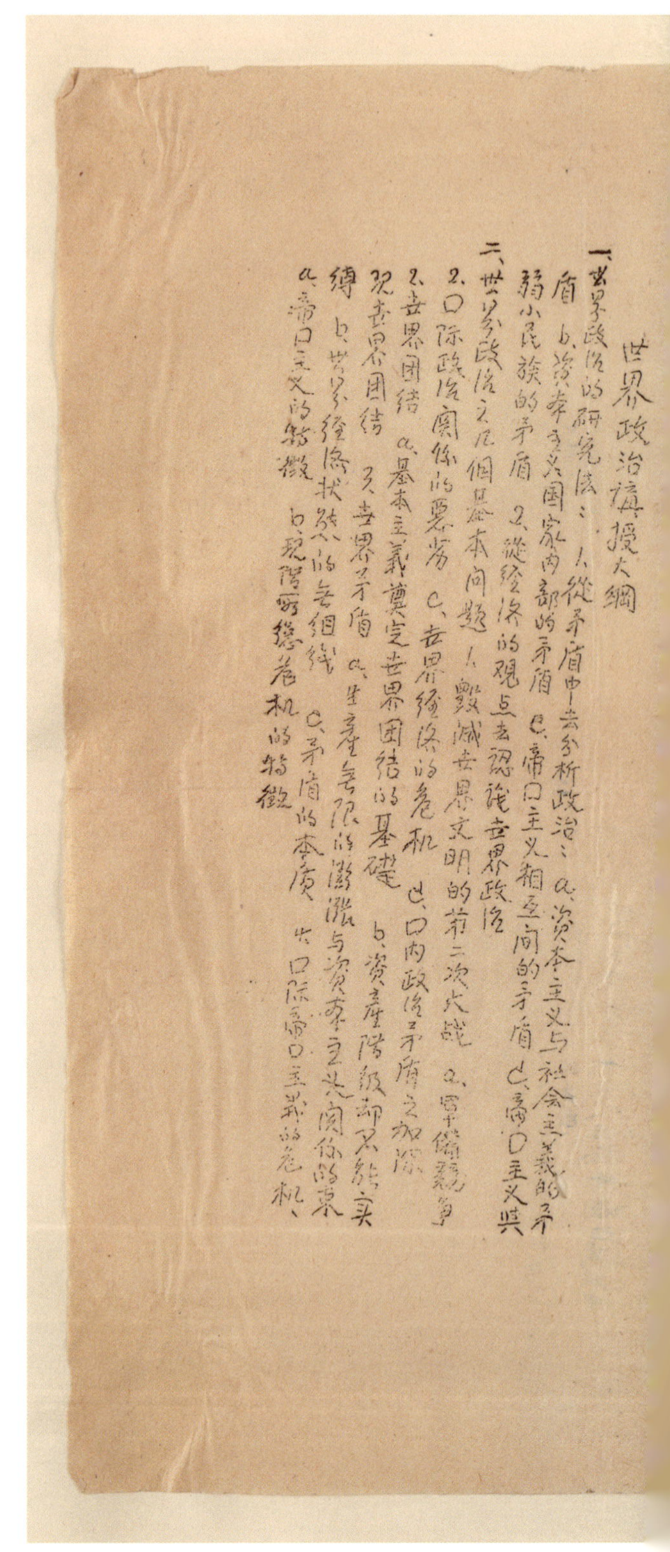

世界政治讲授大纲

一、世界政治的研究法：1.从矛盾中去分析政治：a.资本主义与社会主义的矛盾 b.资本主义国家内部的矛盾 c.帝国主义相互间的矛盾 d.帝国主义与弱小民族的矛盾 2.从经济的观点去认识世界政治

二、世界政治之几个基本问题 1.毁灭世界文明的第二次大战 a.军备竞争 2.国际政治关系的要素 a.世界经济的危机 b.国内政治矛盾之加深 3.世界团结 a.基本主义奠定世界团结的基础 b.资产阶级却不能实现世界团结 3.世界矛盾 a.生产无限的激涨与资本主义关系的束缚 b.世界经济状态的无组织 c.矛盾的本质 4.国际帝国主义的危机 a.帝国主义的特征 b.现阶段经济危机的特征

史料名称：群众工作讲授大纲、世界政治讲授大纲

尺寸：宽 437，高 289

How to do Mass work

群衆工作講授大綱

一、群衆工作的意義及其重要性、 1、何謂群衆？ 2、群衆工作是民族革命的基本工作、 3、群衆工作

二、群衆工作的範圍、

史料名称：抗日民族统一阵线讲授提纲
尺寸：宽 440，高 293

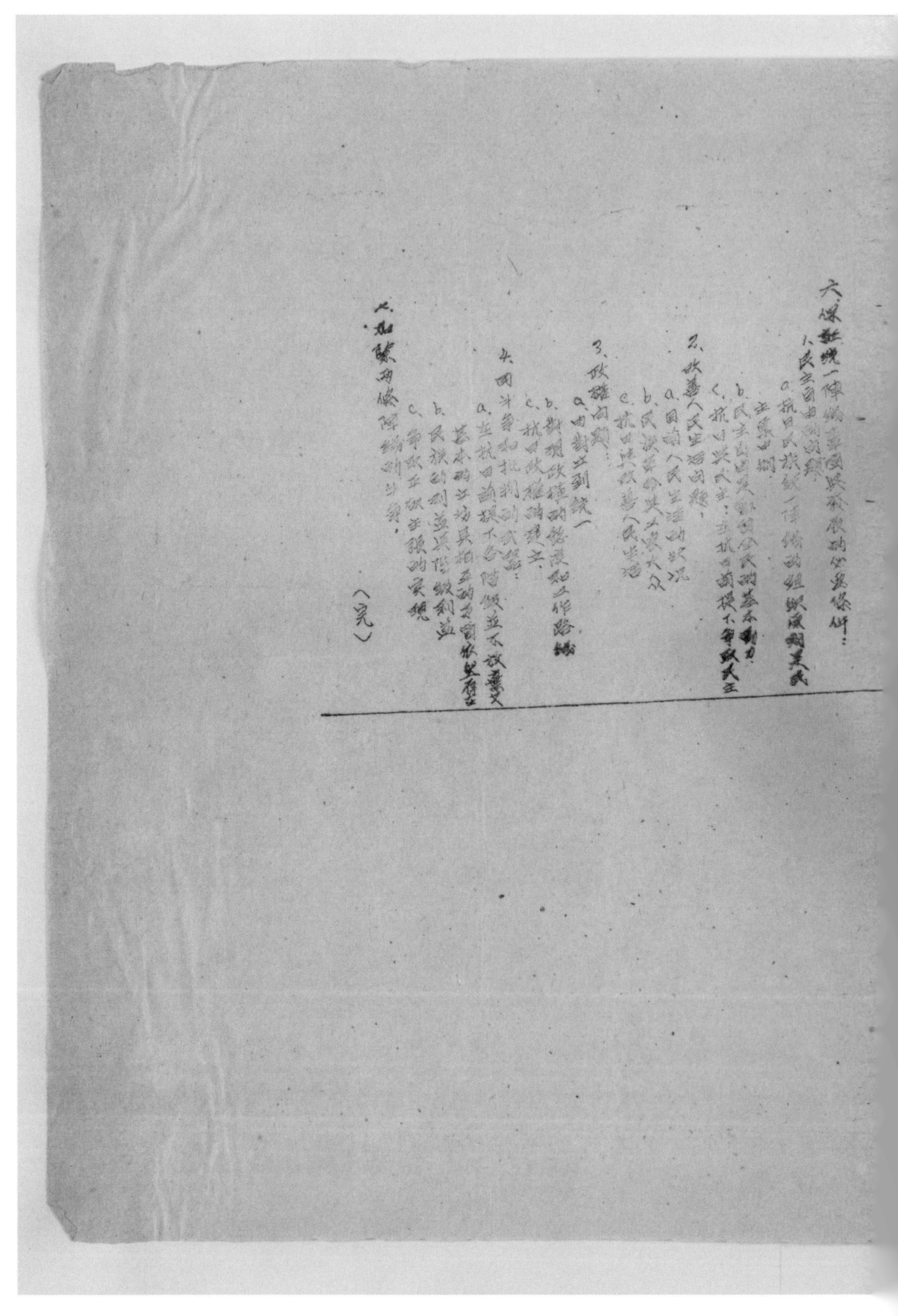

Outline of Nat. United Front

# 抗日民族統一戰線講授提綱

一、中國革命的性質和革命的任務：

1. 中國社會的性質：半封建半殖民地

a. 農業經濟[illegible]的經濟

b. 資本主義依賴的發展和帝國主義壟斷

c. 帝國主義[illegible]及的專制

2. 中國社會九個基本的階級

3. 中國社會的基本矛盾和革命的任務

a. 帝國主義和中國人民大眾以間的矛盾

b. 封建勢力和人民大眾之間的矛盾

4. 中國革命的性質：資產階級性的民權革命

二、一九二五—一九二七大革命時代的統一戰線

1. 社會的背景

2. 階級的聯盟

a. 階級成份

b. 中心的口號：反對軍閥及帝國主義

c. 基本政策：聯俄、容共、扶助農工

3. 統一戰線的發展與工農勢力的強大

4. 統一戰線的破裂：

a. 資產階級背叛革命

b. 統一戰線破裂的原因

c. 經驗教訓：

六、大革命時代的統一戰線和今天統一戰線的區別

三、九一八後中國革命的新形勢

1. 中日矛盾尖銳化降低了國內各階級各集團各黨派之間的矛盾

2. 中日矛盾降低了其他各帝國主義與中國之間的矛盾

3. 中國人民大眾革命力量的強大

4. 世界和平陣線的形成與發展

四、統一戰線與中國革命的關係：

1. 統一戰線是在中國革命新形勢下的新的策略，這一策略為了完成中國革命的任務

2. 民族革命到社會革命

五、統一戰線的領導權的問題：

1. 統一領導的必要

2. 領導權確立的關鍵

a. 資產階級在統一戰線中的地位

b. 無產大眾在統一戰線中的地位

c. 領導者的資格

3. 革命的主力軍

七、怎樣爭取中國革命的領導權

史料名称：社会科学基本知识读本（共 4 页）

尺寸：宽 150，高 220

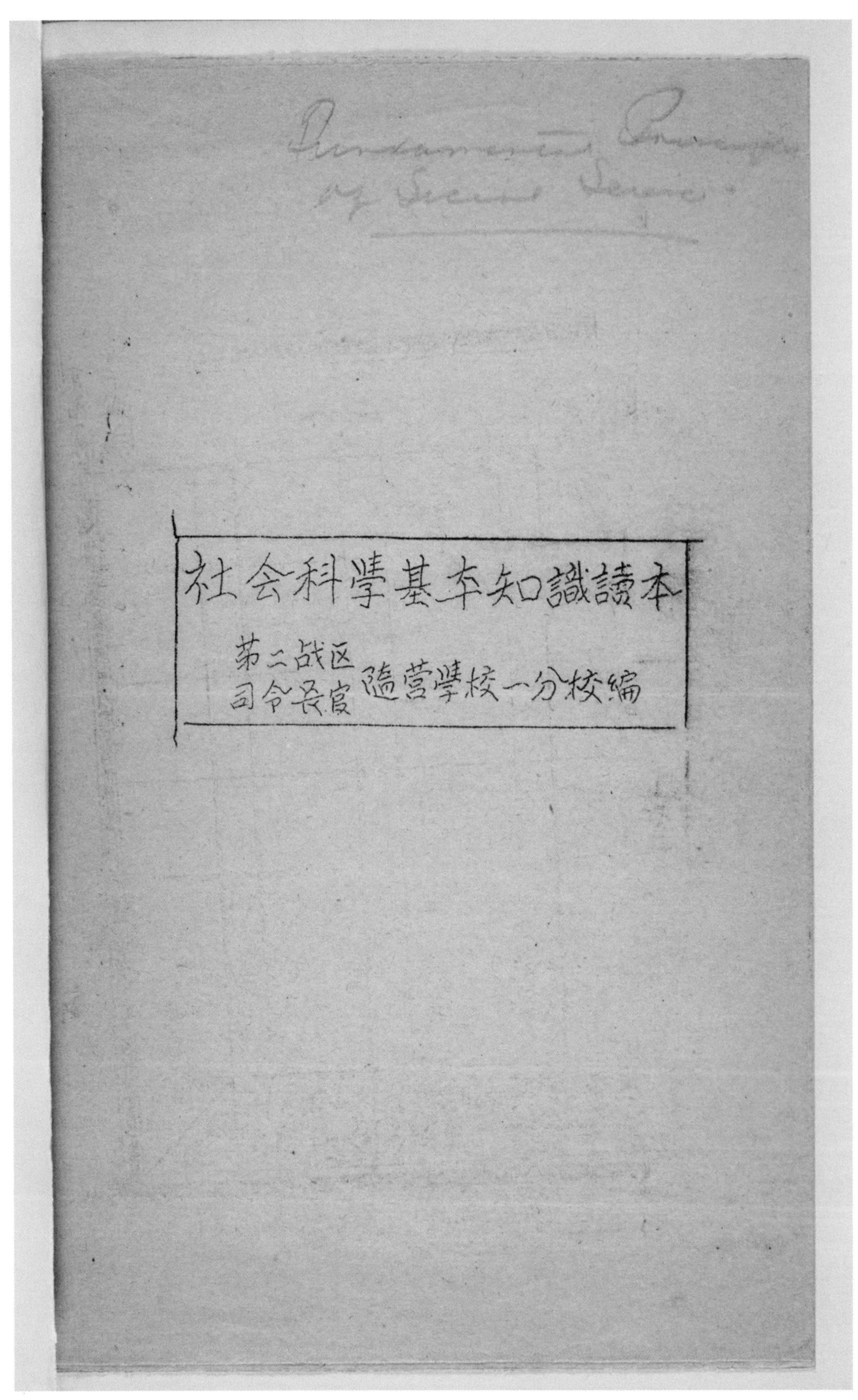

社会科學基本知識讀本

第二战区司令長官隨营學校一分校编

# 第一章 社会科學概論

当我们一開始学習社会科学的時候必定就会发生以下的两個問題：(1)什庅是社会科学？(2)我们為什庅来学習社会科学。

什庅是社会科学？

第一：社会科学是研究社会現象的。

第二：不论什庅社会現象都必定有它自己的原因和结果它和自然現象一樣不但存在着因果关係並且是受一定法則的支配因此，社会科学就進一步的要研究社会現象的这些因果关係和发現支配它的法則。

第三：不仅这樣社会科学还要研究所得的法則再去研究一切社会現象的发生发展和消滅的。因此，概括的說：

社会科学是研究一切社会現象的找出它因果关係发現那支配社会現象的法則而更由这一法則再去研究一切社会現象的发生发展和消滅的科学。

我们為什庅要研究社会科学

第一社会科学能使我们明白現社会变幻无常的現象使我们能在現社会合理的生存下去。

第二社会科学能告訴我们現社会发展的前

一述帮助和指示我们去推进改造社会。

第三：在现在我们中国民族革命的斗争中只有社会科学能告诉我们民族革命的理论和战术，能解决我们实际工作上的许多困难和问题。

## 第二章 社会科学的方法论（上）

要研究社会科学首先的问题就是用什么方法呢？因为方法如果用错了，那就绝不会得到正确的知识。

在选择正确方法的时候，有两个主要的问题：（1）世界的本质问题——哲学的本体论；（2）世界动和静的问题——哲学上的认识论。

唯心论和唯物论

世界本质的问题就是说世界原来存在的是什么？关于这有两种不同的理论：

第一，唯心论：认为世界原来存在的是心（理性神灵）物质是由心造出来的。它的公式是"心决定物"。

这种理论在科学的观点上显然是错误的。所以，只有：

第二，唯物论 是正确的。世界原来存在

的是物不是心。它的公式是"物决定心。"

**世界動和静的问题**

上边告訴了我们世界的本质是什麽，现在我们要研究宇宙间的一切東西是怎樣存在的问题了。

有人主張宇宙间一切事物是静的不動的，其实宇宙间根本没有不動的東西，万物都在不断的变動着，这就是動的世界观正確的世界观。

所以，我们要研究社会科学就必須排除唯心論和静的宇宙观而去学習唯物論和動的宇宙观。

問題：

1."物决定心"的公式怎樣解釋，举一個例。

2.唯心论为什麽是不正確的？

3.在唯心论和唯物论以外是否还可以找出第三種的世界本质的理论？它是不是正確的？

4.㈠中国所以到了今天的地位是因为人心坏，所以挽救中国要改造人心。

㈡社会是可以隨我们的意造的。

㈢战争的發生是因为人心好战好殺。

以上的三句话是否正確？因为什麽？

× × × × × × × ×

# 到敌人后方去

卡尔逊离开沁县后，先到辽县八路军一二九师师部和龙旺村三八六旅旅部，与徐向前、张浩、陈赓等进行交流及多方面的实地考察，然后由七六九团一营营长孔庆德亲自率队护送，从昔阳皋落出发，历尽艰险，多次穿越日军的封锁与围追堵截，终于安全到达晋察冀抗日根据地。影片《孔庆德生死护送卡尔逊》就是根据这段真实的历史改编的。

1938 年 1 月 29 日，卡尔逊抵达晋察冀边区政府所在地——河北阜平县，当晚便在晋察冀军区司令聂荣臻的办公室里听取形势分析、任务介绍和前景规划。墙上挂着大比例尺地图，带彩色纸的小针清楚地标着对阵双方的位置。这块完全被日本人包围的地区约有一千万人，面积约四万平方英里，属晋察冀边区行政委员会领导。卡尔逊在《中国的双星》里写道：

聂说他有三重任务：防止敌人占领这一地区；骚扰敌人的交通线；逐步把他的控制扩大到邻近的还没有重建起中国人的权力机构的那些地区。……人民组织已在各县发展起来，人们已经在选举自己的村长。十天前，这个地区所属的四十个县的代表在阜平开会，选出了一个九人委员会管理该地区。

美国驻华武官卡尔逊访问晋察冀边区 1938 年 沙飞摄

这个刚召开不久的轰动一时的会议，全称“晋察冀边区军政民代表大会”，大会宣言和有关报道就刊登在 1 月 20 日出版的一张油印的《抗敌报》上。该报由晋察冀军区抗敌报社出版，社址在阜平县南关文娴街，报上的电讯得自八路军司令部播发的无线电新闻，此外有各县的通讯，各种生活的描写、评论与批评。“卡尔逊抗战史料”中共有六份《抗敌报》，出版日期从1938年1月1日至1938年1月26日，当是他这次考察所得。五个月后卡尔逊去五台山重访聂荣臻时，再次看到通讯员送进来的《抗敌报》，已经从三日刊升级为日报了。

聂荣臻还告诉卡尔逊，这里“有一所四百名学生的军事学院，大部分学生来自北平和天津的大学”。其后卡尔逊在写给美国海军部的军事报告里记述了他前往该校参观的情形，“1月30日，我骑马前往向南约8英里设在一座寺庙内的军事学院，这里有430名学员在接受作为党团领导职务的军事和政治课程教育，课程历时3个月。”“卡尔逊抗战史料”中有四份晋察冀军政学校的教育课目配当表，应是参观时索取的。

阜平之行的资料收获中，还有一本晋察冀军区政治部编印的《巩固和扩大抗日统一战线》，也可能是用作军政学校教材的。

美国驻华武官卡尔逊访问边区

1938年 沙飞摄

民國二十七年一月一日　　抗敵報　　（星期六）

# 寫給晉察冀軍區青年

路　远

一九三七，十二，卅九

史料名称：抗敌报新年增刊（1938 年 1 月 1 日）
尺寸：宽 549，高 420

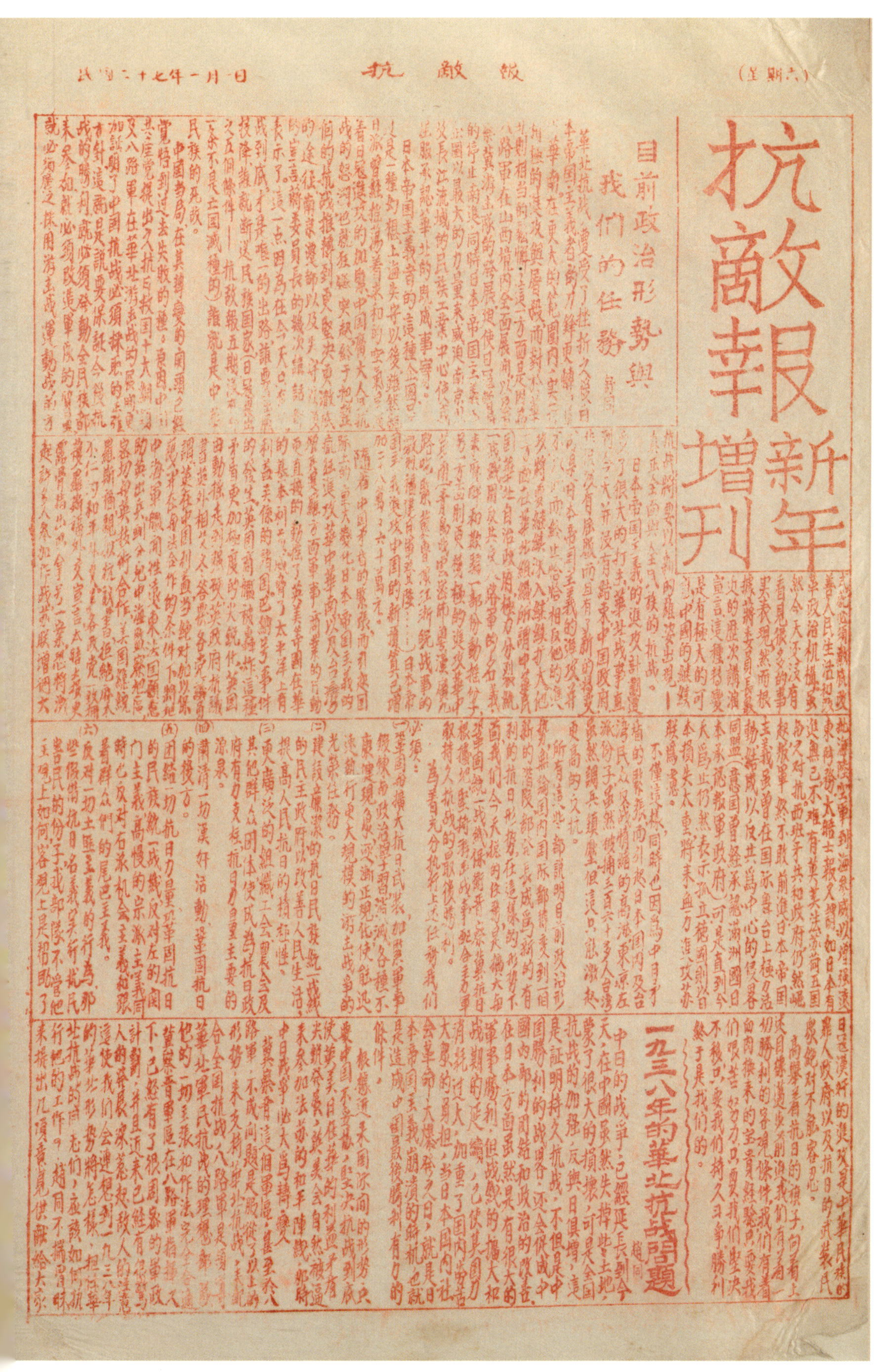

民国二十七年一月一日　抗敌报　（星期六）

# 抗敌报新年增刊

## 目前政治形势与我们的任务

## 一九三八年的华北抗战问题

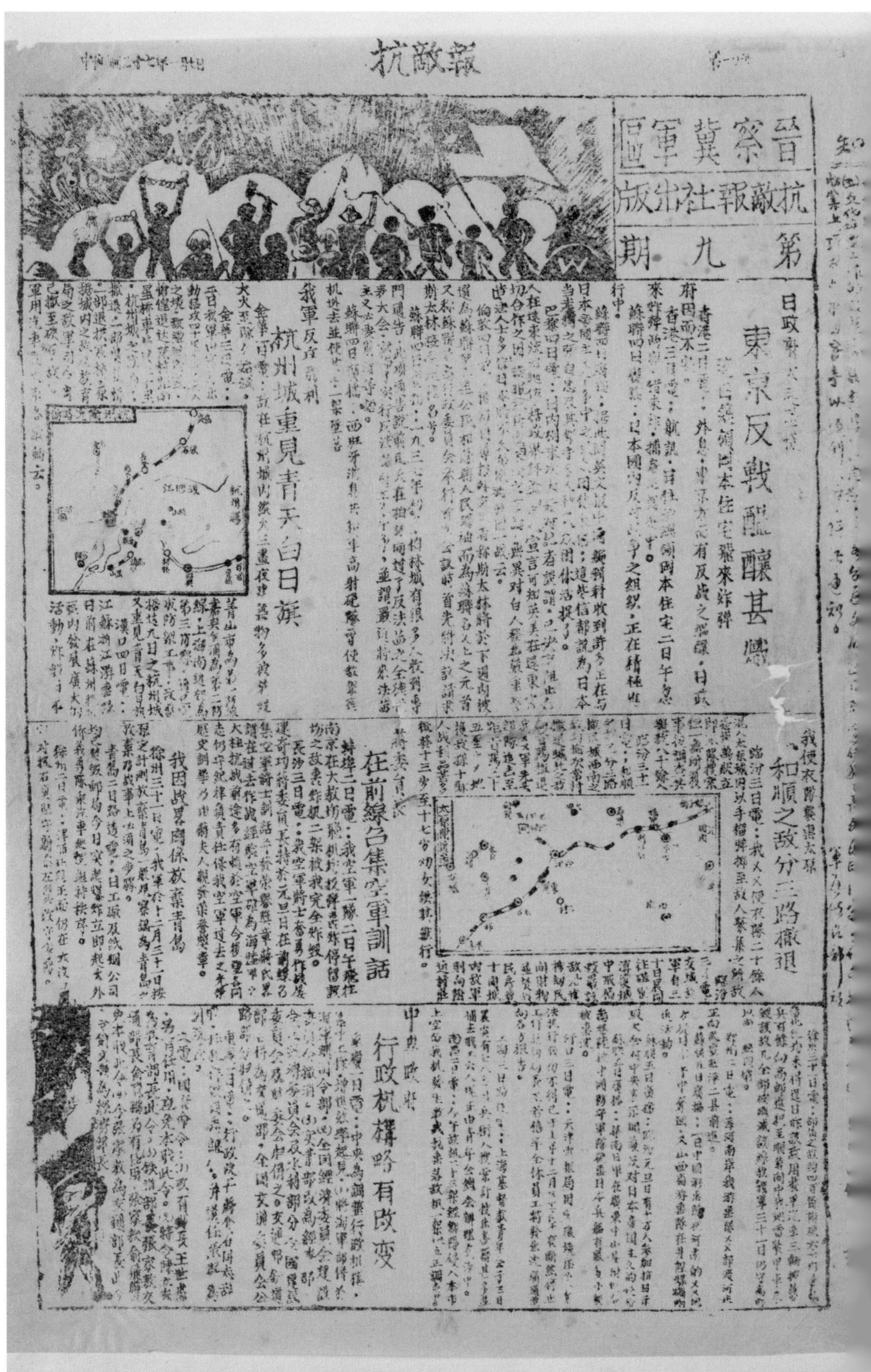

抗敵報

晋察冀軍區

抗敵報社出版

第九期

東京反戰醞釀甚囂

我軍反攻順利

杭州城重見青天白日旗

和順之敵分三路撤退

在前線召集空軍訓話

我因戰略關係放棄青島

中央政府

行政機構略有改变

史料名称：抗敌报第九期（1938 年 1 月 7 日）

尺寸：宽 549，高 420

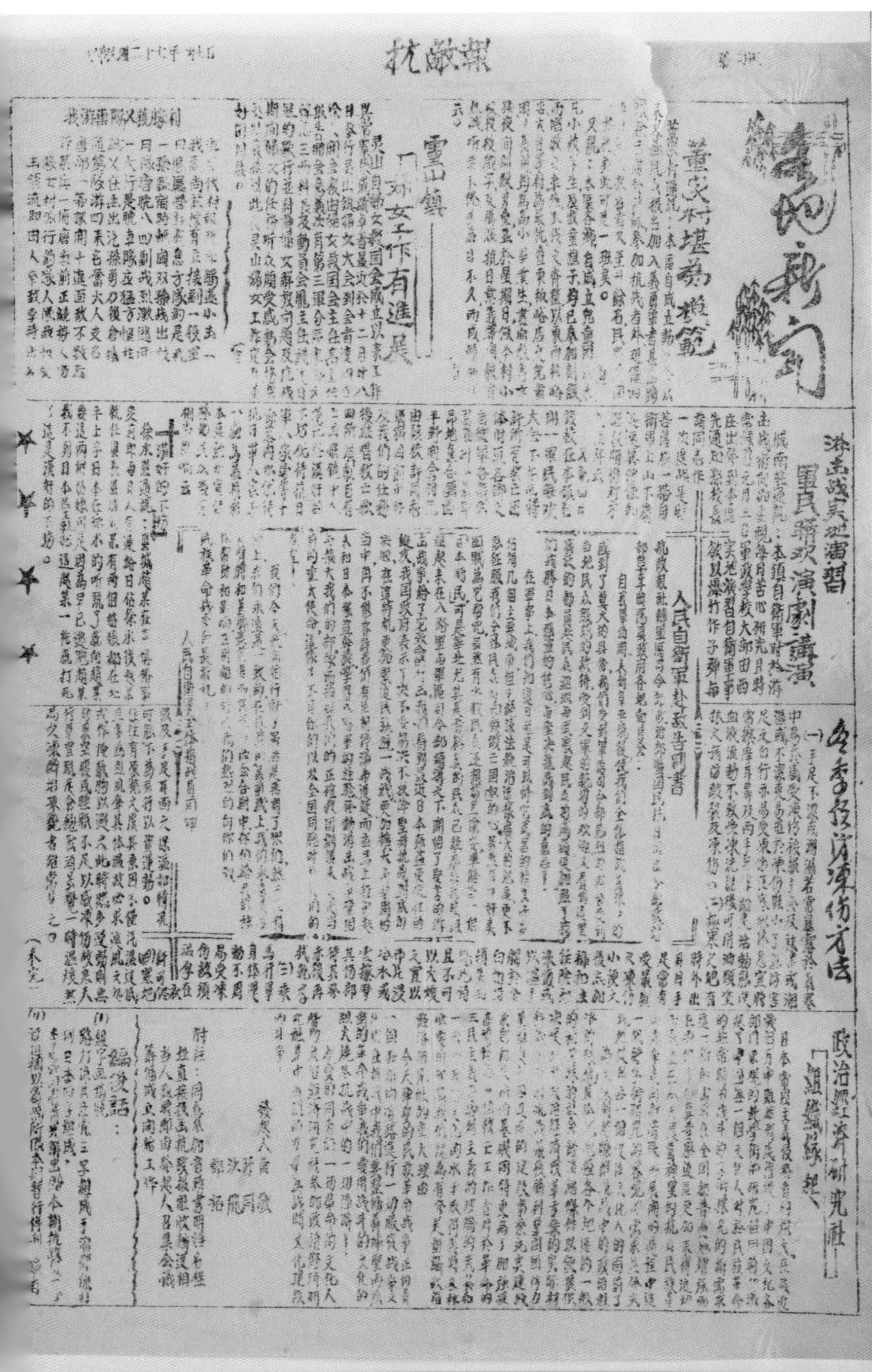

抗敌报

董家村堪为模范

灵山镇妇女工作有进展

游击战实地演习

军民联欢演剧讲演

人民自卫军赴敌告同胞书

冬季预防冻伤方法

政治经济研究社组织缘起

编后话

中華民國二十七年一月十日　　抗敵報　　第二版

## 群衆除奸大會宣言

親愛的同胞們：

日本帝國主義侵略我們，除了用飛機大砲以外，還用了大批的漢奸偵探我們的消息，破壞我們的後方，散佈謠言，挑撥離間，放毒藥，用種種毒辣手段，來滅亡我們。飛機大砲不可怕，漢奸實在最可恨，我們過去抗戰的失敗，雖然因為作戰方法不好，但是漢奸勾結敵人搗亂活動也是重要的原因。

最近我們阜平縣也不斷地發現許多漢奸的活動，刺探我方的軍事機密，造謠生事，這些漢奸都是失了良心出賣國家的敗類。我們要鞏固抗日的後方，保護地方的安全，戰勝日本帝國主義，首先要加緊剷除漢奸。

漢奸的种類很多，活動的方法也

## 除奸運動週特刊

很巧妙，他們都是在日本帝國主義特務机關的直接指揮之下來破壞我們，他們化裝做小販、乞丐、苦力、學生等各种各樣的腳色，到處偵探消息，[illegible]日本帝國主義進攻我們的時候，利用這些漢奸曾經得到很多的便宜，更且還利用了喪心病狂無恥的反革命的托洛斯基派份子，冒充熱心救國的樣子，混進各地民衆團体暗中搗亂。

同胞們！我們要積極檢舉這些漢奸，揭發他們的陰謀，剷除這些出賣國家民族的坏蛋，不要姑息放鬆他們！起來用我們一切的力量！

加緊除奸工作！保護抗戰軍區！

打倒日本帝國主義！（完）

## 今後除奸工作應取之方式

日寇對於我國存心已久，[illegible]曾知其侵略及屠殺之法術[illegible]機不至近，擾亂急，日寇對于紙煙、白糖、海菜等等日用品，又暗[illegible]毒藥，屠殺我同胞，消滅我華族[illegible]心狠毒致於此極，並以軍區數[illegible]所有數百萬群衆擁護團結決心[illegible]抗，而寇方又收買漢奸多人，混入各縣，刺探軍情，暗覆政治，[illegible]方雖有種種防奸之運動，以[illegible]行者要求外出開會議，「粘貼標語、高呼口號」，或「用不識字的自衛[illegible]檢查行人」而已，依此方式，絕[illegible]主義似嫌過於消極，以暫[illegible]來採取進攻方式，注意下列三[illegible]

史料名称：抗敌报除奸运动周特刊（1938 年 1 月 10 日）

尺寸：宽 291，高 370

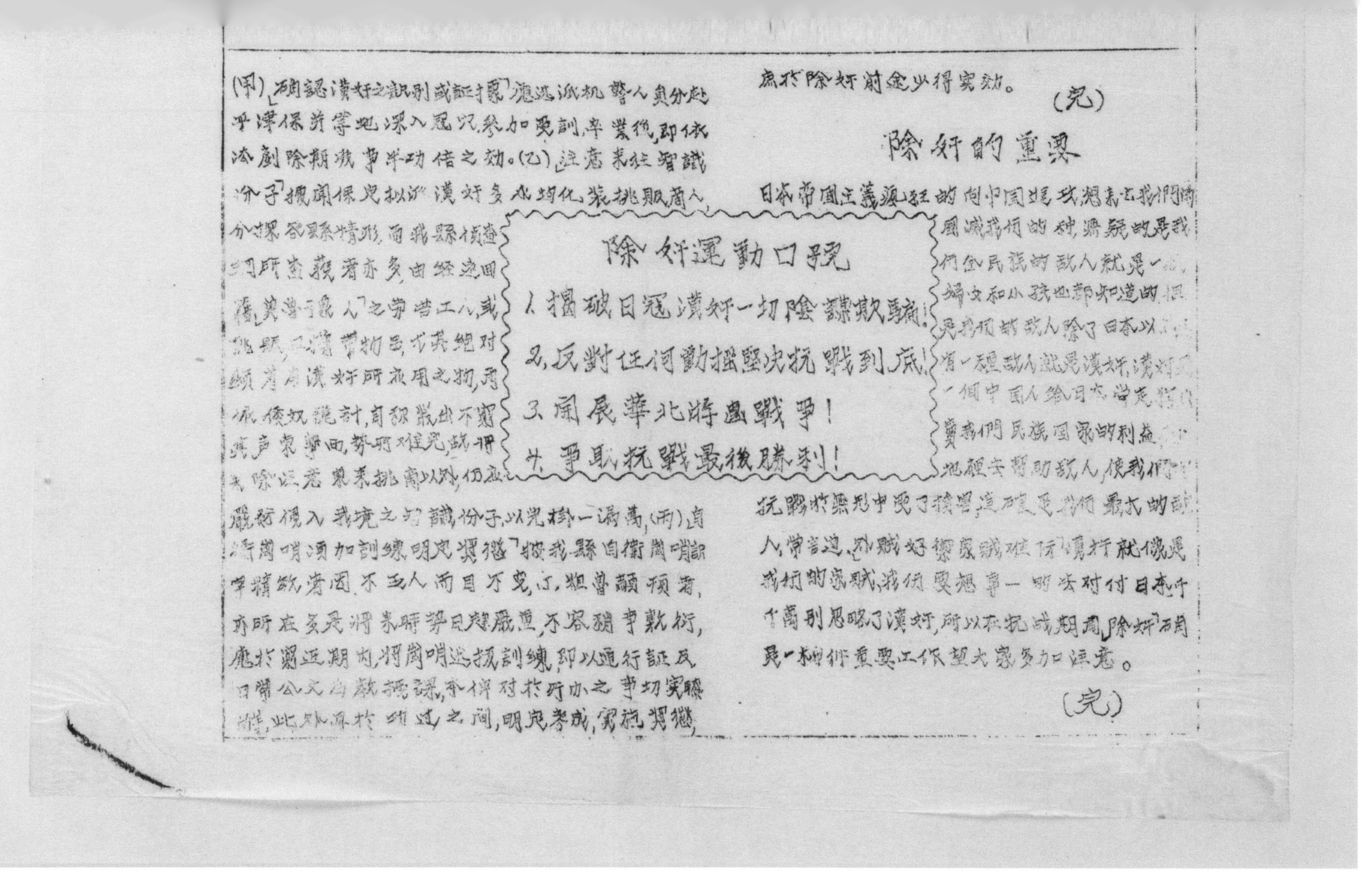

(甲)「确認漢奸之識別或証據」應选派机警人員分赴平津保并等地深入寇穴,參加受訓,卒業後,即依法剷除,期收事半功倍之效。(乙)「注意來往智識份子」攪亂保定敌汉奸多化装挑販商人,分往各縣探情形,而我縣檢查站所查獲者亦多由經過回籍「莫當千總人」之雇苦工人,或挑販,所攜帶物品尤須絕對嚴查,內漢奸所應用之物,再係偽奴詭計,自欲掩其不露聲色,衆事而,勢將难究,故除此意衆来挑商以外,仍應嚴防侵入我境之智識份子,以免掛一漏萬,(丙)「自衛團哨須加訓練明定獎懲」按我縣自衛團哨訓練精缺,固不乏人,而目不識丁,粗魯顢頇者,亦所在多是,將來時勢日趨嚴重,不容稍事敷衍,應於最近期內,將團哨选拔訓練,即以通行証及日常公文內容教導講課,並俾对於所办之事切实瞭解,此外再於功过之间,明定考成,实施獎懲,庶於除奸前途少得實效。（完）

除奸運動口號

1.揭破日寇漢奸一切陰謀欺騙!

2.反對任何動搖堅決抗戰到底!

3.開展華北游擊戰爭!

4.爭取抗戰最後勝利!

## 除奸的重要

日本帝國主義瘋狂的向中國進攻,想來亡我們的國,滅我們的种,瘋狂的是我們全民族的敵人就是日本,婦女和小孩也都知道的,但是我們的敵人除了日本以外,還有一種敵人就是漢奸,漢奸是一個中國人給日本當走狗,出賣我們民族國家的利益,在暗地裡去幫助敵人,使我們抗戰於無形中受了損害,這確是我們最大的敵人,常言道,「外賊好擋家賊難防」,漢奸就像是我們的家賊,我們要想集中一切力量对付日本,千萬別忘了漢奸,所以在抗战期间「除奸」工作是一種非常重要工作,望大家多加注意。

（完）

民口二十七年一月二十日　抗敵報　第一版

抗敵

晉察冀軍區
抗敵報社出版
☆第十二期☆
社址：阜平縣南關文娴街

# 國際風雲

## 英法美蘇 將以武力制裁日本

日寇的暴行激起世界公憤
各口政府積極扩充其軍備
英美海軍根据地交换使用
各口人民已实行抵制日貨

倫敦十三日路透電：英在本年內軍用机可增至一万架，較意德日三國之總數為多，其实力当在一万一千二百五十二架云。

倫敦十二日路透電：英口空軍之力量一九三五年已增強一倍，其餘所有舊式飛机已代以新式之轟炸机及战斗机，目前英方最快之克式战斗机并大量配備空軍部隊云。

倫敦十四日哈瓦斯電：英口海陸空軍部曾於本日公同發表公佈云：新加坡軍港將舉行落成典禮，屆時將有海陸空軍在該港舉行会議云。

華盛頓十三日電：眾議院海軍委員会主席文森今日宣称，增強美艦隊決議案條包括建造各艦程序之新計劃。又電：美現正急速完成一計劃，以便美對外宣战後四個月內可徵募義勇隊一百三十万人。

新加坡十五日路透電：此次英口之遠東海軍根據地給予美國神之便利，即對日本的暴行有所表示。新加坡十六日電：……

英美兩口在遠東之海軍根據地將實行互相交換使用，英口的新加坡軍港落成時，將有美口的艦隊前來參加典禮云。

蘇聯十八日廣播：日前蘇聯最高委員会首次會議通過了增強蘇聯海軍的提案。

香港十一日電：美陸軍定于一月十日起在菲律濱之呂宋島舉行演習，陸軍一方參加外，空二軍亦当派遣隊伍参加云。

## 各口對日提出抗議

倫敦十二日路透電：太晤士報外交記者称……告……水雷……政府对……不承認。

倫敦十二日路透電：……面詢日本海軍高級長官謂揚子江中有中口水雷，……後非日籍商輪一律不得上駛，英……

倫敦十四日路透電：英駐日大使克萊琪……抗議。

倫敦十二日路透電：英已向日政府明白表示絕不能容許日本干涉中口長江之英口航行權。

## 為要爭脫奴隸的枷鎖 台灣革命運動極度高漲

——彰縣崇拜與台灣取一致行動——

汗口十五日電：確息：台灣自一八九五年被日本強佔以後，數百万台民即開始過着奴隸生活，為了不許人民做亡口奴，便不顧多的犧牲的醞釀革命。這次日本將大部軍隊調來……并向台灣取得密切之联系……完全破坏……現時台灣已入于混亂……總同時朝鮮也正在醞釀着革命……將來將会採取一致的行動。

進攻中口台灣的社会党就乘机更積極的活動起來，最近領導着七千多礦工舉行了示威運動并宣言擁護我蔣委員長領導抗战，日當局派兵去鎮壓人民，便和軍隊衝突起來，把甚隆最大的蓄油池（貯備大量煤油可供六年战爭之用）……

華盛頓十五日海通電：昨日下午口務院宣称美在南京總領已向日使抗議日軍屢次強佔美僑住宅，……美口房產并……美僑所用之華工友等。

## 炸廣西天主教堂事 向日本切實抗議

巴黎十五日電：法政府已訓令駐日大使可利，對一月八日日机轟炸廣西天主教堂事向日本切實抗議。

華盛頓十二日合眾社電：美政府對住沪美僑及對日本要求一举，顯然對同口務卿赫爾對此事加以考慮，信官方對此所不願公開表示者，因美現正向英法兩口交換意見，以俟三口意見趨於一致，必將對上海事件有共同表示。

## 各口人民對日態度

哈尔格塔十日電：印度口民会主席及領袖多人九日舉行在各地向抗日会，并有印度詩家泰戈爾發表宣言。

倫敦十日電：英京工人各消費合作社已於今日決定不再購買日貨，同時各商店從今不再向日批購貨物。

華盛頓十二日路透電：美口務院決定收集美口在華僑民函件，並請美政府對美在華利益應堅決維持。

## 日本口內之近狀

東京十二日電：據大藏省發表，至一九三七年十二月三十一日止口債總額全一百一十九万万元，較上年度增一十五万万元。

東京十一日電：陸軍省發表，称內閣頃已決定請口会修改軍役法，將服役兵期從十八個月起改為二十四個月，大学畢業生服役士官期增至二十四個月，陸軍省又称此种修改，証明中日事件之教訓似為必要云。

大阪十二日電：十一日夜半日本西部有劇烈地震，歷二十分之久，地震中心在大阪附近七十英里。

史料名称：抗敌报第十二期（1938年1月20日）（全四版）

尺寸：宽533，高374

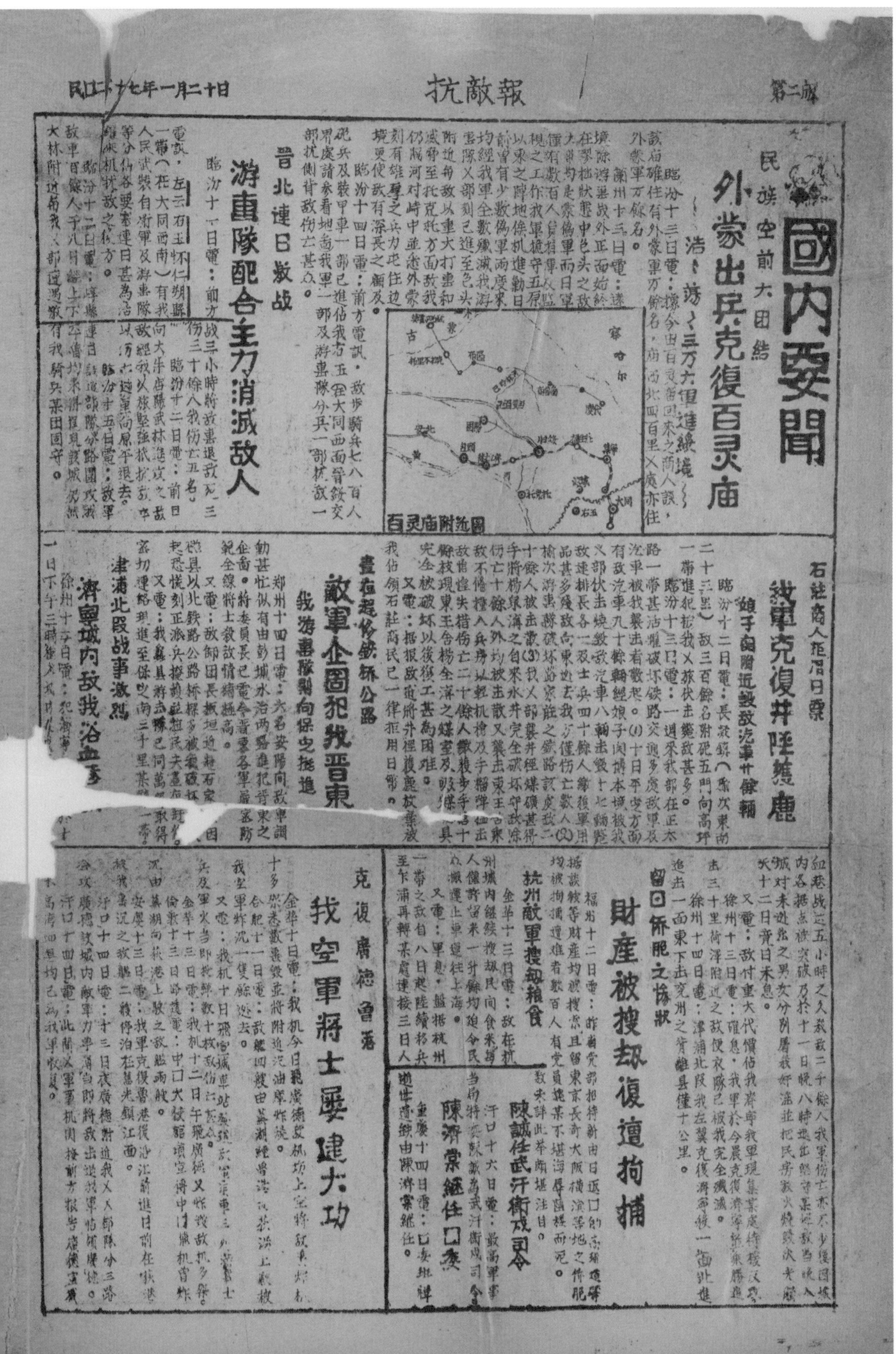

民国二十七年一月二十日　抗敵報　第二版

# 國內要聞

## 民族空前大团結　外蒙出兵克復百灵庙

百灵庙附近圖

## 晉北連日激战　游擊隊配合主力消滅敌人

## 我軍克復井陘獲鹿

## 敵軍企圖犯我晉東　我游擊隊開向保定挺進

## 濟寧城內敌我浴血…　津浦北段战事激烈

## 財產被搜刦復遭拘捕

## 杭州敵軍搜刮粮食

## 陳誠任武汗衛戍司令

## 陳濟棠…

## 我空軍將士屢建大功

民國二十七年一月二十日　　抗敵報　　第四版

## 晋察冀邊區軍政民代表大会宣言

蘆溝橋的砲声開始了，日本帝国主義大規模的对於中国本部的軍事進攻，幾個月以来的抗战固然已經表示了中華民族不屈不撓的堅強意志和犠牲奮鬥的英勇精神，然而由於过去華北軍事上政治上的種種原因，造成了華北抗战暫時的嚴重的軍事挫折，日本帝国主義者的手，竟然伸張到冀察全境以及晋省的太原，在三省内的重要鉄道綫（如津浦平漢平綏同蒲正太）及工業中心，軍事重地，差不多完全控制在敌人手中。中国正規軍大部被迫南移，剩在這區域内的只有[illegible]的部隊和新興的游击隊和義勇軍，敌人除[illegible]焚殺外，同時在占領區域内極力樹立汗奸政权和各種偽組織，在這種的情况下面，就形成了晋察冀边區特殊形態。

為着創立與鞏固晋察冀抗日根據地，堅持華北游击战爭，為着統一與整理晋察冀边區的軍事財政經濟以及一切行政机構，保証持久抗战的必然的勝利，為着打击汗奸政权，团結一切抗日力量，爭取徘徊歧路的動搖份子，晋察冀边區有成立臨時政府的必要，晋察冀边區代表大会就在這個意義上勝利的開幕了。這一代表大会有着边區全体的武裝部隊的代表，有着四十餘縣的县政府代表，有着擁有一百二十萬群众的民众团体的代表，更有蒙回藏少数民族的代表和尚喇嘛的宗教代表與中国国共兩大政党的代表，在大会中代表们都貢献出自己抗日救亡工作的經驗，誠懇地坦白地檢查了过去的工作，勇敢的批判并糾正了过去的缺点。

边區臨時行政委員会是民族統一战綫的政权形式，包含着各党派各個階層各少数民族，他的实際内容是貫徹抗日與真正民主，在行政的体系上，他是中華民国的地方政府，服從中央政府的領導，經过中央政府的批准，接受中央政府的法律與命令，在將来收復全部失地恢復晋察冀三省政权的時候，边區臨時行政委員会的任務即告終結，在這次代表大会中，充分的表現了各党派各階層[illegible]的精神，团結在抗日高於一切[illegible]的抗日精神，[illegible]的討論各種[illegible]救亡的重要提案，並選舉了[illegible]抗日的[illegible]成立了边區臨時行政委員会，大会充分表現統一战綫的異常堅固，這種堅固是正在[illegible]拆散統一战綫的日本帝国主義首[illegible]所不能[illegible]的，這更充分的表明民主精神[illegible]加強這[illegible]是前所未有的。我们堅决的相信這次代表大会之後，將使華北抗战更能持久，更能適合於中央之抗战方針，因此這次代表大会有着他非常偉大的歷史意義。

大会希望晋察冀边區臨時行政委員会[illegible]会[illegible]和[illegible]定的方針，在中央政府蔣委員長战區閻程司令長官的領導下，在各党派各階層各民族的堅固团結的基礎上，百分之百的完成歷史所給予他的任務，真正負担起普遍武裝人民，動員人民參战的任務，真正担起改善人民生活保障民主权利，並徹底肅清一切汗奸的任務，真正能够統一財政經濟，保証部隊給養，發動群众最高度的積極性去參加战爭中的一切工作，使晋察冀边區成為華北抗战的良好根據地，以爭取持久抗战的最後勝利。大会尤其希望全边區以及各地民众能够以最誠懇的態度督促與帮助政府实行上述任務，堅决反对在日本指使下的偽北京臨時政府及一切汗奸的政权，使他在中国領土上沒有立足的餘地，只有抗日政权的鞏固與擴大，才能够使中華民族走上獨立自由的解放大道。

雖然过去軍事上遭受了較大的挫折，但今天却有非常有利的形勢展開在我们面前。国際上对中国持久抗战的觀感與半年前有顯著的不同，中国能够得到更多的同情與帮助，同時日本国内及台灣朝鮮有着澎湃的反战運動，而中国全国上下各党各派却有空前未有的大团結，鞏固了抗战到底的决心，華北華中華南游击战爭的廣泛的展開，晋察冀軍區廣大民众的動員和義勇軍游击隊的蓬勃發展，這是过去所沒有，而今天恰正是配合了我们持久抗战的活生生的有利條件，我们有着过去非常沈痛的但是非常寶貴的血的教訓與經驗，日本帝国主義的進攻愈深入，則它的困难就越加增多，我们真正全民族的抗战愈持久，則最後的勝利一定是我们的，中華民族將從日寇的[illegible]下翻身起来，[illegible]解放的凱歌。

中華民[illegible]廿七年一月十五日

## 晋察冀边區軍政民代表大会印象記

轟動一時的晋察冀边區代表大会，經过了六天的討論，圓滿的閉幕了。代表们仍是那樣興奮，沒有半点疲勞現象，他们從大会裡得了無限的收獲，边區政府從他们的手裡建築起来，這確是中国空前未有的一創舉，是我们歷史上最光榮的一頁，在現世界除蘇聯外是各国絕無而我所僅有的，這實在是值得紀念的。

開幕那天，在莊嚴的会场上，国共兩党的代表各表了許多珍貴的意見，他们都用誠摯的態度站在抗日立场上說話，這表明国共兩党已經鞏固的团結起来了。

代表们的精神隨着開幕礼的結束漸漸的踴躍起来，在第一次大会裡為保衛隊的問題引起許多人熱烈的長時間的爭論，但大家都絕無一点私見，從爭[illegible]也絕看不出是那党那派的代表来。

因為減租問題，引起喇嘛代表激烈的爭論，[illegible]司令來就把宗教問題民族問題[illegible]了解，發出熱烈的掌声，喇嘛的[illegible]得了大家的同情，看着勝利的微笑，從這裡表現着各党派各階層各民族的团結。

大会的第四天忽然回民代表赶到，全体代表熱烈的歡呼着表示歡迎，這時会場中已包含漢蒙回藏四个民族，[illegible]中華民国是团結起来，民族統一战綫已走向鞏固的路上了。

提案討論終結，便是選舉边區行政委員，大家很熱烈的討論選舉法，很慎重的選舉出他们所信任的人来。於是閉幕典礼結束這盛極一時的大会，而边區政府從此產生了。

文论

## 民族统一战线（续）

## 政治经济研究社启事

本社定于本月二十日下午二时在阜平城内本社会所召开成立会，凡在本城同志届期务祈拨冗出席，在外地同志当由本社用通讯方法建立关系，特此通知。

政治经济研究社筹备处

## 各地通讯

### 矮奴残杀美法人　正太路总办尔隆毙命

### ⊙五台全县农代大会开幕⊙　会场情绪激昂秩序井然

### 和尚喇嘛　并非游山玩景不关心国事

### 回舍镇一战　⊙生擒日寇四名⊙

### ▲第三区诚不愧为全县模范▼

### ▲义勇军袭击定县车站又胜利▼

### ⊙一个热心爱国的女子

### 本报征求定户启事

为了适应大众的需求并维持本报经费起见，自下期起实行公卖，除抗日部队仍照旧赠送外，其他各机关团体私人一律停止赠送，请为原谅，并希照章定阅是幸。兹规定本报价目如下：零售每份三分，定阅连邮费每月三角二，月五角，四月一元，又阜平县属限五天内，其余各县限十天内将定报单填好连同报费一并寄来，逾期恕不寄报，希为注意。

民□二十七年一月二十三日　抗敵報　第一版

抗敵

晉察冀軍區
抗敵報社出版
第十三期
社址：阜平縣南關文嫺街

## 國際風雲

英每日電聞報評論
### 日對華政策
徒使中□抗战意志加強
北平新政府系傀儡作用 而竟立依靠刺刀而存在

倫敦十七日哈瓦斯電：此次日本發出对華政策宣言，並無新穎之点。乃日政府竟討論至一礼拜之久，始行發表，頗令人莫辦！每日電聞报，將表評論，日本發表宣言，徒促中□抗战意志益形加強而已。北平新政府，系依刺刀而建立，依刺刀而保持，断难成為中□之政府，日虽屢次声明保証中□領土完整，又將何以自解乎？

[illegible]

倫敦十七日哈瓦斯電：中□駐英大使郭泰祺，日前往海牙出席中□駐歐各大使举行会議，並有立法院長孫科部長參加。郭大使公举提此，对海牙会議，以判倫敦否議，对中英兩□商借款談判，英貸款一說，闢為無根據。

### 德報委婉措詞警戒日本
謂對華政策發表後

柏林十八日哈瓦斯電：日政府自發出对華政策後，德□各报均有委婉明切詞句，警戒日本：深入中□危險殊甚，促日向中□提出崇替的調和條件，德各觀察家談稱，德盼中日早日解除爭端，並以日本加深入為慮。

海牙十七日電：孫科及隨員若干人赴莫斯科，與另一部团員赴倫敦。

日本 單一的政党執行現政府政策

東京十八日合众社電：日本各愛□團体，在此地集会，決議取消各党各派，組織單一的政党，執行現政府政策。

日電訊檢查所
扣压英報導電訊
[illegible]

香港電：航訊，英泰晤报記者十六日晚，曾致電倫敦，實述自日軍佔京沪後，計慘殺中□同胞達三十餘万，並有強姦搶劫行為，該電為日本電訊檢查所扣留，并於十七日晚邀記者到日軍司令部，記者当即拒絕并对日扣留英電報認為越权侵犯抗議。

法□人民陣綫首領
### [illegible]魯浦(?)奉令組閣

巴黎十七日路透電：法財長龐萊，組閣失敗後，法總統已請前內閣總理及法□人民陣綫首領[illegible]魯浦組織新閣，據有關方面消息，[illegible]魯浦將請各政党參加，并不限人民陣綫委員。

### 日軍侮辱英婦
英当局將提出抗議

倫敦十八日路透電：此間接沪报告，謂昨□沪航报均載，日軍有侮英婦事件，更使英日關係日趨嚴重，據謂有日兵八人，向英租界外之英婦二人，施行侮辱虐待，上海英当局，俟調查確实，將向日政府，提出正式抗議。

### 日漁艦被荷兰截獲
送往爪哇加以審問

海牙十六日電：荷兰在東印度陣地某巡船，在荷屬海內截獲日艦三艘，該船並未執有应执之执照，故連同船員送往爪哇加以審問云。

日本將開会討論
### 中日战爭諸問題
二十八万六千万為經常預算
緊急預算將在四十万万以上

東京十八日路透電：新年後□会開会時，將以中□事件為主要討論問題，同時並討論長期战爭之經濟財政，國防及全□動員之各种問題，賦稅要增加，□民生活要安定，生產率要提高，經常預算定為二十八万六千万元，緊急預算在四十万万以上云。

### 許世英將乘輪返□

香港十八日電：我駐日大使許世英定二十一日由東京乘亞州皇后號輪船返□。

## 閩南西[illegible]

華北不願做奴隸的人們武裝抗战
### 中□游由隊在晉鬥爭大勝利
一〇五县中九三县仍為我有
倭寇对我游击战術束手無策

蘇联十八日廣播：中□軍隊及游擊隊在晉斗爭其為勝利。一月前日本以全力向山西始進攻，但日軍並無多大战斗力，日軍所到處，更不能担負統治地方的任務！（[illegible]現在說）日軍已侵奪了中□數省！可是每一省，甚至於連一半县的地也未佔去，其遇到□民革命軍及八路軍最大的抵抗。在晉一百零五县中，僅々佔領了十二县，其餘仍在革命軍手中，日軍只能在已佔地區，鐵路及城市附近一条狹窄之範圍內活動。八路軍部隊在晉西北東北部游击战術，敵人束手無策。近一月半來日軍要不斷南進，前進一里，後方失去數县。八路軍已經武裝了華北不願做奴隸的人們，準備向日对抗，時々作有力的反攻，晉省中□（接第二版）

史料名称：抗敌报第十三期（1938 年 1 月 23 日）（全四版）
尺寸：宽 533，高 374

民口二十七年一月二十三日　抗敵報　第二版

軍隊西發動了成千成万的英雄，全体參加防禦工事，同日軍內搁，所以日軍在晉屢次遭到莫大的失敗。

## 本報徵求定户啟事

為適应大众的需求並維持本报經費起見，自十三期起，實行徵求定户，除抗日部隊仍舊贈送外，其他各机関团体私人一律停止贈送，請加原諒。并希照章定閱是幸！茲規定本报價目如下：零售本城每份二分，外埠三分。定閱：本城每月二角，二月四角，四月七角；外埠每月三角，二月五角，四月一元（郵費在内）。又阜平县鎮限五天內，其餘各县限十天內，將定单填好連同报費一併寄來，逾期恕不寄报，希為注意。

蕪湖荻港我軍大展神威

## 轟沉敵艦炸燬敵机

軍艦沉一艘傷四艘、飛机毁三架傷五架

重慶十四日電：荻港電：我空軍連日在蕪湖荻港轟炸敵机軍艦，據确息，其成績如下：(1)炸沉敵艦一艘（油底号），傷四艘。(2)蕪湖机场停机数架，我机三架，飛往轟炸，毁敵机三架，傷五架。(3)我空軍於本月三日七日兩次轟炸敵机场，十一日敵艦在荻港攻我陣地，当被我空軍击退。

## 綏東蒙軍騎兵兩团反正

团長傅正口俞年英備受嘉勉

臨汾十八日電：軍息，綏東平鎮集寧（平地泉）一带，新駐蒙軍補充騎兵第七師朱林蘇命部，多係汗籍，因甚部協導，早有归服之心，尤其該師第八团長傅振口，九团長俞年英，更為[illegible]，陸續經過[illegible]被敵發覺，分增击，遂向团官兵落荒而走，晝夜前進，不停中途中敵埋伏，苦战竟夜，[illegible]日之艰苦斗争，八日午一到達集地，当經檢驗，官兵均為汗籍志士，集旺盛，戰馬齊全，当局据报後，甚為嘉許，当呈报中央，請优為编制，格外獎勵云。

## 安陽克復在即

鄭州十七日電：平汗敵西犯計劃必失敗

## 倭奴六百名死在[illegible]下

徐州沙河地主[illegible]集众殺敵

## 津浦北段我軍極有進展

徐州十六日電：[illegible]

## 游擊先鋒隊進逼包頭

## 我浩大武装在沪活動

## 我在日僑胞痛遭慘害

知識份子常被指為间谍 冰库一區三百餘人被害

## 中国六百兒女

沪敵軍運回日本 補充人數準備長期侵略

蕪湖方面

## 我敌空陸軍鏖战

敌伤亡甚重我士氣旺盛

## 孟县日軍大肆燒殺

## 沂水敌数百被殲滅

民国二十七年一月二十三日　　抗敌报　　第三版

# 各地新闻

## 热烈的 井陉民众 自动上前线慰劳伤员 献捐款情热烈

军息：我×旅×部在×××以北与进攻小寨之敌激战两日，终将敌击退。该地群众抗日情绪极高，给我军一莫大之帮助：(1)敌开始进攻时，群众将所探得敌人之数[illegible]……

## 霍聚昌

化装叫化子刺探军情 担任险要的同志注意

[illegible]

## 郑玉山

[illegible]

## 钱粮少女被劫去 民众们叫苦连天

日寇铁蹄下的蔚县

蔚县来人谈：此次日寇占领蔚县后，大肆抢掠，把个蔚县闹的天翻地覆，民众叫苦连天，日寇之暴行如下：[illegible]

## 救国会

边区工农青妇为会边区[illegible]

## 三区自卫军

[illegible]

## 宋邵文 边区政府主席兼财政厅长

边区政府成立之后，主席及各厅、处长，业由委员中推定：胡仁奎兼民政厅长，宋邵文主席兼财政厅长，刘奠基兼教育厅长，张苏兼实业厅长，娄凝先兼秘书处长云。

## 集中训练 阜平小学教员

特讯：阜平县政府文教科，认为当此国难严重非常时期，国防教育殊为重要，小学教育尤为救国之基础。为使每个[illegible]

## 编后

①本报第十二期以篇幅扩大，及其他関係出版延期，请读者原谅，未日一定按期出版。
②各地特约通讯员，请[illegible]

## 漫談

### 吉利話

團丁

吉利話，在中國的社会裡是很普遍的流行着：無論任何的事情，在開始的当兒，總要說上几句吉利的話兒，表祝將來收獲的多，滿咧！你看某商号開張了，要寫几句生意興隆的吉利的話兒；送某同志赴前線殺敌的時候，也要說上几句旗開得勝的吉利話兒。還有每天第一次見面的時候，也要說：「今天可好」；……

大衆園地，由於墾荒，耘植，現在開幕了，今天是開幕的頭一天，我們当然要对它有几句吉利的話兒說一說；按句訣說，也就是團丁的希望，(一)它的園景內容要一天勝似一天的繁榮，質和量的方面，務使它充实起来。(二)它的欣賞的同志們(讀者)要同單墾範圍擴大起来。(三)使嗜好文藝的同志們，當以大衆園地作個集团的基礎，担負起抵戎的責任来，發動抗战的大众文化，以上三条，就是團丁最低度的希冀，同時並盼愛護本園的同志們，在看完園景的時候，不吝教言，給予忠实的批判，使本園隨時改善，充分的供給稿件，使園景質和量上充实起来，這又是團丁对於愛護本園同志們的约求！

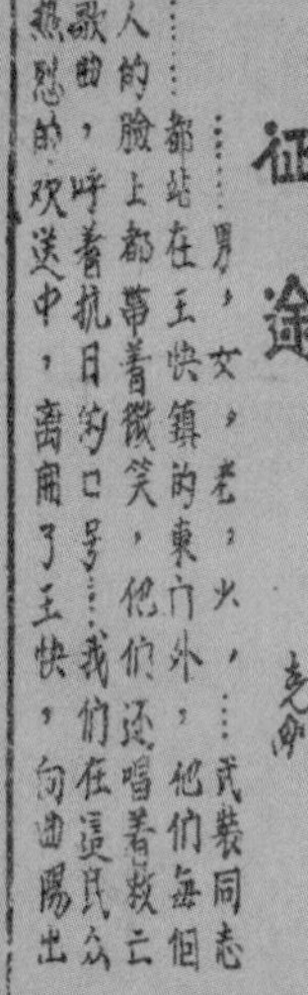

### 征途

克剛

……男，女，老，少，……武裝同志都站在王快鎮的東门外，他們每個人的臉上都帶着微笑，他們还唱着救亡歌曲，呼着抗日的口号……我們在這民众熱烈的欢送中，离開了王快，向曲陽出發了！次日便到達了曲陽城，這是每日都受着敌人威脅的城市，和阜平王快比較起来，確实顯出有点荒涼了，因為我們是夜裡到達的，所以守衛的士兵檢查特别嚴，我們先檢驗了通行証，再盤问了人數和表册等，才允許我們進去，這種尽職小心的精神，在曲陽是特别有意義的，因於曲陽的民众組織，到現在还不十分健全，还不很深入，原因是除了主观力量的不够以外，主要的，还是因為接近敌人，人心恐懼所致，五日清晨，我們的隊伍又拔了，武裝同志們一個個精神煥發，他們都挺起了胸膛，勇往直前的前進着，整齊的步伐，打破了荒野的寂靜，三十多個少年先鋒隊的小同志，隨着大隊一步步的前進着，毫無[illegible]的表現，一路上唱着救亡歌曲，呼着口号，等到一個村子，還要散發傳單，張貼標語……我們一步步的邁進着，一步步的近了敌界，每個同志們也一步一步的更緊張更興奮了！（未完）

### 我們的光榮

——青子——

光榮，光榮，當了軍人，
青年同胞，不顧犧牲，
不貪利祿，
這才是我們的責任，
這才是我們的光榮。

✿✿✿

光榮，光榮，
疆場作戰，勇往邁進，
白刃相衝，血肉相拼，
這才是我們的精神，
這才是我們的光榮。

✿✿✿

光榮，光榮，
殺得敌兵，膽寒心驚，
頑抗暴力，犧牲拚命，
這才是我們的使命，
這才是我們的光榮。

✿✿✿

光榮，光榮，
驅除日寇，退出國境，
收復失地，華夏奠定，
這才是我們的成功，
這才是我們的光榮。

### 由阿比西尼亞說起

麟田

阿比西尼亞亡國快四年了。

当時意國的黑衣軍想以阿國是野蠻民族的國家，不祇以飛機大炮來对待它，還有毒瓦斯，氧氣砲，來对待；阿國一般熱愛的民众，使很慘痛的被盡殺了。所謂世界聯盟，怪漠如此！阿比西尼亞，虽然消滅在帝国主義的鐵蹄下了，但是他反抗意帝斗爭的經过，是一幕偉大的奮斗史，佔世界史上最光榮的一頁。它替世界上的弱小民族深深的吶喊一聲，一口氣，也是弱小民族後的一声吶喊，表示着弱小民族不受帝國主義的欺侮蹂躪！

虽然阿比西尼亞亡国了，我們相信是暫時的，不久的將来，必定可以復興起来，由於抗意帝的斗爭，事实告訴我們，不凡且高壓式的手段，僅能制服形式，而不能征服精神的，所以阿國的精神不朽，阿国的民族永存！我們中國現在與日寇展開了全面的堅決的自衛抗战，在這抗战的進展中，只要统一战線，日漸鞏固与擴大，民族抗战情緒與意志，日趨高漲與堅定，那麼，我們的抗战，斷然的会得到大大的勝利！

### 本園稿約

團丁訂

一、本園是公開的大众園地，欢迎大众投稿。
二、本園，景是論文，小說，詩歌，俚曲，戲劇，隨筆，小品，散文，其他。
三、除去論文，小說，戲劇稿件外，皆以短小精悍者為佳。
四、來稿請註明通訊地址，及真实姓名，以便通信，發表時如用筆名，請作者自便。
五、編者对來稿有刪改权，不願者請預先聲明。
六、稿件刊載與否，皆不退还，如須退还者，稿末可以註明，並附足郵票。
七、來稿請交本報編輯部，轉本園園丁。

### 組字畫

熹射

此畫係四字組成者，先猜對者，贈抗敌報一期。

民口二十七年一月二十六日　抗敌报　第一版

# 抗敌

晋察冀軍區　抗敌報社出版　第十四期

社址：阜平縣南關文廟街

## 國際風雲

### 華盛頓時報刊稱 日工商全体拟向美信用借款 美口声称任何借款断难贊同

華盛頓十九日路透電：据六日時报刊称，日工商業全体最近拟在美口成立五千万美金之信用借款，作為購買机器之用，此事恐难成功，美官方对日本在美接洽之任何信用借款，断难贊同，假定有此計劃，亦無成功希望，此种態度，是否代表美口外交政策，官方拒絕討論，竟為私人之意見。

### 新加波將成為 亞州最大空軍根据地

新加波二十日路透電：此間空軍根据地，此年前有大批飛机隊飛此，增強亚州空軍之势力，馬来各部為保護半島特捐助飛机二架，來此補防，一般認為此間民用飛行坊築成後，新加波將成為亚州最大之空軍根据地。

### 蘇代辦維諾哥拉夫返口

華沙十九日哈瓦斯電：蘇聯代辦維諾哥拉夫，因奉有本口政府訓令，急然返回莫斯科，而以參事代行任務，蘇聯大使某氏亦於去年奉召回口，其代辦維諾哥拉夫，今又返口亦云奇矣。

### 英駐華新大使 克拉克將來華

倫敦十九日路透電：新任駐華大使克拉克及其夫人，將於本月二十二日由馬賽起程赴華履新。

### 要聞簡報

▲蘇聯十九日電：美議員要求政府对日停止一切商務関係。

▲香港十九日路透電：航訊，前日大使館發言人称：檢查新聞電報事，实际上由日大使館担任。及十七日接見外口記者時，又謂檢查事实际上已有軍事当局管理。前後矛盾，經外口記者看穎向，据答称：此乃日本口內行政，与外人無関。

▲莫斯科十八日路透電：共党要人加里寧任為最高委員会主席。莫洛托夫辭職。

▲香港十八日電：我口貨船一艘，十八日最，在珠江口遭敵艦截劫。

▲蘇聯十九日廣播：美口增加海軍預算五五三，二二六，〇〇〇，才元。

▲日外交人務言，日对中口斷絕外交後，不一定宣戰。

▲東京二十日路透電：中口駐日大使許世英二十日下午四时，乘亚州皇后号輪至港。

▲十八日下午廣田令川越回口。

▲偽中口臨时政府改平為北京

## 國內要聞

### ◎山東省主席兼三路總指揮 韓復榘罪大惡極 不遵命令擅自撤退勒刼烟土 強索捕犯侵吞公款收繳民槍

汗口十九日電：軍息，某城區副司令長官及某集团軍總司令兼第三路總指揮韓復榘，不遵命令，擅自撤退，勒刼烟土，強索捕犯，侵吞公款，收繳民枪，实屬罪大惡極，着即在前方革除本兼各職，拿交軍法执行總監部敘處。

### 沪浦東我游击隊極形活動 三千餘人襲击日軍根据地 川沙克復奉賢亦將归我有

上海十八日電：据日軍發言人称，中口軍隊现仍不斷襲击浦東之日軍根据地，目前在浦東一帶，中口游击隊已达三千餘人，浦東已宣佈戒嚴，距沪東三十英里之川沙县現已被華軍克復。▲上海市內，不时聞得枪声。

汗口十九日電：軍息，潛伏於浦東我之游击隊，連日活動甚力，有克復奉賢之勢，現面敌据守於南桥鎮，青村港。

### 川康綏靖主任 刘湘逝世

汗口二十日電：川康綏靖主任劉湘，因憤暴日侵略，率部出川，發動抗战，受病，在汗口万口医院，医藥罔效，於二十日下午八时逝世。

### 平汗敵軍換防 諒增津浦兵力

汗口十八日電：軍息，平汗正面無動靜，沿線敵軍已換防，自本月九日起，敵部隊常經大名向德州方面運動，似增兵津浦線。

### 騎兵某師克復平魯

臨汾十八日電：前方電訊，前向平魯進攻之敵，經我騎兵某師之某部，奮勇击潰，我軍已再度克復平魯，敵已分头向岱岳、武道、濟桐縣等地潰退。

### 本報徵求定户啟事

為適应大众的需求量，維持本报經費起見，自十三期起，实行徵求定户，除抗日部隊仍舊贈送之外，其他各机関团体私人一律停止贈送，請加諒解。希本报定價目如下：每份二分，外埠三分。閱本城每月二角，外埠每月二角；二月四角，三月五角，外埠二月四角，三月七角，一元（郵費在內）。县属限五天內，其餘各县限半月內，十天內將定单填好連同报費一併寄来，逾期恕不寄报，希為注意。

史料名称：抗敌报第十四期（1938年1月26日）

尺寸：宽549，高420

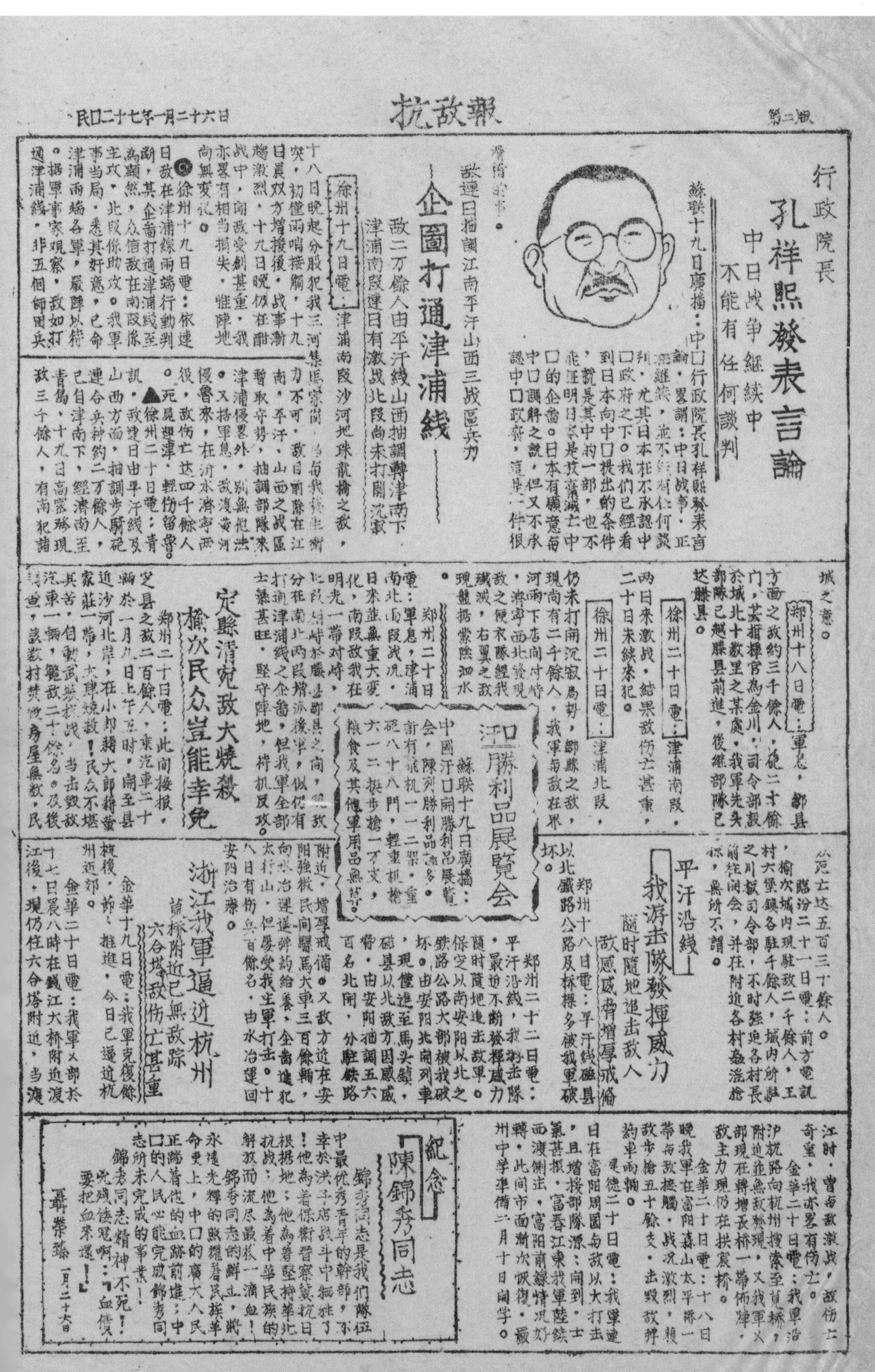

民口二十七年一月二十六日　　**抗敌報**　　第二版

## 行政院長 孔祥熙發表言論
### 中日战爭繼續中 不能有任何談判

蘇联十九日廣播：中口行政院長孔祥熙發表言論，畧謂：中日战事，正在繼續，並不能有任何談判，尤其日本在不承認中口政府之下。我们已經看到日本向中口提出的条件，就是其中的一部，也不能証明日本是要消滅亡中口的企圖。日本有願意每中口調解之說，但又不承認中口政府，這是一件很滑稽的事。

## 企圖打通津浦綫
### 敌連日抽調江南平汗山西三战區兵力

敌二万餘人由平汗綫山西抽調轉津南下
津浦南段連日有激战北段尚未打開沉寂

徐州十九日電：津浦南段沙河地珠龍橋之敌，十八日晚起分股犯我三河集馬家尚，当向我我主衛突，初僅兩哨接觸，十九日晨双方增援後，战事漸趨激烈，十九日晚仍在酣战中，聞敌受創甚重，我亦畧有相当損失，惟陣地向無变化。

◎徐州十九日電：依連日敌在津浦綫兩端行動判斷，其企圖打通津浦綫至為顯然，众信敌在南段係主攻，北段係助攻。我軍事当局，悉其奸意，已命津浦兩端各軍，嚴陣以待。據軍事家观察，敌如打通津浦綫，非五個師団兵力不可。敌目前除在江南，平汗，山西之战區暫取守势，抽調部隊來津浦侵畧外，別無他法。又据軍息：敌復由黄河侵魯來，在沂水濟寧西役，敌伤亡达四千餘人，死屍運津，輕伤留魯。

▲徐州二十日電：青訊，敌連日由平汗綫及山西方面抽調步騎砲兵种，約二万餘人，連合已自津南下，經濟南至青島。十九日高密務現敌三千餘人，有南犯諸…

城之意。

郑州十八日電：軍息，鄒县方面之敌約三千餘人，砲二十餘門，其指揮官為金川，司令部設於城北十数里之某處，我軍先头部隊已越滕县前進，後繼部隊已达滕县。

徐州二十日電：津浦南段，兩日來激战，結果敌伤亡甚重，二十日未續來犯。

徐州二十日電：津浦北段，仍未打開沉寂局势，鄒縣之敌，現尚有二千餘人，我軍与敌在界河兩下店向村特，濟寧西北發現敌之便衣隊經我殲滅，右翼之敌現盤据紫陰泗水。

郑州二十日電：軍息，津浦南北段战况，日來並無重大变化，南段敌我在明光一帶对峙，北段对峙於滕县鄒县之间，敌分在南北兩段增派援軍，似有打通津浦綫之企圖，但我軍全部士氣甚旺，堅守陣地，待机反攻。

## 汗口勝利品展覽会

蘇联十九日廣播：中國汗口開勝利品展覽会，陳列勝利品甚多。計有飛机一一二架，重砲八十八門，輕重机槍六一二挺，步槍一万支，糧食及其他軍用品無算。

## 定縣清宛敌大燒殺 榆次民众豈能幸免

郑州二十日電：此間接报，定县之敌二百餘人，乘汽車二十輛於一月九日上午五时，開至县近沙河北岸，在小郎耨大郎耨蚤家莊一帶，大肆燒殺！民众不堪其苦，自動武裝抗战，当击毁敌汽車一輛，斃敌二十餘名。及後[illegible]，該數村焚燒房屋無數，民

## 平汗沿綫 我游击隊發揮威力
### 隨时隨地追击敌人 敌感威脅增厚戒備

郑州十八日電：平汗綫磁县以北鐵路公路及桥樑多被我軍破坏。

郑州二十二日電：平汗沿綫，我游击隊最近不斷發揮威力，隨时隨地追击敌軍。保定以南安阳以北之鉄路公路大部被我破坏。由安阳北開列車，現僅進至馬头鎮，磁县以北敌方因感威脅，由安阳抽調五六百名北開，分駐鉄路附近，增厚戒備。又敌方近在安阳強徵民間騾馬大車三百餘輛，向水冶運送弾药給養，企圖進犯太行山，但受我主軍打击。十八日有伤兵百餘名，由水冶運回安阳治療。

从范士达五百三十餘人。

臨汾二十一日電：前方電訊，榆次城内現駐敌二千餘人，王村，大堡鎮各駐千餘人，城内所縣之川敌司令部，不时強迫各村長前往開会，并在附近各村姦淫搶掠，無所不謂。

## 浙江我軍逼近杭州
### 蕭桥附近已無敌踪 六合塔敌伤亡甚重

金華十九日電：我軍克復餘杭後，節節推進，今日已逼近杭州近郊。

金華二十日電：我軍又部於十七日晨八時在錢江大桥附近渡江後，現仍住六合塔附近，当渡江时，曾每敌激战，敌伤亡奇重，我亦畧有伤亡。

金華二十日電：我軍沿沪杭路向杭州搜索至莧桥，附近並無敌蹤，現我軍又一部現在轉增長桥一帶佈陣，敌主力現仍在拱宸桥。

金華二十一日電：十八日晚我軍在富阳森山太平桥一帶每敌接觸，战况激烈，毁敌步槍五十餘支，击毁敌汽車兩輛。

建德二十日電：我軍連日在富阳周圍每敌以大打击，且增援部隊源源開到，士氣甚振。富春江東我軍陸續西渡側法，富阳前線情况好轉。此間市面漸次恢復。嚴州中学準備二月十日開学。

## 紀念 陳錦秀同志

錦秀同志是我們隊伍中最优秀青年的幹部，不幸於洪子店战斗中犧牲了！他為着保衛晉察冀抗日根據地；他為着堅持華北抗战；他為着中華民族的解放而流尽最後一滴血！

錦秀同志的鮮血，將永遠光輝的照耀着民族革命史上，中口的廣大人民正踏着他的血跡前進；中口的人民必能完成錦秀同志所未完成的事業！

錦秀同志精神不死！

兇殘徒寇啊！血債要把血來還！

聶榮臻 一月二十六日

史料名称：晋察冀军区军政学校第一队第七周教育课目配当表

尺寸：宽 292，高 327

冀察晋军区军政学校第一队第七周教育课目配当表 [illegible]

| 次 | 1 | 2 | 3 | 4 | 5 | 6 |
| --- | --- | --- | --- | --- | --- | --- |
| 早操课目 | 基本教练 [illegible] | 爬山（全武装） | [illegible] | 爬山（全武装） | [illegible] | 爬山（全武装） |
| 时间 | 9时——11时40分 | | | | | |
| 上午课目 | 各种基本战术 | 中国革命基本问题 | [illegible] | [illegible] | 中国革命基本问题 | [illegible] |
| 教员 | 黄 | [illegible] | [illegible] | 黄 | [illegible] | [illegible] |
| 时间 | 13时——17时 | | | | | |
| 下午课目 | 射击纪律 射击指挥 | 步枪研究 | [illegible] | 何谓射击学理 | 射击野外演习 | 防空 防毒 |
| 教员 | 李 | 仝 | 仝 | 李 | 李 | 张 |
| 附记 | 1. [illegible]<br>2. 上午课外活动时间 [illegible]<br>3. 夜间演习一次——[illegible] | | | | | |

史料名称：晋察冀军区军政学校第二队第七周教育课目配当表

尺寸：宽 292，高 327

| 冀察晋軍区軍政学校第二隊第七週教育課目配當表 元月十五于晋祠寺 | | | | | | | |
|---|---|---|---|---|---|---|---|
| 星次 | | 1 | 2 | 3 | 4 | 5 | 6 |
| 早操課目 | | 連的基本隊形教練 跑步卅分鐘 | 爬山（全武裝） | 射擊指揮（分隊為單位） 跑步卅分鐘 | 爬山（全武裝） | 連的縱橫隊形教練 跑步卅分鐘 | 爬山（全武裝） |
| 時間 | | 1½ | | | | | |
| 上午 | 課目 | 中日革命基本問題 | 中日革命基本問題 | 連隊中政治工作 | 連隊中政治工作 | 中日革命基本問題 | 中日革命基本問題 |
| 教員 | | 1½ | 1½ | 教 | 教 | 1½ | 1½ |
| 時間 | | 13時——15時 | | | | | |
| 下午 | 課目 | 射擊軍紀 射擊指揮 | 步槍研究 | 簡明射擊學理 | 簡明射擊學理 | 防空防毒 | 射擊預習 演習 |
| | | 宮 | 汪 | 汪 | 宮 | 1½ | 宮 |
| 附記 | | 1.本表自元月廿七日實施，<br>2.上午課外活動時間加強一二三区隊文化教育，四区隊參加第一隊軍課，<br>3.夜間演習一次——軍事簡<br>4.第三区隊在此週（軍事討論）另外加第二隊上課， | | | | | |

史料名称：晋察冀军区军政学校第三队第四周教育课目配当表

尺寸：宽 292，高 327

冀察晋軍區軍政學校第三隊第四週教育課目配当表　1938年元月15日　于曾佑

| 星次 | | 1 | 2 | 3 | 4 | 5 | 6 |
|---|---|---|---|---|---|---|---|
| 課目 | 早操 | 跑步（卅分鐘）射擊指揮（分隊為單位） | 爬山（全武裝） | 跑步（卅分鐘）射擊指揮（分隊為單位） | 爬山（全武裝） | 跑步（卅分鐘）排縱隊形各种变换 | 爬山（全武裝） |
| 時間 | | | 9:10 | —— | 11:10 | | |
| 上午 | 課目 | 步兵班的進攻演習 | 軍士哨 | 軍士哨 | 軍士哨 | 偵察班 | 偵察班 |
| 教員 | | 趙 | 趙 | 趙 | 趙 | 趙 | 趙 |
| 時間 | | | 13 | —— | 15 | | |
| 下午 | 課目 | 各种基本政策 | 中國革命基本問題 | 連隊中政治工作 | 各种基本政策 | 中國革命基本問題 | 連隊中政治工作 |
| 教員 | | 黃 | 鄧 | 舒 | 黃 | 鄧 | 舒 |
| 備考 | | 1、本表自元月十七日實施<br>2、上午課外活動時間改上軍語<br>3、夜間演習一次——靜肅進行及聯絡法 | | | | | |

史料名称：晋察冀军区军政学校第四队第一周教育课目配当表

尺寸：宽 292，高 327

晋察冀军区军政学校第四队第一週教育课目配当表 [illegible]

| 星次 | 1 | 2 | 3 | 4 | 5 | 6 |
|---|---|---|---|---|---|---|
| 早操課目 | 班的基本隊形教練 跑步（十分鐘） | 爬山 | 班的散開法 跑步（十分鐘） | 爬山 | 班的散開法 跑步（十分鐘） | 爬山 |
| 时间 | | 4 10 | ——— | 11 10 | | |
| 上午課目 | 散兵教練 | 散兵教練 | 紀律條令 | 内務條令 | 散兵教練 | 内務條令 |
| 教员 | 魏 | 仝 | 孫 | 孫 | 魏 | 孫 |
| 时间 | | 13时 | ——— | 15时 | | |
| 下午課目 | 中國革命基本問題 | 中國革命基本問題 | 紀律條令 | 散兵教練 | 中國革命基本問題 | 中國革命基本問題 |
| 教员 | [illegible] | [illegible] | 孫 | 魏 | [illegible] | [illegible] |

附记：
1. 本表自元月十七日实施
2. 上午课外活動时间文化程度低的上文化課
3. 夜间演習一次——認北極星

史料名称：巩固和扩大抗日统一战线（共 8 页）

尺寸：宽 150，高 190

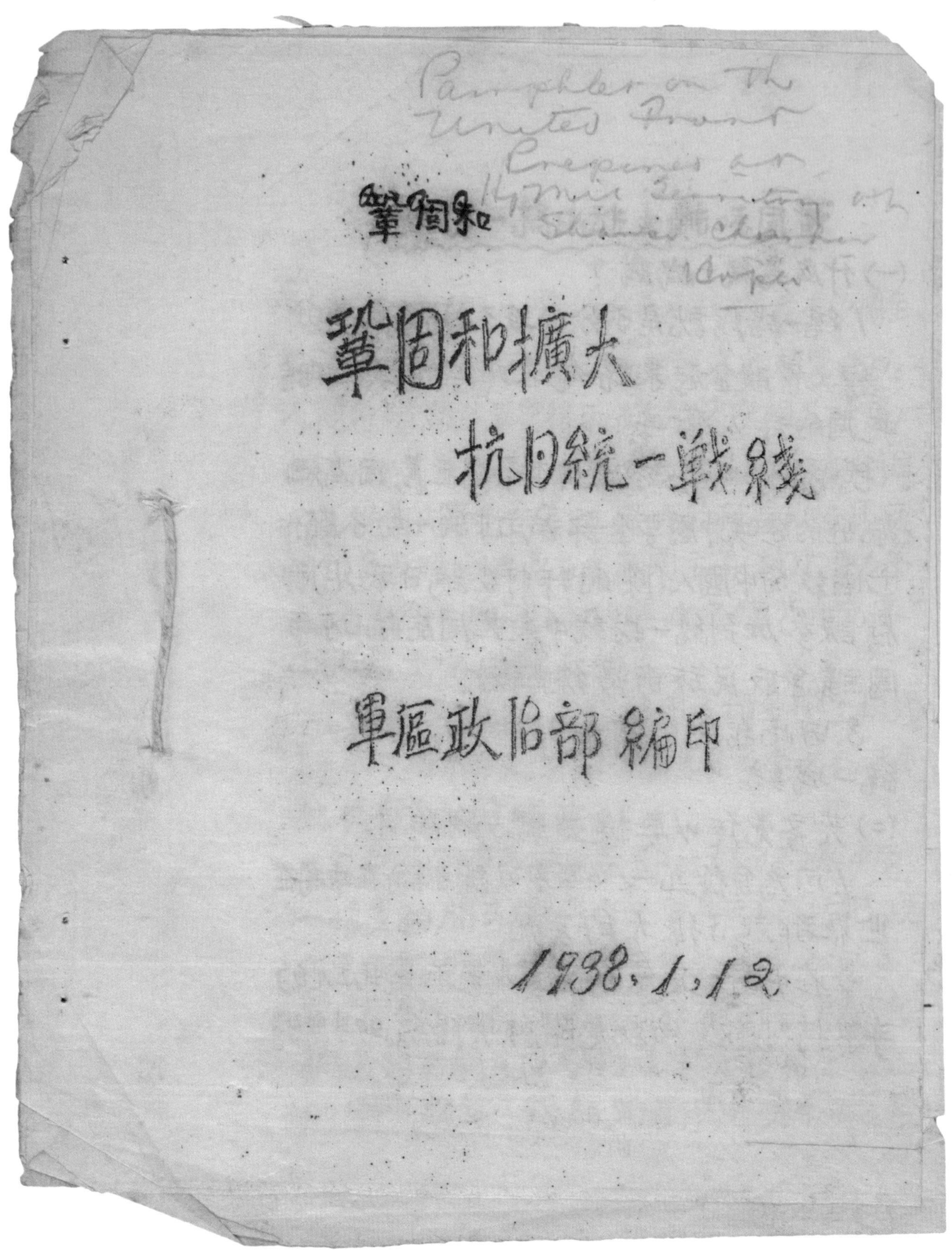

Pamphlet on the United Front

鞏固和

鞏固和擴大
抗日統一戰綫

軍區政治部編印

1938.1.12

# 鞏固和擴大抗日統一战線

(一)什麽是統一战線？

1.統一战线就是不分党派不分階級不分職業大家联合起来統一起来站在一條线上向着共同的敌人奮斗。

2.我們共同的敌人是日本帝國主義因為他瘋狂的進攻中國要全部滅亡中國一切不願作亡國奴的中國人(除開汗奸及親日派外)都應該參加到統一战线中来共同反抗日本帝國主義爭取民族的最後解放。

3.因此我們的統一战线叫做抗日的民族統一战线。

(二)共產党何以要提出統一战線来？

1.因為自從九一八事变以後不論在中國在世界都起了很大的变化。

2.在中國從前是地主資本家和農民工人的斗爭特別厲害也就是階級與階級的斗爭特

别厲害今天则是整個中華民族與日本帝國主義的斗争特别厲害,因而地主資本家和農民工人間的階級斗爭变得和緩起來共同反对民族的敌人民族的利益超过了階級的利益。

3、從前共產党為着工人農民的利益以及民族的利益反对國民党日本帝國主義封建势力妥協自結今天因為日本的進攻不僅共產党要抗日國民党也轉向抗日.

4、從前國内許多封建集团互相爭奪互相残殺今天因日本帝國主義的壓迫大家要求和平团结也有了大的改变。

5.從前許多帝國主義都一樣侵略中國一樣互相間有衝突今天因為日本鬼子進攻太兇,引起那些有利益関係的國家都起來反对同情或帮助中國抗战特别蘇联是我們最好的朋友因為有了這些变動因為民族間的衝突超过了階級的衝突各党各派各階

7

級都需要一致去打日本所以共產党就提出了統一战线来团結一切抗日力量統一抗日意志和步驟好更有力的趕走日本争取民族独立與解放，

(三)我們在統一战线中收到一些什麽成績還有什麽缺點？

由于共產党的正確領導和艱苦斗爭的結果統一战线已經取得了很大的成績比方：

1、停止了十年來的中國内戰。

2、開始國民党與共產党的合作。

3、開始統一战线的建立并实現了全國的大規模的抗戰。

但是統一战线的擴大與鞏固一直到今天還是很不够的這就因為我們还存在着下面許多缺点：

1、對友党友軍的团結發揚與帮助不够

引起了不少的纠纷给亲日派利用。

2、对抗日高于一切的认识不深刻有时候把实现民主改善民生的问题看作抗日一样的重要。

3、对友党友军的批评有时态度还不很好。

4、对地方政府及群众团体关系有时候还不很密切

5、在实际工作中有不少的同志犯了左的关门主义盲动主义(如拒绝或不耐心争取可能抗日的份子)以及骄傲的宗派主义。

(四)怎样才能巩固与扩大统一战线?

巩固与扩大统一战线是我们今天最紧要最中心的一个任务因为只有统一战线的巩固与扩大才能保证争取持久抗战的最后胜利,我们今后更加需要:

1.我们要把抗日看得比什么都重要.我们

的口號是抗日高于一切，一切服從抗日

凡是不利於抗日的部份都必須尽量拔去

2.為着抗日的勝利，我們必須团結一切抗日力量团結各党各派各界各階級各個軍隊以及一切抗日的份子到統一战线中來一切服從統一战线一切經過統一战線。

3.國共兩党合作是長期的政治联合是各党各派合作的模範应該互相帮助。

4.八路軍是整個國民革命軍的一個組織部份，八路軍與中央軍地方軍的関係要非常密切。

5.政府以及一切抗日团体必須特別遵重一切舊有財政制度仍須保持舊有形式但帮助進步使他適合于抗日的需要。尽量吸引群衆团体参加統一战线来組織群衆應以擴大統一战线為中心，用各種合法形式把他們組織起来武装起来密切軍隊政府

三

與人民的關係.

6.实現軍政一致,動員群衆帮助友軍鞏固友軍密切人民與政府的關係調解人民與政府爭端

7.对友党友軍的批評應該是誠懇的善意的態度而不是站在岸上說風涼話,友党友軍的好處,應鼓勵與發揚而不是只宣傳自己的好處,

8.統一战线的共同綱領基本上應採用共產党提出之十大綱領但不是馬上可以完全实現而是要逐漸爭取实現

9.統一战线中因為是各党各派的联合磨擦(即糾紛)是难免的但应避免不必要的磨擦就是对民主与民生(如改善生活減租 四
減税等)的斗爭也應採取推動和調解的方式去解决。

10.對國內營壘的分法應該是抗日派與

親日派認清今天敌友的主要區標是抗日與親日一切抗日的人都应吸引到統一战线中來(包括地主階級)今天抗日就联合,明天親日就反对.

II、統一战线的前途是建立独立自由和幸福的民主共和國的新中國而不是蘇維埃的社会主義的新中國。

(五)在統一战线中八路軍應該怎樣?

(1)八路軍应該成為统一战线中的模範隨時隨地都忠实于统一战线都注意到鞏固和擴大統一战線.

(2)特別在下列三個條件下保持他光荣的傳統.

1、保障和加强共產党的絶对領導

2、保障工農成份的絶對优势

3、保障高度政治工作的傳統加強各種教育

(3)加強本身軍事政治教育党的工作反對腐化墮落忽視本軍傳統以及自尊自大的傾向。

——完——

# 我们万众一心

卡尔逊进入晋察冀边区时，正值敌后建政工作蓬勃开展，岁末年初刚建立的阜平县政府已经开始施政，沿途每个村庄都有许多在卡尔逊“看起来是被有序地组织过”的民众团体列队路边，个个精神振奋，唱着抗日歌曲，高呼口号，欢迎远道而来的美国朋友。

在阜平，卡尔逊专门听取了创建第一个敌后县政权的前五台县县长、现任晋察冀边区行政委员会主任宋劭文关于抗日民主政府的组织与体制的讲解，同时还就地搜集了有关阜平县政权及各民众团体的组织与运作的成套资料，其中列为第五号的《阜平县政府布告》的签署时间为 1938 年 1 月 25 日，即他到达阜平的前四天，足见其新鲜程度。

依据亲身观察和体验，以及对这些鲜活材料的认真解读，卡尔逊后来在呈交美国海军部的《关于中国西北部军事活动的报告》中，把八路军发明的抵抗模式概括为正规部队、游击队做补充、军民密切配合三大要素。所谓军民密切配合就是发动群众，“组织发动群众是以县为单位开展的。县是省的一个政治分支，在面积上相当于美国的郡。县长是县里主要的文职官员，他通过设立动员委员会将群众组织起来，成立民众社团。通常根据行业属性和社会阶层的不同，民众社团分为工商协会、手工业协会、农会、妇救会和儿童团。县里的每个人都要加入相对应的组织。这些社团每周都举行数次集会，会员接受抗日教导、高唱抗日歌曲、高呼抗日口号。组织者

河北阜平县政府　1938 年　沙飞摄

想方设法调动士气，强化坚持抗战的决心，并向群众解释抗战的道理，激励他们同军队保持密切合作”，通过自卫队等形式发挥警戒防谍、搜集敌情、运送伤病员的作用。报告指出，这种抵抗模式在山西和河北运用得很成功，“很大程度上弥补了中国军队由于缺乏坦克、大炮和重机枪等现代化武器所带来的弊端”。

这套在阜平获得的资料，几近完备地保存于“卡尔逊抗战史料”中，宜称是根据地基层抗日民主政权建政和运作的极珍贵的原始文献。

聂荣臻陪同美国驻华武官卡尔逊出阜平县政府到军区司令部，翻译周立波（卡尔逊后穿大衣者） 1938 年 沙飞摄

（上）美国驻华武官卡尔逊访问边区，聂荣臻、刘澜涛与卡尔逊谈话；

（下）美国驻华武官卡尔逊在阜平西庄村与军区首长在一起　1938 年　沙飞摄

美国驻华武官卡尔逊在阜平西庄村向八路军演讲，翻译周立波（卡尔逊旁穿大衣者） 1938 年 沙飞摄

音與同情。至於民众運動的躍起，民族自治方[illegible]及民眾生活的改善，都証明數月來抗战救亡工作的成績。這些過去的工作，都是使我們得到相當安慰的，但是在這抗战方酣的時候，我們不應當因為這些許成績，便滿意驕傲，要知道還有許多工作尚未達到理想地步，有待我們努力完成。

首先全国各地的抗战，還沒有「有机的联系起來」，譬如全国抗战指揮不統一，作战計劃的不周密，都是全国抗战不能發生呼應联絡的作用。這对于整個的抗战可說是一種缺憾。其次就軍事抗战的部隊說，除八路軍与少數先進軍隊外，大都零散混雜，各地尚不能站在統一战線的立場，切實團結起來，更因為他們政治教育的不够，常对于抗战發生反作用，這也是今後應當努力改善的。

還有武裝動員方面，義勇軍及新战士的擴充工作尚不能大量的發展，一般人对于義勇軍的認識還不清楚，尚有做官及英雄主義的舊意識存在。經濟動員方面，通盤的計劃尚沒有盡量實現。改善人民生活，[illegible]積極實行，雖經各方面，尤其是農会的努力，已有初步的完成，但是在執行的過程中，尚有許多幼稚錯誤。肅清漢奸方面，至今總沒有脫去消極方策

史料名称：阜平县军政民新年庆祝大会宣言

尺寸：宽 365，高 243

阜平縣軍政民新年慶祝大會宣言

同胞們：為了慶祝二十七年的來臨，我們又在這裏舉行軍政民聯合的慶祝大會。有各種游藝，各種的武術，還有表演球類的比賽，同時更有大規模的游行示威。同胞們！我們這種慶祝是為了單純的娛樂嗎？不是的，絕不是為了單純的娛樂。在前方抗战正酣，国土尚未收復的時候，我們談不到娛樂的。我們開新年慶祝大会，是包含着許多重大的意義。

首先，新年的到來，是一年開始萬象更新的時候，我們軍政民應當抓住這個好机会，作一個新的大團結，激發起大家積極抗日的情緒，表現出大家抗日的力量與決心。這樣不但使我們軍政民对于抗战開始了一個新的認識，而且鼓励抗战也得到一個新的轉机。我們可以說隨着新年的到來，对于目前的抗战，我們要開展一個新的局面，要走入一個新的斗爭階段。這樣，新年的慶祝，實是有它特殊意義的。其次當這新的階段開始的時候，各方面的救亡工作，都應有一個總的檢討，使我們对于過去的救亡工作，有一個總的認識，而且針对着過去的錯誤，在新年的開始時，給一個嚴正的批判，以為今後開展工作的依據，這也是我們所以要開這次大会的主要原因。

再次，當此新年之開始，我們更應當对于本年的救亡工作，有一個新的展望和預計：展望出本年可能發展的政治形勢，預計出我們所應努力的工作，使得整個抗战救亡的偉大使命，能在嚴密的計劃中，加速的完成起來。這也是在新年大会所應共同研討的。

這裏，我們对于抗战救亡工作作一簡單的檢討。自从盧溝橋事变後，敌東的对日抗战，可說是九一八以後中国对日本帝国主義進攻的第一次有力的答覆。尤其是晋察冀抗战軍區基礎的建立，更給華北及全国的抗战以鞏固的基礎。可以說軍區是全国抗战的支點，中国收復失地的根據地。

史料名称：阜平县县政委员会通知新字第 1 号

尺寸：宽 300，高 280

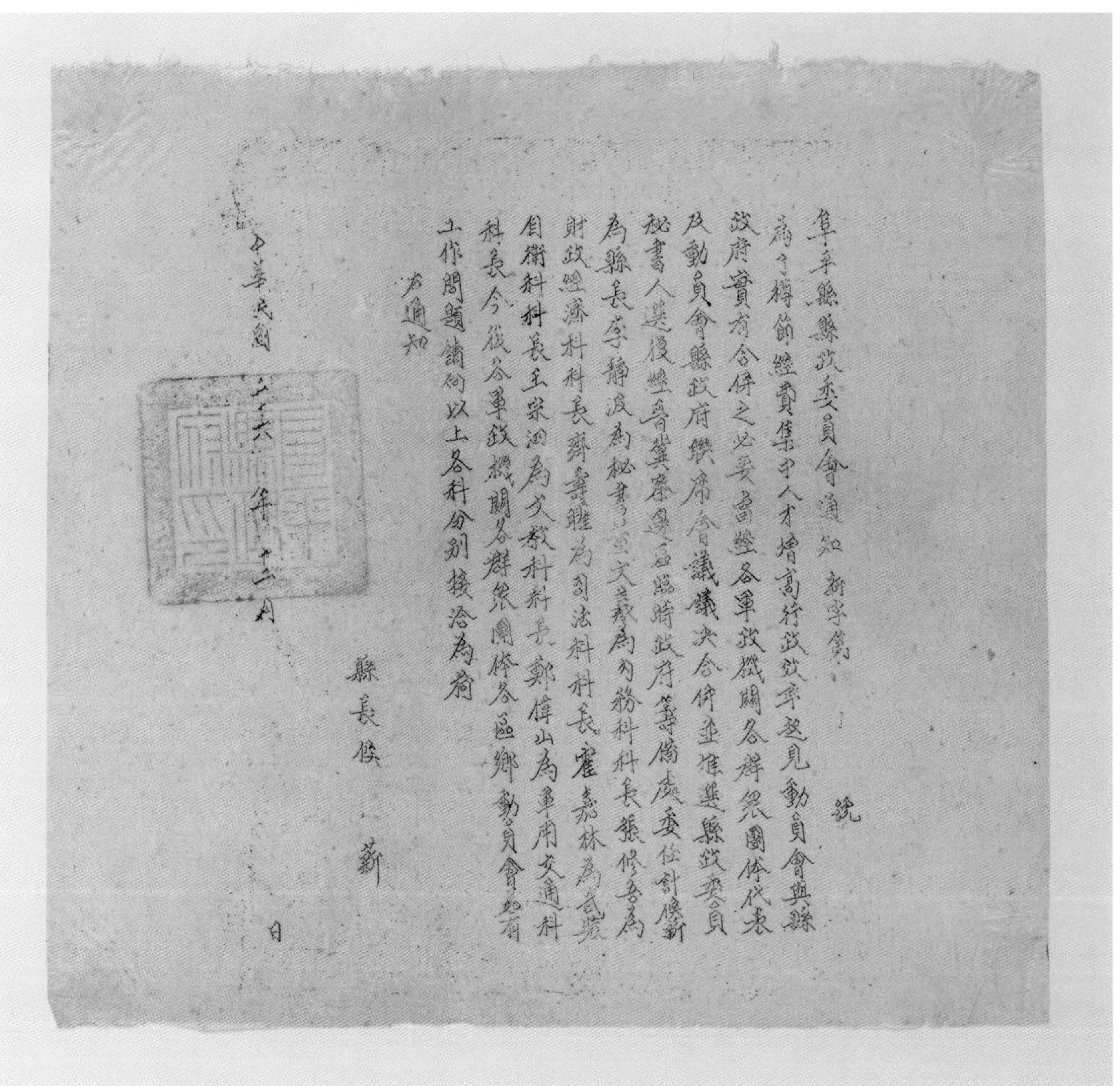

阜平縣縣政委員會通知　新字第1號

為了撙節經費集中人才增高行政效率起見動員會與縣
政府實有合併之必要當經各軍政機關各群眾團体代表
及動員會縣政府聯席會議議決合併並推選縣政委員
秘書人選後經晉察冀邊區臨時政府籌備處委任[illegible]侯薪
為縣長李靜波為秘書王文義為內務科科長張修吾為
財政經濟科科長齊壽雖為司法科科長霍嘉林為武裝
自衛科科長王宗洄為文教科科長鄭偉山為軍用交通科
科長今後各軍政機關各群眾團体各區鄉動員會如有
工作問題請向以上各科分別接洽為荷
此通知

縣長　侯　薪

中華民國二十六年十二月　日

史料名称：阜平县县政委员会通知新字第 2 号

尺寸：宽 217，高 280

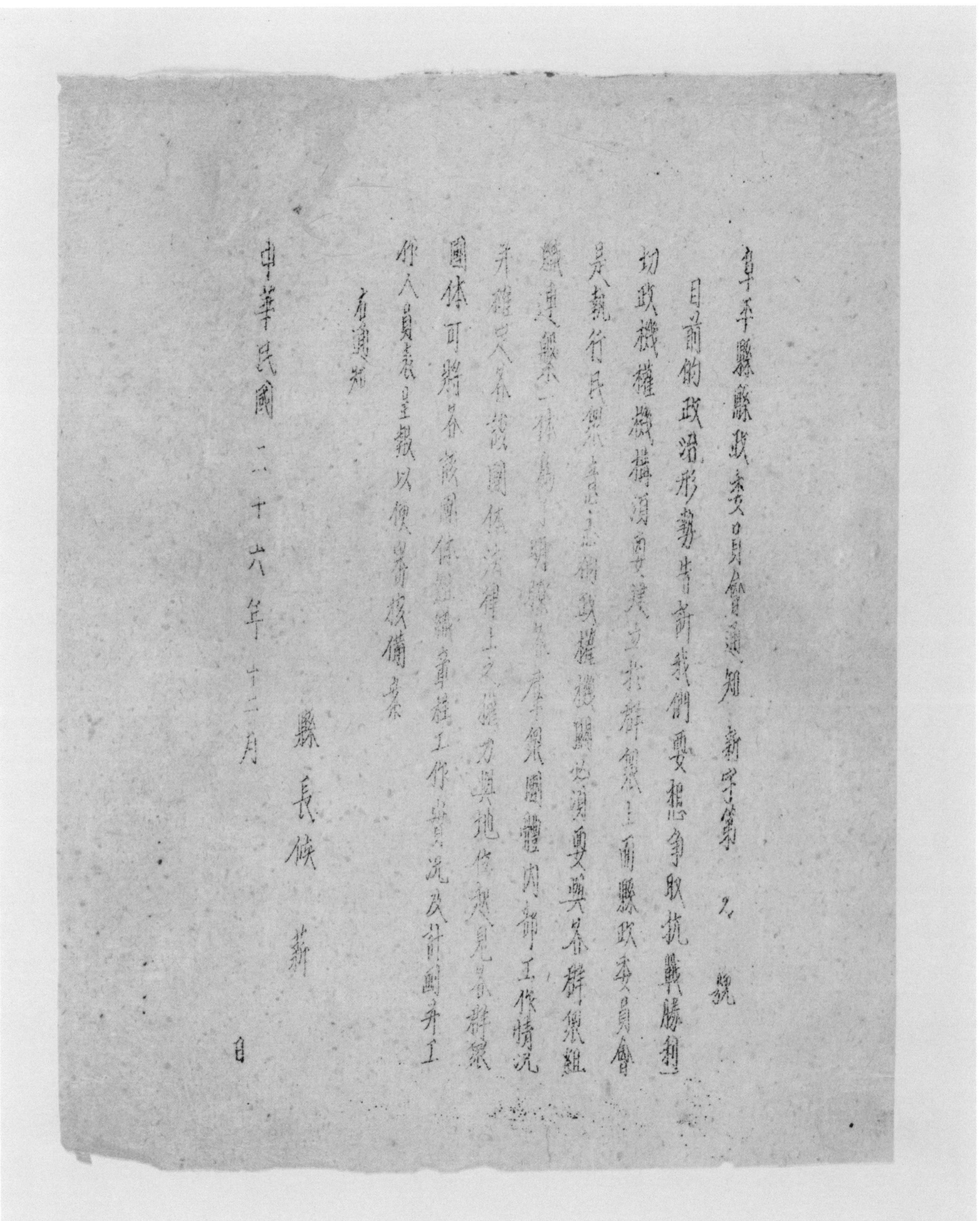

阜平縣縣政委員會通知 新字第2號

目前的政治形勢告訴我們要想爭取抗戰勝利，一切政權機構須要建立於群眾上面，縣政委員會是執行民眾意志的政權機關，必須要與各群眾組織連繫一起，為了明瞭各群眾團體內部工作情況，并確定各救國團体法律上之權力與地位起見，各群眾團体可將各該團体組織章程、工作實況及計劃并工作人員表呈報，以便審核備案。

右通知

縣長 侯薪

中華民國二十六年十二月 日

史料名称：缺名告示，阜平县委会印

尺寸：宽 365，高 283

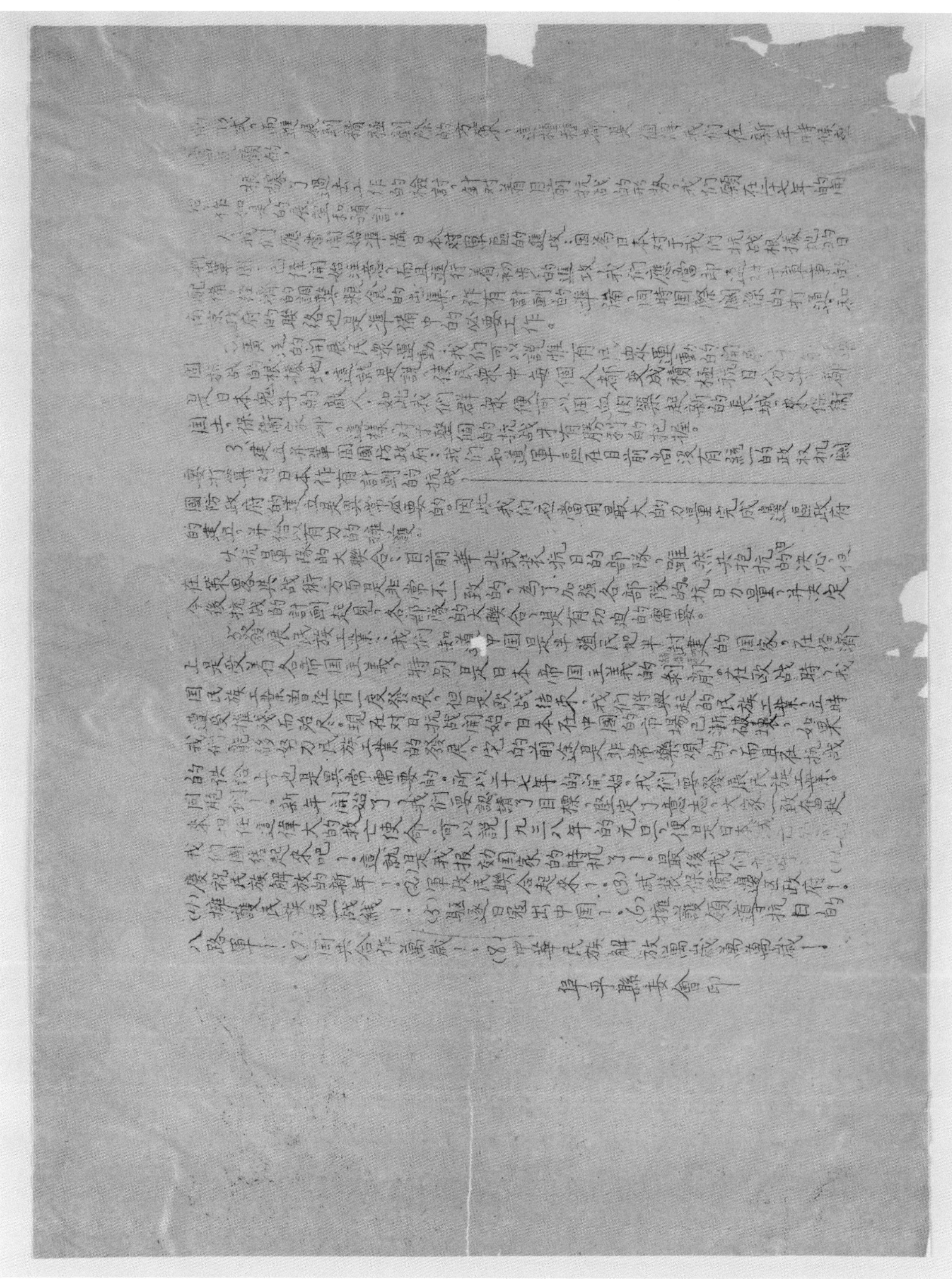

史料名称：缺名告示后半部分

尺寸：宽 426，高 283

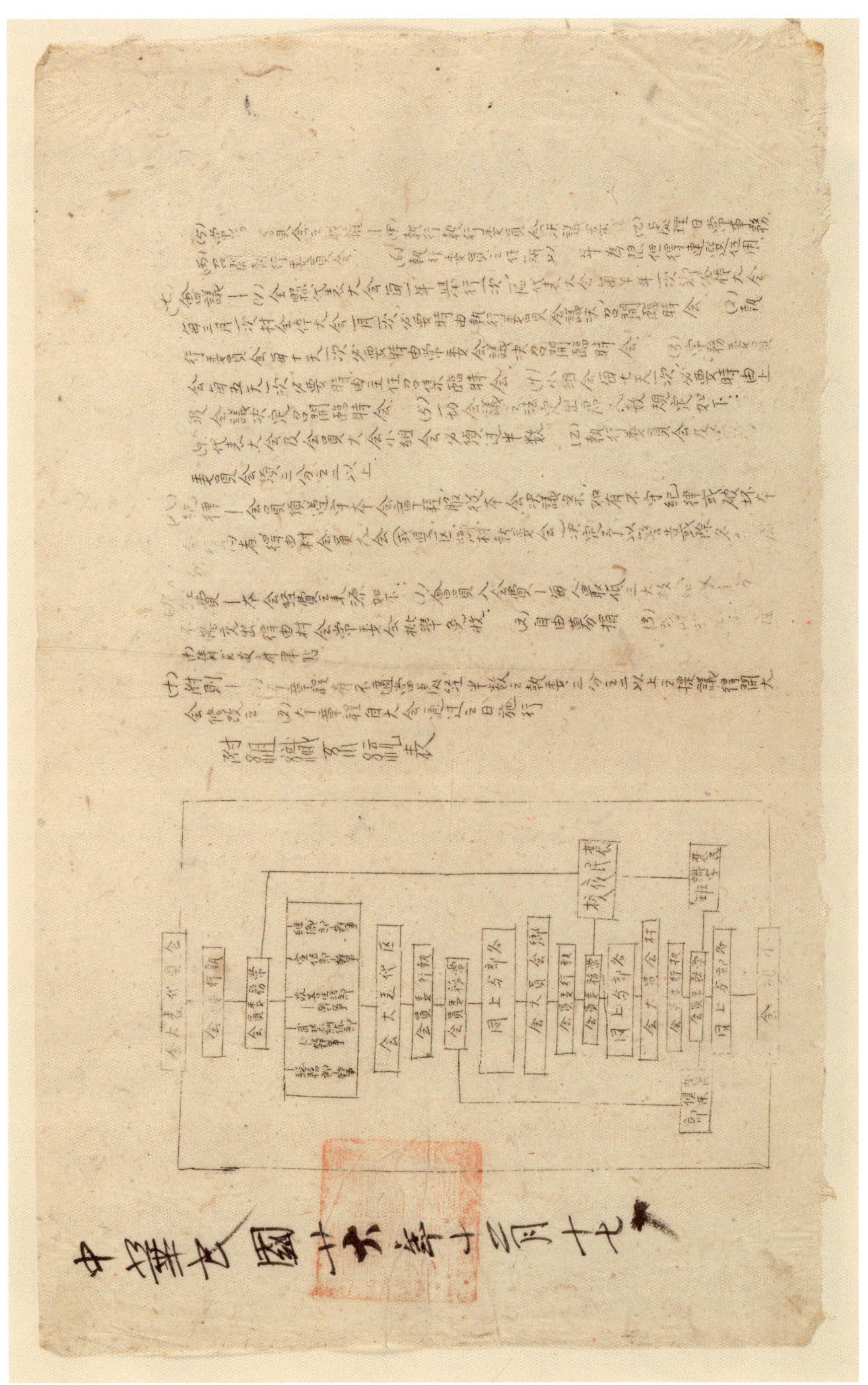

史料名称：阜平县政委员会布告第 1 号
尺寸：宽 298，高 285

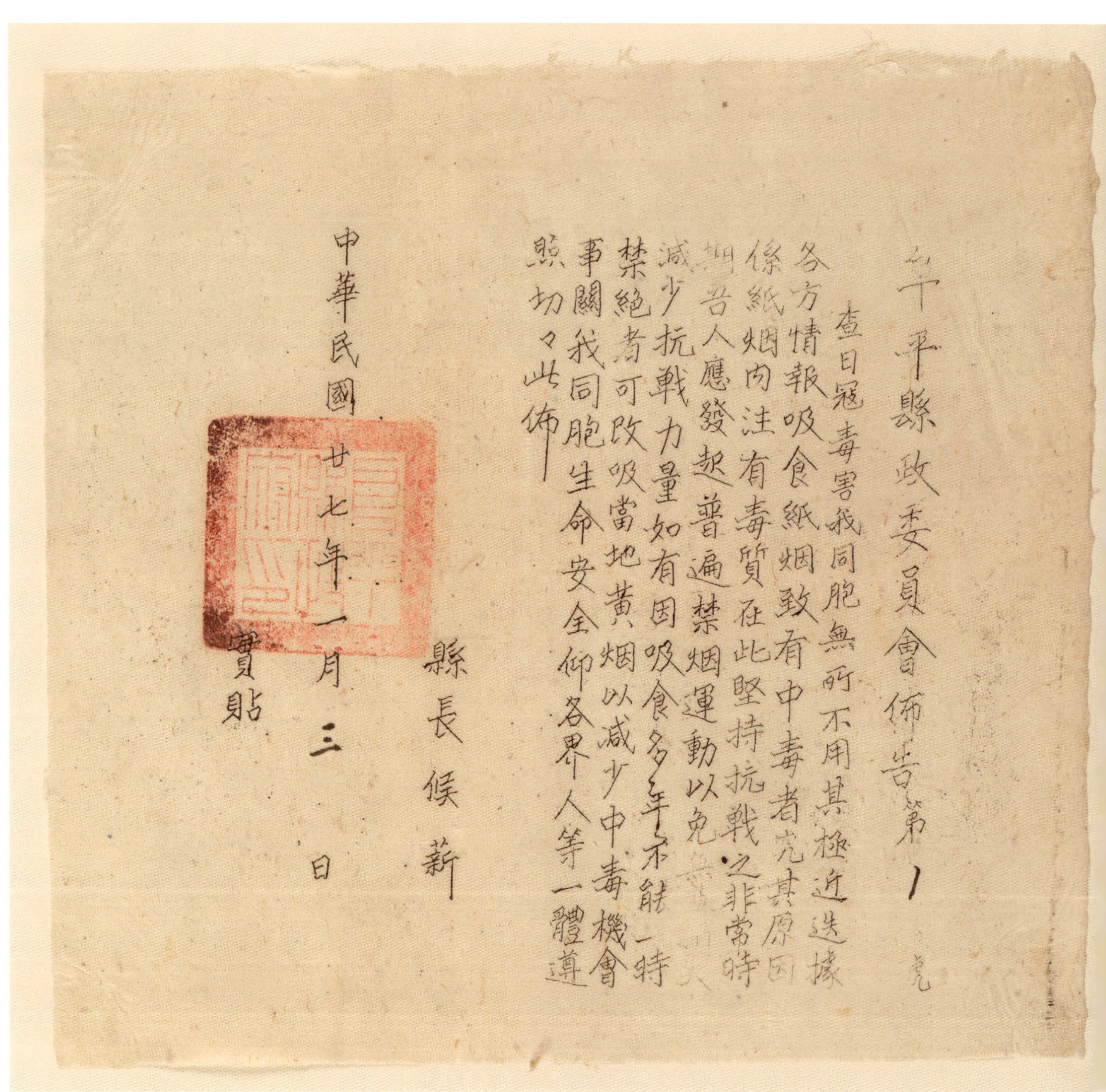
阜平縣政委員會佈告第1號

查日寇毒害我同胞無所不用其極近迭據各方情報吸食紙烟致有中毒者究其原因係紙烟內注有毒質在此堅持抗戰之非常時期吾人應發起普遍禁烟運動以免減少抗戰力量如有因吸食多年不能一時禁絕者可改吸當地黃烟以減少中毒機會事關我同胞生命安全仰各界人等一體遵照切切此佈

縣長 侯薪

中華民國廿七年一月三日

實貼

史料名称：阜平县县政委员会布告第 2 号

尺寸：宽 298，高 285

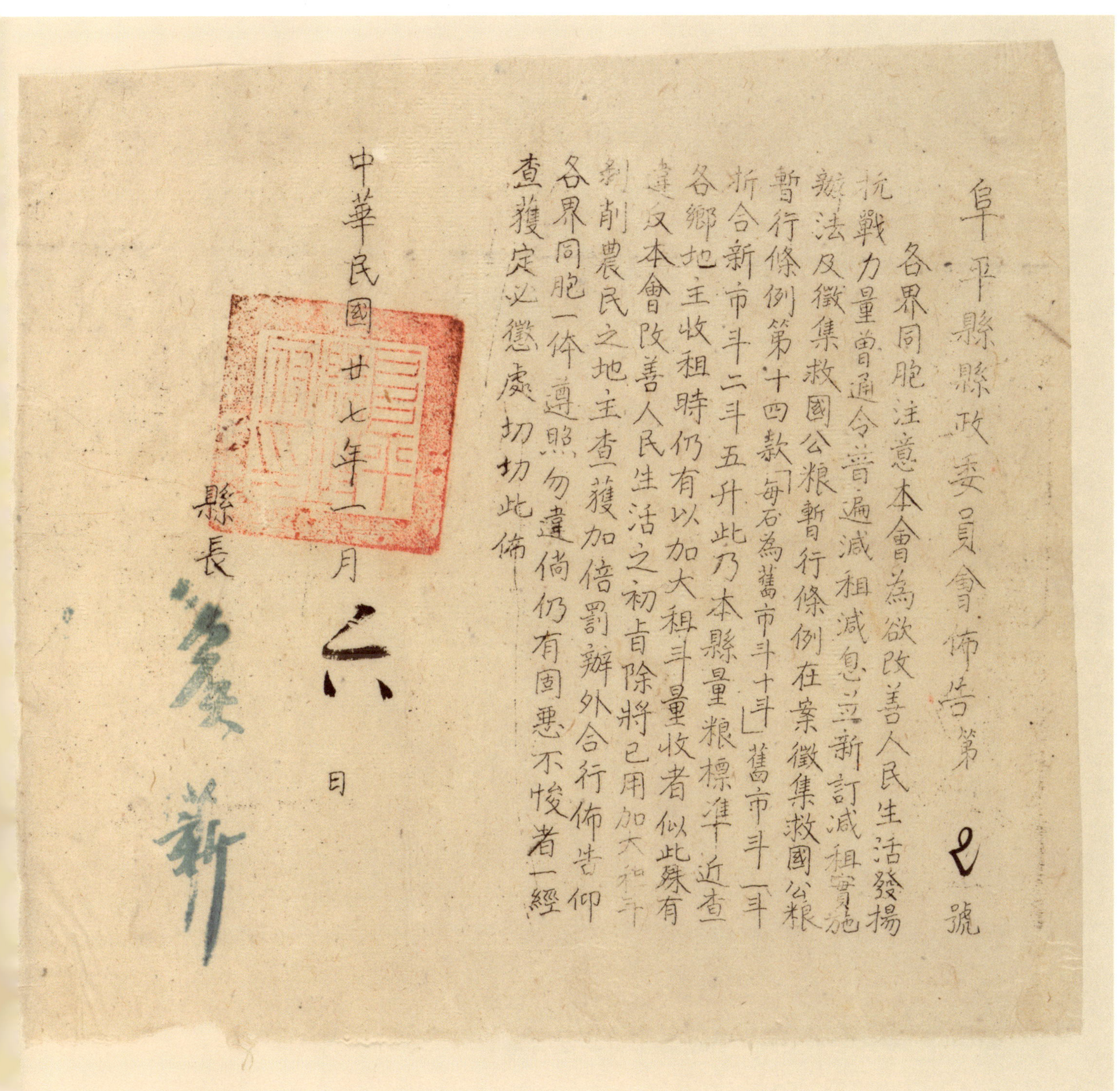

阜平縣縣政委員會佈告第 2 號

各界同胞注意本會為欲改善人民生活發揚抗戰力量曾通令普遍減租減息並新訂減租實施辦法及徵集救國公粮暫行條例在案徵集救國公粮暫行條例第十四款「每石為舊市斗十斗」舊市斗一斗折合新市斗十二斗五升此乃本縣量粮標準近查各鄉地主收租時仍有以加大租斗量收者似此殊有違反本會改善人民生活之初旨除將已用加大租斗剝削農民之地主查獲加倍罰辦外合行佈告仰各界同胞一体遵照勿違倘仍有固惡不悛者一經查獲定必懲處切切此佈

中華民國廿七年一月六日

縣長

史料名称：阜平县政府布告第 5 号

尺寸：宽 220，高 285

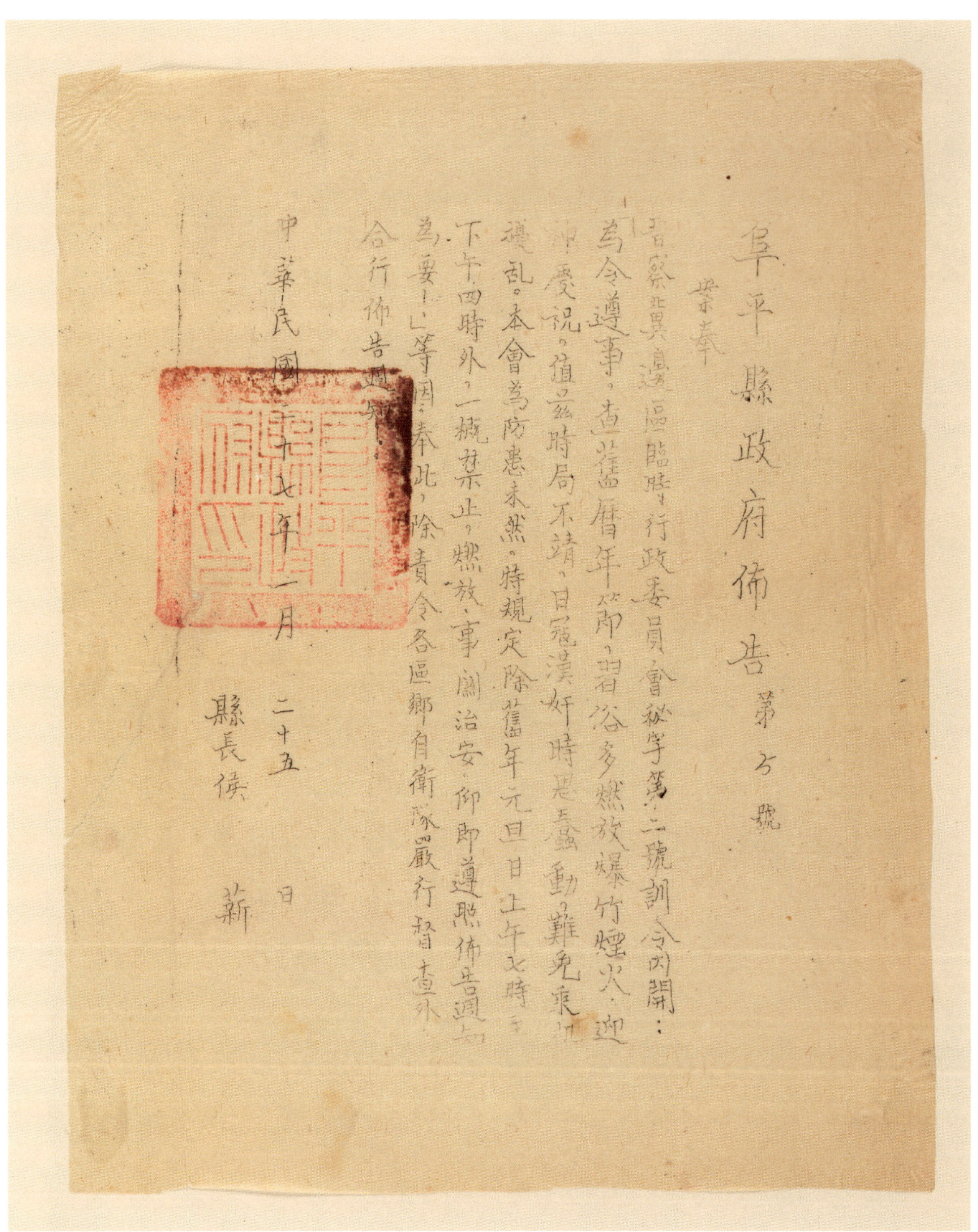

阜平縣政府佈告 第五號

案奉

「晉察冀邊區臨時行政委員會秘字第二號訓令內開：

為令遵事。查舊曆年節，習俗多燃放爆竹煙火、迎神慶祝，值茲時局不靖，日寇漢奸時思蠢動，難免乘機擾亂。本會為防患未然，特規定除舊年元旦日上午七時至下午四時外，一概禁止燃放。事關治安，仰即遵照佈告週知為要！」等因，奉此，除責令各區鄉自衛隊嚴行督查外，合行佈告週知。

中華民國二十七年一月二十五日

縣長侯新

史料名称：阜平县政府训令军字第 1 号

尺寸：宽 216，高 287

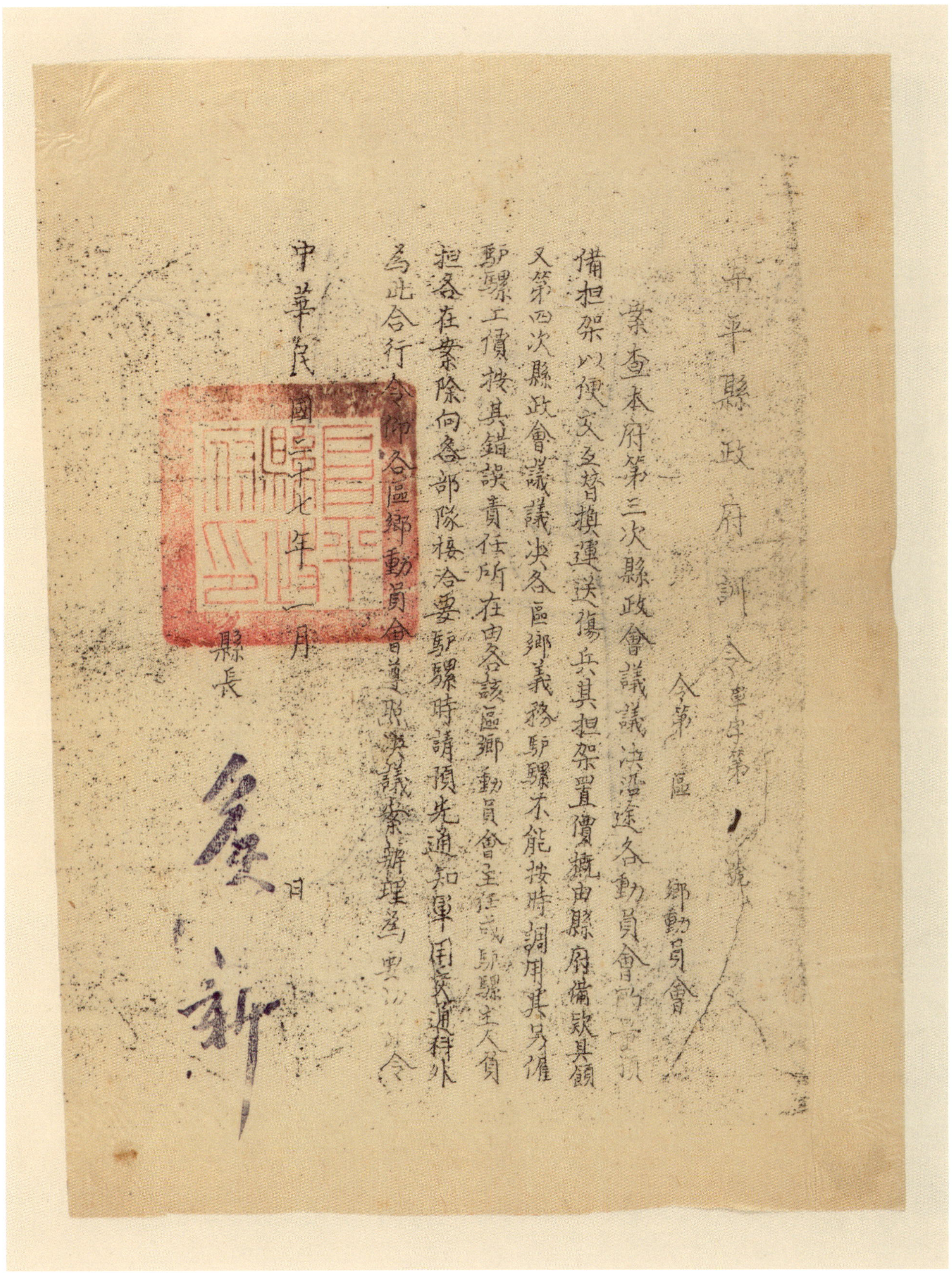

阜平縣政府訓令 軍字第 1 號

令第　區　鄉動員會

案查本府第三次縣政會議議決沿途各動員會所[illegible]預備担架以便交互替換運送傷兵其担架置價概由縣府備款具領又第四次縣政會議議決各區鄉義務驢騾不能按時調用其另僱驢騾工價按其錯誤責任所在由各該區鄉動員會主任或驢騾主人負担各在案除向各部隊接洽要驢騾時請預先通知軍用民運科外

為此令仰各區鄉動員會遵照決議案辦理為要　此令

中華民國二十七年一月　日

縣長

史料名称：阜平县县政府训令财字第 6 号

尺寸：宽 224，高 288

阜平縣縣政府訓令 財字第 6 號

令第 區 編鄉

案查本府二十七年一月十六日第四次縣政會議決議案二十六年各區鄉對過往軍隊一切支出款項應由鄉動員會鄉長副農民會召集村民或村民代表大會審查賬目後以合理負担方法解決之若召集會議三次不成時由三方協同仍以合理負担原則規定各花户應攤數目分攤之為此令行令仰各該過往軍隊各區鄉照本府決議案辦理為要

此令

中華民國二十七年一月 日

縣長 侯 新

史料名称：阜平防空委员会组织条例（共一联）

尺寸：宽 968，高 265

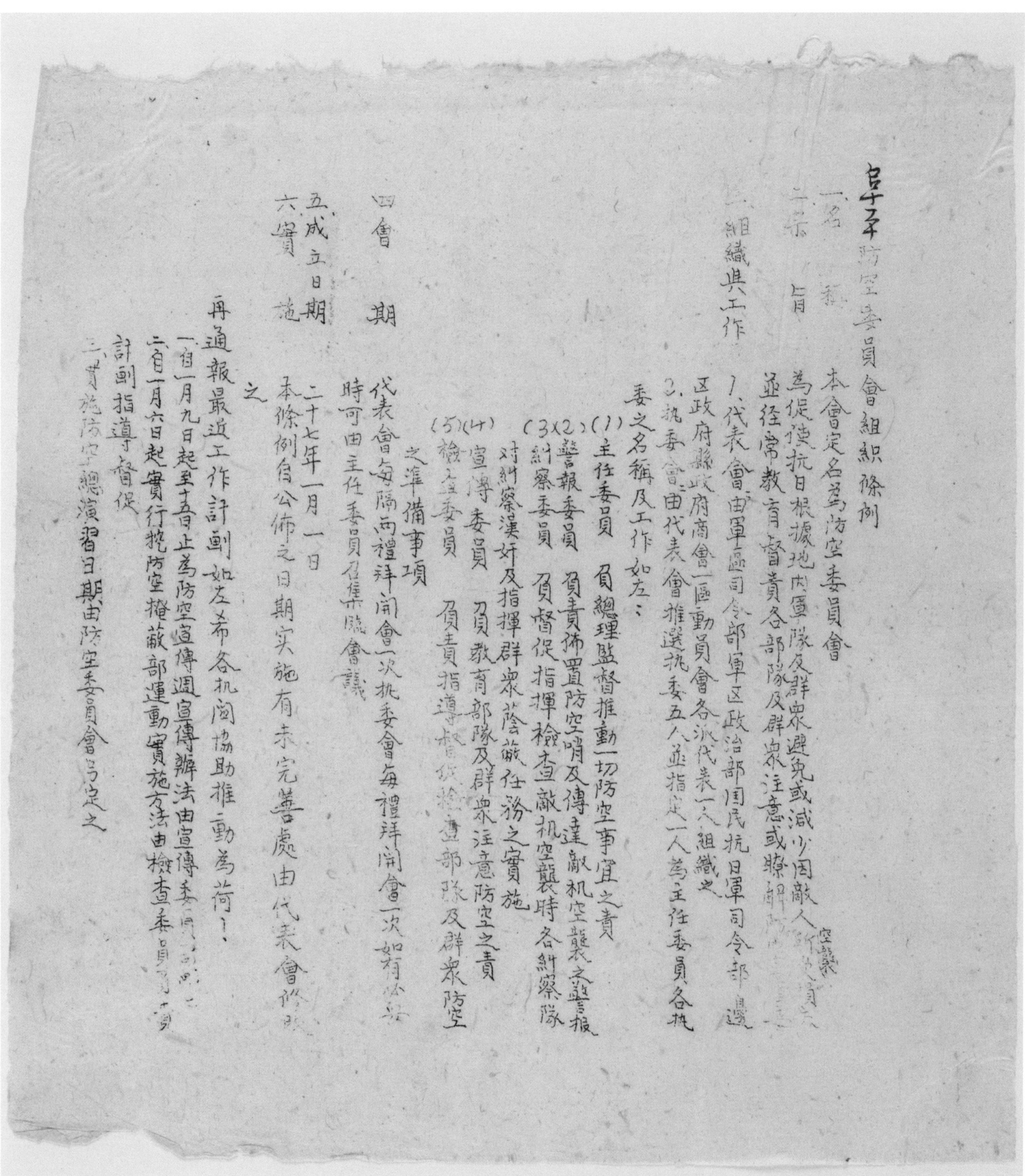

阜平防空委員會組織條例

一、名稱　本會定名為防空委員會

二、宗旨　為促使抗日根據地內軍隊及群眾避免或減少因敵人空襲所[illegible]損失，並經常教育督責各部隊及群眾注意或瞭解[illegible]

三、組織與工作　1.代表會由軍區司令部、軍區政治部、國民抗日軍司令部、邊區政府、縣政府、商會、一區動員會各派代表一人組織之

2.執委會由代表會推選執委五人並指定一人為主任委員，各執委之名稱及工作如左：

(1)主任委員　負總理監督推動一切防空事宜之責

(2)警報委員　負責佈置防空哨及傳達敵机空襲之警報

(3)糾察委員　負督促指揮檢查敵机空襲時各糾察隊對糾察漢奸及指揮群眾蔭蔽任務之實施

(4)宣傳委員　負教育部隊及群眾注意防空之責

(5)檢查委員　負責指導督促檢查部隊及群眾防空之準備事項

四、會期　代表會每隔兩禮拜開會一次，執委會每禮拜開會一次，如有必要時可由主任委員召集臨時會議

五、成立日期　二十七年一月一日

六、實施　本條例自公佈之日期实施，有未完善處由代表會修改之

再通報最近工作計劃如左，希各机關協助推動為荷：

一、自一月九日起至十五日止為防空宣傳週，宣傳辦法由宣傳委[illegible]

二、自一月六日起實行挖防空掩蔽部運動，實施方法由檢查委員[illegible]計劃指導督促

三、實施防空總演習日期由防空委員會另定之

1.關于防空

自抗战以來，敵人的飛机到處的轟炸，不但成為中国失敗的一個小原因，即在民間所受的犧牲及損失，也間接的影響了抗战的勝利，為了避免減少因敵机空襲所受的犧牲與損失，所以我們應該對防空加以注意，站在這個簡單的需要上來說，我們更應該對防空事宜切實教育民眾，宣傳民眾與以關於防空知識。

2.防空的重要

「防空」：防空是指抗對于本国有危害的敵机的意思。在战爭時，尤其是科學進步的日本和武器落後的中国打仗，敵人的飛机隨時有危害中国的可能，因此就理論上說，應該將敵机撲滅，但事實上種種困難，常為不可能，所以防空的意思，乃是限于防禦飛翔于本国領空上的敵机而言。

3.「防空」必作的幾項工作

為了防空的成功，在團体防空上我們必得作下列工作：

1.警報——規定机來机去之訊號，通知大家，好叫大家知道飛机的來到與他去。

2.糾查——在敵机空襲時得維持秩序治安，糾查漢奸及不良分子乘

致[illegible]

2.糾查——在敵机空襲時得維持秩序治安，糾查漢奸及不良分子乘机搗乱，并指導指揮民眾們防空。

3.檢查——在敵机未來時督促指導民眾对防空的設施（如防空洞、防空壕）及防空注意事項

4.宣傳——宣傳並教育民眾之防空常識

4.宣傳要點

1.空襲的危險性：談到防空，是非常重的，因為空襲的結果，不但破壞房屋建築，殺傷人馬等物質的破壞，并且近來炸彈愈精極度的聲響，和極大的破壞力，能使被空襲地馬上紊亂失常，但同胞們敵机的炸彈，原非不死多少人，他最大的目的，是在恐嚇擾乱，使抗战後方失了常態，而消除了抗战力量，這是人人應當認清不要上了敵人的當。

2.空襲是可避免：敵机空襲对物質的破壞力的大，是不可否認的事實，

但是我們可以用防空洞，來掩護。（參看防空方法）

3、過度恐懼的不當——敵机的殺傷力的大，我們都承認，但是因了這便停止生産，改变的日常生活使社會呈反常現象，以致自己擾亂了的後方，這不但使社會作了讓步，反而減少抗战力量，上了敵人的當，這個我們是不應當有的，所以我們應當具有「防空心理」

4、防空期間應有的心理與態度：我們應當具有防空心理，就是說我們精神上，心靈上，時時是有着敵机空襲的準備，（其實事也是這樣）然而卻不因此恐懼影響我們的抗战，即有飛机來我們可以用防空法[illegible]凡減少敵机空襲所受的損失犧牲，絕不可因了飛机的到來，便自起紊亂，使社會上反常現象，障碍了革命後方工作，同時也不能因為沒有飛机便疏忽起來，給了敵机空襲一個好机會。這是為了持久战而防空

5、武器缺乏的現在，我國人所應有認識。

宣傳防空之工作方式：

1、集市講演——在集上人多的時候，可以找他們工作不特別忙的時候和他們講防空方法的演講或作個別談話。

2、利用各種机會集會——(1)晚飯團火共談的時候
(2)暴日時候　(3)自衛軍上操時可藉一短的時間為他們解說、
(4)如開各種會議時要在開会前來一個防空常識的報告
(5)[illegible]工作時附帶宣傳　(6)與各民眾團体取得聯絡如農會
婦女救國會等

3、召集鄉間長談話會——按照宣傳防空要點給他們解說清楚，使他們向民眾解說清楚

阜平縣防空委員會印

史料名称：防空方法（共一联）

尺寸：宽 635，高 283

防空方法

一、警報與隱蔽法

1、東西城樓、東北、西北、城角高地設有防空銅鑼，此銅鑼声响時，即預告敵机将至，是為防空警報。

2、遇敵机來時，切莫群衆聚集一處，應分頭散開。

3、听到空襲的警報，切莫驚慌乱跑，應該很鎮静的依照防空上所規定的方法去做。

4、在街上遇到敵机來襲，若是離家太遠，就要避入附近人家的防空洞，或公共防空溝裡。

5、在街上遇到敵机來襲，若是離家很近，就要趕快走最近的路線[illegible]跑進防洞去躲藏。

6、在家裡遇敵机來襲，如無防空洞時，就要緊閉門窗伏，桌下床下，切莫窺視。

7、如在野外聞得警報，應速躲於大樹下或凹地裏，隱避身体外露。如有炸彈擲下，應速臥倒於地以免炸傷。

8、警報傳來時，切莫將紅白二色物品用具遺留街前或房外，即身着紅白衣裝者，亦應立即脫下藏起。

9、第二次銅鑼响声為解除警報，未听得此解除警報時，一切皆要保持肅静，不得移動。

二、隱蔽部構造法

1、如就近有山或城牆，可利用之挖洞，上面留土厚至少一丈五尺，内中不要太寬，以免坍下，並有兩個出入口，以便出入，而入口要有曲折。

2、如沒有可利用挖洞的地方，即在房子外面空場下挖掩溝，溝寬三尺，溝底寬一尺八寸，深四尺五寸，成曲折形狀，每一曲折長二丈四尺，餘土蓋在溝上，積土厚至少一丈五。

3、飛机洞挖在屋子内時，出口須伸出屋外，以防屋坍。

4、街中間或中心處，可掘掩蔽坑，孔直径三尺，深三尺五寸，以便在街中行走的人避飛机來時掩蔽。

三、群衆挖洞時，可以就近幾家聯合挖一個

以上各防空方法，各村長要集合群衆，詳細講解，并迅速督促各家切實作，還要負指導構築的責任，以免無益犧牲

1、各飛机放机槍時，在屋內向飛机之一方向掩蔽 窗邊

窗 墻 以免子彈殺

2、如果在屋內，可將方桌重疊，人藏在方桌下，但重疊的桌子不要在大樑下。

3、偽裝

延長縣防空委員會印

史料名称：阜平县职教员抗日救国会组织条例

尺寸：宽 379，高 265

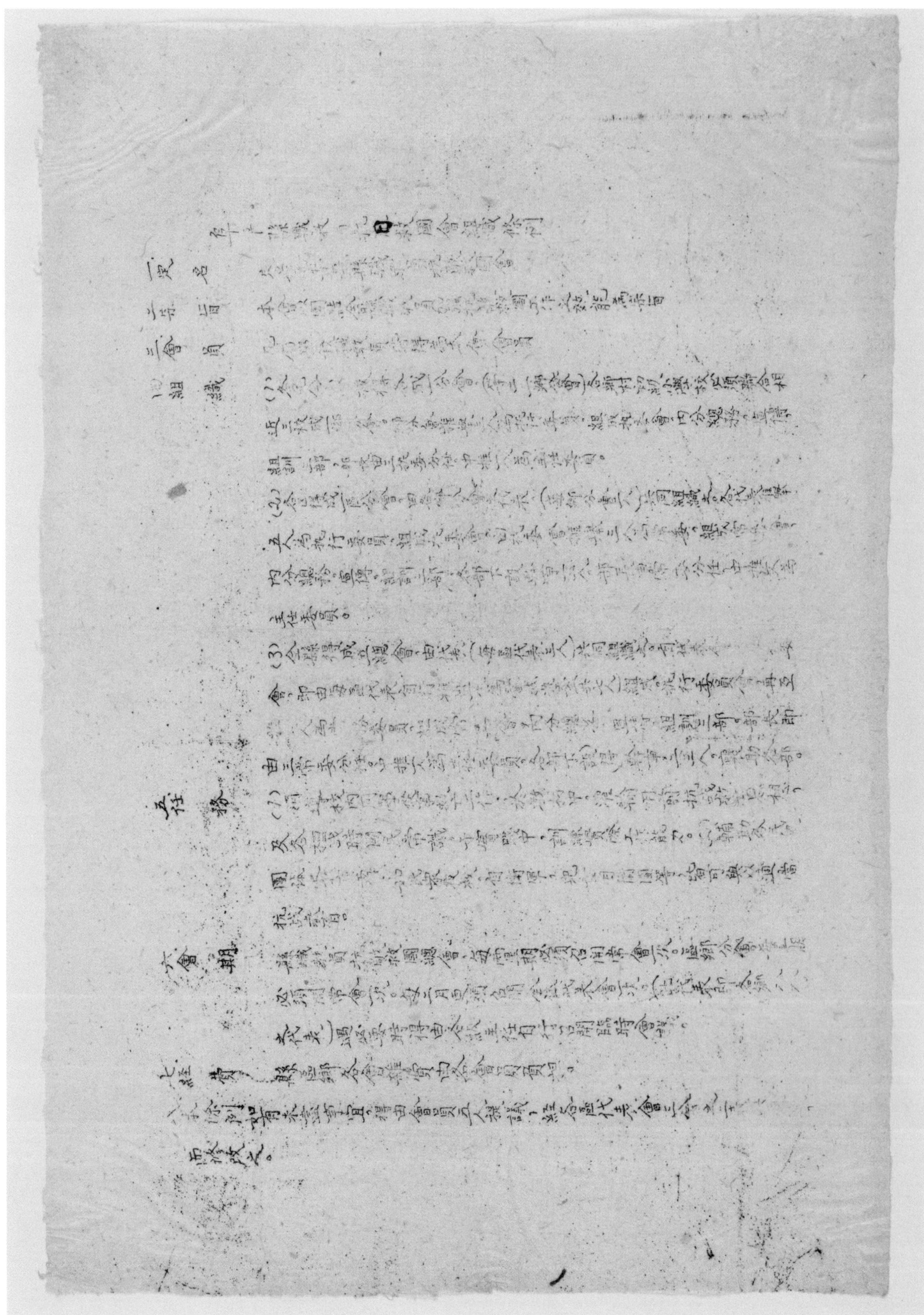

史料名称：阜平县战地民众学校实施办法

尺寸：宽 395，高 283

阜平縣戰地民衆學校實施辦法

一、本辦法按照戰區實施需要規定之。

二、全縣各編鄉應普遍設立戰地民衆學校，已設小學各鄉，應就原有校址辦理，未設小學各鄉，務須速為設立，統限於本年十一月一日開學。

三、凡年在十五歲以上，卅五歲以下之成人壯丁，一律強迫入學，如有婦女可分班教授，暫不強迫，其不在此限内，而欲就學者聽。

四、為利用農暇起見，得在晚間授課，其有特別情形者，可酌量變通辦理。

五、每日教學時間，定為二小時，課程表另定之。

六、師資由原有小學教員担任，未設小學各鄉，可自行聘請合格教員，惟經視查後，發覺有不適宜者，應由戰地民衆教育委員會撤職或調換之。

七、各科教材及課本，由縣政府免費發給。

八、戰地民衆學校應盡量利用各鄉小學原有設備，教員不另支薪，其未設有學校村莊，應自行籌劃，惟籌劃方法，應令較為富有者担任，不得向窮人攤派。

九、學生修業期限，暫定為二個月，于必要時，得延長或縮短之。

十、各鄉鄉長副及校董等，如有推諉敷衍者，由縣政府嚴加懲處，如發覺民衆在法定年齡内（十五以上，卅五以下）有隱匿逃避延不入學情事，立即扣押罰辦。

十一、本辦法如有未盡事宜，得隨時修正之。

十二、本辦法自公布之日施行。

史料名称：青年救国会组织条例（草案）（共 2 页）

尺寸：宽 429，高 283

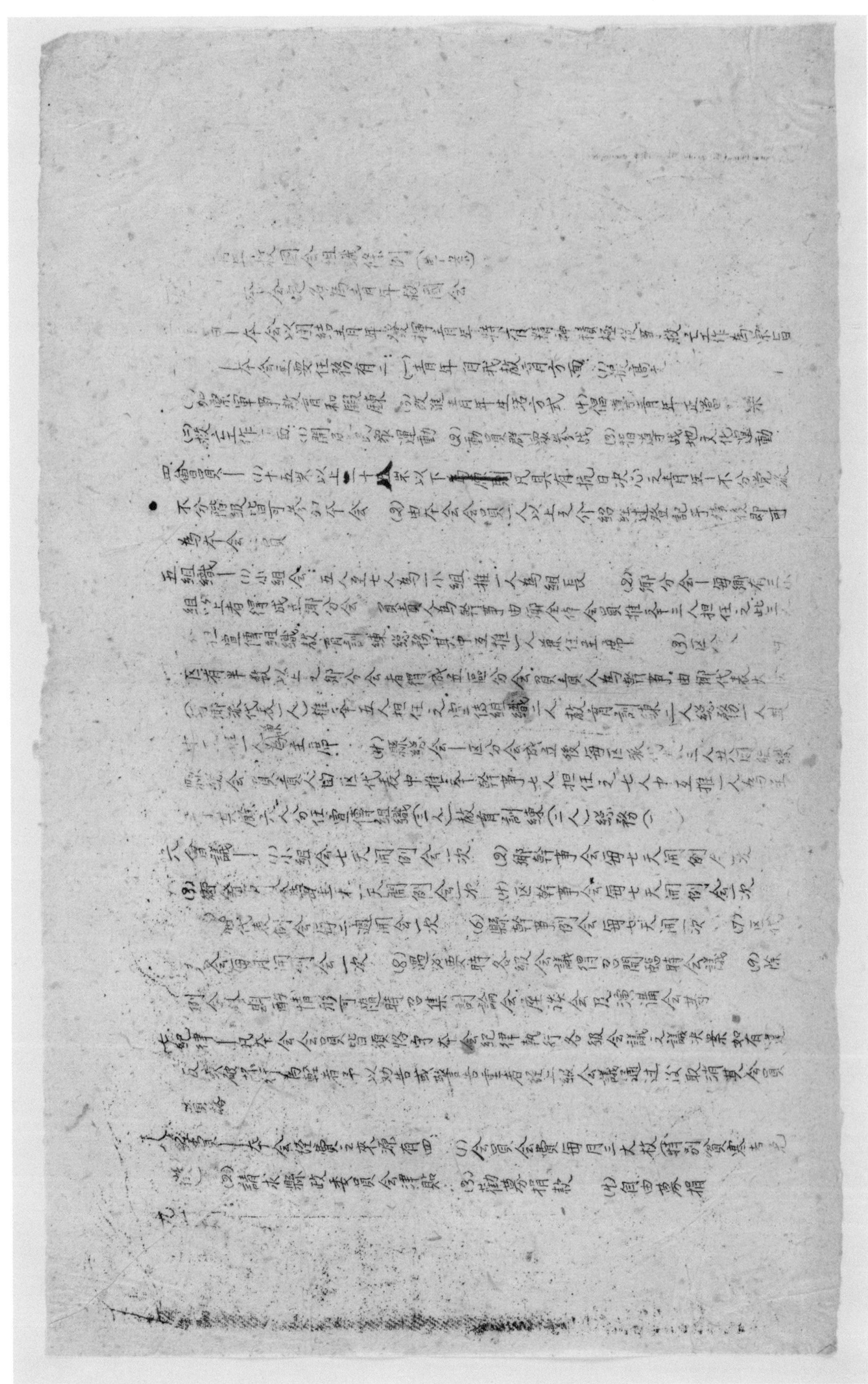

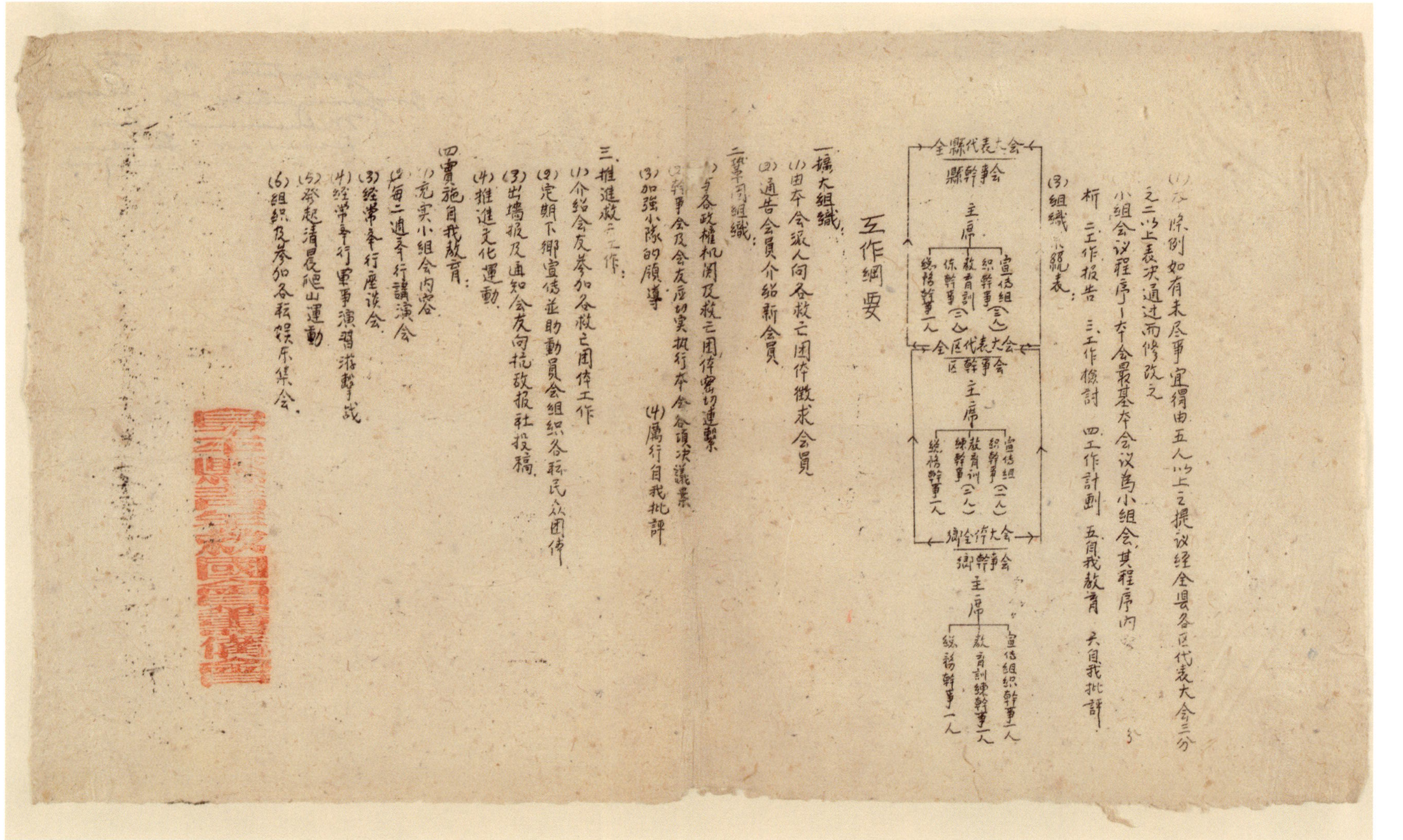

(1)本條例如有未尽事宜得由五人以上之提议经全县各区代表大会三分之二以上表决通过而修改之

小组会议程序—本会最基本会议为小组会，其程序内

析 二、工作报告 三、工作检讨 四、工作计划 五、自我教育 六、自我批评

(3)組織系統表：

全縣代表大会
縣幹事会
主席
宣傳組織幹事（三人） 教育訓練幹事（三人） 總務幹事一人

全区代表大会
区幹事会
主席
宣傳組織幹事（二人） 教育訓練幹事（二人） 總務幹事一人

鄉全体大会
鄉幹事会
主席
宣傳組織幹事一人 教育訓練幹事一人 總務幹事一人

工作綱要

一、擴大組織：
(1)由本会派人向各救亡团体徵求会員
(2)通告会員介紹新会員

二、鞏固組織：
(1)与各政權机關及救亡团体密切連繫
(2)幹事会及会友应切实执行本会各項決議案
(3)加強小隊的領導
(4)厲行自我批評

三、推進救亡工作：
(1)介紹会友参加各救亡团体工作
(2)定期下鄉宣傳並助動員会組織各種民众团体
(3)出墻報及通知会友向抗敌报社投稿
(4)推進文化運動

四、實施自我教育：
(1)充实小组会内容
(2)每二週举行講演会
(3)經常举行座談会
(4)經常举行軍事演習游擊戰
(5)發起清晨爬山運動
(6)組織及参加各種娛乐集会

史料名称：妇女抗日救国会组织章程

尺寸：宽 432，高 287

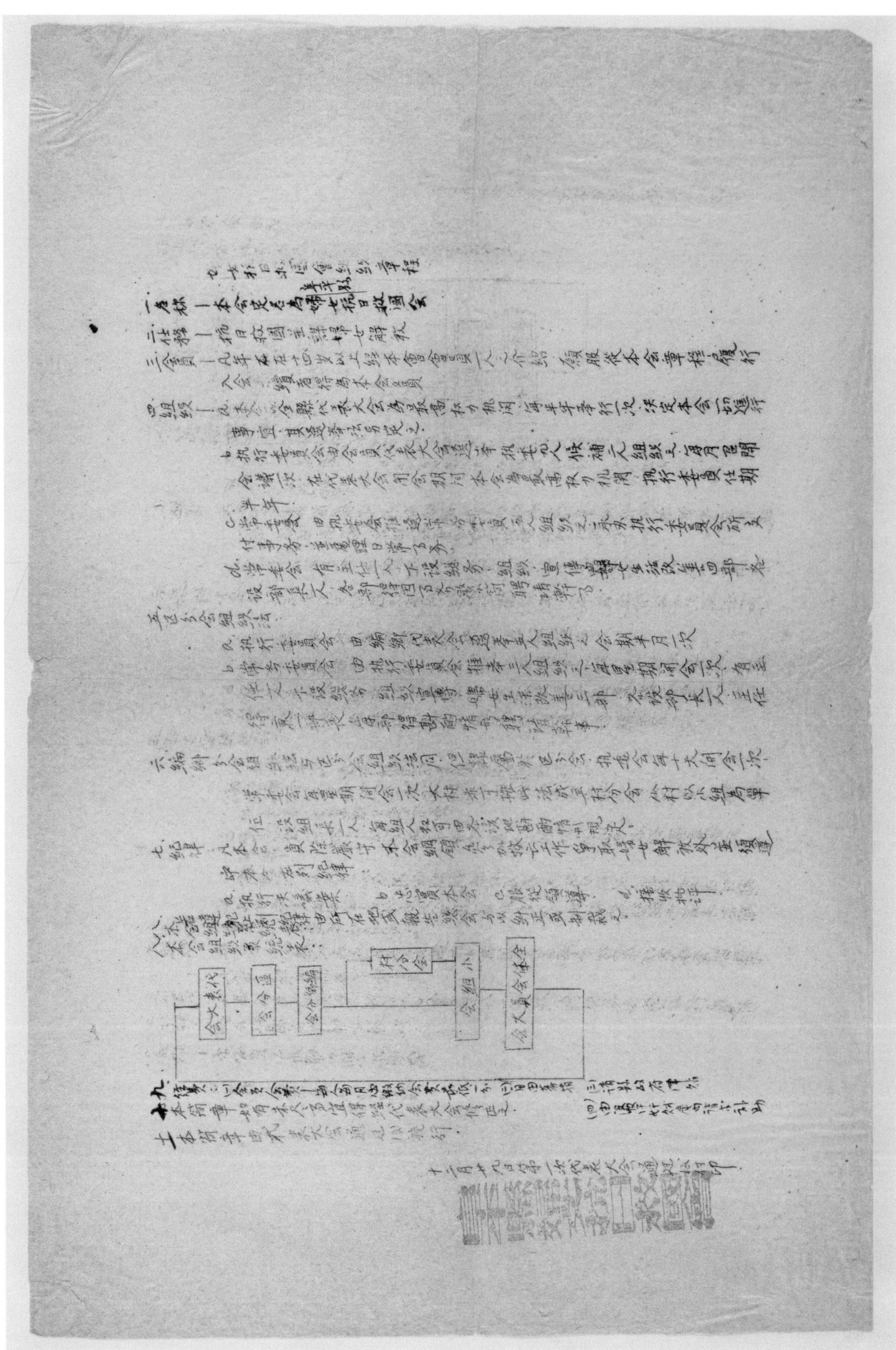

史料名称：农民会组织章程（草案）

尺寸：宽 429，高 282

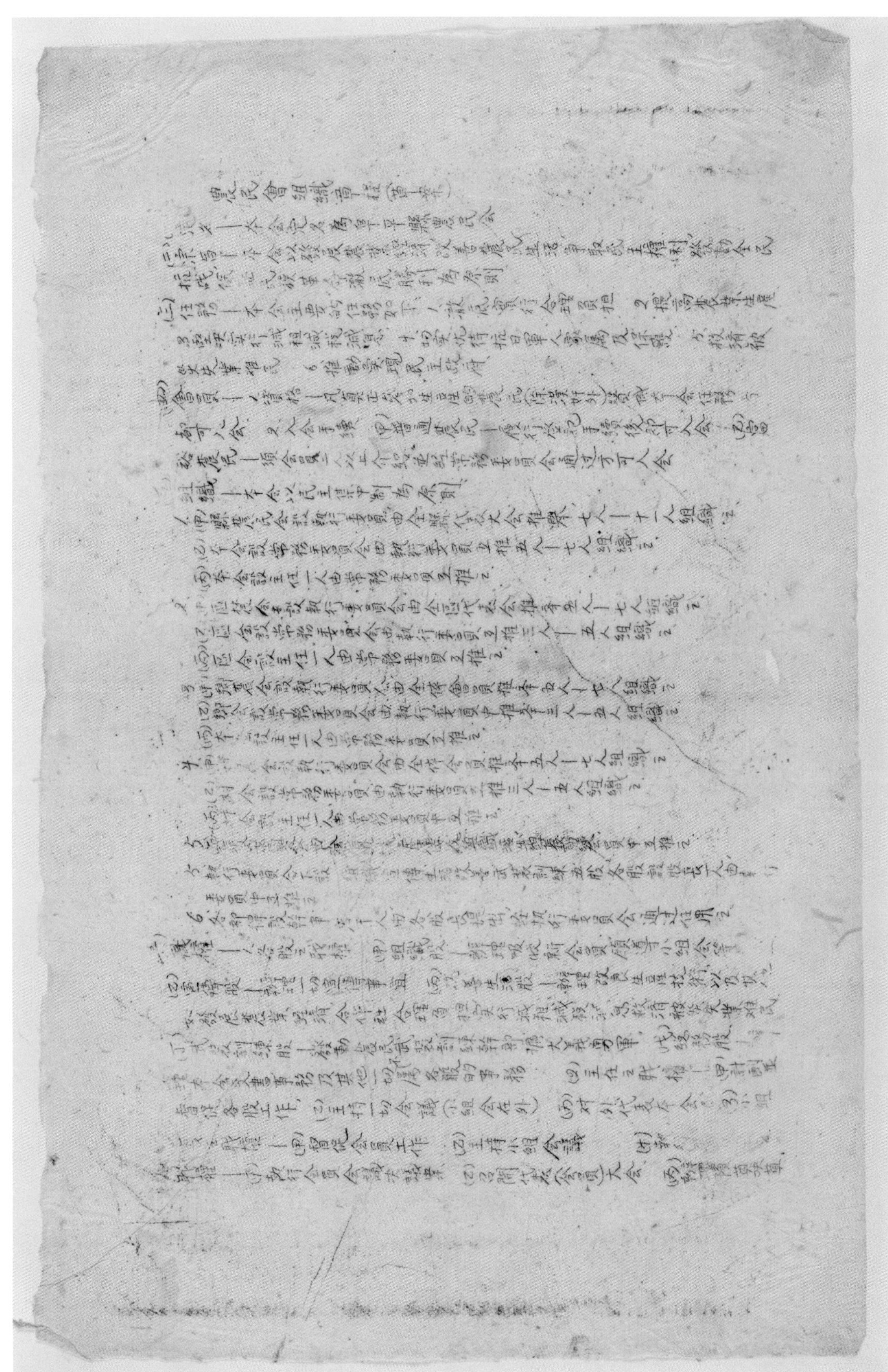

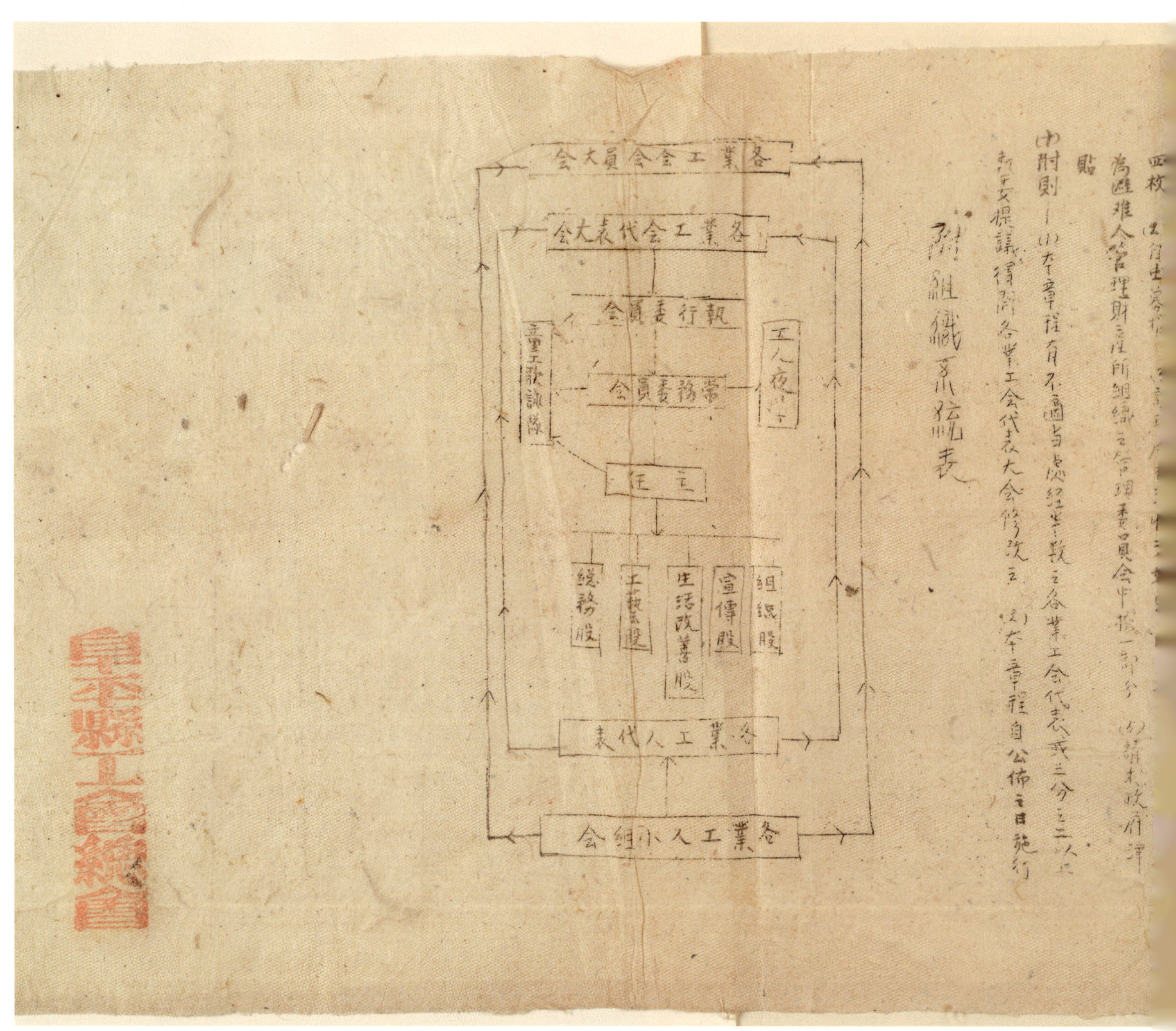
四枚 (5)自由募捐……

為避難人管理財之任所組織之管理委員会中撥一部分 (6)請求政府津貼

(十)附則——(1)本章程有不適當處經半數之各業工会代表或三分之二以上執委提議得開各業工会代表大会修改之 (2)本章程自公佈之日施行

附組織系統表

史料名称：各业工人联合会组织简章

尺寸：宽 710，高 280

各業工人聯合会組織簡章

一、定名—本会定名為某某村工会。

二、宗旨—本会以(1)發展工業增加生產效率。(2)改善工人生活。(3)爭取民主權利(4)發動全民抗战(5)保証民族革命澈底勝利。

(三)任務—本會主要任務(1)幫助政府澈底實現合理負担 (2)恢復生產提高工業技術 (3)增加工資實行八小時工作制度 (4)救濟失業工人。

(四)会員—(1)資格—凡參加過各种生產的工人或雇工(除漢奸外)贊成本會宗旨執行本會任務的都有入會的權利 (2)入會手續—履行登記手續後即可入會。

(五)組織—(1)以各行組織各种工会，再以地區為單位联合各行工会組織各業联合工会，以編縱為基本，無區設工会領導機関 (2)本会設執行委員会，由各行工人中推舉各業代表(少數工人不能成工会時附於同性質工会內)再由各業工会代表九人—十五人為執委 (3)設常委三—五人由執委中互推 (4)本会設主任一人由常委中互推。(5)本会設小組会，以各行為单位，小組長由組員中互推。(6)執委会下設宣傳組織工人生活改善總務五股，股長由執委中互推。(7)各股得設幹事若干人，由各股長於執委会中提出通過任用之。

(六)職權—(1)各股之职能 (甲)組織股—辦理吸收登記会員訓練幹部，領導小組等事宜，(乙)宣傳股—辦理一切宣傳事宜，(丙)工藝組—辦理恢復生產改進工藝技術及發展工業的事宜 (丁)生活改善股—辦理救濟失業減少工作時間(八小時)增加工資等事。(戊)總務股—辦理本会文書事務及一切不屬于他各股之事。(2)主任之職權—(甲)計劃並督促全盤工作 (乙)主持一切会議(小組会在外)及對外等事 (3)小組長之職權—(甲)督促組員進行工作 (乙)主持小組会議。(4)執行委員会之職權—(甲)執行委員大会 (乙)召開各業工会代表大会 (丙)辦理預算決算等案 (6)常務委員会之職權—(甲)執行各業工会代表大会及執委会上之決議案 (乙)處理日常事務 (5)執行委員任期一年，但得連選連任用之

(七)會議—(1)各業工会代表大会每月開常会一次，必要時由執行委員会議決召開臨時会 (2)常務会每三天召開一次，必要時由主任召開臨時会 (3)小組会每五天一次，必要時由上級会議決定召開臨時会 (4)一切会議之法定人數 (甲)各業工会代表大会及小組会須過半數，(乙)執委会及常務会須三分之二委員提議。

(八)紀律—(1)会員須遵守本会章程執行本会決議，如有不守本会紀律破坏本会宗旨，由各業工会代表大会決議，予以嚴理處分

除名等

史料名称：阜平县寒假小学教员训练班课程表第一周课程表

尺寸：宽 208，高 296

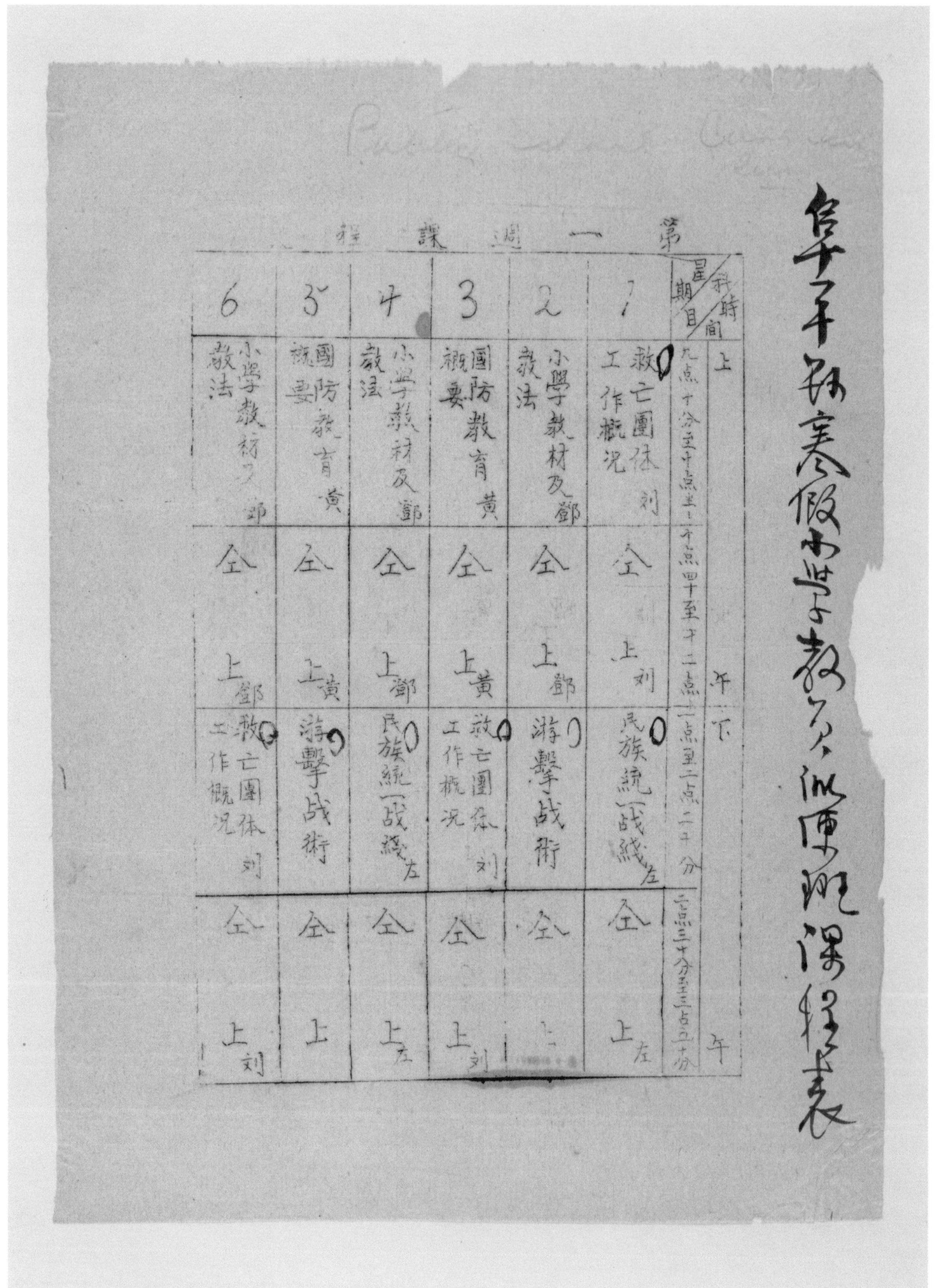

阜平縣寒假小學教員訓練班課程表

第一週課程

| 時間 \ 星期 | 1 | 2 | 3 | 4 | 5 | 6 |
|---|---|---|---|---|---|---|
| 上午 九点十分至十点三十 | 救亡團体工作概況 刘 | 小學教材及教法 鄧 | 國防教育概要 黄 | 小學教材及教法 鄧 | 國防教育概要 黄 | 小學教材及教法 鄧 |
| 十点四十至十二点 | 仝上 刘 | 仝上 鄧 | 仝上 黄 | 仝上 鄧 | 仝上 黄 | 仝上 鄧 |
| 下午 一点至二点二十分 | 民族統一战線 左 | 游擊战術 | 救亡團体工作概況 刘 | 民族統一战線 左 | 游擊战術 | 救亡團体工作概況 刘 |
| 二点三十分至三点五十分 | 仝上 左 | 仝上 | 仝上 刘 | 仝上 左 | 仝上 | 仝上 刘 |

史料名称：阜平县寒假小学教员训练班课程表第二周课程表

尺寸：宽 220，高 303

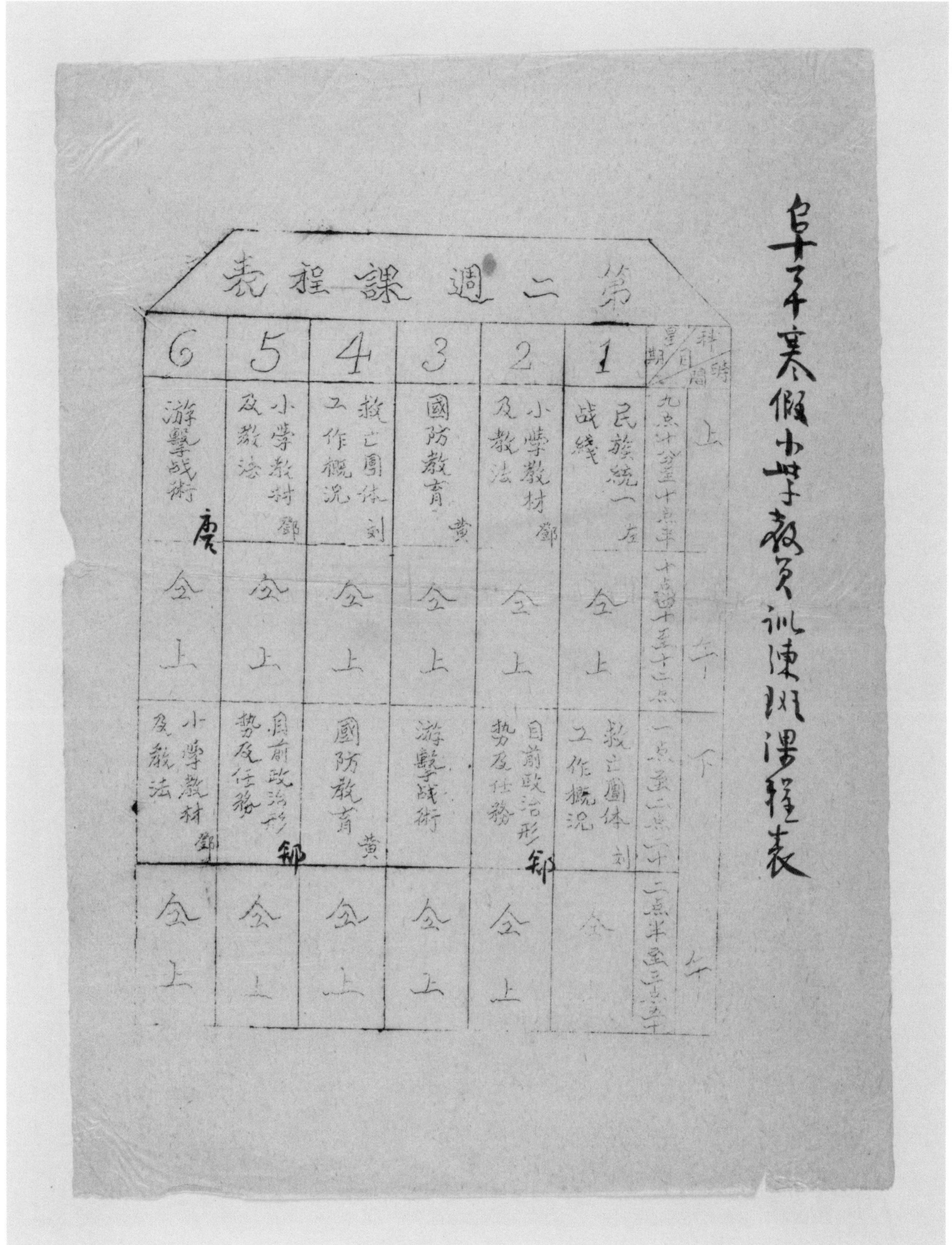

阜平寒假小学教员训練班課程表

第二週課程表

| 時間 \ 星期 \ 科目 | | 1 | 2 | 3 | 4 | 5 | 6 |
|---|---|---|---|---|---|---|---|
| 上午 | 九点廿分至十点半 | 民族統一战线 左 | 小學教材及教法 鄧 | 國防教育 黄 | 救亡團体工作概况 刘 | 小學教材及教法 鄧 | 游擊战術 鹿 |
| | 十点四十至十二点 | 仝上 | 仝上 | 仝上 | 仝上 | 仝上 | 仝上 |
| 下午 | 一点至二点二十 | 救亡團体工作概况 刘 | 目前政治形势及任務 郝 | 游擊战術 | 國防教育 黄 | 目前政治形势及任務 郝 | 小學教材及教法 鄧 |
| | 二点半至三点五十 | 仝上 | 仝上 | 仝上 | 仝上 | 仝上 | 仝上 |

史料名称：人民自卫军组织条例草案（共 6 页）
尺寸：宽 140，高 190

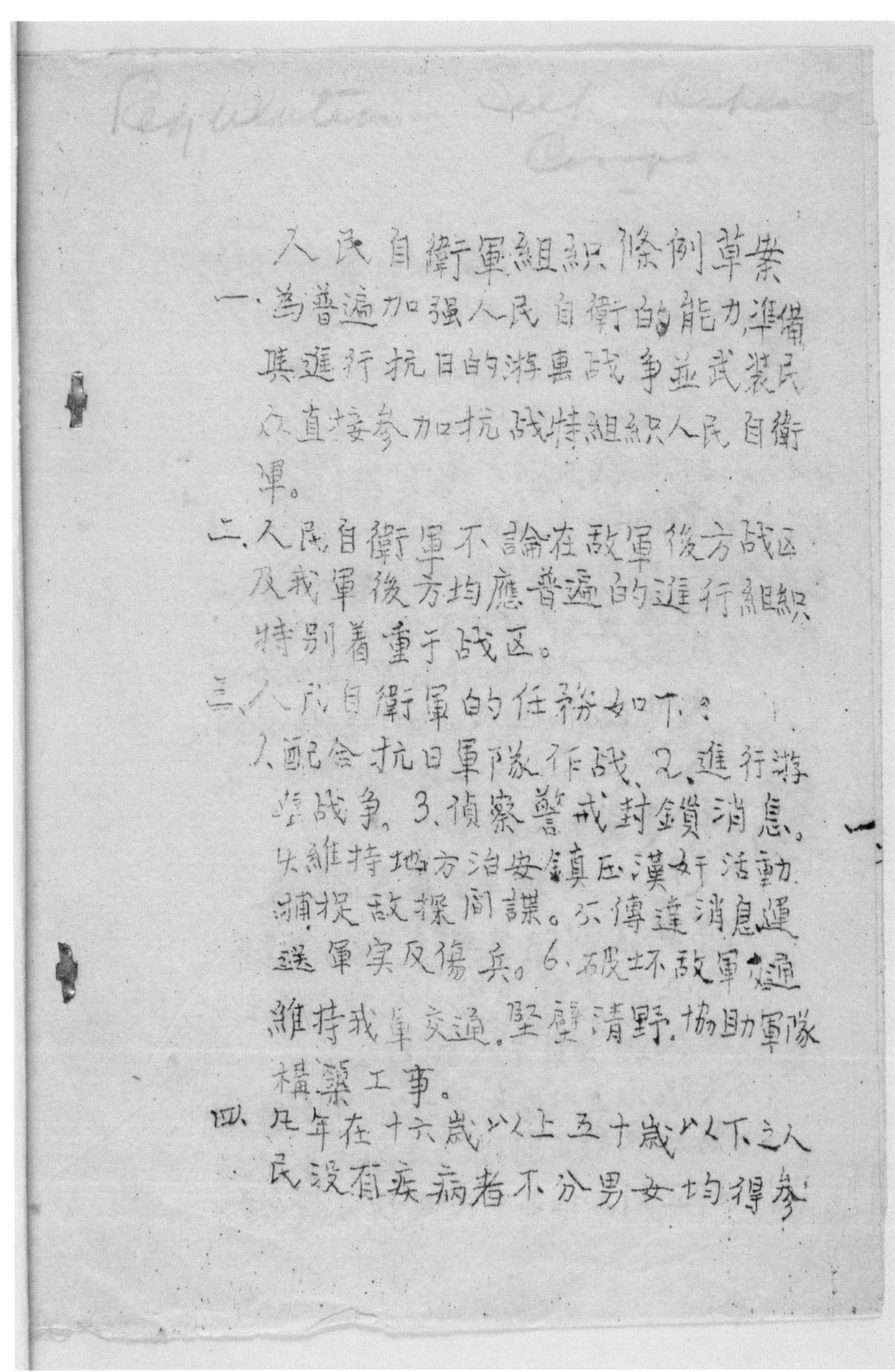
Regulation Self Defense Corps

人民自衛軍組織條例草案
一、為普遍加强人民自衛的能力，準備與進行抗日的游擊戰爭並武裝民众直接參加抗戰，特組織人民自衛軍。
二、人民自衛軍不論在敵軍後方戰區及我軍後方均應普遍的進行組織，特別着重于戰区。
三、人民自衛軍的任務如下：
1、配合抗日軍隊作戰。2、進行游擊戰爭。3、偵察警戒封鎖消息。4、維持地方治安，鎮压漢奸活動，捕捉敵探間諜。5、傳達消息，運送軍实及傷兵。6、破坏敵軍交通，維持我軍交通，堅壁清野，協助軍隊構築工事。
四、凡年在十六歲以上五十歲以下之人民，沒有疾病者，不分男女均得參加口自衛軍，自衛軍之隊員以不脫離生產為原則。

五、自衛軍的編制如下：

1、小隊——由隊員五人至十五人組織之，設正副小隊長各一人

2、中隊——二小隊至四小隊組織一中隊，設正副中隊長各一人，政治指導員一人，幹事若干人輔助之

3、大隊——以編鄉為單位，無論有幾中隊亦組成一大隊，設正副大隊長各一人，政治指導員一人，幹事若干人輔助之。

4、支隊——以区為單位成立支隊一（第幾区則稱第幾支隊）設支隊部，正副支隊長各一人，政治處主任一人，幹事若干人輔助之

5、支隊以上以縣為單位，設自衛軍總隊部，內設正副總隊長各一人，政治部正副主任各一人，參謀及政治幹

事若干人組織之。

六、自衛軍以村為單位成立小隊或中隊以編鄉為單位成立大隊以区為單位成立支隊縣設總隊部

七、自衛軍之中隊長小隊長大隊長均由隊員挑选政治幹事均由政治部選派各区支隊部由战地動員委員会各区之人民武裝部兼任之（動員会取消後支隊部另行規定）

八、女隊員單獨編為小隊或中隊不與男隊員混合未滿十六歲之兒童編為兒童自衛团在支隊部之下附設兒童指揮部之。

九、自衛軍之武裝如下：

1.快枪——由政府發給或調集地方原來武裝。

2.大刀——由政府發給或發動人民鑄造

3、被標——發動人民出錢自造

4、其他武器——發動人民自行預備

十、自衛軍之訓練如下：

1、軍事訓練——站隊、集合、散開、新舊武器使用、偵察、警戒、防空、防毒、救傷、衛軍、運輸、簡單的戰斗動作、游擊戰術與軍事常識等

2、政治訓練——民族革命的一般常識、宣傳組織民眾的方法、政治動員、軍事紀律、文化娛樂等

3、平常訓練時間以村為單位每星期集合訓練三次，每次一二小時，以編制為單位十天集合訓練一次，每次半天或一天

十一、自衛軍之紀律如下：

1、堅決抗日救國，2、聽命令服指揮，3、不擾民與人民聯合一致。

十二、自衛軍之待遇如下：

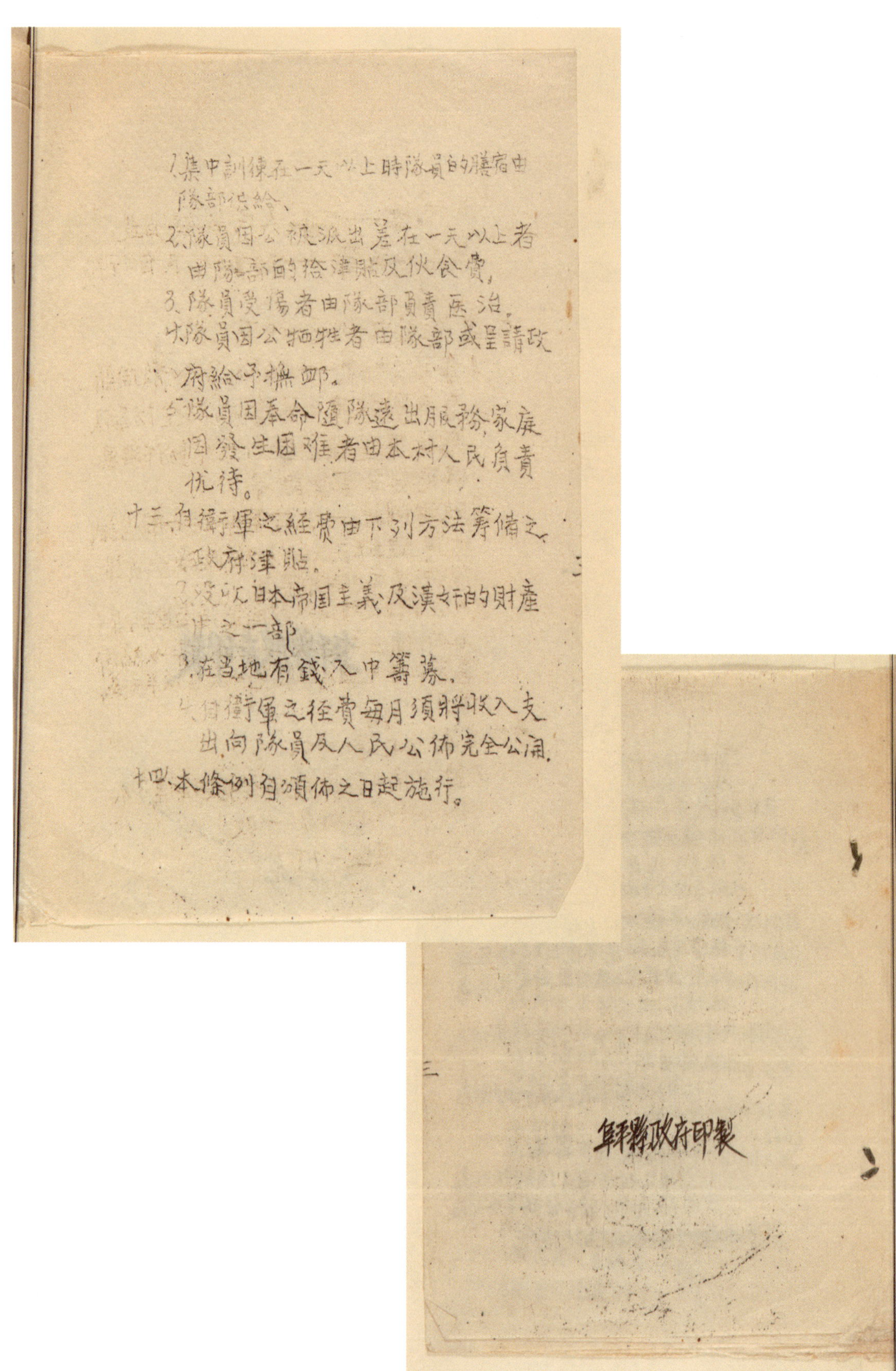

1.集中訓練在一天以上時隊員的膳宿由隊部供給、

2.隊員因公被派出差在一天以上者由隊部酌給津貼及伙食費，

3.隊員受傷者由隊部負責医治。

4.隊員因公犧牲者由隊部或呈請政府給予撫卹。

5.隊員因奉命隨隊遠出服務，家庭因發生困难者由本村人民負責优待。

十三、自衛軍之經費由下列方法籌備之、

1.政府津貼。

2.沒收日本帝国主義及漢奸的財產其之一部

3.在当地有錢人中籌募、

4.自衛軍之經費每月須將收入支出向隊員及人民公佈完全公開。

十四、本條例自頒佈之日起施行。

三

三

阜平縣政府印製

史料名称：儿童自卫团组织条例（共 4 页）

尺寸：宽 140，高 190

# 兒童自衛團組織條例

(1) 為着動員兒童參加抗战工作，并協助自衛軍保衛地方起見組織兒童自衛團。

2. 兒童自衛團的任務：

(一) 協助自衛軍放哨站崗（最初可使兒童團與自衛軍同時同地放哨站崗俟兒童熟悉一切工作時自衛軍可將放哨站崗事交兒童團而另做其他更重要工作惟兒童团祇能在白天放哨站崗夜間仍由自衛軍負責）

(二) 盤查行人並將可疑人一崗轉一崗送至管理机関（動員会）

(三) 傳遞消息或信件亦用一崗轉一崗辦法

(四) 偵察、協助自衛軍封鎖消息、

(五) 帮助義勇軍家屬做勞苦工作（如

打柴担水等）

3、儿童团之组织，係附属于自衛軍之组織，自衛軍指揮部下設兒童自衛团部，并在自衛軍支隊部下設兒童自衛团支隊部，自衛軍大隊部下設兒童自衛軍大隊部等。

4、在原則上凡十歲以上十六歲以下之兒童，不分性别得参加兒童自衛团，兒童团並不脱離生產。

5、兒童团之編制如下：

（一）小隊——由隊員五人至十五人組織之，設正副小隊長各一人。

（二）中隊——由一村中之各小隊組織之，設正副中隊長各一人。

（三）大隊——由一編鄉之各中隊合成組织之，設正副大隊長各一人。

（四）支隊——由一区之各大隊合成组成之。

設正副支隊長各一人

5.团部——由全縣各区之支隊合

成組織之設正副团長各一人

6.兒童团之武器——木棒(直径二寸長

四尺)

7.兒童团之訓練:

1.軍事訓練——立正、稍息、轉法等基

本動作、解散集合、防空演習、爬山、簡

易的游擊战等;

2.政治訓練——1.民族革命战爭之

意義。2.中日兩国的關係和比較。

3.兒童愛国衛国精神之養成、4.

4.兒童吃苦耐劳勇敢冒險精神之

養成5.兒童紀律文化娛樂生活

之養成

8.本條例自頒佈之日起施行。

二

阜平縣政府印製

史料名称：阜平县县政委员会文教科公函

尺寸：宽 252，高 295

阜平縣政委員會文教科公函第　號

逕啟者：在平時、尤其是在战時，對教員們在社會、文化上，和加强抗战力量上，都占相當的領導地位。現在為了從教育上加强抗敵救國和战時國難教育的効能，所以有阜平縣職教員抗敵救國會的組織。希　貴校於七日內，按照組織條例協同就近兩校，從速成立鄉分會。由鄉分會代表將本分會會員表於出席區分會時帶交選出的區分會負責人。區分會的成立，由各該區區分會所所在地鄉分會代表召集。嗣區分會成立，由區分會將各鄉分會及區分會組織情形，彙報來科為荷。此致

初級小學校

阜平縣政委員會文教科

十二月卅日

附組織條例一分、鄉分會會員表樣式一紙。

# 掀起民族自救的巨浪

卡尔逊告别阜平后，继续西行，越过雄伟的五台山区，由一支来自贺龙一二〇师的小分队接应，在崞县附近越过日军沿同蒲路的封锁线，进入晋西北抗日根据地。先到轩岗村三五九旅旅部会见王震旅长，再经石庄、宁化到静乐，造访正在八路军帮助下整军练兵的晋绥军骑兵第一军，然后来到一二〇师总部所在地——岚县。在岚县听取贺龙师长关于晋西和绥远军事形势的介绍，并进行考察后，又经过艰苦的徒步行军，到离石乘上八路军总部派来接应的汽车，历经汾阳、孝义、隰县、蒲县、临汾，重返洪洞八路军总部，从而胜利结束了历经晋东北、晋察冀边区和晋西北的第一次敌后考察。

人民武装力量在晋西北的迅速壮大给卡尔逊以深刻印象，他在《中国的双星》中写道："这里也有我在五台看到的同样制度的人民组织。贺龙的师四个月前进入这个地区时只有一万五千人。现在，通过征收游击队员已增加了三倍。"2 月 10 日下午他们刚抵岚县一二〇师总部时，正好遇上贺龙吩咐杀猪，款待一支由太原成成中学师生组成的游击队。该校是 30 年代中共在太原地区地下活动的主要阵地之一，抗日战争初期一度成为中共北方局、八路军驻晋办事处、中共山西工委的所在地。1937 年 10 月日军迫近太原，经党中央批准，成成中学组建了由校长刘墉如（中共党员）任队长的"山西太原成成中学师生抗日游击队"，共六百人，同年整建制加入"第二战区民族革命战争战地总动员委员会"，编为第四支队。这支完全由知识青年组成的抗日武装，在党的领导下，转战晋西北，血沃大青山，用鲜血和生命谱写了"成中"历史上最光辉的篇章，被誉为抗战初期我国青年运动的一面旗帜。2 月 10 日卡尔逊在岚县一二〇师部会见刘墉如时，正值他们待命配合一二〇师即将发动的收复晋西北七县城的战斗。"卡尔逊抗战史料"里有一份签署日期为 1938 年 2 月 7 日的《民族革命战争战地总动员委员会游击第四支队太原成中同学为号召全国青年参战宣言》，就是这次会见时获得的。

史料名称：民族革命战争战地总动员委员会游击第四支队太原成中同学为号召全国青年参战宣言

尺寸：宽 380，高 320

民族革命戰爭戰地總動員委員會游擊第四支隊太原成中同學

為號召全國青年參戰宣言：

中華民族的青年男女們！

日本帝國主義是不停的瘋狂進攻，自佔領我太原、上海、南京後，繼續向我武漢徐州方向進逼，意圖奪取我隴海津浦，控制我華中華南，進而吞滅我全中國，完成其稱雄世界，獨霸東亞的迷夢。祖國的危機，已到最後關頭，擺在我們面前的，絕只是兩條路：不是奮鬥抗戰的最後勝利，完成我中華民族的自由解放，便是亡國滅種，做日本永世的奴隸！

我中華四萬萬人民，在我最高領袖蔣委員長領導之下，早自[illegible]事變以來，即走上神聖的民族自衛戰爭的光明大道。在此五六月抗戰的當中，已給與日本強盜以嚴重的打擊。武漢會議以後，全國上下團結更形鞏固，對於全民族抗戰的推展更形積極，在全國改善政治機構，肅清動搖份子，改造舊式部隊，加強政治訓練，改善民眾生活，動員抗戰力量。在華北尤其在山西，廣泛的開展了游擊戰爭，武裝起千萬民眾參加做戰，無疑的。這一切是為了抗戰到底，一切是為了戰爭的最後勝利，一切是為了民族自由的獨立！不久，我們將更看到千千萬萬的新的民眾力量，出現到抗日戰場！

青年朋友們：中華民族的子孫們！我們是青年，富力強，思想活潑，勇敢不怕犧牲，[illegible]

[illegible]

我們高呼：

全國青年參加抗戰！

發揚青年的犧牲精神！

[illegible]

擁護我們的領袖到底！

保衛祖國！

爭取抗戰的最後勝利！

廿七年·三·七 [illegible]

# 黄河之滨，集合着一群中华民族优秀的子孙

1938年5月5日傍晚，卡尔逊抵达延安。在延安的十天里，卡尔逊拜访了毛泽东，参观了著名的中国抗日军政大学（简称“抗大”）和陕北公学。

卡尔逊参观抗大时，正是抗大第四期学员第三周的学习时段。卡尔逊写道：

来到延安的学生绝大部分进了抗大那个军政干部学校。这时，学生人数有六千。课程同我在山西看到的学校相同，后者是以抗大作模型的。学习时间为四个月，毕业生被分配去领导军队或游击队，或到被占领区去组织群众。

在一个山谷外三英里有个陕北公学，是培养男女政治干部的政治训练学校。一千五百名学生住在高高地修在一个天然圆形剧场顶上的一排窑洞里。他们聚集在剧场听露天报告。

我参观了这两个学校上课，也向学生讲了话。他们很有兴趣要知道旁的战场上战争进展的情况。他们特别要知道美国对这场斗争的态度、为什么美国不在九国公约下作点什么尽她的义务？

从卡尔逊搜集的抗大文献《抗大第四期第五大队及军事教员训练课程表》中可以看到，许多党的重要干部和八路军高级将领担任抗大教员，他们有：许光达、谭政、洪学智、郭化若、何长工、艾思奇等；课程有：“中国问题”“社会科学”“政治工作”“游击战术”“战略

中国抗日军政大学

学”“地形学”等。卡尔逊亲眼目睹了这样一所校舍极其简陋，师生又极为朝气蓬勃的学校，特意收集了这几份今天看来无比珍贵的课程表。

1938年，从西安到延安的八百里西延大道上，奔赴延安的人们成群结队，首尾相属，络绎不绝，情景感人而壮观。仅1938年5月至8月，经西安八路军办事处到延安的各地青年就达2288人。为了满足广大知识青年的抗日要求，中央军委决定抗大尽量吸收来延安的知识青年，随到随编队。抗大第四期先后编成8个大队，共5562人。然而，随着抗大扩招，办学经费却愈加匮乏。遵照毛泽东的指示，抗大通过各种方式努力解决经费短缺、物资匮乏的困难。卡尔逊收集的三份劝募文告也同样表明，抗大在它的发展壮大中，还有一大批热血青年为之努力。这三份劝募文告主要是由抗大第三期学员发起的，他们还成立了“中国抗日军政大学同学为扩大母校劝募委员会”，充分表明抗大学员热爱母校的满腔热诚。

六份珍贵的抗大文献，再一次证明了这所举世无双的窑洞大学的奇迹。在艰苦卓绝的岁月中，在短短不到十年的时间里，抗大为中国人民的抗战事业造就了十余万军政人才，堪称世界教育史上的奇迹。

史料名称：中国抗日军政大学同学为扩大母校劝募宣言

尺寸：宽 320，高 291

中國抗日軍政大學同學

為擴大母校勸募宣言

神聖的民族自衛战争的烽火、燃遍了全中國，如今是偉大的中華民族獨立解放的歷史的時期，這是一個艱苦的鬥爭，然而我們沒有别的，只有一個意志，就是在蔣委員長「堅持抗战」的領導下貫徹到底！

正因為抗战是持久的，必須有成千成萬的幹部去領導。目前已感覺到幹部的缺乏和補充的困难，因此，培養幹部成為我們當前的主要任務之一，沒有問題，每個中國的人民，都应該竭力捐产與實際的帮助政府，更大規模的實施战時教育，以澈底解决這一困難，以满足全國無數的青年的热望，以爭取抗战的最後勝利！

我們的學校——中國抗日軍政大學，就是担負這任務的一個。雖然在教育方針上、管理方法上，令我們十分高興，然而它因為經費的萬分艱難，不能招收很多的學生，把許多優秀的青年，拒之於校外；沒有應有的設備，使教育實際上感到很大困难，這不能不是一個重大的損失！

我們~~第三期~~的同學，~~雖然很快的就要畢業了、~~但是為了民族着想，為了有志來校的全國父老先生的子女着想，我們要本愛护全國所有的学校一樣的精神，來帮助我們的学校擴大充實，因此，我們就自動發起一個募捐運動！

我們組織了專門委員會，來推動這一工作。我們决定用一切力量，求得這一運動的成績，激烈的開展與順利的完成。

我們热烈的企求和相信國内外各界父老先生，兄弟姊妹們，一定同情我們，並實際的慷慨解囊襄助，学校幸甚！中華民族幸甚！

中國抗日軍政大學~~第三期~~同學會為擴大母校勸募委員會啟

二月十八日

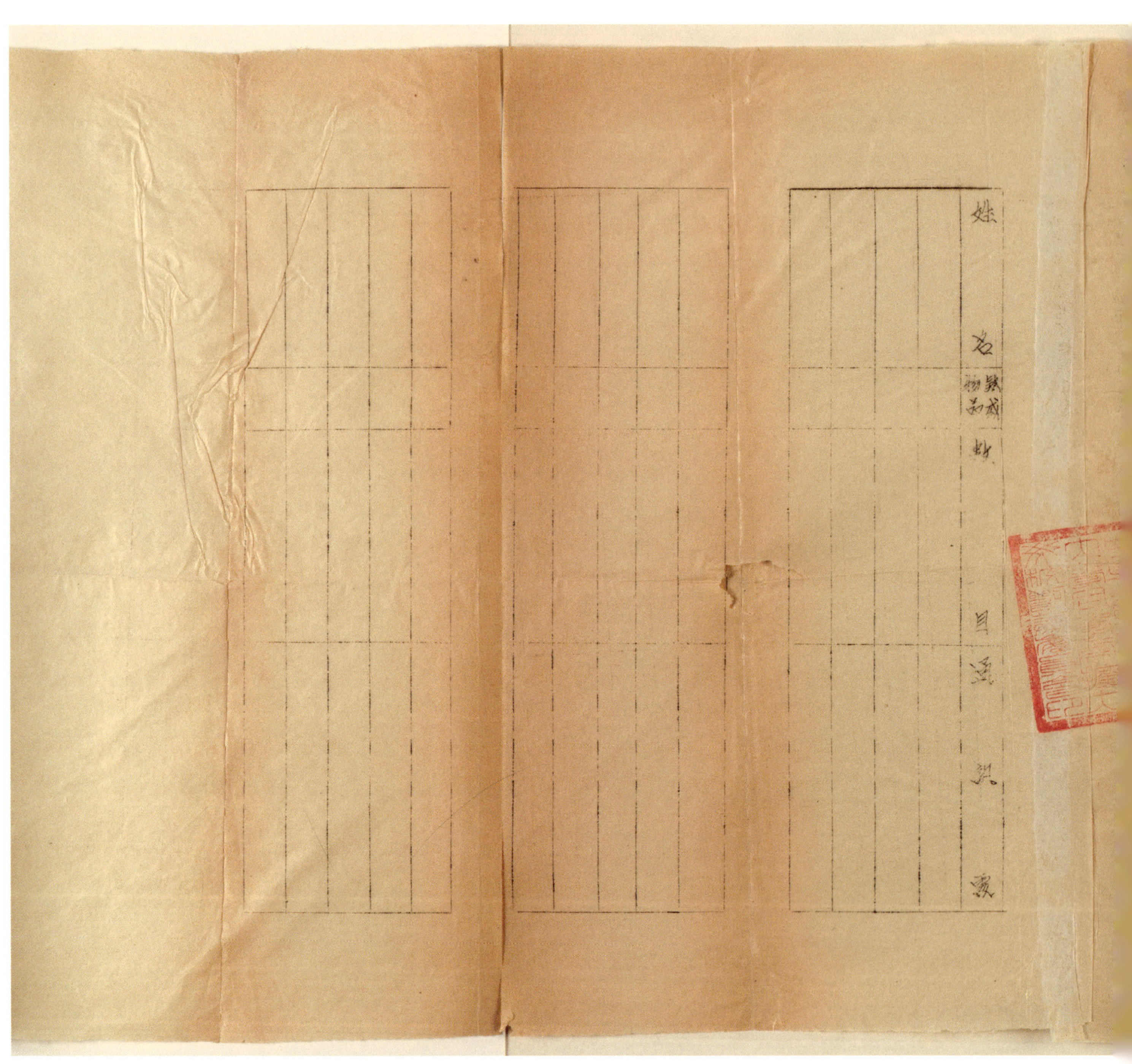
姓 名

史料名称：中国抗日军政大学同学为扩大母校劝募委员会捐册（附捐册表式）

尺寸：宽 715，高 280

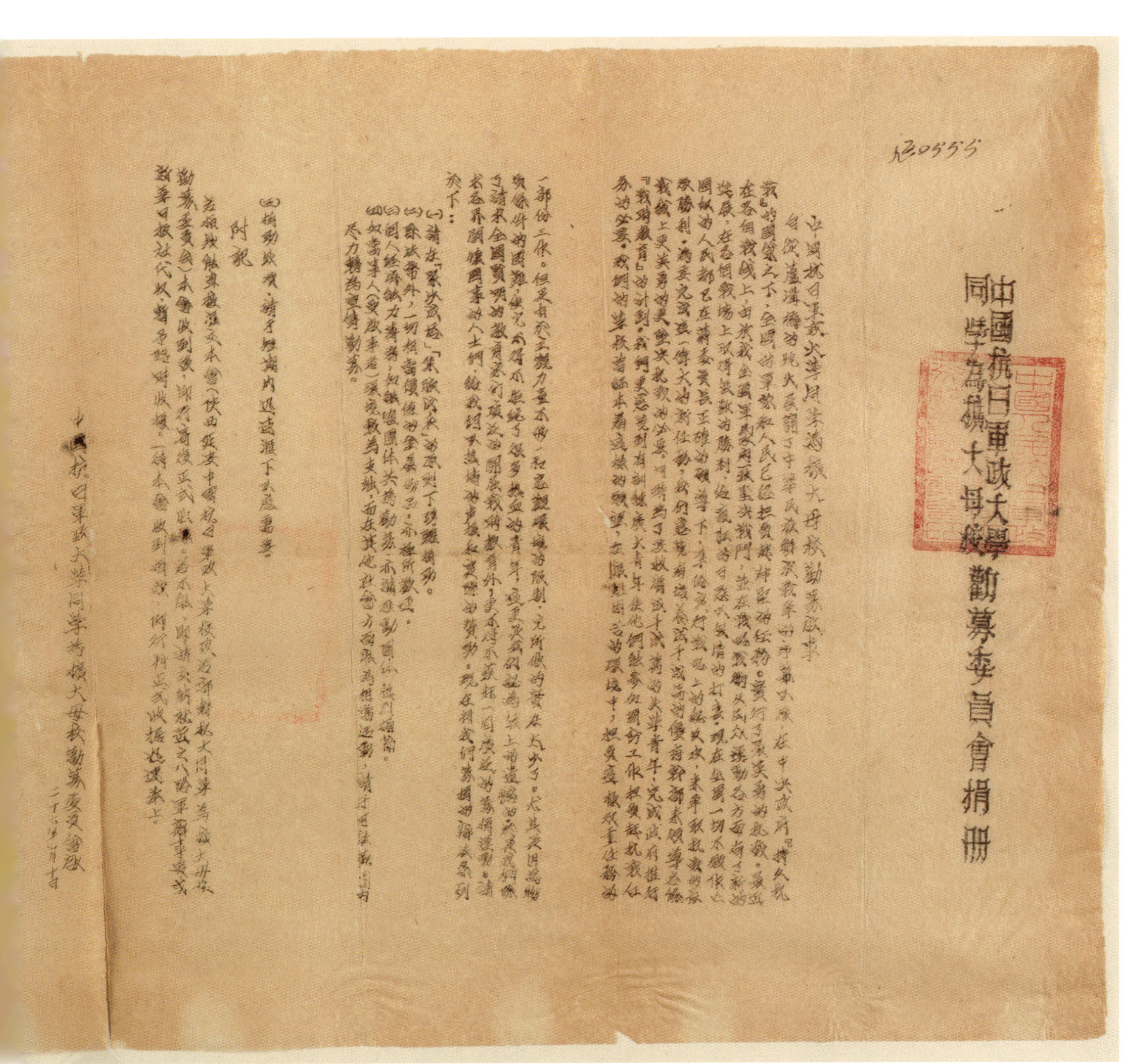

№0555

中國抗日軍政大學同學為擴大母校勸募委員會捐冊

中國抗日軍政大學同學為擴大母校勸募啟事

自從蘆溝橋的炮火展開了中華民族解放戰爭的序幕以後，在中央政府「持久抗戰」的國策之下，全國的軍隊和人民已經担負起神聖的任務，實行了英勇的抗戰。最近在各個戰線上，由於我全國軍隊的一致堅決戰鬥，並在戰略戰術及民眾運動各方面有了新的發展，在各個戰場上取得光榮的勝利，給敵人以[illegible]的打擊。現在全國一切不願做亡國奴的人民都已在蔣委員長正確的領導下，[illegible]，來爭取抗戰的最後勝利。為要完成這一偉大的新任務，我們意識到有培養成千成萬的優秀幹部來領導各條戰線上更英勇的更堅決抗戰的必要。所以為了要收[illegible]成千成萬的大學青年，完成政府推行『戰時教育』的計劃，我們更感覺到有訓練廣大青年使他們能參加國防工作担負起抗戰任務的必要。我們的母校曾經本着這樣的願望，在艱難困苦的環境中，担負了這[illegible]重任務的一部份工作。但是由於主觀力量不夠，和客觀環境的限制，她所做的貢獻太少了。尤其是因為物質條件的困難，使她不得不拒絕了很多熱血的青年。這更是我們認為[illegible]的遺憾的。我們除了請求全國賢明的教育家們援助[illegible]開展我們的教育外，更不得不[illegible]的募捐運動。請求各界關懷國事的人士們，給我們以熱情的聲援和實際的贊助。現在將我們募捐的辦法條列於下：

(一)請在「緊要關頭」「[illegible]」的原則下踴躍捐助。

(二)除法幣外，一切[illegible]的金屬物品，亦極所歡迎。

(三)個人經濟能力薄弱，如能以團體共同勸募，亦請推動團體，[illegible]。

(四)如當事人（受款者）須視款為支紙，而在其他社會方面為推[illegible]運動，請予[illegible]內盡力贊為宣傳勸募。

(五)捐動款項，請予短期內迅速匯下以應需要。

附記

若[illegible]款直接匯交本會（陝西延安中國抗日軍政大學校政治部轉抗大同學為擴大母校勸募委員會）本會收到後，即行寄發正式收據。若不能，即請交就近之八路軍辦事處或救亡團體代收，暫予臨時收據。（待本會收到捐款，即行將正式收據寄還為上。）

中國抗日軍政大學同學為擴大母校勸募委員會啟

二十七年[illegible]月十日

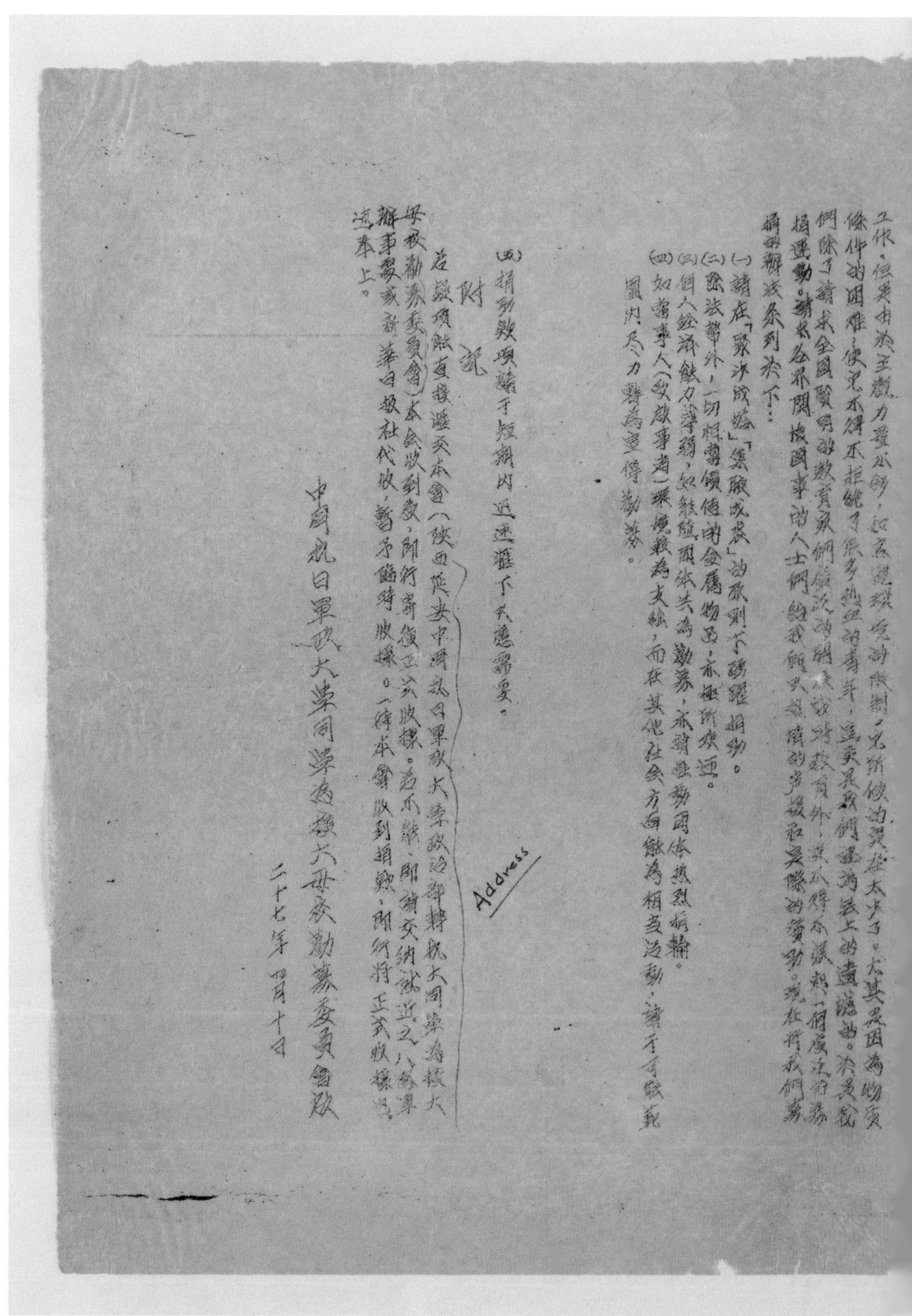

工作。但是由於主觀力量不够，加之環境的限制，先所做的實在太少了。尤其是因為物質條件的困難，使先不得不拒絕了很多熱血的青年，這更是我們認為甚上的遺憾的。於是我們除了請求全國賢明的教育家們給我們以教育外，更不得不汲起一個廣泛的勸捐運動。請求各界關懷國事的人士們給我們以積極的聲援和實際的贊助。現在將我們勸捐的辦法條列於下：

(一)請在「聚沙成塔」「集腋成裘」的原則下踴躍捐助。

(二)除法幣外，一切有價值的金屬物品，亦極所歡迎。

(三)個人經濟能力薄弱，如能隨團體共為勸募，亦請推動團體熱烈捐輸。

(四)如當事人(或啟事者)環境較為支絀，而在其他社會方面能為相當活動，請于可能範圍內盡力替為宣傳勸募。

(五)捐助款項請于短期內迅速匯下，以應需要。

附記

若該項款直接匯交本會（陝西延安中國抗日軍政大學政治部轉抗大同學為援大母校勸募委員會）本會收到後，即行寄復正式收據。若不能，即請交納就近之八路軍辦事處或新華日報社代收，暫予臨時收據。一俟本會收到捐款，即行將正式收據送奉上。

Address

中國抗日軍政大學同學為援大母校勸募委員會啟

二十七年四月十日

史料名称：中国抗日军政大学同学为扩大母校劝募委员会捐册

尺寸：宽 368，高 265

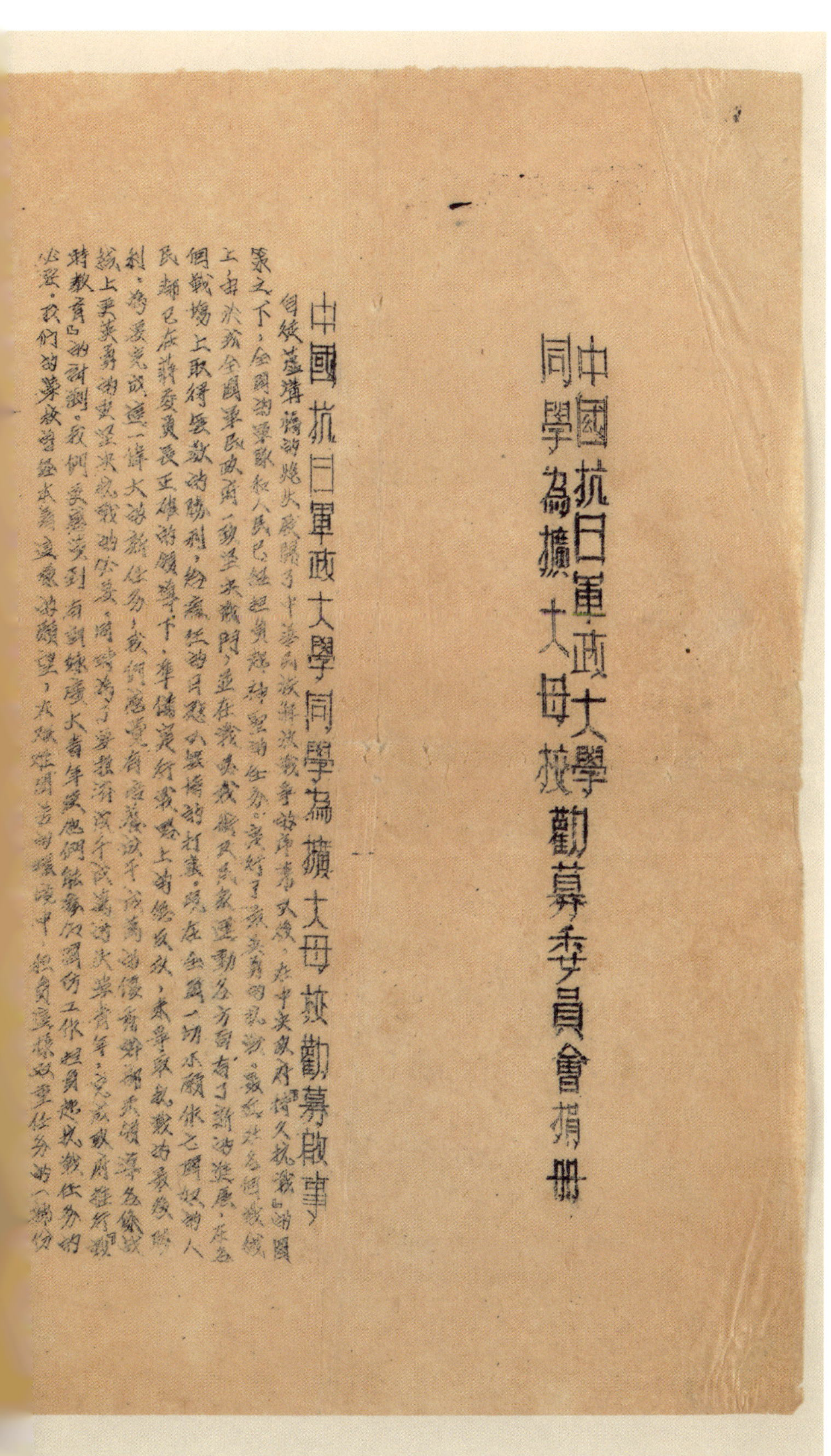

中國抗日軍政大學同學為擴大母校勸募委員會捐冊

中國抗日軍政大學同學為擴大母校勸募啟事

自從蘆溝橋的炮火展開了中華民族解放戰爭的序幕以後，在中央政府持久抗戰的國策之下，全國的軍隊和人民已經担負起神聖的任務。實行了抗戰的動員。我們在各個戰線上，由於我全國軍民政府一致堅決戰鬥，並在戰略戰術及民眾運動各方面有了新的進展，在各個戰場上取得無數的勝利，給敵人以嚴重的打擊。現在全國一切不願作亡國奴的人民都已在蔣委員長正確的領導下，準備實行戰略上的總反攻，來爭取最後勝利。為要完成這一偉大的歷史任務，我們感覺有培養成千成萬的優秀幹部來領導各條戰線上更英勇的更堅決的戰鬥的必要。同時為了要推翻成千成萬的失學青年，完成政府推行戰時教育的計劃。我們更感覺到有訓練廣大青年使他們能參加國防工作担負起抗戰任務的必要。我們的母校就為了這種的願望，在艱難困苦的環境中，担負這樣艱巨任務的一部份

史料名称：抗大第四期第四大队课程表

尺寸：宽 270，高 283

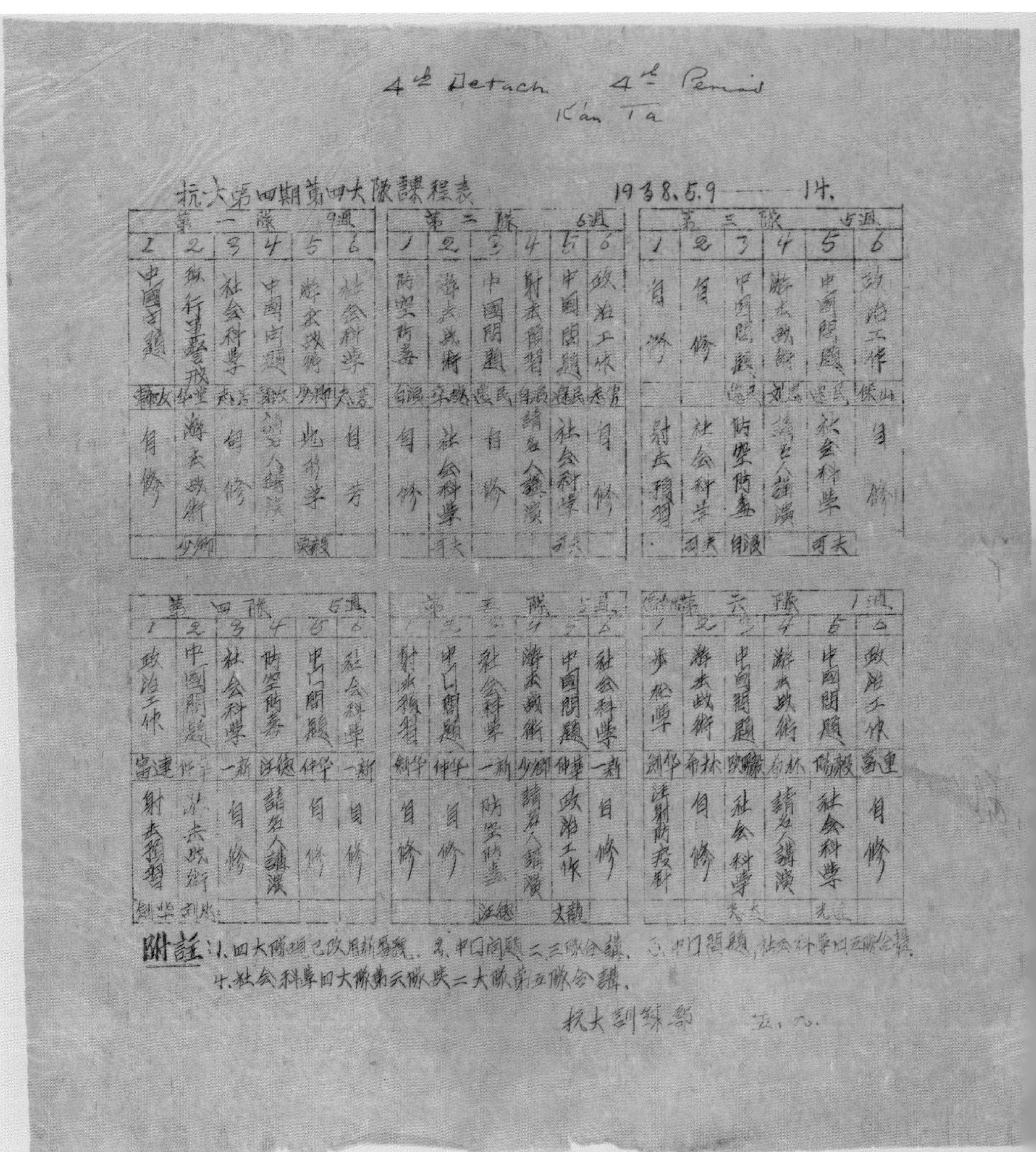

4th Detach 4th Period
Kán Ta

抗大第四期第四大隊課程表 1938.5.9——14.

| 第一隊 9週 | 1 | 2 | 3 | 4 | 5 | 6 |
|---|---|---|---|---|---|---|
| 課程 | 中國問題 | 執行警戒 | 社会科學 | 中國問題 | 游擊戰術 | 社会科學 |
| 教員 | 靜文 | 华堂 | 杰芳 | 靜文 | 少卿 | 杰芳 |
| 課程 | 自修 | 游擊戰術 | 自修 | 請名人講演 | 地形学 | 自修 |
| 教員 | | 少卿 | | | 吳毅 | |

| 第二隊 6週 | 1 | 2 | 3 | 4 | 5 | 6 |
|---|---|---|---|---|---|---|
| 課程 | 防空防毒 | 游擊戰術 | 中國問題 | 射击預習 | 中國問題 | 政治工作 |
| 教員 | 白浪 | [illegible] | 遠民 | 白浪 | 遠民 | 杰芳 |
| 課程 | 自修 | 社会科學 | 自修 | 請名人講演 | 社会科學 | 自修 |
| 教員 | | 可夫 | | | 可夫 | |

| 第三隊 5週 | 1 | 2 | 3 | 4 | 5 | 6 |
|---|---|---|---|---|---|---|
| 課程 | 自修 | 自修 | 中國問題 | 游擊戰術 | 中國問題 | 政治工作 |
| 教員 | | | 遠民 | 文忠 | 遠民 | 保山 |
| 課程 | 射击預習 | 社会科學 | 防空防毒 | 請名人講演 | 社会科學 | 自修 |
| 教員 | · | 可夫 | 白浪 | | 可夫 | |

| 第四隊 5週 | 1 | 2 | 3 | 4 | 5 | 6 |
|---|---|---|---|---|---|---|
| 課程 | 政治工作 | 中國問題 | 社会科學 | 防空防毒 | 中國問題 | 社会科學 |
| 教員 | 富連 | 仲华 | 一新 | 汪德 | 仲华 | 一新 |
| 課程 | 射击預習 | 游擊戰術 | 自修 | 請名人講演 | 自修 | 自修 |
| 教員 | 劍华 | [illegible] | | | | |

| 第五隊 5週 | 1 | 2 | 3 | 4 | 5 | 6 |
|---|---|---|---|---|---|---|
| 課程 | 射击預習 | 中國問題 | 社会科學 | 游擊戰術 | 中國問題 | 社会科學 |
| 教員 | 劍华 | 仲华 | 一新 | 少卿 | 仲華 | 一新 |
| 課程 | 自修 | 自修 | 防空防毒 | 請名人講演 | 政治工作 | 自修 |
| 教員 | | | 汪德 | | 文龍 | |

| 第六隊 1週 | 1 | 2 | 3 | 4 | 5 | 6 |
|---|---|---|---|---|---|---|
| 課程 | 步枪學 | 游擊戰術 | 中國問題 | 游擊戰術 | 中國問題 | 政治工作 |
| 教員 | 劍华 | 希林 | [illegible] | 希林 | [illegible] | 富連 |
| 課程 | 注射防疫針 | 自修 | 社会科學 | 請名人講演 | 社会科學 | 自修 |
| 教員 | | | 光大 | | 光遠 | |

附註：1、四大隊現已改用新番號。2、中國問題二三隊合講。3、中國問題，社会科學四五隊合講。
4、社会科學四大隊第六隊與二大隊第五隊合講。

抗大訓練部 五、九。

史料名称：抗大第四期第五大队及军事教员训练队课程表

尺寸：宽 278，高 260

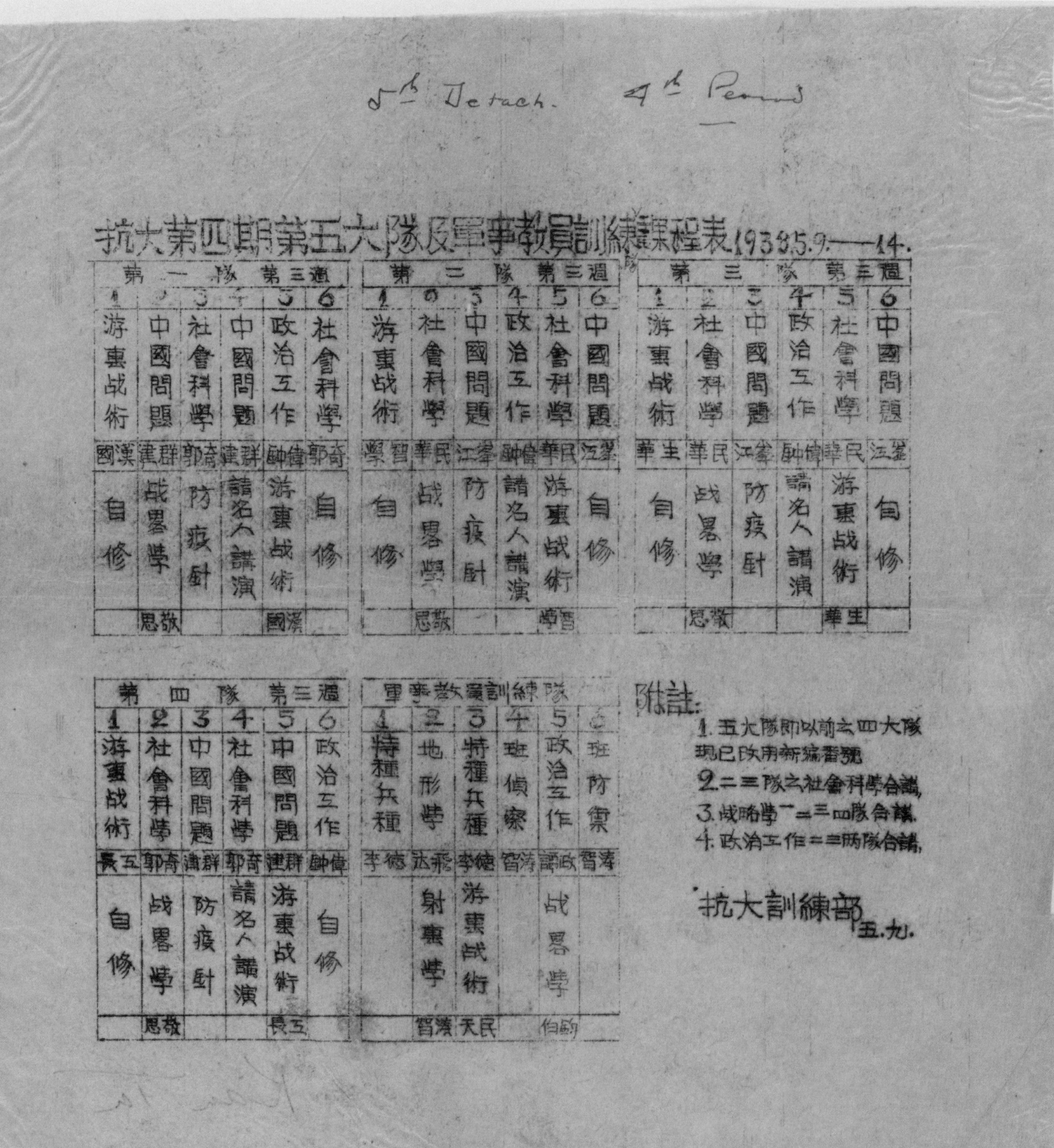

5th Detach. 4th Period

抗大第四期第五大隊及軍事教員訓練課程表 1938.5.9.——14.

| 第一隊 第三週 | | | | | |
|---|---|---|---|---|---|
| 1 | 2 | 3 | 4 | 5 | 6 |
| 游擊战術 | 中國問題 | 社會科學 | 中國問題 | 政治工作 | 社會科學 |
| 國漢 | 建群 | 郭奇 | 建群 | 勵偉 | 郭奇 |
| 自修 | 战畧學 | 防疫尉 | 請名人講演 | 游擊战術 | 自修 |
| | 思敬 | | | 國漢 | |

| 第二隊 第三週 | | | | | |
|---|---|---|---|---|---|
| 1 | 2 | 3 | 4 | 5 | 6 |
| 游擊战術 | 社會科學 | 中國問題 | 政治工作 | 社會科學 | 中國問題 |
| 學智 | 華民 | 江峯 | 勵偉 | 華民 | 江峯 |
| 自修 | 战畧學 | 防疫尉 | 請名人講演 | 游擊战術 | 自修 |
| | 思敬 | | | 學智 | |

| 第三隊 第三週 | | | | | |
|---|---|---|---|---|---|
| 1 | 2 | 3 | 4 | 5 | 6 |
| 游擊战術 | 社會科學 | 中國問題 | 政治工作 | 社會科學 | 中國問題 |
| 華生 | 華民 | 江峯 | 勵偉 | 華民 | 江峯 |
| 自修 | 战畧學 | 防疫尉 | 請名人講演 | 游擊战術 | 自修 |
| | 思敬 | | | 華生 | |

| 第四隊 第三週 | | | | | |
|---|---|---|---|---|---|
| 1 | 2 | 3 | 4 | 5 | 6 |
| 游擊战術 | 社會科學 | 中國問題 | 社會科學 | 中國問題 | 政治工作 |
| 長五 | 郭奇 | 建群 | 郭奇 | 建群 | 勵偉 |
| 自修 | 战畧學 | 防疫尉 | 請名人講演 | 游擊战術 | 自修 |
| | 思敬 | | | 長五 | |

| 軍事教員訓練隊 | | | | | |
|---|---|---|---|---|---|
| 1 | 2 | 3 | 4 | 5 | 6 |
| 特種兵種 | 地形學 | 特種兵種 | 班偵察 | 政治工作 | 班防禦 |
| 李德 | 法飛 | 李德 | 習濤 | 譚政 | 習濤 |
| | 射擊學 | 游擊战術 | | 战畧學 | |
| | 習濤 | 天民 | | 伯鈞 | |

附註：

1. 五大隊即以前之四大隊現已改用新編番號
2. 二三隊之社會科學合講，
3. 战略學一二三四隊合講，
4. 政治工作二三兩隊合講，

抗大訓練部 五.九.

史料名称：抗大第四期第二大队课程表

尺寸：宽 270，高 283

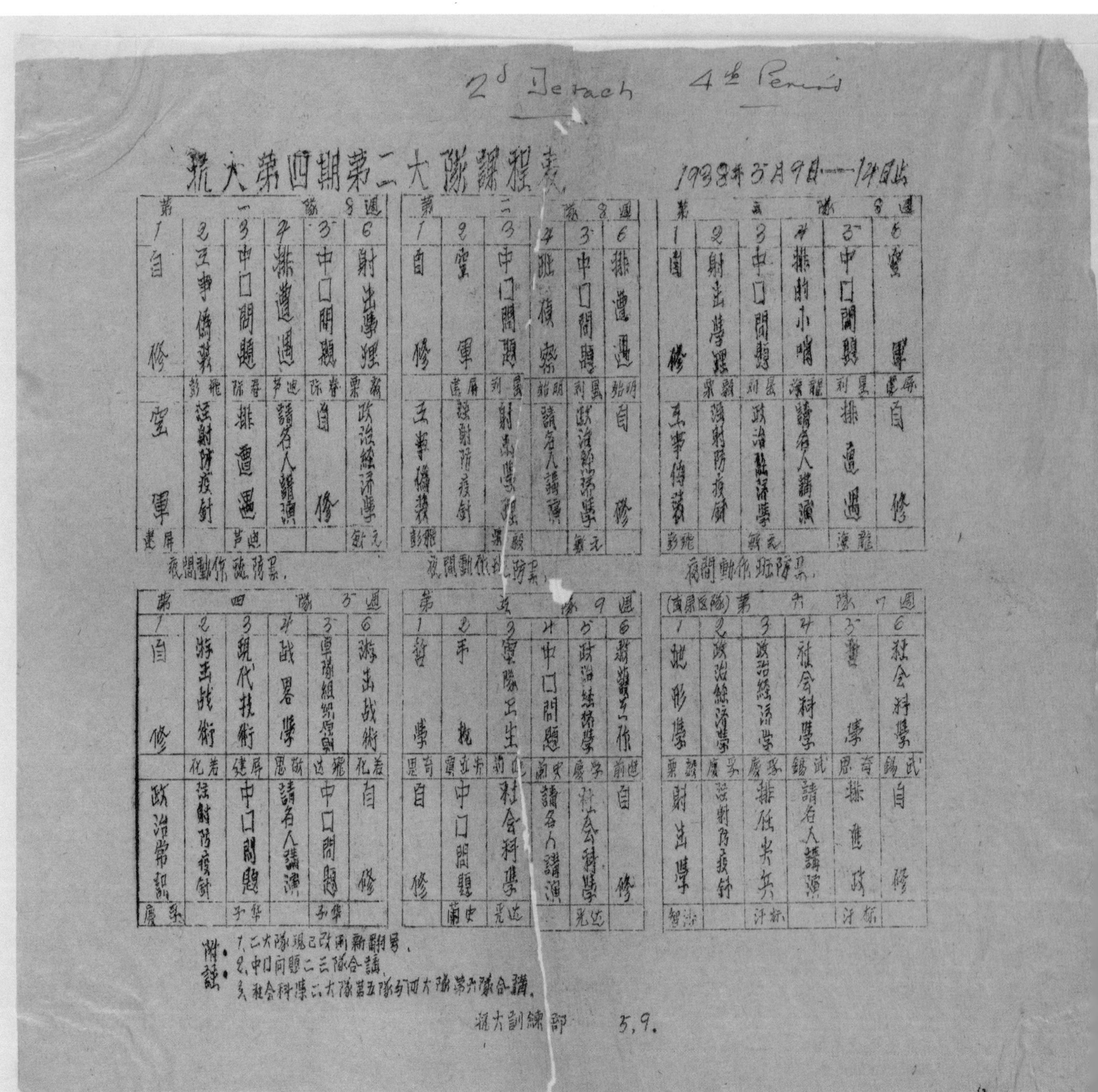

2d Detach 4th Period

抗大第四期第二大隊課程表 1938年5月9日——14日止

| 第一隊 8週 | | | | | |
|---|---|---|---|---|---|
| 1 | 2 | 3 | 4 | 5 | 6 |
| 自修 | 軍事偽裝 | 中日問題 | 排遭遇 | 中日問題 | 射击學理 |
| | 彭飛 | 孫眷 | 芦迪 | 孫眷 | 栗巖 |
| 空軍 | 注射防疫針 | 排遭遇 | 請名人講演 | 自修 | 政治經濟學 |
| 建屏 | | 芦迪 | | | 敏元 |

夜間動作班防禦。

| 第二隊 8週 | | | | | |
|---|---|---|---|---|---|
| 1 | 2 | 3 | 4 | 5 | 6 |
| 自修 | 空軍 | 中日問題 | 班偵察 | 中日問題 | 排遭遇 |
| | 建屏 | 列晨 | 始明 | 列晨 | 始明 |
| 軍事偽裝 | 注射防疫針 | 射击學理 | 請名人講演 | 政治經濟學 | 自修 |
| 彭飛 | | 栗巖 | | 敏元 | |

夜間動作班防禦。

| 第三隊 8週 | | | | | |
|---|---|---|---|---|---|
| 1 | 2 | 3 | 4 | 5 | 6 |
| 自修 | 射击學理 | 中日問題 | 排的小哨 | 中日問題 | 空軍 |
| | 栗巖 | 列晨 | 濛龍 | 列晨 | 建屏 |
| 軍事偽裝 | 注射防疫針 | 政治經濟學 | 請名人講演 | 排遭遇 | 自修 |
| 彭飛 | | 敏元 | | 濛龍 | |

夜間動作班防禦。

| 第四隊 5週 | | | | | |
|---|---|---|---|---|---|
| 1 | 2 | 3 | 4 | 5 | 6 |
| 自修 | 游击战術 | 現代技術 | 戰略學 | 軍隊組織原則 | 游击战術 |
| | 化若 | 建屏 | 恩崇 | 达飛 | 化若 |
| 政治常識 | 注射防疫針 | 中日問題 | 請名人講演 | 中日問題 | 自修 |
| 慶孚 | | 子华 | | 子华 | |

| 第五隊 9週 | | | | | |
|---|---|---|---|---|---|
| 1 | 2 | 3 | 4 | 5 | 6 |
| 哲學 | 手槍 | 軍隊卫生 | 中日問題 | 政治經济學 | 群众工作 |
| 恩奇 | [illegible] | 前進 | 蘭史 | 慶孚 | 前進 |
| 自修 | 中日問題 | 社会科學 | 請名人講演 | 社会科學 | 自修 |
| | 蘭史 | 光达 | | 光达 | |

| (直屬区隊)第六隊 7週 | | | | | |
|---|---|---|---|---|---|
| 1 | 2 | 3 | 4 | 5 | 6 |
| 地形學 | 政治經济學 | 政治經济学 | 社会科學 | 哲學 | 社会科學 |
| 栗巖 | 慶孚 | 慶孚 | 錫武 | 恩奇 | 錫武 |
| 射击學 | 注射防疫針 | 排尖兵 | 請名人講演 | 排進攻 | 自修 |
| 智浩 | | 汗杯 | | 汗杯 | |

附註：1、二大隊現已改用新番号。
2、中日问題二三隊合講。
3、社会科学二大隊第五隊与四大隊第六隊合講。

抗大訓練部 5,9.

# 中华民族解放先锋队

1938 年 5 月 15 日，天气晴朗，卡尔逊与毛泽东介绍给他的同伴刘白羽、欧阳山尊等一行向宝塔山挥手告别，前往绥蒙前线考察。先乘卡车从延安到榆林，见到邓宝珊、高双成等抗日将领，接着靠骑马和步行在沙海中沿长城行进抵达神木，再往北进入绥远，见到抗日将领马占山。然后应傅作义将军约请，从哈拉塞经麻地沟前行七十里，进入山西最西北端、黄河边上的城市——河曲。6 月 1 日行抵麻地沟时，傅作义麾下的三十五军留守处及八十六师驻兵吹起“接官”号迎接，此即哥大史带东亚图书馆藏卡尔逊抗战史料中一纸《欢迎美大使的标语》的来历，上面还盖有张副官和朱连长的两枚私章。

由于前线战况变化，傅作义未能来河曲与卡尔逊会面，但是卡尔逊在这里见识到了一个公开挂牌的中国共产党领导下的青年抗日救国组织——中华民族解放先锋队，简称“民先”。卡尔逊在《中国的双星》里写道：“我对这个组织一无所知，他们向我解释，这是一个爱国的青年组织，其任务是：（1）培育公务人员的忠诚，（2）改善人民生活，（3）促进人民的团结以抵抗日本侵略。这个组织在全国约有八万人，他们宣誓要为此目标献身。”

6 月 3 日上午，经欧阳山尊等人介绍，当地的“‘民先’负责人王致中和卡尔逊谈了近两个半钟头。他告诉了卡尔逊关于‘民先’的组织情形，宗旨和工作大纲。以后又谈了最近及河曲在失守前的工作情形，十分详尽。卡尔逊非常高兴，为王同志拍了照片，并约他明天上午再继续谈”。第二天上午，王致中如约而至，“谈话进行了两个多钟头才完”。深入交谈的同时，卡尔逊还得到了一份《中华民族解放先锋队章程》。这份章程刚于 1938 年 4 月在西安召开的民先临时全国代表大会通过，但时隔不久国民党便以整理和登记民众团体为名，下令解散了这个影响最大的青年救亡组织。各地民先队员不屈不挠，在党的领导下坚持奋斗，卡尔逊也继续在往后的考察中经常与民先队员交流，其有关记述和这份保存将近八十年的珍贵文献，为全面抗战以后大批民先队员奔赴抗日前线、坚持敌后斗争的光荣历史，提供了直接的证据。

史料名称：欢迎美大使的标语

尺寸：宽 375，高 250

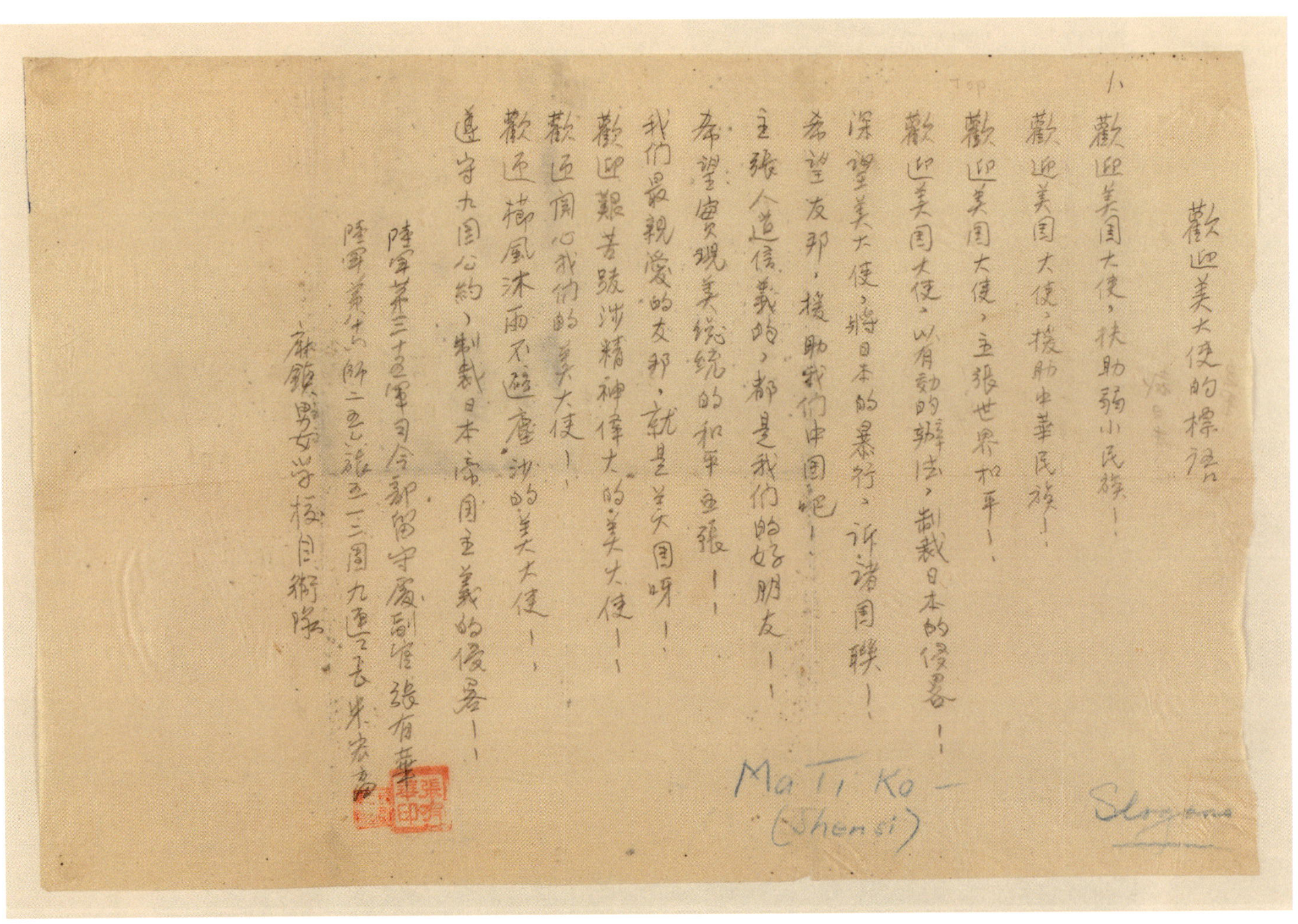

歡迎美大使的標語

1. 歡迎美国大使，扶助弱小民族！

歡迎美国大使，援助中華民族！

歡迎美国大使，主張世界和平！

歡迎美国大使，以有效的辦法，制裁日本的侵畧！！

深望美大使，將日本的暴行，訴諸国联！

希望友邦，援助我们中国吧！

主張人道信義的，都是我们的好朋友！！

希望實現美總統的和平主張！！

我们最親愛的友邦，就是美国呀！

歡迎艱苦跋涉精神偉大的美大使！！

歡迎關心我们的美大使！！

歡迎櫛風沐雨不避塵沙的美大使！！

遵守九国公約，制裁日本帝国主義的侵畧！！

陸軍第三十五軍司令部留守處副官張有華

陸軍第七十師二○七旅五一三團九連二等兵米宏[illegible]

麻鎮男女学校自衛隊

張有華印

Top

Ma Ti Ko — (Shensi)

Slogans

史料名称：中华民族解放先锋队章程（共4页）

尺寸：宽140，高180

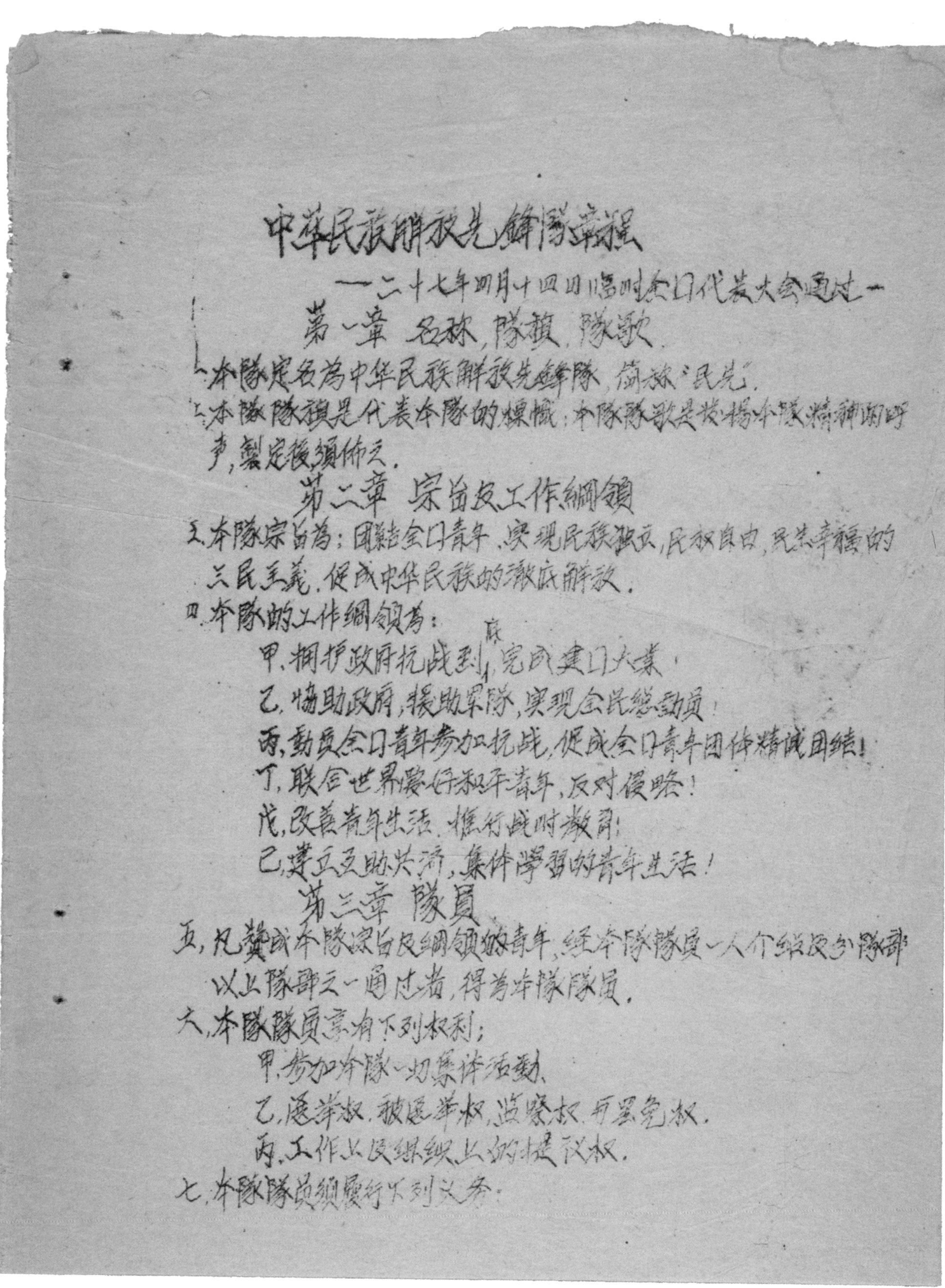

# 中華民族解放先鋒隊章程

—二十七年四月十四日臨時全国代表大会通过—

## 第一章 名称，隊旗，隊歌

一、本隊定名為中華民族解放先鋒隊，簡称"民先"。

二、本隊隊旗是代表本隊的標幟；本隊隊歌是發揚本隊精神的呼声，製定後須佈之。

## 第二章 宗旨及工作綱領

三、本隊宗旨為：團結全国青年，实現民族獨立，民权自由，民生幸福的三民主義，促成中華民族的澈底解放。

四、本隊的工作綱領為：

甲、擁护政府抗战到底，完成建国大業，

乙、協助政府，援助軍隊，实現全民總動員！

丙、動員全国青年参加抗战，促成全国青年团体精誠团结！

丁、联合世界愛好和平青年，反对侵略！

戊、改善青年生活，推行战时教育！

己、建立互助共濟，集体學習的青年生活！

## 第三章 隊員

五、凡贊成本隊宗旨及綱領的青年，經本隊隊員一人介紹及分隊部以上隊部之一通过者，得為本隊隊員。

六、本隊隊員享有下列权利：

甲、参加本隊一切集体活動，

乙、選举权，被選举权，监察权，罢免权，

丙、工作上及組織上的提议权。

七、本隊隊員須履行下列义务：

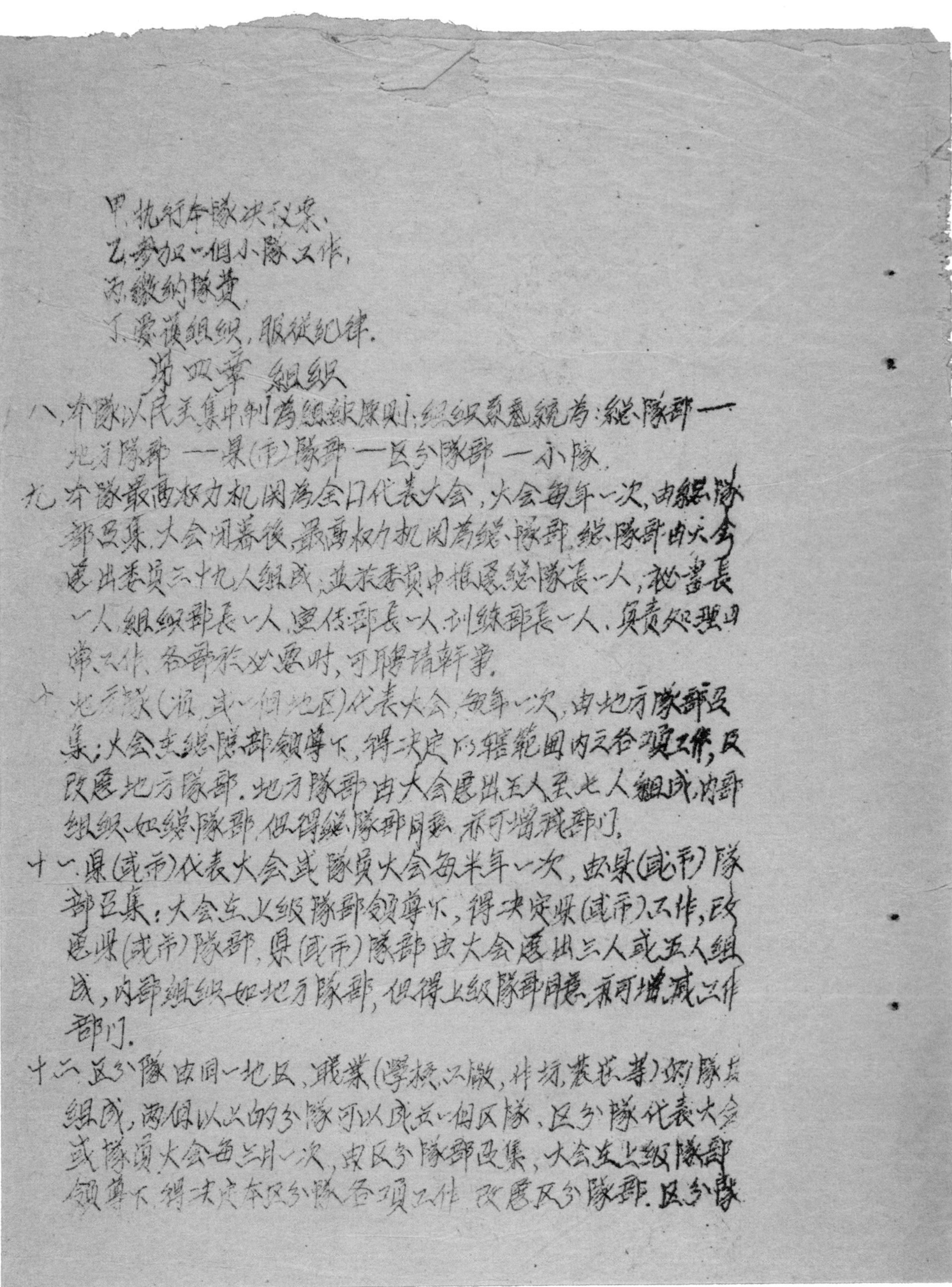

甲、执行本隊决议案，
乙、参加一個小隊工作，
丙、繳納隊費，
丁、愛護組織，服從紀律。

第四章 組織

八、本隊以民主集中制為組織原則；組織系統為：總隊部—地方隊部—县（市）隊部—区分隊部—小隊。

九、本隊最高权力机关為全国代表大会，大会每年一次，由總隊部召集。大会閉幕後，最高权力机关為總隊部。總隊部由大会選出委員二十九人組成，並於委員中推選總隊長一人，秘書長一人，組織部長一人，宣傳部長一人，训練部長一人，負責处理日常工作，各部於必要时，可聘請幹事。

十、地方隊（省或一個地区）代表大会，每年一次，由地方隊部召集；大会在總隊部領導下，得决定所轄範圍内之各項工作，及改選地方隊部。地方隊部由大会選出五人至七人組成，内部組織如總隊部，但得總隊部同意，亦可增減部门。

十一、县（或市）代表大会或隊員大会每半年一次，由县（或市）隊部召集；大会在上级隊部領導下，得决定县（或市）工作，改選县（或市）隊部。县（或市）隊部由大会選出三人或五人組成，内部組織如地方隊部，但得上级隊部同意，亦可增減工作部门。

十二、区分隊由同一地区、職業（學校、工廠、作坊、農場等）的隊員組成，兩個以上的分隊可以成立一個区隊。区分隊代表大会或隊員大会每三月一次，由区分隊部召集，大会在上级隊部領導下，得决定本区分隊各項工作，改選区分隊部。区分隊由大会选出三人组成，内分：区分隊長一人，組織一人，宣传一人。

三、小隊是本隊基本单位，按照实际须要和隊員的兴趣，可以分为两种形式：

甲、普通小隊。

乙、特别小隊，（军事研究、歌咏、话剧、救亡理论、文艺、体育等）

小隊由隊員三人以上組成，每小隊選出正副隊長各一人。小隊經常讨论时事问题，救亡理论，工作及生活问题。

四、各級代表大会的各单位代表名额，按照各单位隊員人数比例規定之。總隊部、地方隊部負責人任期都是一年，职（或年）区分隊部負責人任期都是半年，小隊長任期为三月，皆得连選连任。各級隊部部务会议每週举行一次，由隊長召集之。

## 第五章 隊員和纪律

五、本隊隊員都要养成：

甲、侠义互助的精神。

乙、高尚纯洁的道德。

丙、誠懇謙和的態度。

丁、勇敢活泼的行動。

戊、坚苦耐劳的體魄。

己、不断学習的習惯。

六、本隊紀律是自觉的纪律，依靠於每個隊員自動的遵守。对違犯纪律者（不積極履行自己的义务或有不利於本隊的言论或行動）所採取的办法，主要的是教育和说服，只有在不得已时，才採取組织的制裁，制裁办法，按实际

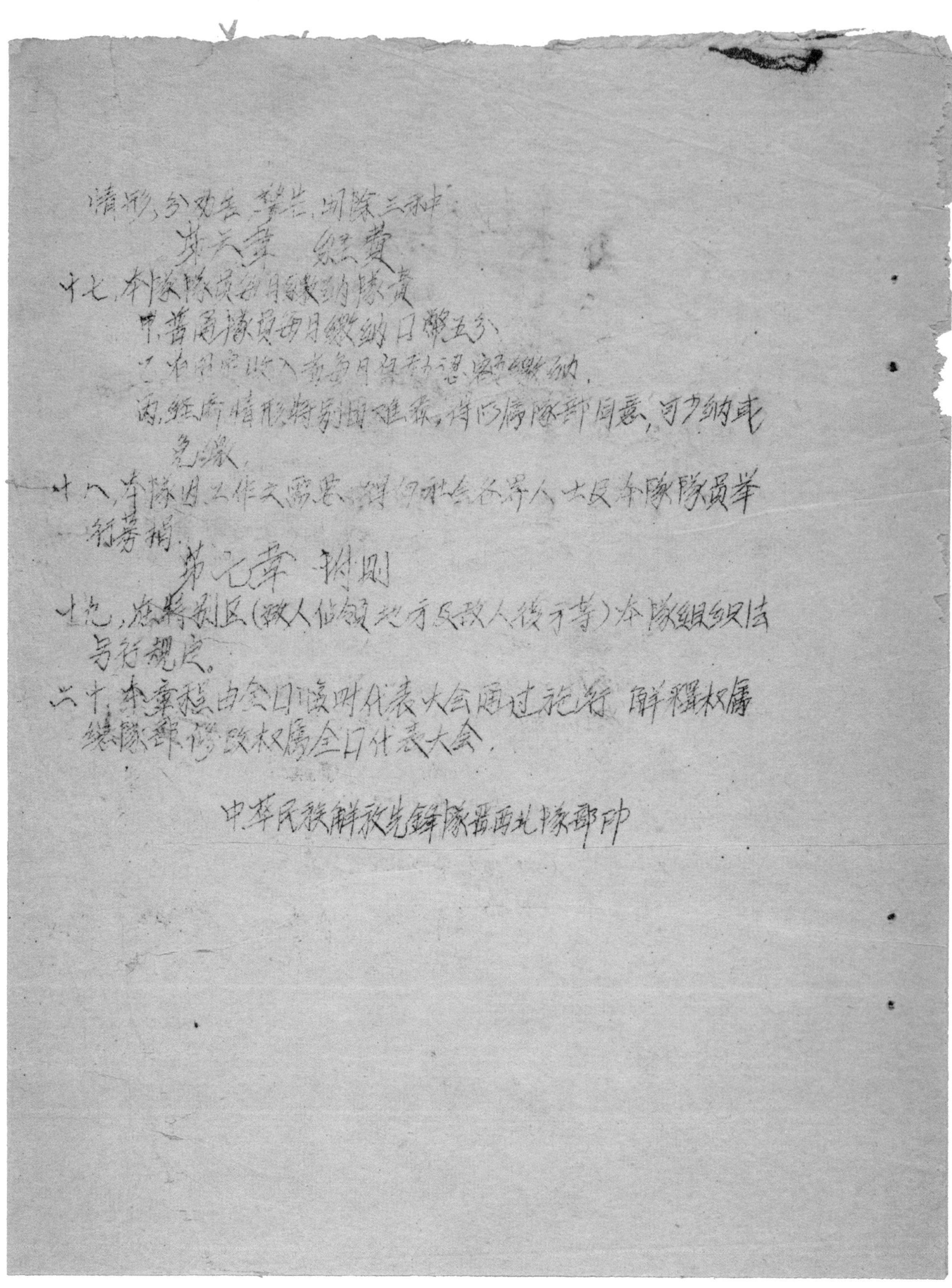

情形，分劝告、警告、开除三种。

第六章 经费

十七、本队队员每月缴纳队费

甲、普通队员每月缴纳国币五分，

乙、有固定收入者每月得自动酌量缴纳，

丙、经济情形特别困难者，经队部同意，可少纳或免缴，

十八、本队因工作之需要，得向社会各界人士及本队队员举行募捐。

第七章 附则

十九、沦陷区（敌人占领地方及敌人后方等）本队组织法另行规定。

二十、本章程由全国临时代表大会通过施行，解释权属总队部，修改权属全国代表大会，

中华民族解放先锋队晋西北队部印

# 敌后统一战线组织的光辉范例

卡尔逊一行离开河曲后，沿着黄河南至保德，再往东行，以整齐的步伐合着歌声的节拍，来到岚漪流贯的山西岢岚。这里有一个声势远扬全国以至海外的机构——第二战区民族革命战争战地总动员委员会，简称战动总会。

战动总会是抗战初期中国共产党领导下的一个抗日民族统一战线组织，是中共在晋察绥战略地区范围内同地方当局合作一致对敌的战争动员机关。根据国共双方的协议，战动总会由战区各省、各军、各团体的代表组成，主任委员由老同盟会员续范亭担任，共产党八路军派出的委员是邓小平、彭雪枫、程子华、南汉宸，其中程、南二人为驻会委员，分别任人民武装部长和组织部长。战动总会在各县区村都设有机构，因为旗帜鲜明，方向明确，特别是中国共产党巨大的政治影响和正确领导，一经成立，工作即迅猛展开，在广阔的晋察绥地区组织动员群众，武装群众，配合正规军对日本侵略者展开游击战争，成为全国首创的敌后统一战线组织的光辉范例。

除了战动总会，当时的岢岚还驻有中共晋西北地区党委（对外称作“八路军一二〇师政治部民运部”）、山西省第二专员公署、牺盟会岢岚中心区和中华民族解放先锋队晋西北队部，是晋西北的政治中心。街上贴满红红绿绿的标语，经常开群众大会，还有战动总会的动员剧团和牺盟会的流动宣传团轮番演出，民众抗战情绪高涨，路上时时有雄赳赳的队伍唱着歌走过。卡尔逊在《中国的双星》里写道：“岢岚的气氛像是一付有活力的补剂。它充满了乐观、幸福和友情。”又说：“这里很像延安，若是把这种精神推到全国就好了。”

卡尔逊早在年初访问沁县和阜平等地时，对于战动总会的作用和影响就有直接体验和了解，访问岢岚期间，他又多次与战动总会主任续范亭、八路军一二〇师政委关向应等各机关领导交谈，出席各种会议，演讲，唱歌，观看演出，应邀在战动总会第一次各县代表大会开幕典礼上致辞。在《中国的双星》中，他写出了对这个组织和抗日民族统一战线的真实感受：

这大概是我在中国看到的不同政见的人们合作的最好榜样了。他们都具有真正的自我牺牲精神，有要把中国从外国统治下拯救出来的强烈愿望。领导者们已经懂得自我克制和努力合作的价值，……他们奉行的伦理学说也被人民一心一意地接受下来。

岢岚之行还使卡尔逊收获大批资料，主要有战动总会编印的指导组织建设的文件章程、用作政治教育和宣传动员的讲授提纲，以及提供参考的有关中日、德奥等问题的研究论著；有战动总会宣传部编印的《战动通讯》。这张蜡板油印的报纸，编载总会电台每日收录的广播通讯，登载各县送来的消息，每天一期，印 200 份，很受欢迎；还有战动总会宣传部翻印的日本共产党、日本反战志士同盟和日本著名反战人士鹿地亘等人写的《告日本士兵书》及国内其他单位写的标语传单。它们被发到各县各游击支队，利用一切机会广为散发，对瓦解敌军士气起到推动作用。

史料名称：民族革命战争战地总动员委员会成立宣言、工作纲领、人民自卫队组织条例、各级总动员委员会组织简章（共 38 页）

尺寸：宽 100，高 140

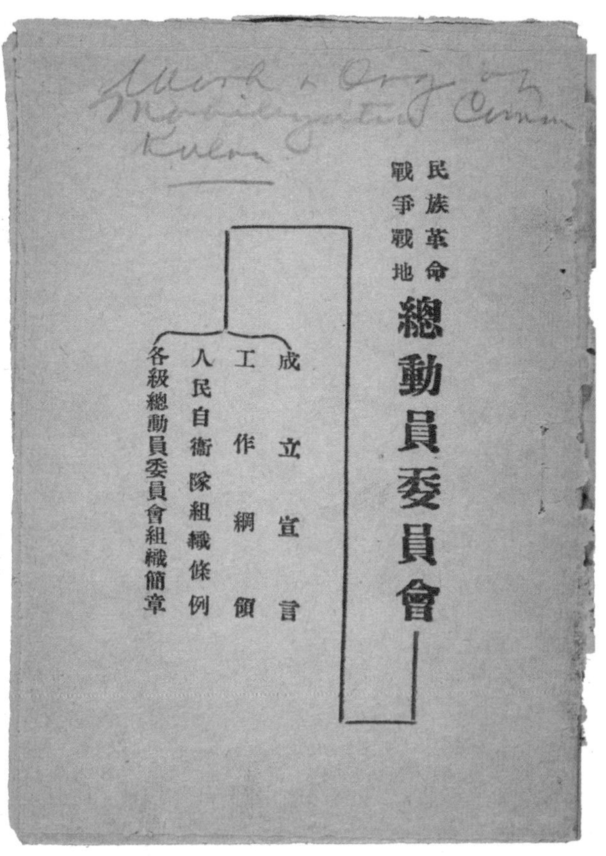


# 民族革命戰爭戰地總動員委員會成立宣言

親愛的同胞們！偉大的抗戰已經進行了兩個半月了！這一戰爭是中華民族反對日本帝國主義侵略的解放戰爭。同時也是日本帝國主義的發展所產生的再分割世界的暴力解決。中華民族與日本帝國主義在這種形勢之下是決不能兩立的。日本帝國主義企圖使中國從半獨立國降爲牠的鐵蹄下的完全殖民地，使中華民族完全變爲牠支配下的奴隸；然而侵略者却遭遇了中華民族的革命回





答，這一回答是掃除日本帝國主義在華的一切勢力，恢復一切失去的領地和主權，建立自由獨立的新中國。

中國目前的政治形勢，顯然地已躍進了一個嶄新的階段，全國政治力量已經集合一致，精誠團結，共同擔負當前的使命了。無疑地，這種偉大的聯合已經奠定了抗日的基礎工作，各黨各派各軍的合作，民主政治的曙光，使日本帝國主義的野心家在中國偉大的統一戰線之下發抖，我們相信這一發展將來必會擊碎日本帝國主義的侵略。

過去兩個月來的抗戰，不過是全面抗戰的開始，一時的勝敗，並不能認爲是我們所發動的全面持久積極的抗戰之勝敗，而決定抗戰到底最後勝利的條件的，是充分執行民族革命的一切政治的民生的任務。我們不能只滿足於目前全國武力聯合的動員，我們還要發揮民族革命的積極意義，使整個民衆力量動員起來，武裝起來。我們更要使全面的抗戰進而發展成全民的抗戰，也只有全面全民族的持久抗戰，才能取得抗日戰爭的最後勝利。

因此，我們不能不在民族革命總動員的積極作用方面，首先在晉察綏的戰地成立總動員委員會的組織。我們以下面的三個原則作爲本委員會奮鬥的目標：（一）積極組織民衆武裝民衆，（二）實行眞正的合理負擔改善人民生活，（三）實行民主政治，扶植抗日言論出版集會之自由。我們將盡一切的努力在這總的目

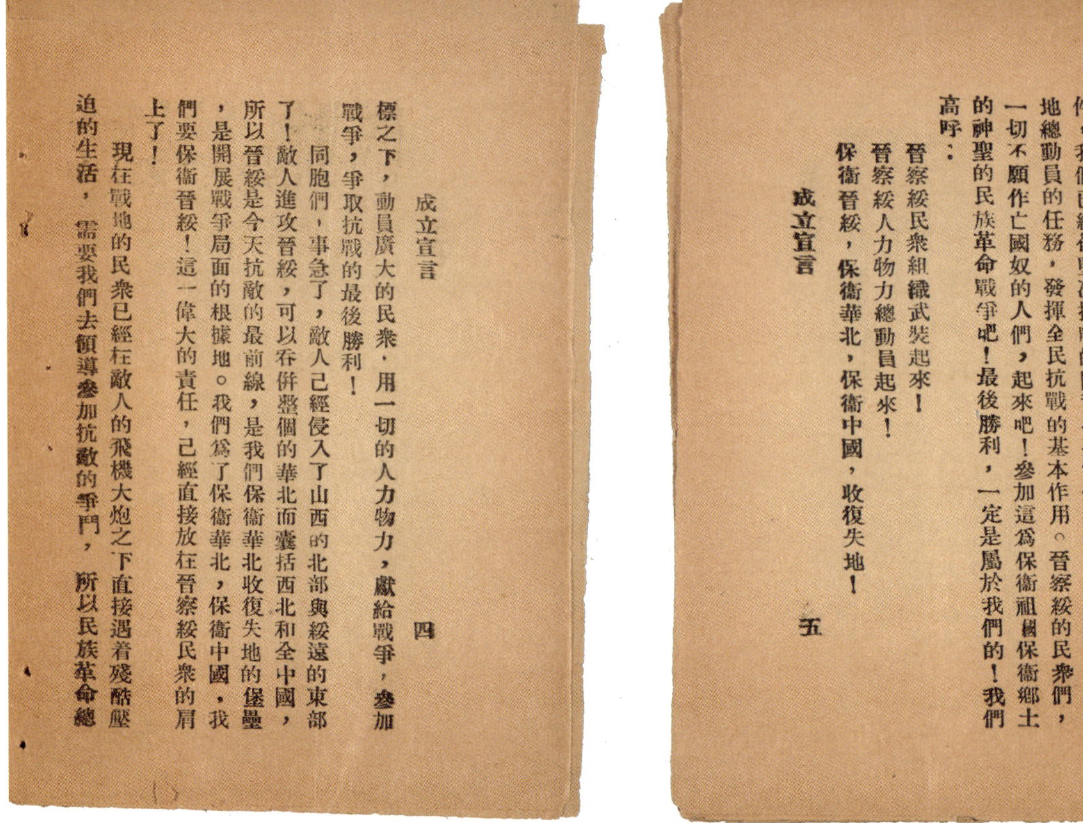

成立宣言　四

標之下，動員廣大的民衆，用一切的人力物力，獻給戰爭，參加戰爭，爭取抗戰的最後勝利！

同胞們，事急了，敵人已經侵入了山西的北部與綏遠的東部了！敵人進攻晉綏，可以吞併整個的華北而囊括西北和全中國，所以晉綏是今天抗敵的最前線，是我們保衛華北收復失地的堡壘，是開展戰爭局面的根據地。我們爲了保衛華北，保衛中國，我們要保衛晉綏！這一偉大的責任，已經直接放在晉察綏民衆的肩上了！

現在戰地的民衆已經在敵人的飛機大炮之下直接遇着殘酷壓迫的生活，需要我們去領導參加抗敵的爭鬥，所以民族革命總動員的積極意義，首先必須在戰地的周圍具體地實現出來。這一迫不緩待的任務的實施，可以說是保衛華北，保衛中國的必要條件，我們已經在堅決抗戰的閻司令長官領導之下，担負起執行戰地總動員的任務，發揮全民抗戰的基本作用。晉察綏的民衆們，一切不願作亡國奴的人們，起來吧！參加這爲保衛祖國保衛鄉土的神聖的民族革命戰爭吧！最後勝利，一定是屬於我們的！我們高呼：

晉察綏民衆組織武裝起來！

晉察綏人力物力總動員起來！

保衛晉綏，保衛華北，保衛中國，收復失地！

成立宣言　五

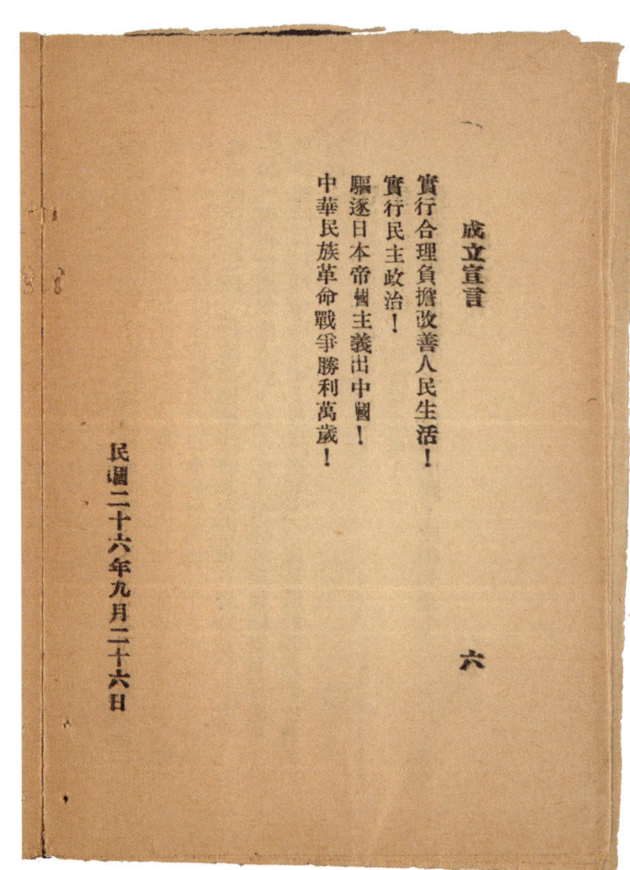

成立宣言　六

實行合理負擔改善人民生活！

實行民主政治！

驅逐日本帝國主義出中國！

中華民族革命戰爭勝利萬歲！

民國二十六年九月二十六日

# 民族革命戰爭戰地總動員委員會工作綱領

（一）爲了爭取民族革命戰爭的勝利依據第二戰區司令長官命令，在司令長官行營直轄之下，設立民族革命戰爭，戰地總動員委員會。以雁門關長城內外二十九縣（即天鎮，陽高，大同，懷仁，廣靈，靈邱，渾源，應縣，山陰，朔縣，平魯，左雲，右玉，繁峙，代縣，寧武，神池，偏關，五台，定襄，忻縣，靜樂，興縣，嵐縣，苛嵐，五寨，河曲，保德，臨縣





，）察哈爾及綏遠兩省，爲本會管轄地域的動員範圍。本會並得依戰時情況的變動，隨時擴大動員範圍及管轄地域。

（二）民族革命戰爭戰地總動員委員會，負責在上述地區內，執行下列任務：

一，動員新兵上前線。

二，組織人民自衛隊（辦法另定）。

三，動員粮秣運輸。

四，運送和招待傷病人員。

五，組織人民團體。

六，組織戰地的偵察敵情封鎖消息戰地準備。

七，進行剷除漢奸運動。

根據上述任務第二戰區司令長官行營得向總動員委員會提出各個時期內的任務，由動員會依據可能，製定具體辦法負責實施。

（三）爲保障此〔上〕動員委員會順利完成上述任務由司令長官行營嚴令戰區各級政府執行下列各項：

甲，積極組織民衆訓練民衆武裝民衆

一，扶植並保障人民抗日的結社集會之自由。

二，扶植並保障人民抗日的言論出版之自由。

三，積極喚醒民衆訓練民衆挑選積極勇敢分子發給槍械。

乙，實行合理的負擔改善人民生活





一，在動員中堅決的實現有錢的出錢大家拚命的原則。

二，實行減租減息並救濟失業與災民。

三，改善工農勞苦大衆的勞動條件及生活待遇。

四，免除過去的一切攤派剔除中飽。

五，堅決的實行合理的負擔。

六，堅決實行已頒佈的優待抗戰軍人家屬條例。

丙，動員應採取積極的宣傳，說服，發動擴大羣衆的自動性，反對強迫。

丁，由司令長官行營嚴令各軍執行優待新兵夫役辦法愛護牲口車輛保證其物資供給，禁止打罵虐待，違者嚴懲不貸。牲口車

輛如有損壞者應付價賠償。夫役因公遭受傷亡者，應給以撫卹。

（四）戰地動員委員會的組織原則如下：

甲，各級（縣區村）戰地動員委員會以民主集中爲組織原則，凡上級動員委員會應絕對遵行。在各級動員委員會中，討論和決定工作時允許充分之討論，但決定時應少數服從多數。

乙，戰地動員委員會之組織應包含下列人員㊀各省政府代表㊁戰地軍隊代表㊂各有關民衆團體代表。縣區一級戰地委員會應有㊀縣政府區公所之代表㊁民衆團體代表，村動員委員會中應有民衆選舉之過半數代表參加。





丙，各級動員委員會設正主任委員一人副主任委員一人。並以五——七人爲常務委員由動員會全體委員選舉之。

丁，各級動員委員會下均設立下列各部處：

一，組織部

二，宣傳部

三，人民武裝部

四，動員分配部

五，剷除漢奸部

六，總務處

各部均設正副部長各一人。部之下設科。各科設幹事若干人，由委員會通過命令之。詳細辦法另定。

戊，徵調與分配幹部應不分信仰地域地位以集中人材爲標準。

（五）爲便利各級動員委員會與各方面之關係規定如下：

甲，與各地政府之關係

一，舉凡在戰地動員委員會管轄之下的各縣區村一切戰時動員工作，統由各級動員委員會負責實現，各級政府應積極協助，不得阻抗或破壞。

二，凡一切與戰地動員工作有關之事件，各級政府區公所村公所應服從戰地動員委員會之規定。但戰地動員委員會不得干涉各級政府的經常行政工作。





三，如有阻抗或破壞戰時動員工作者，各級政府應協同戰委會懲罰之。

乙，與各部隊的關係

一，戰地動員委員會只向司令長官行營負責，其動員計劃係依據司令長官行營之命令實現。戰區各部隊得在總計劃之下向各級戰委會提出要求（糧秣新兵夫役等）但不得干涉動員事務。

二，戰地各軍應給各級動員委員會以各種必須之幫助。

三，戰地各軍隊如對各級戰委會的工作有意見時，應通知各該地的上級動員委員會或呈報司令長官行營改變或糾正之，不得擅自干涉。

四，戰地部隊如有阻碍或破壞戰時動員者各級動員委員會具報該部隊上級機關，或司令長官行營要求糾正。

丙，與各羣衆團體關係

一，各級羣衆團體得選舉代表參加動員委員會協助動員工作。

二，戰地動員委員會應尊重各羣衆團體之獨立。

三，各羣衆團體之代表如有阻碍動員之事宜之事實各團體得要求撤回另派。









# 人民自衛隊組織條例

一，為普遍加強人民自衛的能力，準備與進行抗日的游擊戰爭，並武裝民衆直接參加抗戰，特組織人民自衛隊。

二，人民自衛隊，不論在敵軍後方戰區及我軍後方，均應普遍的進行組織，特別着重於戰區。

三，人民自衛隊的任務如下：

1，配合抗日軍隊作戰 2，進行游擊戰爭 3，偵察警戒封鎖消息 4，維持地方治安鎮壓漢奸活動捕捉敵探間諜 5，傳達消息運送軍實及傷兵 6，破壞敵軍交通維持我軍交通戰地準備協助軍隊





構築工事。

四，凡年在十六歲以上五十歲以下之人民沒有疾病者，不分男女均得參加自衛隊。自衛隊之隊員以不脫離生產為原則。

五，自衛隊的編制如下：

1，小隊——由隊五員人至十五人組織之，設正副小隊長各一人。

2，中隊——二小隊至四小隊組織一中隊，設正副中隊長各一人，政治指導員一人，幹事若干人輔助之。

3，大隊——二中隊至四中隊組織一大隊，設正副大隊長各一人，政治指導員一人，幹事若干人輔助之。

4，每一縣有自衞隊三大隊以上即成立支隊設支隊部，正副支隊長各一人，政治處主任一人，幹事若干人輔助之。

5，支隊以上以區爲單位，設自衞隊指揮部，內正副指揮各一人，政治部正副主任各一人，參謀及政治幹事若干人組織之。

六，自衞隊以村爲單位，成立小隊或中隊，以鎮或區爲單位，成立中隊或大隊，以縣爲單位成立支隊。

七，自衞隊之中隊長小隊長均由隊員挑選，大隊長以上之幹部均由指揮部選派，政治幹部均由政治部選派，各區指揮部由戰地動員委員會各區之人民自衞部兼任之。





八，女隊員單獨編爲小隊或中隊，不與男隊員混合，未滿十六歲之兒童編爲兒童自衞團，在支隊部之下附設兒童部指揮之。

九，大隊以上之自衞隊幹部須脫離生產由指揮部酌給相當津貼。

十，自衞隊之武裝如下：

1，快槍——由政府發給或調集地方原來武裝

2，大刀——由政府發給或發動人民自造

3，梭標——發動人民出錢自造

4，其他武器——發動人民自行預備

十一，自衞隊訓練如下：

1，軍事訓練——站隊集合散開新舊武器使用偵察警戒防空防毒救傷行軍運輸簡單的戰鬥動作游擊戰術與軍事常識等。

2，政治訓練——民族革命的一般常識宣傳組織民衆的方法政治動員軍事紀錄文化娛樂等。

3，平常訓練時間以村爲單位，每星期集合訓練一二次，每次一二小時，以區爲單位，每半月集合訓練一次，每次半天或一天，戰區訓練時期，依實況另定之。

十二，自衞隊之紀律如下：

1，堅決抗日救國2，聽命令服指揮3，不擾民與人民聯合一致。

十三，自衞隊之待遇如下：

1，集中訓練在一天以上時，隊員的膳宿由隊部供給。





2，隊員因公被派出差在一天以上者，由隊部酌給津貼及火食費。

3，隊員受傷者由隊部負責醫治。

4，隊員因公犧牲者由隊部或呈請政府給予撫卹。

5，隊員因奉命隨隊遠出服務家庭因發生困難者由本村人民負責伏侍。

十四，自衞隊之經費由下列方法籌措之：

1，政府的津貼

2，沒收日本帝國主義及漢奸的全部財產中之一部

3，在當地有錢人中籌

4,自衛隊之經費每月須將收入支出向隊員及人民公佈完全公開。

十五，本條例自頒布之日起施行。





# 民族革命戰爭戰地總動員委員會組織簡章

一，本簡章依據民族革命戰爭戰地總動員委員會工作綱領第四條訂定之

二，本會直轄於第二戰區司令長官行營

三，本會設委員若干人由左列人員充任之

1,山西省政府代表一人綏遠省政府代表一人察哈爾省政府代表一人

2,戰地各軍代表一人

3,主張公道團犧牲救國同盟會代表各一人學聯教聯代表各一人

4,由本會推荐若干人呈請司令長官指派之

四，前條委員會委員推選七人爲常務委員處理本會日常事務並由司令長官另指定正副主任委員各一人綜理本會一切事務

五，本會設左列各部

1,組織部

2,宣傳部

3,人民武裝部





4,動員分配部

5.剷除漢奸部

6.總務處

各部處各設正副部長（或處長）各一人由委員會推選之

六，組織部設左列各科

1.組織科　管理幹部選拔分配訓練以及指導組織縣區村委員會及人民團體事宜

2.調查科　辦理調查統計考核縣區村民衆及人民團體等事宜

七，宣傳部設左列各科

1.編輯科　辦理各種宣傳品及編輯圖書圖畫等事宜

2.宣傳科　辦理指導縣區村委員會宣傳事宜

八，人民武裝部設左列各科

1.組訓科　辦理組織及訓練人民武裝自衛事宜

2.作戰科　辦理戰地準備指揮作戰偵察敵情封鎖消息及保衛地方等事宜

九，動員分配部設左列各科

1.經濟動員科　辦理實行合理負担及改善人民生活等事宜

2軍事動員科　辦理動員新兵及征集車輛騾馬運輸傷病兵粮秣等事宜

3.救護科　辦理收容及救護傷病兵難民等事宜





十，剷除漢奸部設左列各科

1情報科　辦理偵察報告漢奸及敵探活動情形等事宜

2.偵緝科　辦理指揮緝捕等事宜

3.審訊科　辦理審訊處辦漢奸敵探等事宜

十一，總務處設左列各科

1.文書科　辦理典守印信收發函電等事宜

2.庶務科　辦理購置保管雜務等事宜

3.會計科　辦理款項出納等事宜

十二，前第六條至第十一條各科各設科長一人幹事若干人由各該部處提出由委員會通過任用之

十三，縣區村委員會之組織大綱另定之

十四　本簡章由本委員會通過經司令長官核准後施行

# 民族革命戰爭各縣區總動員委員會組織簡章

一，本簡章依據民族革命戰爭戰地總動員委員會組織簡章第十三條訂定之

二，本會除執行上級命令辦理總動員事務外並負責籌辦關於本縣總動員一切事務

三，本會設委員會由縣長區長及縣區主張公道團犧牲救國同盟會各派一人與當地駐軍代表及有關民衆團體代表若干人組成之





前項民衆團體代表由各該團體選舉之

四，前條委員會選舉三人至五人為常務委員處理本會日常事務由常委會互推正副主任委員綜理本會一切事務

五，本會設左列各部處

1，組織部　辦理組織區村委員會及民衆團體事宜

2.宣傳部　辦理一切宣傳事宜

3.人民武裝部　辦理自衛隊之組織訓練及指揮作戰保衛地方等事宜

4.動員分配部　辦理動員新兵及籌辦粮秣傷病兵運輸救濟難民及經濟動員等事宜

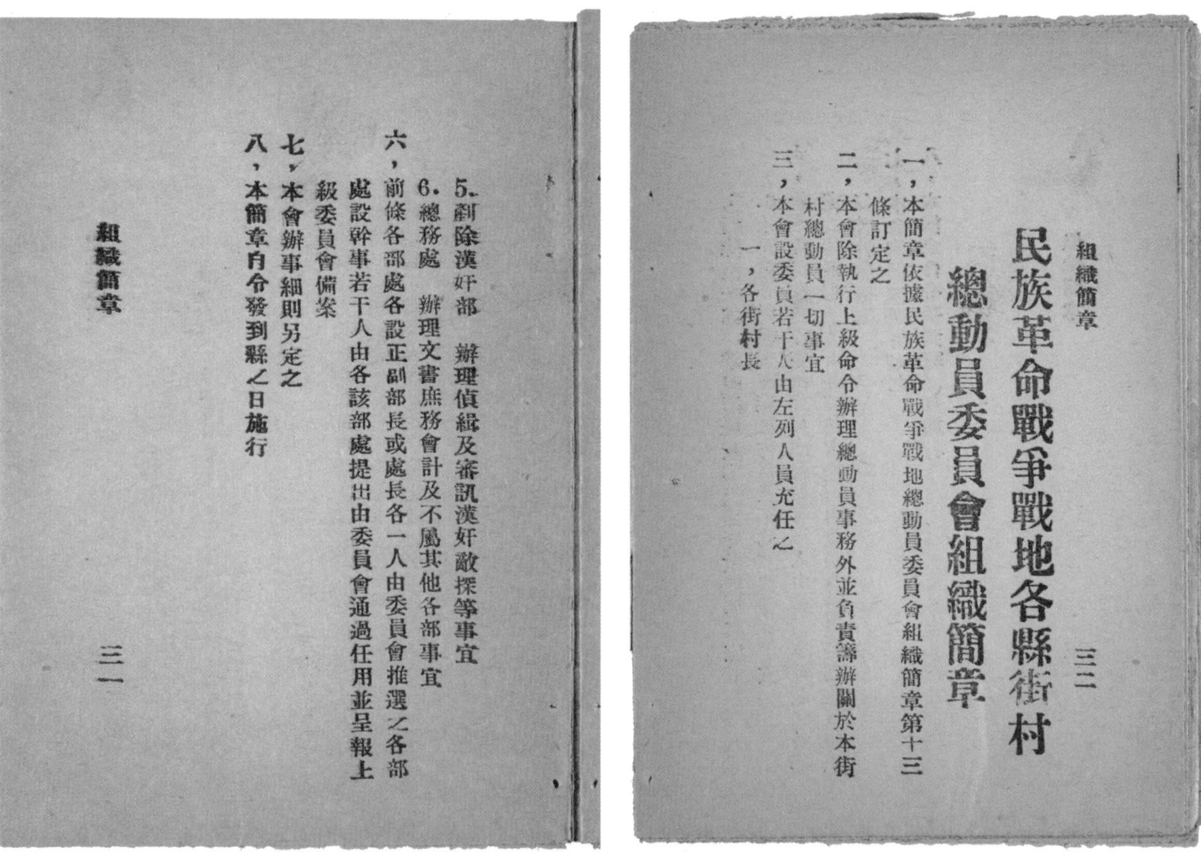
5.剷除漢奸部　辦理偵緝及審訊漢奸敵探等事宜
6.總務處　辦理文書庶務會計及不屬其他各部事宜
六，前條各部處各設正副部長或處長各一人由委員會推選之各部處設幹事若干人由各該部處提出由委員會通過任用並呈報上級委員會備案
七，本會辦事細則另定之
八，本簡章自令發到縣之日施行

組織簡章　三一

組織簡章　三二

# 民族革命戰爭戰地各縣街村總動員委員會組織簡章

一，本簡章依據民族革命戰爭戰地總動員委員會組織簡章第十三條訂定之
二，本會除執行上級命令辦理總動員事務外並負責籌辦關於本街村總動員一切事宜
三，本會設委員若干人由左列人員充任之
一，各街村長

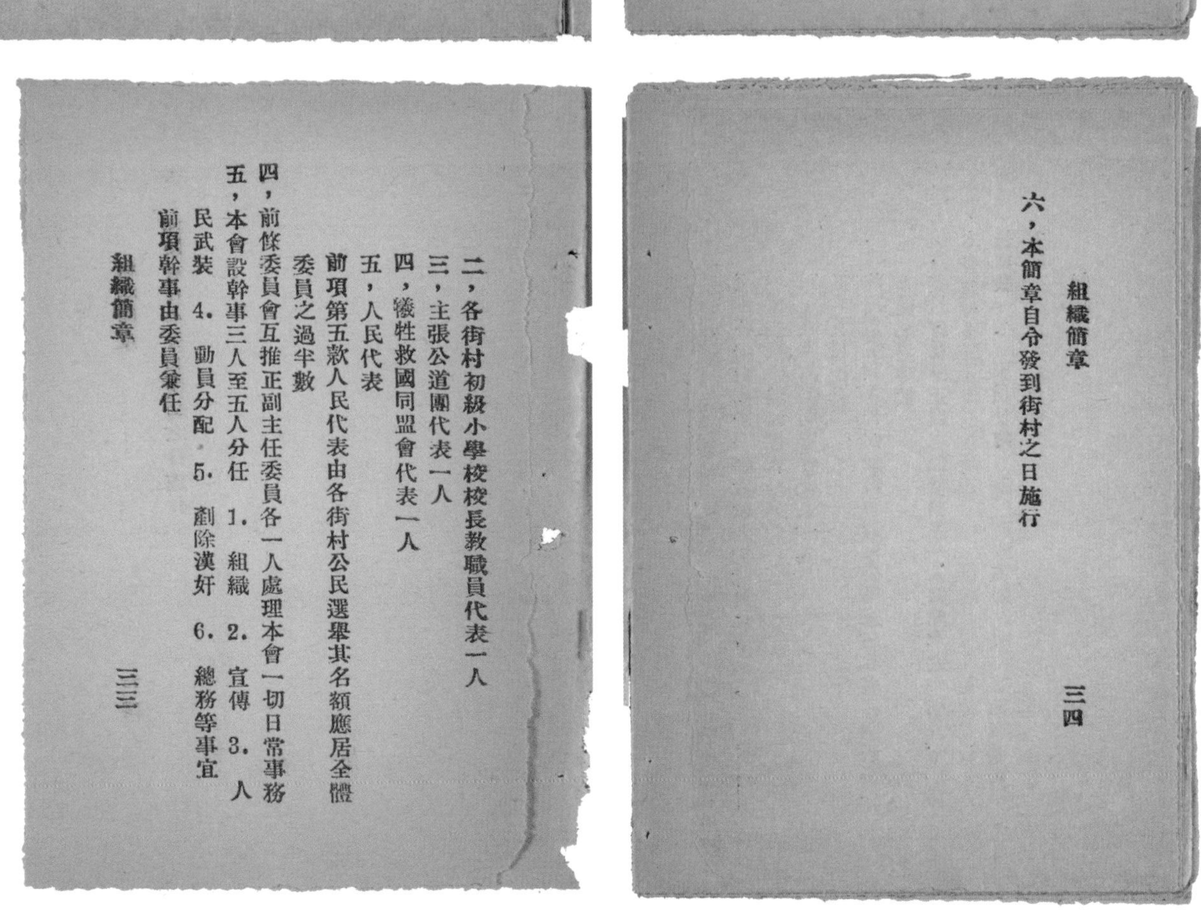
二，各街村初級小學校校長教職員代表一人
三，主張公道團代表一人
四，犧牲救國同盟會代表一人
五，人民代表
前項第五款人民代表由各街村公民選舉其名額應居全體委員之過半數
四，前條委員會互推正副主任委員各一人處理本會一切日常事務
五，本會設幹事三人至五人分任 1.組織 2.宣傳 3.人民武裝 4.動員分配 5.剷除漢奸 6.總務等事宜
前項幹事由委員會委任

組織簡章　三三

組織簡章

六，本簡章自令發到街村之日施行

三四

史料名称：集会规程　怎样举行小组会、怎样举行讲演会、怎样举行座谈会、怎样举行辩论会、怎样举行宣传会（共16页）

尺寸：宽150，高200

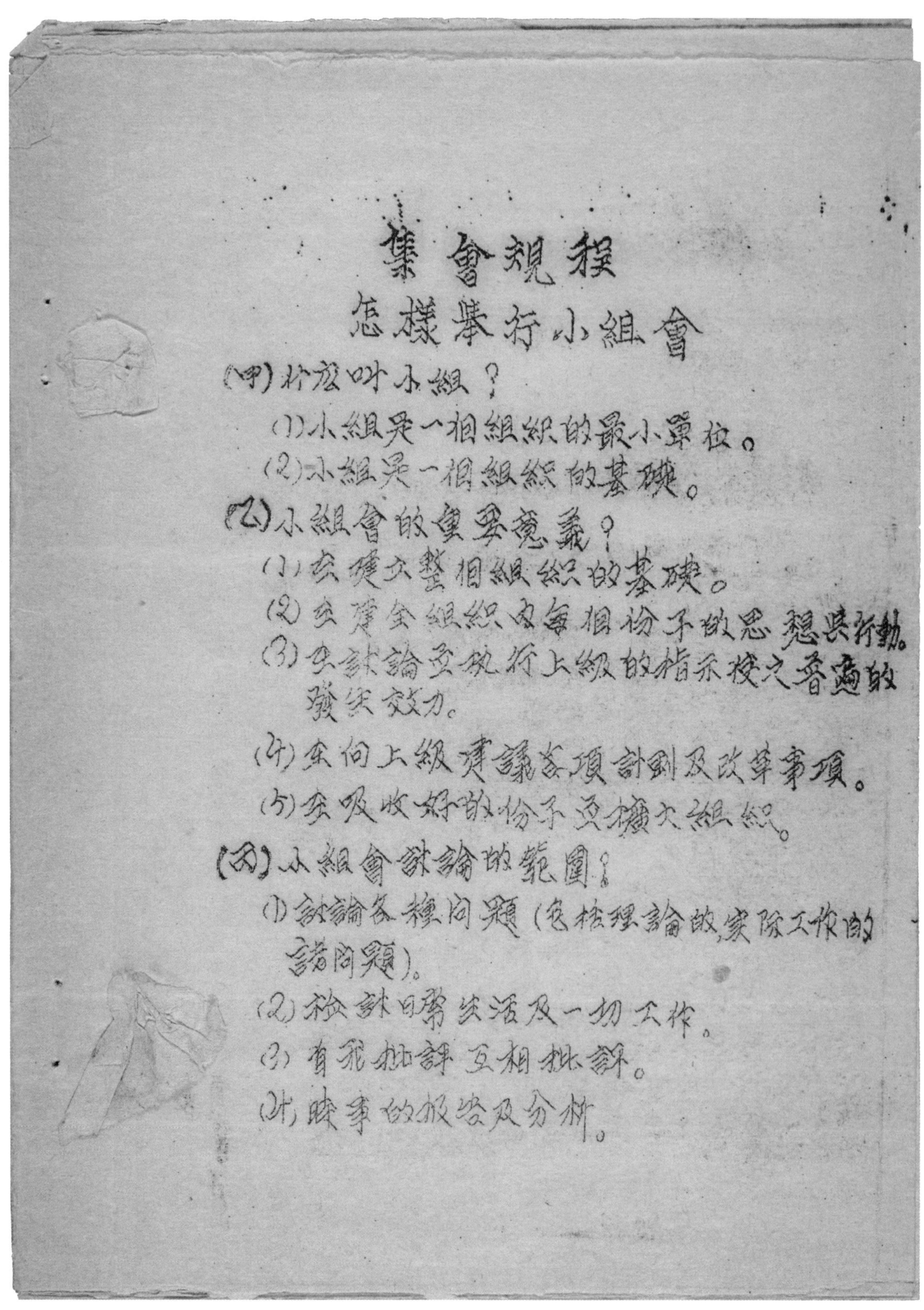

集會規程

怎樣舉行小組會

(甲)什麼叫小組？

(1)小組是一個組織的最小單位。

(2)小組是一個組織的基礎。

(乙)小組會的重要意義？

(1)在健全整個組織的基礎。

(2)在了解全組織內每個份子的思想與行動。

(3)在討論並執行上級的指示使之普遍的發生效力。

(4)在向上級建議各項計劃及改革事項。

(5)在吸收好的份子充實大組織。

(丙)小組會討論的範圍？

(1)討論各種問題(包括理論的,實際工作的諸問題)。

(2)檢討日常生活及一切工作。

(3)自我批評互相批評。

(4)時事的報告及分析。

## (丁)小組會進行的步驟

(1) 指導人指定，或共同推舉或輪流擔任主席及紀錄。

(2) 主席宣佈開会並宣讀討論題目及解釋題旨。

(3) 出席人開始發言 發言時必須先叫主席經主席許可後再發表意見。

(4) 出席人發言後如意見甚長主席須複述大意作簡要結論並徵求大家意見如大家同意時主席應將結論告知紀錄人紀錄之如有不同意或修正者可將修正後之結論由主席告知紀錄人紀錄之如某出席人發言甚簡單明瞭主席可不必複述即可徵求大家意見經討論後作一結論令紀錄人紀錄之。

(5) 當某一人發言未畢時其他人不得同時發言。

(6) 如有双方对某問題發生爭辯時主席应將双方爭辯要点再提出由多數人意見決定如多數人亦不能決定時主席有最後決定之权。

(7) 各問題討論完畢後主席应依次提出生活檢討自我批評互相批評及政治分析令大家討論。

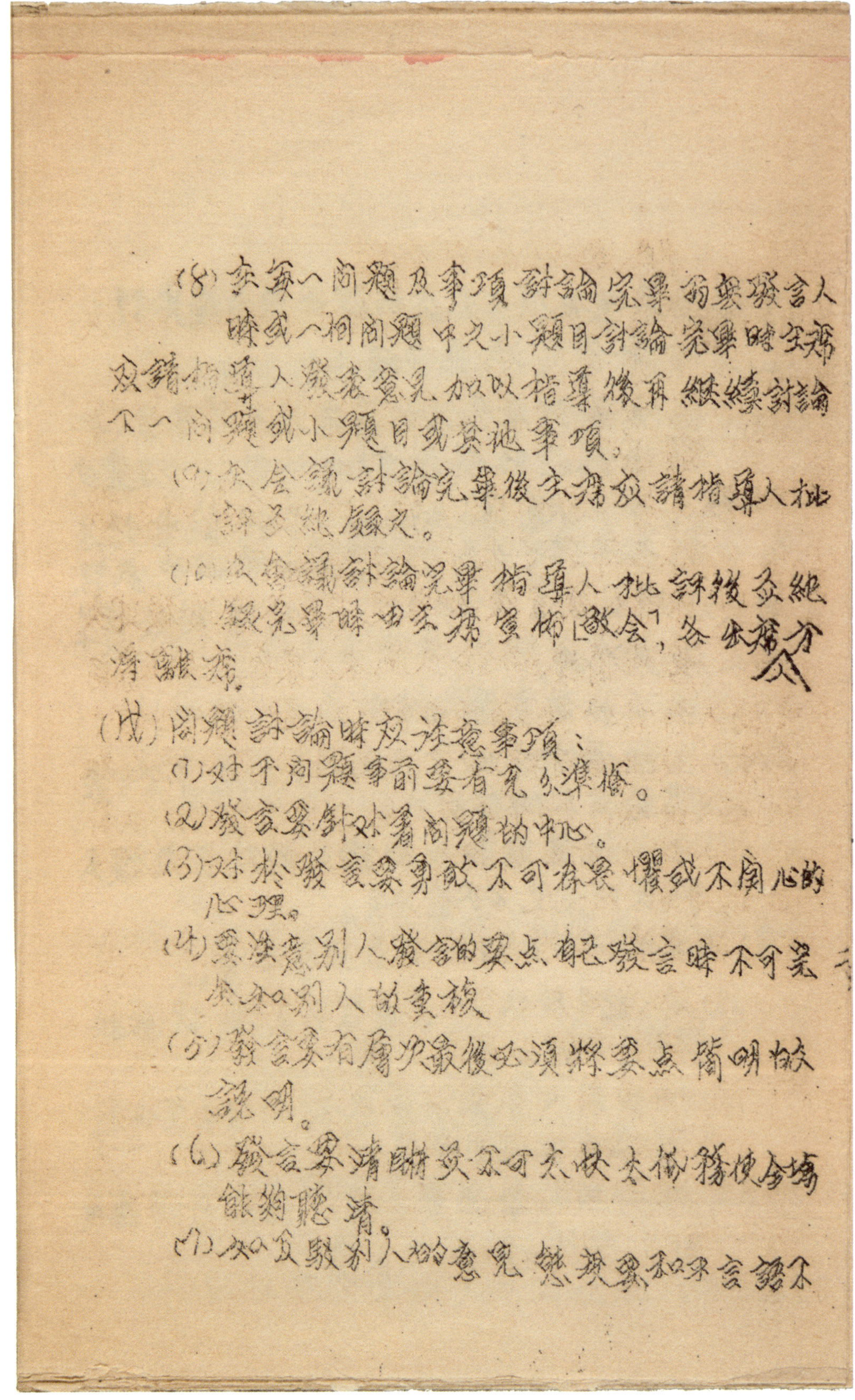
(8) 在每一問題及事項討論完畢或要發言人時或一個問題中之小題目討論完畢時主席須請指導人發表意見加以指導後再繼續討論下一問題或小題目或其他事項。
(9) 在会議討論完畢後主席須請指導人批評及總結之。
(10) 在会議討論完畢指導人批評後及總結完畢時由主席宣佈「散会」，各出席人方得離席。
(戊) 問題討論時应注意事項：
(1) 对于問題事前要有充分準備。
(2) 發言要針对着問題的中心。
(3) 对於發言要勇敢，不可存畏懼或不關心的心理。
(4) 要注意別人發言的要点，自己發言時不可完全和別人的重複
(5) 發言要有層次，最後必須將要点簡明的說明。
(6) 發言要清晰，不可太快太慢，務使全場能夠聽清。
(7) 如反駁別人的意見態度要和平，言語不

可到達並須有個人充分的發言能自圓其說

(乙)生活檢討應注意事項：

(1)生活檢討所包括的範圍很大簡要言之如課堂講授的好壞課外活動及一切集会的缺点軍政領導人的各種錯誤飲食起居衛生紀錄的缺点各班同学或全隊同学於課堂生活課外生活日常生活上的缺陷錯誤等事均在檢討之列。

(2)生活檢討應舉出事实與充分理由。

(3)生活檢討應以大家的利益為標準不可表現為個人的私利。

(4)生活檢討除指出缺陷外同時亦應提出改良的意見由大家決定。

六(丙)自我批評及互相批評應注意事項，

(1)個人犯了錯誤如已發覺可直接提出批評自己並須以後真正改正。

(2)批評別人要舉出事实說明理由不可信口胡說或感情用事。

(3)批評別人態度要和氣言語要婉轉務使別人樂於接受不生反感。

(4) 别人对自己的批评要以谦虚、或虚心的诚意的表示接受，如批评中有或将事实的真像歪曲，亦不可盲目接受，而要和平的提出理由，将其事实加以反驳或解释

(5) 互相批评要着重于大众的利益，不可专为了个人的利益，致引起双方的恶感

(六) 政治报告及分析应注意事项：

(1) 报告政治要依据事实，要有条例，不紊乱

(2) 报告政治要分别轻重，将重要者务须提出，较微者如因时间关系即可不提。

(3) 分析政治要依据事实去推断，不可凭空设想。

(4) 分析政治要指明其将来的趋势及与我们的利害关系。

(5) 分析政治要确定我们对此问题应持的态度及应取的办法手段等。

(七) 开会应注意的事项：

(1) 对别人的发言须注意细听，及明瞭其要点，以便复述或作结论

(2) 要注意会场情形，如情绪沉闷时应设

使大家注意及提起精神。

(3)要注意会場秩序如有紊亂或交相私談等現象時須即刻提出加以制止。

(4)如有少數人不發言時主席可加暗示令其發言或公開提出劝其發言。

(5)如發言中間相隔時間太長時主席應加催促。

(6)某人发言如與題旨無關係或不切合時主席應对之声明不加討論亦不紀錄

(7)主席如感覺大家对題旨不大明瞭不便發言時應將題旨詳加解釋使之明瞭。

(8)主席應時常精神緊張注目全場。

(癸)紀錄應注意事項：

(1)首先應將紀錄表格式內的項目填明。

(2)討論題目應首先寫於紀錄欄前边。

(3)題目內如分為幾個小題目時應討論某一小題目前即應將該小題目寫於前面然後再依次紀錄

(4)紀錄時每一個意思要分点說明如(1)(2)……或(A)(B)……等等

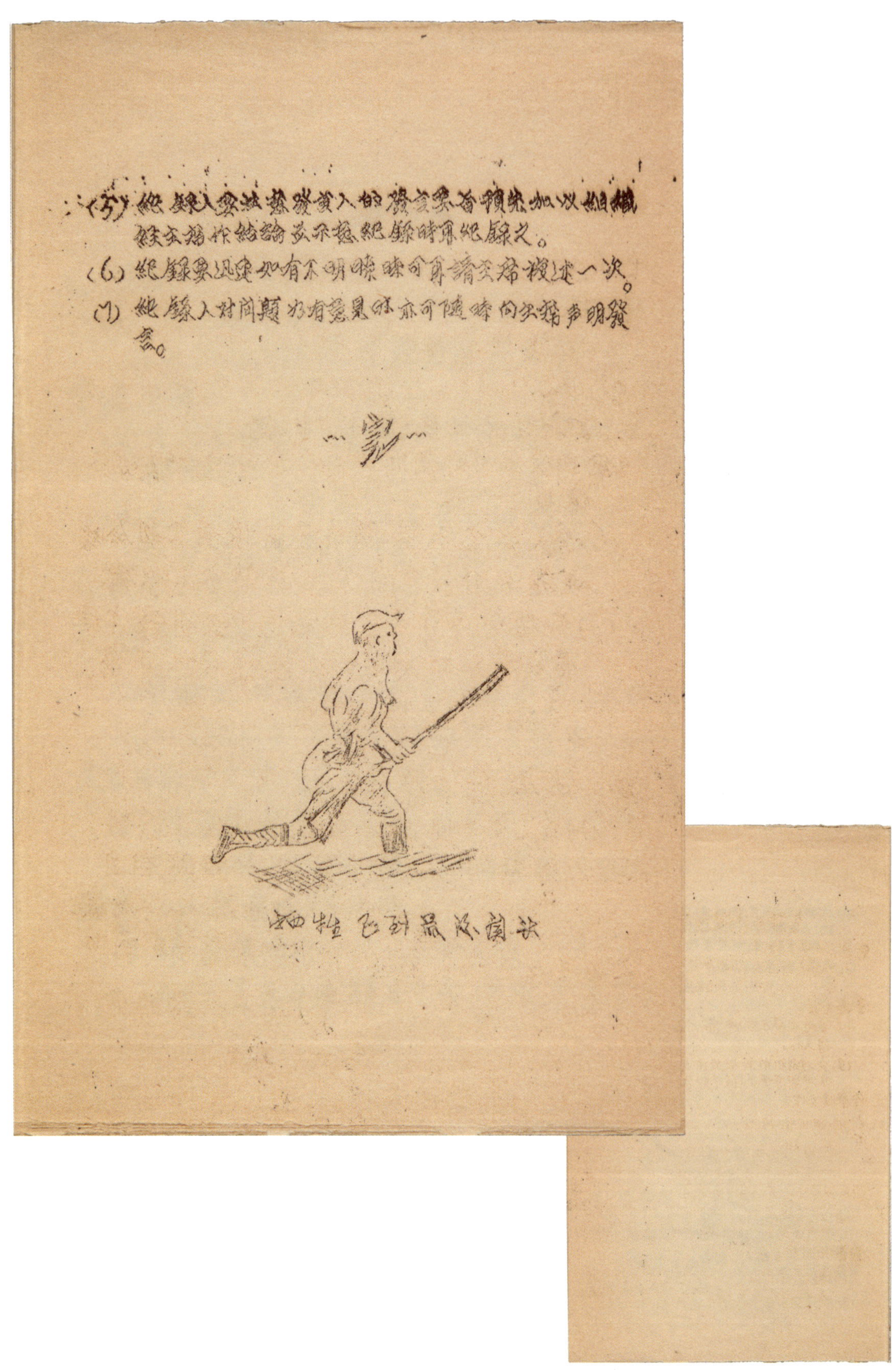

(5) 紀錄人要抓緊發言人的發言要旨預先加以組織繕交給作結論者不應紀錄時再紀錄之。

(6) 紀錄要迅速如有不明瞭時可再請發言者複述一次。

(7) 紀錄人對問題如有意見時亦可隨時向主席声明發言。

—完—

牺牲飞到最前线去

# 怎樣举行講演會

## 甲、講演會的意義

(1)在發表講演者個人的主張或其所代表的党派與團体的主張，使聽者瞭解或使一般人普遍瞭解。

(2)在練出健全的講演人才使之对大众做宣傳鼓動。

(3)在使我们的幹部造成優秀的講演技術以便將来到部隊中到民众中去做教育及作宣傳鼓動。

## 乙、講演會的種類

(1)學術講演會——即專门講演某種學術如政治問題軍事問題經济問題等或上述各問題中之某項專门問題。

(2)講演競賽會——即提出某一講演題目或由個人與個人競賽或由團体與團体競賽以比較其成績是否。

(3)講演練習会——即預先提出題目或由練習者自定題目在會場練習講演以

俾養成講演人才及說話技能也。

丙、講演者講演時應注意的要點

(1)須事先按照題目準備講演大綱以能記憶，不可必攜帶，如記憶困難可在講演時放於講演台上，不可因中遺忘時再將大綱取出。

(2)登台後題前的客氣話說不說均可以，說時不可說得過長致延誤時間。

(3)非正式講演時應先將所講題目提示使聽者瞭然。

(4)報告題目後應將本題內容分為數點逐點說明，然後再依次講演。

(5)講演時站位置要適當，如條件必流動時尤須看面照顧及全場。

(6)目光須時刻注視全場，話音須朝着全場的各處放送。

(7)態度須大方沉着，不可畏縮拘滯，亦不可過於輕浮。

(8)話語要高而清晰務使全場均能聽到。

(9)要因所講內容之不同態度有時嚴肅有時悲憤有時和緩有時微笑或大笑，總之表情要隨講演狀況須適合情景。

(10)要分对象而更换演讲内容话语亦须有浅近或高深之不同。

(11)须时时注意听众或感到枯燥时改变说法提其兴趣激发其情绪。

(12)如有艰深的话语须加以简明之解释使明晰瞭解。

(13)话语要缓慢勿急速但须有精神不可萎靡不振

(14)语病必须去除，口齿必须清楚。

(15)内容须切合题旨语句须组织切当。

(16)最后宜将所讲者作一简要结论而结束之。

## 怎样举行座谈会

甲，座谈会的意义：

(1)要讨论某种问题以获得解决的途径。

(2)要使多数人交换意见取长补短。

(3)要联络多数人的情感使相互间易于认识互接近也。

(4)座谈会不像其他会议严格而有正式坐下来随便谈谈之意。

乙，座谈会的种类。

(1)问题座谈会——即事前规定议论某种

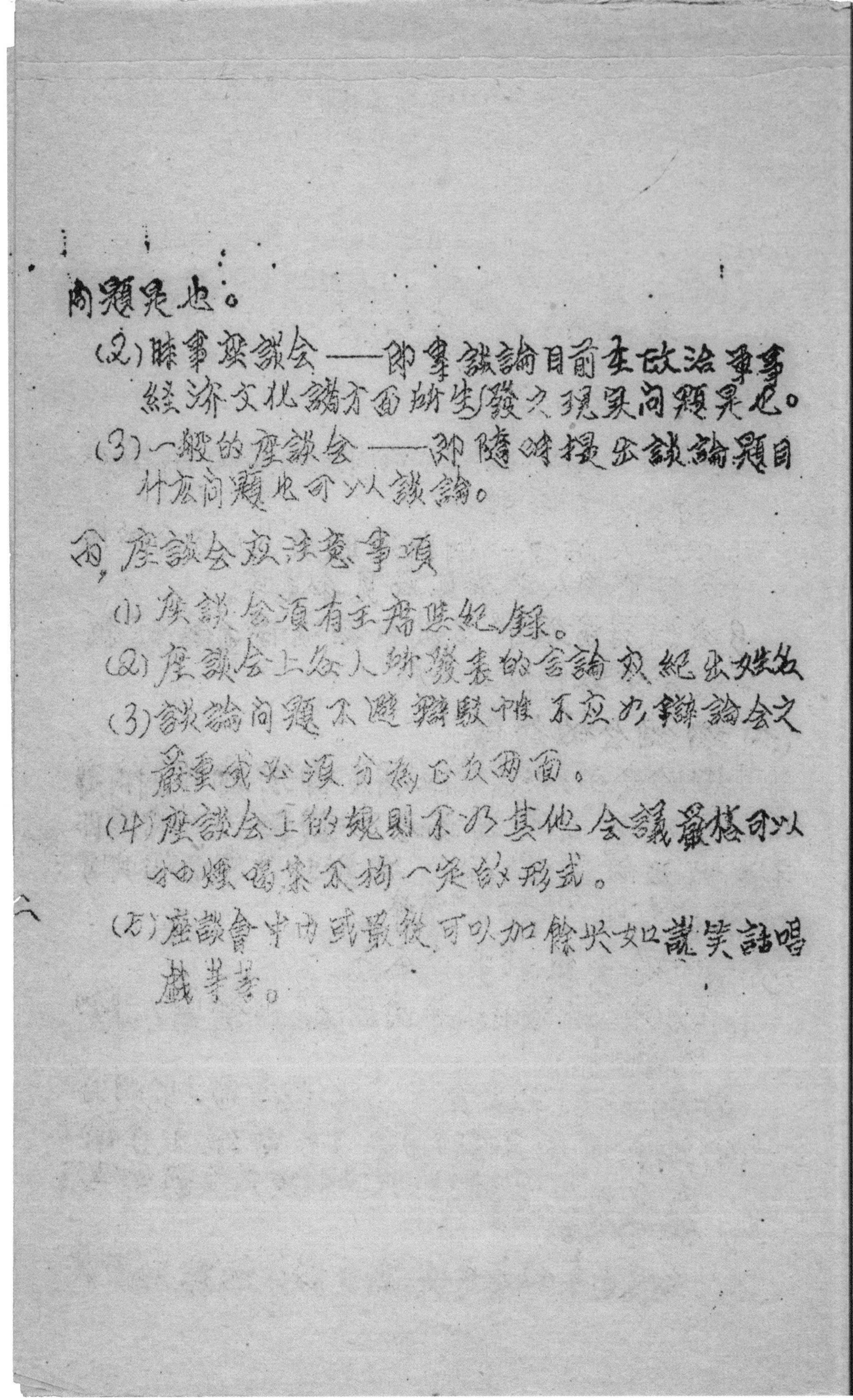

問題是也。

(2) 時事座談会——即專談論目前在政治軍事經濟文化諸方面所生發之現實問題是也。

(3) 一般的座談会——即隨時提出談論題目什麼問題也可以談論。

丙、座談会應注意事項

(1) 座談会須有主席與紀錄。

(2) 座談会上各人所發表的言論應紀出姓名

(3) 談論問題不避辯駁惟不應如辯論会之嚴重或必須分為正反兩面。

(4) 座談会上的規則不如其他会議嚴格可以抽煙喝茶不拘一定的形式。

(5) 座談會中间或最後可以加餘興如說笑話唱戲等等。

# 怎樣举行辩論会

（一）辩論会的意義

1，在对某一問題，提出各項理由，互相辩論，以得正確之解决。

2，在使人对某一個問題瞭解其各方面的情形，而免個人之偏見成見私見等。

3，在練習成頭腦灵敏言語流暢而能随机应变对答如流之人才。

（二）辩論会的种類，

辩論会的种類難以固定，即辩論那种問題即可称那种問題辩論会，如辩論政治問題即可称「政治問題辩論会」，如辩論軍事問題即可称「軍事問題辩論会」等等。

（三）辩論会应注意之各点

（1）辩論会必須有主席，有紀録和評判人来評判勝負。

（2）辩論会的題目須可以分為正反兩面来發揮理由

（3）辩論時必須事前分為正反兩組，由正組一人先来發言，然後由反組提出反駁理由繼續辩論。

（4）反駁別人的意見必抓住对方的要点实際

对方学問上之缺陷亦須注意以為攻駁之根據。

(5) 反駁对方除提出充分理由外，尤須提出充分的事实以作證明。

(6) 辯論時必須態度和平言語穩妥動作但不宜有漫罵或過分刻薄之處不然則易引起双方惡意攻击甚至吵打架致失辯論之原意

(7) 辯論終了時由評判員將辯論結果宣佈再由主席宣佈其勝敗即可散會。

—完—

## 怎樣舉行宣傳會

(一) 宣傳会的意義

宣傳会的意義在对多数人宣傳某一种事实某一种主張某一种办法使他們瞭解並增加其認識激發其情感而再变到实际的行動以達到宣傳的用意宣傳的目的是也。

(二) 宣傳会的种類

慶祝会的种類不能固定，應根其慶祝的事實與內容之不同而定名称，如慶祝晉西北抗戰勝利即称"晉西北抗戰勝利慶祝大会"，以[illegible]五卅事件即可称"五卅紀念慶祝大会"等等。

(三) 慶祝会之準備事項

(1) 慶祝会应先有筹備会，由筹備会再決定下述事項。

(2) 主席團與主席：決定大会一切事宜

(3) 總務股（或称科部均可）辦理大会所需物品、款項及文書、紀錄等事。

(4) 佈置股：專管佈置会場以及講台、劇場……等等。

(5) 慶祝股：办理下述諸事

A、大会宣言。

B、大会的開会程序及口號

C、大会標幟及標語

d、組織講演隊

e、組織歌詠隊

f、組織戲劇團。

1st Cav Army

子，顺畅进行。

(6) 秩序股：负责维持会场、剧场、游行时、讲演时之秩序俾能顺利进行。

最後大会举行完毕後召集所有各部分负责人开检讨会一次，检讨大会一切缺点及好处以作下次改进之方针。

史料名称：失名文献（共2页）
尺寸：宽140，高185

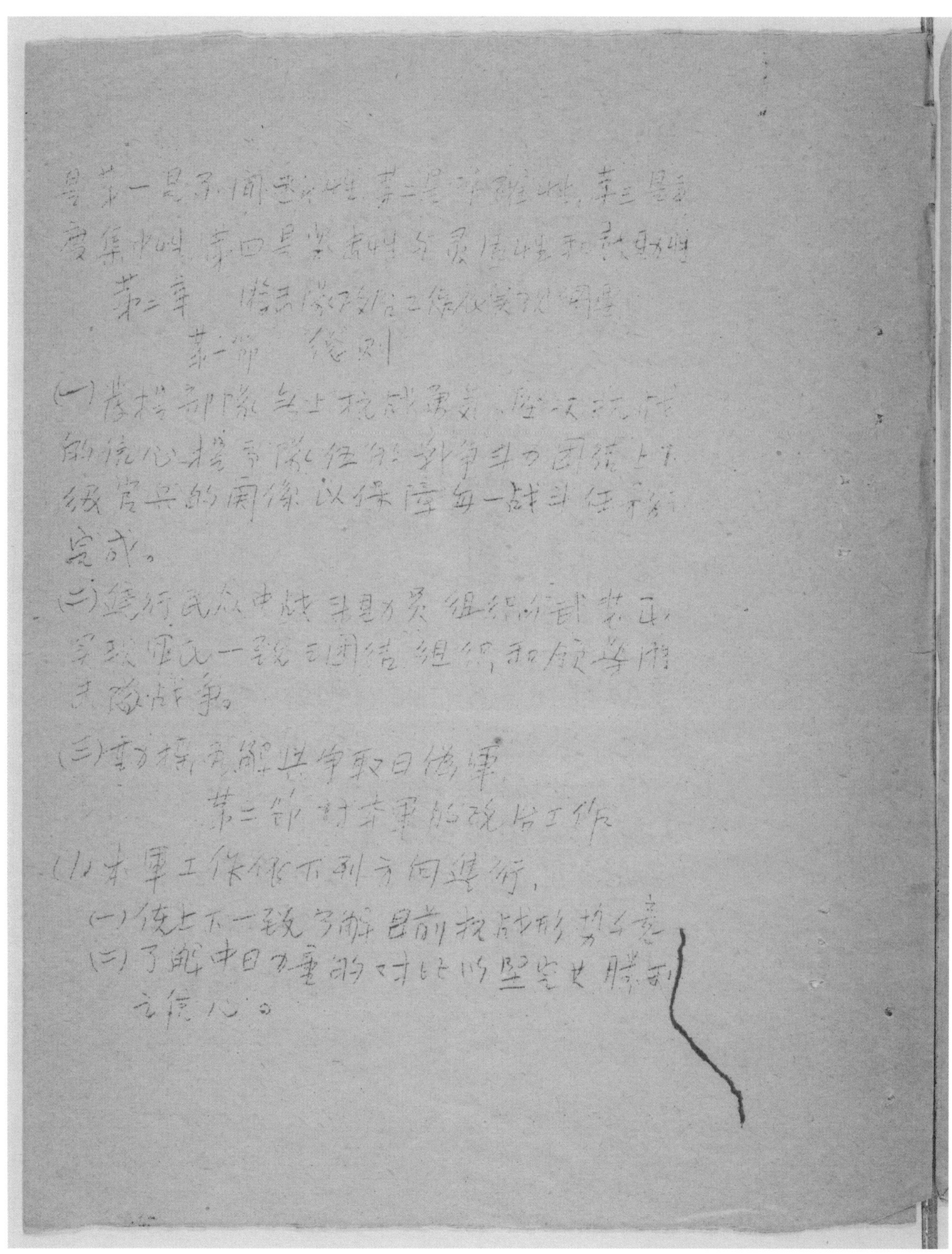

是第一是不间断性，第二是[illegible]性，第三是高度集中性，第四是坚决性和灵活性和机动性

第二章　游击队政治工作的几个问题

第一节　总则

(一)发扬部队坚决抗战勇敢、坚决抗战的信心，提高部队作战斗争力，团结上下级官兵的关系，以保障每一战斗任务的完成。

(二)进行民众中的动员组织武装工作，实现军民一致的团结，组织和领导游击战争。

(三)动摇瓦解并争取日伪军。

第二节　对本军的政治工作

(1)本军工作依下列方向进行，

(一)使上下一致了解目前抗战形势之意

(二)了解中日力量的对比，以坚定其胜利之信心。

(三)了解[illegible]团结部队经验，实行全面统一
自觉纪律，禁止打骂，[illegible]同甘共苦做起。
(四)了解军民一致团结及严厉军群众纪律
(五)提高部队的战斗力，坚固部队，反对[illegible]
要[illegible]
(六)提高部队的政治文化水平
2)對待戰斗工作[illegible]實施
为了在战场上完成[illegible]战斗的任务，必须
大大发扬全体官兵效忠国家民族
的[illegible]上[illegible]的[illegible]精神[illegible]
[illegible]到[illegible]成：
(一)在战斗中进行战斗教育，上下一致
的坚决勇敢迅速机警，[illegible]
一切动作要[illegible]迅速确实。 二
(二)胜利后[illegible]
更进一步提高部队的战斗力，准备争取

史料名称：动员问题讲授提纲（共 4 页）

尺寸：宽 140，高 185

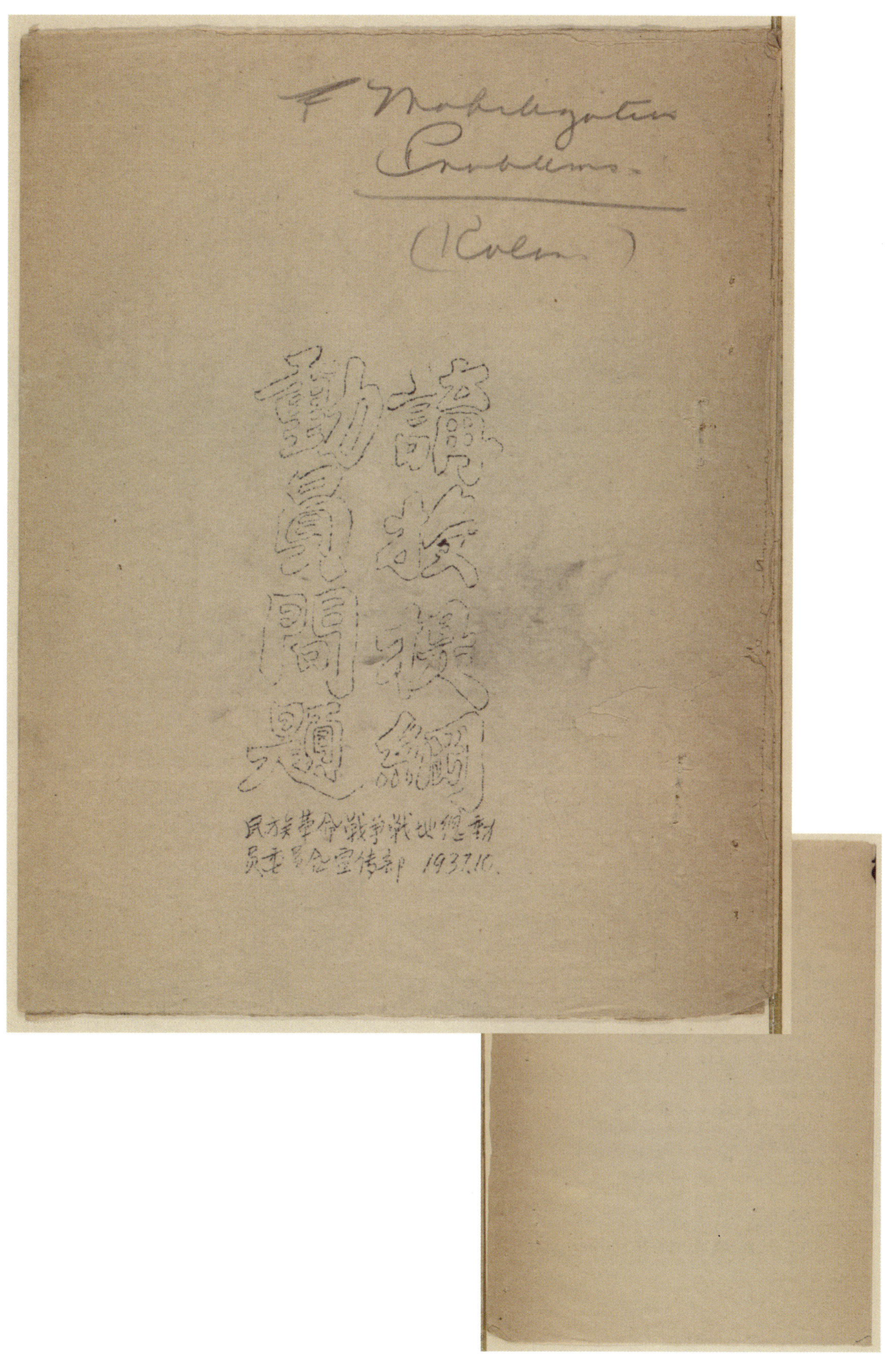

F Mobilization Problems.

(Kolen)

講授提綱

動員問題

民族革命戰爭戰地總動
員委員會宣傳部 1937.10.

# 戰爭動員問題講授提綱

目前戰爭形勢下動員工作的前提：

(一) 不可能照例的做——————必須緊張迅速

(二) 不可能和平的做——————實行武裝斗爭

政治動员

在軍隊中在群众中首先是政治動员必须说明

(一) 敌人進攻的必然性，

1. 反对战争的严重性估计不足.
2. 反对偷生苟安的心理.
3. 反对投降（当汉奸）的失败主义

(二) 敌人進攻的嚴重性.

1. 亡國
2. 滅种
3. 人民的切膚之痛——————姦淫擄掠不得安居樂業，

(三) 敌人的弱点：

1. 财政经济困難
2. 不得世界及本国大多數人民的同情
3. 士兵　志
4. 人地生疏

(四) 我们抗战胜利的條件

1. 在国共合作的基礎上各党各派团结一致

实行统一战线

2.大家有决死之心，

3.人众地广物博

4.深得国际同情及友邦协助。

## 武装动员

主要是动员新兵动员伕子动员群众上前线

(一)分析动员条件

1.地区的大小

2.群众的多小情绪，

3.干部能力强弱，

4.工作已得成绩的好坏

(二)规定动员计划

1.给予任务------数目

2.时间---------限期

3.组织：　　(甲)动员指导机关

(乙)宣传队　　(丙)巡视团

(丁)通讯(报纸)　(戊)接收机关(补充团体)

(三)干部及各团体的动员：

1.提高积极积极性　　2.加重责任心，

3.讨论具体办法，　　4.解决实际困难

5.实行革命竞赛，　　6.纠正错误倾向

史料名称：中日问题大纲（共 8 页）
尺寸：宽 90，高 160

史料名称：中日问题研究（共 20 页）
尺寸：宽 140，高 230

在現在戰爭中，決定勝敗的因素，除了人力之外還有物力，物力應該包括軍備，財政，資源和食糧等。日本在人力方面，當然較中國差得太多（七千萬：四萬萬五千萬人），即在物力上，除現成的軍備之外，從全部物力來觀察，中國並不比日本弱，日本是一個資源不足的國家，但日本的資源究竟不足到什麼地步？她現在正想些什麼辦法來補救？在開戰後將遇到怎樣的困難？我們拿這些觀點來看，日本最缺乏的，同時又

貴的百分之十，而這百分之十的煤油也是大部分採自北樺太和借的油田，其餘百分之九十，全靠外國的輸入，這是日本統治者最苦惱的問題，也是戰爭中最脆弱的一點，據波波夫估計，日本戰時需要石油七百五十萬噸，供給只能達三十五分之一。

(2)日本工業的動力——煤鐵不足自給

(a)鐵——鐵礦和煤炭同樣貧乏，日本鐵的埋藏量至多不過為一億五千萬噸。日本每年必

分之一，戰時交通運輸一發生阻礙，工業動力立受威脅。

(3)其他金屬和化學原料。

有色金屬：錫，鉛，亞鉛，錦，鎳，白銅，鋼，水銀，錫等而言

加上[illegible]化學原料[illegible]和人造絲，肥料等，食鹽是[illegible]和斯，火藥，煙幕和其他化學工業的重要原料。日本鹽的八○激[illegible]，一九三一年輸入三十六萬噸，一九

的藏量有三十六億噸，撫順的油頁岩估百分之五十三，（六十二年產）八萬噸，預算每年能產三千萬噸，

又，中國的煤鐵——煤：擬批質

存百分之一千由日本供給，上海，廣州一九三四年上海煤市場外資佔51%，廣州煤市場外資佔68%，亂時煤的供給，確有危機

鐵：張其昀所用的數字，中

日本經營之本溪湖，鞍山以外新法能產五十七萬九千噸，而這個推測不錯，則鐵是可以自給的，據中國經濟情報社調查[illegible]礦

(2)日本戰時財政之展望

據日本經濟專家的推算，日本戰爭需要每年至少需二百萬萬元，[illegible]每年均[illegible]不過四百八十萬

本[illegible]國營遭一筆（[illegible]本都算在裏邊）倘作孤注一擲，只能維持（不八百天的戰爭（約五年）實際日本絕對不能支

年，約有十億元，人民捐助的可得五億元，每年金礦生產十一萬兩，合一千萬元，共計金銀準備有四十五億（一千萬元）至少可

第八章 中國的社會性質

第一節，日本的社會性質和人民陣線的活躍

1、日本是一個資本主義發達的帝國主義社會。

2、什么是帝國主義的國家呢？國內還殘留着半封建的搾

這是說全國工業以農業為中心的……取關係。

為原料和商場，而再擴張，另方面去侵 3、日本帝國主義和其他帝

這是擴大的軍需工業無疑是為 國主義之不同：

了補強這先天不足的國家的藥 1、日本的國民經濟全部門的

剝削國內全人民及殖民地奴隸的 生產額較為增加，比美國少十

剝削。五倍，比德國和英國少二倍至

4、什么是半封建的帝國主 二倍半，比法國少一倍至二倍和

義？意國大致相等。

這是說明這種剝削不是大資產階級的 2、重工業的比重落後，一九二

資產階級的民主革命而只是 九年日本生產手段的生

資本家和地主的苟合，所以 產僅占全工業生產價值的

5、日本金融資本家壟斷……

三、日本的外貿易是就落後的比

法國多兩倍半，比美國多

國和德國多三倍到四倍。

六、日本根據國……

以不支持這一戰爭？

一、龐大的軍費是由勞苦大

眾身上搾取來的

……若是……小……

農業生產協議會）後者尤為進 性和封建性十分濃厚依附於

步積極。帝國主義

第二節 中國的社會性

2、地主富農，進行封建的

爭發動者應消滅人類中的野獸 是非常必要的源料，就是液體燃

！我們為爭取中華民族的解放 料，鋼鐵，有色金屬，棉花羊毛

而戰我們為保護全人類保護世界 (1)日本源料中最缺乏的一環—煤

約八萬。(七萬五千人)(又新編十八團
、再武裝三十萬，則將有四十萬人)
五、山東軍：五師、一旅、騎兵一
旅約五萬二千(五万七千)
(六)、廣東軍：原有十一師，三旅
約十三萬人，余漢謀改編後，約十
師八萬人。
(七)、廣西軍：兵力計四軍十二師
及四獨立師約計七萬二千民軍力
量約五十萬人。
(八)邊疆省軍：

(已入[illegible]
萬)。
b、中國空軍
據宇心少將估計：去年年底中
央空軍三年計劃完成將有飛機
一千架，偵察機三百五十架，驅逐
機三百架，輕重轟炸機二百架，重
轟炸機二百架。
如上各地空軍，中國現有飛機
一千二百架到一千五百架為可靠。
我國飛機數量既知日本相差

可以以逸待勞地來戰疲致敵
海軍。
第六章・中日的外
交問題

是瘋狂備戰，對外侵略破壞世界
和平的國家。過去三八戰外交敗遺
並求合奏，得德意在歐洲的積極和
緩，日漸親密接近以來，東西法西斯

日本和俄竟然結成親密
後，不但在國內引起全國民
眾之反感，而反對外相有田，
進而反對廣田內閣，廣田內
閣終於倒了，而且在國際上
也致極大的反感。英國本來

因日本給予的小便宜，而遺棄窮
的損害遭極大損失的。美國是與
日本不兩立的，美國的遠東政策
將來也有更趨積極的可能，蘇
聯因向日本提議訂結日蘇互不

A依賴國聯，而毫無結果：
九一八後中國的外交，主要地是
依賴國聯，為指望國聯能主
張公道，把東三省從日本強盜

制度
在太平洋上有利害關係
的各國，主要的是英美法
蘇，這幾個國家都和日本

的可能，中國應該積極
來推進這一和平工作。

知一百

本有結論未印完。

發行紙幣百億

二、徵集生產財富作戰費

三、中國國民每年收入據日內閣統計局所編之一九三〇年列國國勢要覽，中國國民收入為(一九五八千萬元)戰時八折為(一五六六千萬元)，徵百分之十得十五億六千六万元，

1、沒收漢奸賣國賊的財產以作戰費。；

2、實行合理的負擔；

3、華僑外人的捐助；

4、借外債，向英美法蘇可以借債

第四章 中日的糧食問題

第一節 日本的糧食

一、日本平時糧食即不足自給，日本以米為主要糧食，日本產米居世界第三位(英領印度第

一、安定後方鞏固金地帶的農民使努力糧食生產，政府予貸款(不要利息)並給耕具種子等幫助。

二、開墾荒地改良農法

裕天皇為大元帥(陛下)，日軍既不像中國法西德意志有私人的軍隊，也和英法美等國不

為可靠，其在鄉軍人會會員有二百八十萬，日本軍閥自吹謂戰時可以動員三百

一中國第二)日本有半數的國民都從事米穀的生產，在明治初年有剩餘的米輸出，自明治二十年的大歉收以後每年要靠外米輸入

二、戰時糧食尤感困難；

a、戰時糧食消耗和需要量為大：

一、戰時動員全國海陸空軍人員和馬匹，而且戰時食量又較大，故需要糧食為多；

二、若遭遇敵人的轟炸、襲擊劫奪和毀則食糧需要量更大。

b、糧食的生產量減少

一、廣大農民被動員到前線作戰，或到城市工廠工作，因之農業生產力減少糧食的生產大減。

二、製造肥料工業改造軍火，肥，

六、設法節省糧消費，禁門酒肉與，對有餓死滑；存錢的人應該節衣縮食，為國家民族打算，粗茶淡飯果腹即可。

第五章 中日的軍備問

表屬桶藏部三師約二萬(學山以為東北軍有十五萬人)

(三)華北駐軍：宋哲元二十九軍四師四獨立旅，騎兵三旅，約八萬

商震軍：約四師，騎兵一師約三万

八

a、四川約三十萬。

b、貴州約八萬。c、陝西約七万。

d、甘肅約三萬八千。

e、綏遠約一萬六千。

f、寧夏約四萬五千。

史料名称：德奥问题（共 14 页）
尺寸：宽 150，高 190

青天白日旗将由儿童高擎

战线会制赠国旗百余面

（战动社讯）岢岚县动委会于明日召开全县儿童代表大会，因适本县各儿童团结起来参加抗战，反对日寇的侵略和屠杀，完成民族革命的神圣事业，战线会特制就国旗百余面分送儿童代表，上书"抗日先锋"四字，鲜艳夺目，倚衬晴空，光明灿烂之中华民国之旗，由儿童高擎，永远飘扬于晋西北之城乡间云。

特设政治干部训练队

西北战线行将问世

集中精力展开宣传

杨南邨诸氏分任各要职

岢岚三区区农救会已成立

全县会员突破原计画一倍

妇训队员竟服毒自杀

因其夫阻碍参加救亡

经多方救治始得苏醒

欢迎战动总会代表会

敌机一架袭河曲县

五卅纪念日

静乐青年举行纪念会

被俘张科长归来谈

伪蒙军多有意反正

军武青俱乐部开幕

史料名称：战动通讯第一六一期（1938年5月25日）

尺寸：宽506，高370

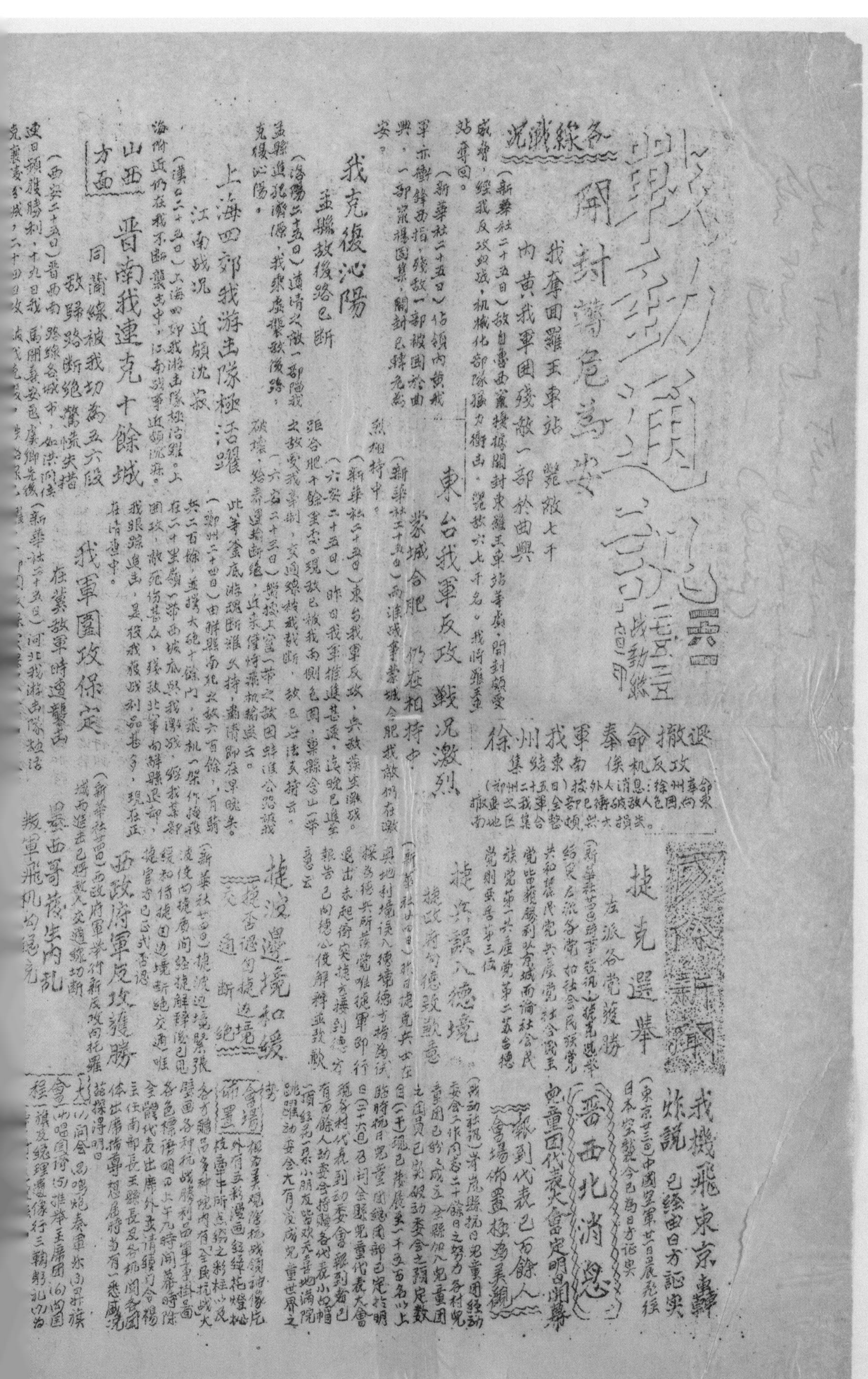

# 戰動通訊

一六一

戰動總會宣印

## 開封轉危為安

### 我奪回羅王車站 殲敵七千 內黃我軍圍殲敵一部於曲興

（新華社二十五日）敵自豫西竄擾蘭封東羅王車站等處，開封頗受威脅，經我反攻敵城，機械化部隊猛力衝出，殲敵六七千名。我將羅王車站奪回。

## 各線戰況

（新華社二十五日）佔領內黃我軍亦衝鋒西指，殘敵一部被圍於曲興，一部竄據固集，開封已轉危為安。

### 我克復沁陽

孟縣敵後路已斷

（洛陽廿五日）據情報敵一部陷我孟縣，近被我軍截斷，我乘虛襲敵後路，克復沁陽。

### 上海四郊我游擊隊極活躍

江南戰況 近頗沉寂

（漢口二十五日）上海四郊我游擊隊極活躍。上海附近仍在我不斷襲擊中，江南戰事近頗沉寂。

### 山西方面

## 晉南我連克十餘城

同蒲線被我切為五六段 敵歸路斷絕驚慌失措

（西安二十五日）晉西南路線各城市，如洪洞、侯馬[illegible]連日頻獲勝利，十九日我[illegible]

## 東台我軍反攻戰況激烈

蒙城合肥仍在相持中

（新華社二十五日）東台我軍反攻，與敵發生激戰。昨日我軍推進甚速，該晚已進至距合肥十餘里處。現敵已被我兩側包圍，巢縣含山一帶之敵受我牽制，交通線被我截斷，敵已無法支持云。

（六安二十三日）蚌埠上窰一帶之敵因淮公路被我破壞，給養運輸斷絕，近來僅恃飛機輸送云。

（新華社二十五日）兩淮戰事蒙城合肥我敵仍在激烈相持中。

此等圍攻游擊隊斷難久持

（鄭州二十四日）由解縣南北出敵六百餘，有騎兵二百餘，並攜大砲十餘門，飛機一架，竄向我二十里嶺一帶西城，與我激戰，經我圍攻，敵死傷甚眾，殘敵北竄向解縣退卻，我跟蹤追擊，是役我獲戰利品甚多，現在正在清查中。

## 我軍圍攻保定

在冀敵軍時遭襲擊

（新華社二十五日）河北我游擊隊極活躍[illegible]

## 徐州我軍奉命撤退

集結東南 俟机反攻

（鄭州二十五日）據外人消息：徐州奉命撤退之我軍，全部已衝破敵人包圍，向東南地區集合整頓，無大損失。

## 國際新聞

### 捷克選舉

左派各黨獲勝

（新華社[illegible]）捷克選舉[illegible]社會民主黨[illegible]共和黨[illegible]黨皆獲勝利[illegible]

### 捷兵誤入德境

捷政府向德致歉意

（新華社[illegible]）捷兵[illegible]誤入德境[illegible]

### 捷波邊境和緩

捷波邊境[illegible]

（新華社二十四日）捷波邊境緊張[illegible]

## 西政府軍反攻獲勝

（新華社二十四日）西政府軍[illegible]

## 墨西哥發生內亂

叛軍飛机[illegible]

## 我機飛東京轟炸說

已經由日方証實

（東京二十三日）中國空軍廿日晨飛往日本[illegible]今已為日方証實

## 晉西北消息

### 兒童團代表大會定明日開幕

#### 報到代表已百餘人

#### 會場佈置極為美觀

（戰動社訊）岢嵐縣抗日兒童團經戰動委會工作同志二十餘日之努力，各村兒童團已紛紛成立，全縣加入兒童團之團員已由戰動委會之預定數目（一千）現已發展至一千五百名以上，臨時總團部已定於明日（二十六日）召開全縣兒童代表大會，現各村代表到戰動委會報到者已有百餘人，戰動委會特贈各代表小帽一頂[illegible]小朋友皆歡天喜地滿院跳躍，戰動委會尤有改造兒童世界之勢。

#### 會場佈置

會場[illegible]

#### 大會程序

（1）開會 （2）鳴炮奏樂 [illegible] （5）推舉主席團 （6）向國旗及總理遺像行三鞠躬禮 （7）[illegible]

[illegible]

## 大會會期定為一週 分頭籌備甚形忙碌

（战动社訊）第二戰區民族革命戰爭戰地總動員委員會成立迄今已六閱月，為適應長期抗战檢討過去開展將來工作，以適應長期抗战起見，決於六月十日在岢嵐召開各縣代表大會。出席代表定由縣委會主任、副主任委員及組織部長三人中推選二人，統限於六月八日以前到達。屆時並擬邀請四區政治主任公署、保安司令部、晉西北各駐軍、各縣縣長及犧盟公道團中心區參加指導。該代表大會籌備委員會於昨日（十五）上午九時開首次會議，籌備委員葉與宣、蕭一凡、錢云[illegible]、馮揺梧、霍善青、員崑[illegible]、劉丹[illegible]列席，南部長漢宸、郭部長任之、史秘書侯[illegible]並[illegible]楊指導[illegible]決定籌委員分設組織、編審、宣傳、文化娛樂四股，由籌委分任各股責任，現各股積極分頭籌備，甚形忙碌。並訊：會議程序第一日開幕典禮、政治報告，第二日總會工作報告，第三四五六日工作討論、政治討論，第七日做結論、選舉、行閉幕云。

## 我在朔縣井坪間 大獲勝利 斃敵百余

（前方訊）我張旅一部在朔縣井坪間之馬安山附近埋伏，週西朔縣來之敵汽車七輛，滿載敵步兵，與我三面[illegible]，[illegible]敵兵全部退卻，斃敵六十余，傷五十余，[illegible]十余，繳[illegible]兩挺，步槍十三支，炸毀汽車一輛，及敵擄掠我[illegible]，又該[illegible]襲擊西榆岑村之敵，激戰一小時，斃敵五人，我方無損失。

（前方訊）我軍自圍攻[illegible]

[illegible]

## ◎日軍俘虜二名來岢◎

### 願與中日人民攜手反對日本法西斯帝[illegible]

（战动社訊）我某部於朔縣一帶截击敌汽車時所俘日軍二名於今日下午過岢，記者往訪時，該二俘虜正在禮堂之中，經懇切解释中日軍不殺俘虜之態度，並說明中日民众自中之敌人並非日本士兵，而係軍閥及剝削此等士兵之財閥資本家以後，乃從容攀談。按該二人中一係日人，年三十九岁，山形縣貧農，從未出家門一步，去年九月被迫參加[illegible]作戰後，至朔北作戰時於朔縣附近戰爭之役被俘。家中有妻及二子一女，呻吟於繁重捐稅之下，無法生活，言至此聲咽竟不能完言。其一係朝鮮青年，名孫宗，年二十岁，入伍僅兩月。又訪二俘之當日，適值全縣各界演劇歡迎兒童代表，乃導引至会場观劇，並請給作簡單演說。鮮人孫某称：中日同朝鮮原為一家，吾等受日本軍閥之壓迫，不得已殘殺中日民众，而現在我們自覺的使其與中日民众攜起手来，共同打倒日本帝國主義。日人言謂：除所欲言同朝鮮人外，更以途備受中日人民之欢迎与优待，實出意料之外，衷心表示感謝云云。

## 岢嵐抗日兒童團代表大會巡禮記

[illegible]

史料名称：战动通讯第一六二期（1938 年 5 月 26 日）

尺寸：宽 506，高 376

# 戰動通訊

## 各線戰況

### 荷澤城失而復得

我軍已與鄆野定陶取得聯絡

### 豫東我軍反攻順利

收復蘭封車站及新興集

溫縣我軍移動新陣地

## 晉綏方面

### 晉省戰況日益好轉

離石中陽我仍圍攻

永濟我軍攻克縣城

### 南京東南四五公里處

我游擊隊與敵激戰

### 豫南戰況沉寂

### 國際新聞

## 各地新聞

### 德國保持中立

撤回在華軍事顧問

並停止軍火貿易

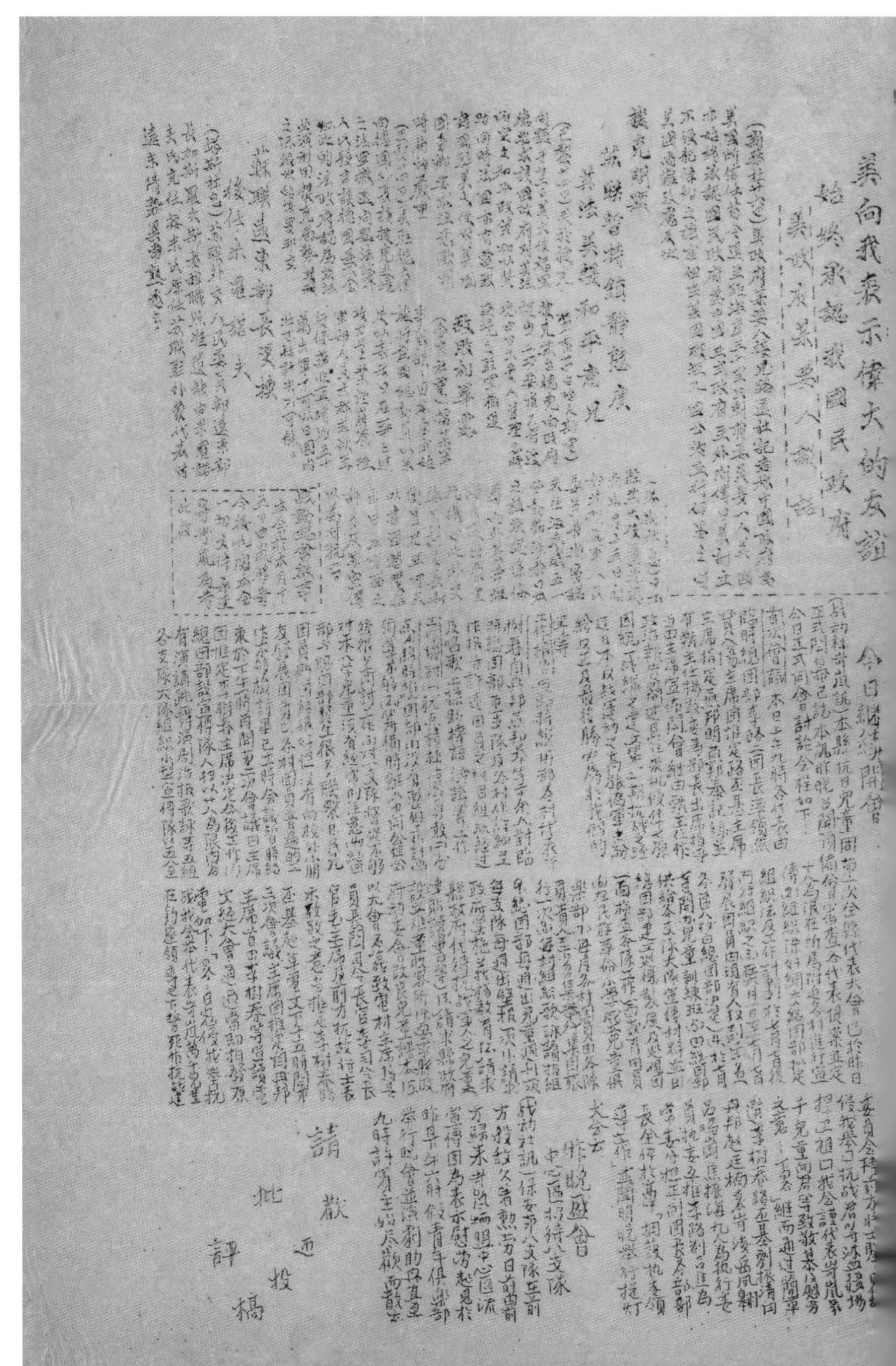

美向我表示偉大的友誼

始終承認我國民政府

今日繼續開會

昨晚盛會

中心區招待八支隊

請歡迎投稿

批評

史料名称：战动通讯第一六三期（1938 年 5 月 27 日）

尺寸：宽 506，高 370

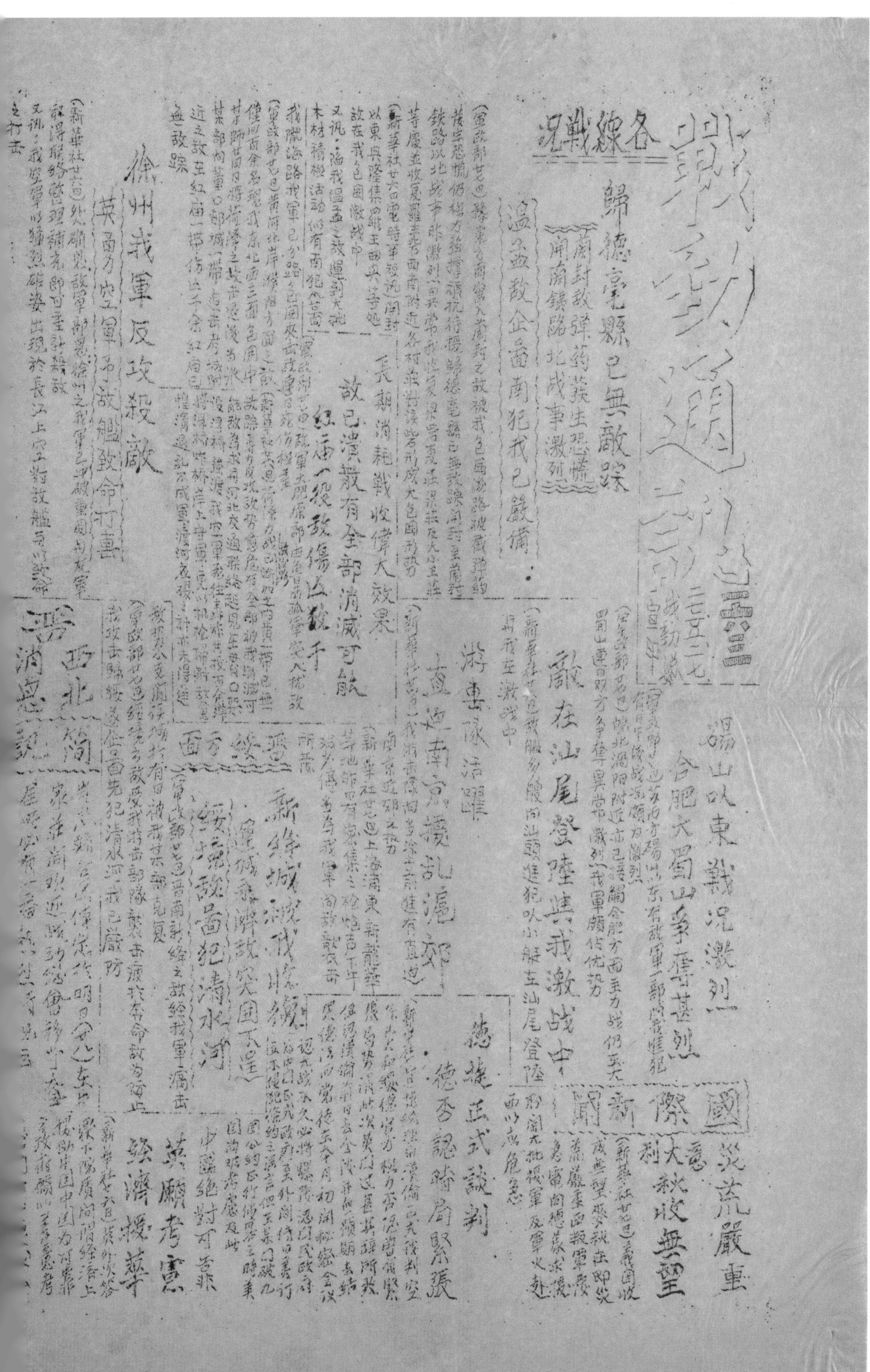

# 戰動通訊

第一六三期 二七年五月二七日 戰動總會宣傳部印

## 各線戰況

### 歸德亳縣已無敵踪 蘭封敵彈葯缺乏恐慌 開兩鐵路北戰事激烈

（軍政部廿七日）歸東之南竄入蘭封之敵被我包圍於路被截，彈葯…

### 溫孟敵企圖南犯我已嚴備

### 長期消耗戰收偉大效果 敵已潰散有全部消滅可能

### 紅廟一役敵傷亡數千

### 徐州我軍反攻殺敵 英勇空軍予敵艦致命打擊

### 碭山以東戰況激烈 合肥大蜀山爭奪甚烈

### 敵在汕尾登陸與我激戰中

（新華社廿七日）敵艦多艘向汕頭進犯，以小艇在汕尾登陸…

### 游擊隊活躍 直迫南京擾亂滬郊

## 國際新聞

### 災荒嚴重 意大利秋收無望

### 德捷正式談判 德否認時局緊張

### 英廟考慮經濟援華

## 晉西北消息

### 新絳城被我收復

### 晉綏境敵圖犯清水河

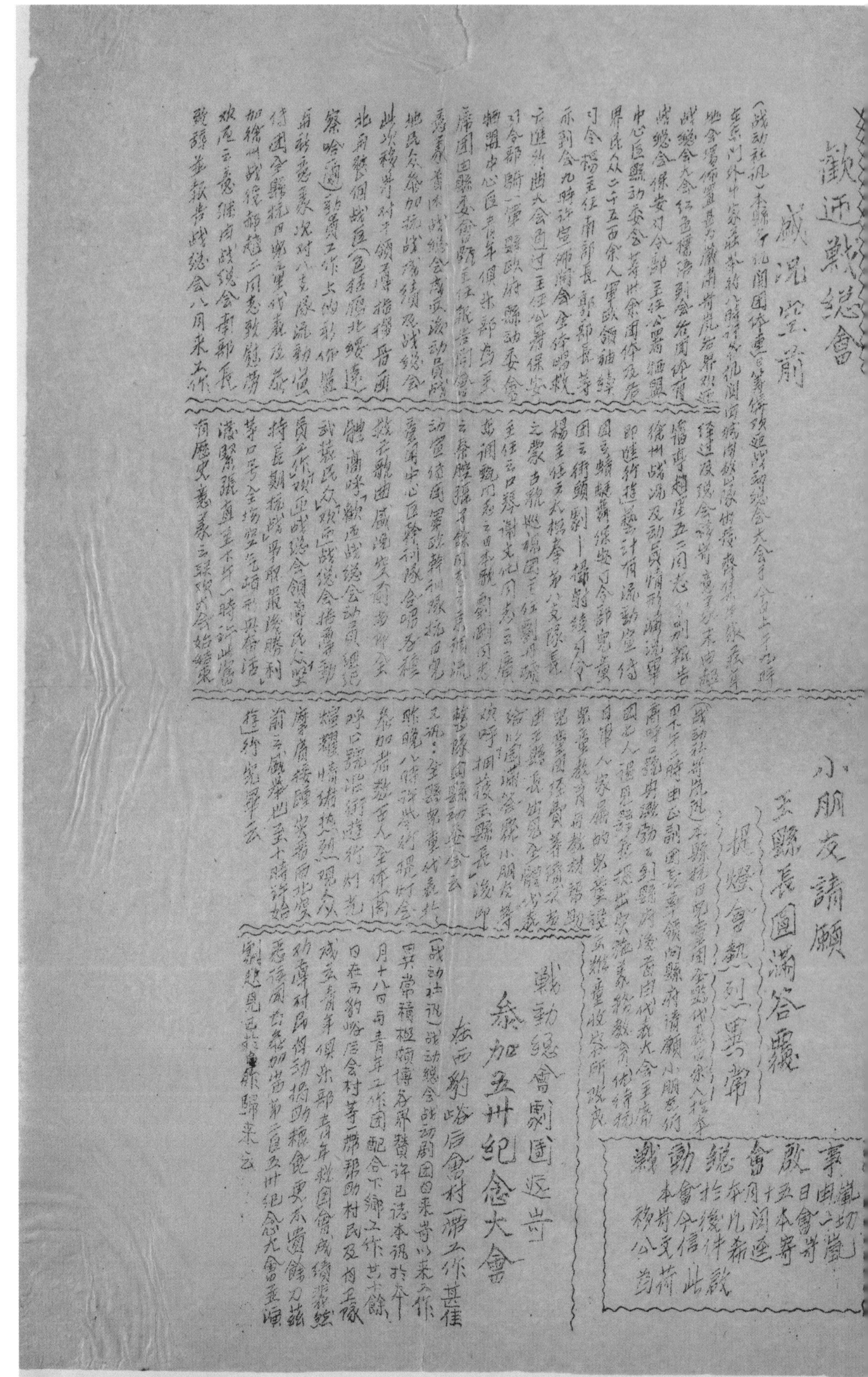

## 欢迎战动总会 盛况空前

## 小朋友请愿 王县长圆满答覆

## 提灯会热烈异常

## 战动总会启事

## 战动总会剧团返岢 参加五卅纪念大会 在西豹峪后会村一带工作甚佳

（战动社讯）战动总会战动剧团自来岢以来工作异常积极，颇博各界赞许，已志本报。于本月十八日与青年工作团配合下乡工作，廿余日在西豹峪后会村等一带帮助村民及自卫队成立青年俱乐部、青年救国会，成绩斐然，鼓动村民扶助抗属，更不遗余力。兹悉该团为参加当第六区五卅纪念大会并演剧起见，已于□县归来云

史料名称：战动通讯第一六四期（1938 年 5 月 28 日）

尺寸：宽 508，高 372

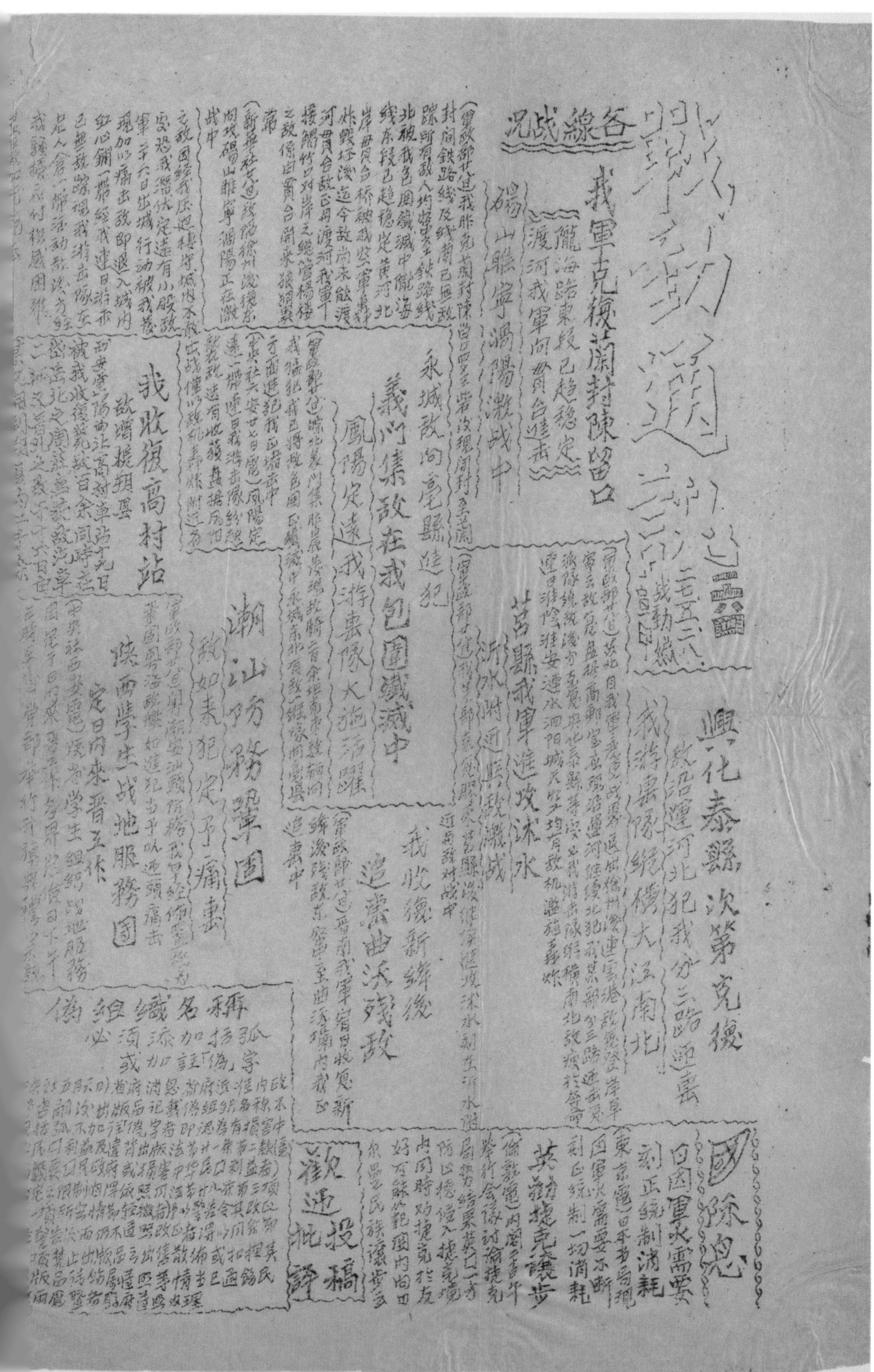

# 戰動通訊

## 各線战况

### 我軍克複蘭封陳留口

隴海路東段已趨穩定　渡河我軍向曹台進击

### 碭山睢寧渦陽激战中

### 永城敌向亳縣進犯

### 義門集敌在我包圍殲滅中

### 鳳陽定遠我游击隊大施活躍

### 我收復高村站

### 陝西學生战地服務團定日内来晉工作

### 興化泰縣次第克複

敌沿運河北犯我分三路迎击

### 我游击隊縱橫大江南北

### 莒縣我軍進攻沭水

### 沂水附近與敌激战

### 我收復新绛後追击曲沃残敌

### 伪組織名稱

必須添加括弧或加註"伪"字

### 國際

日國軍火需要　刻正統制消耗

英勸捷克讓步

### 歡迎投稿批評

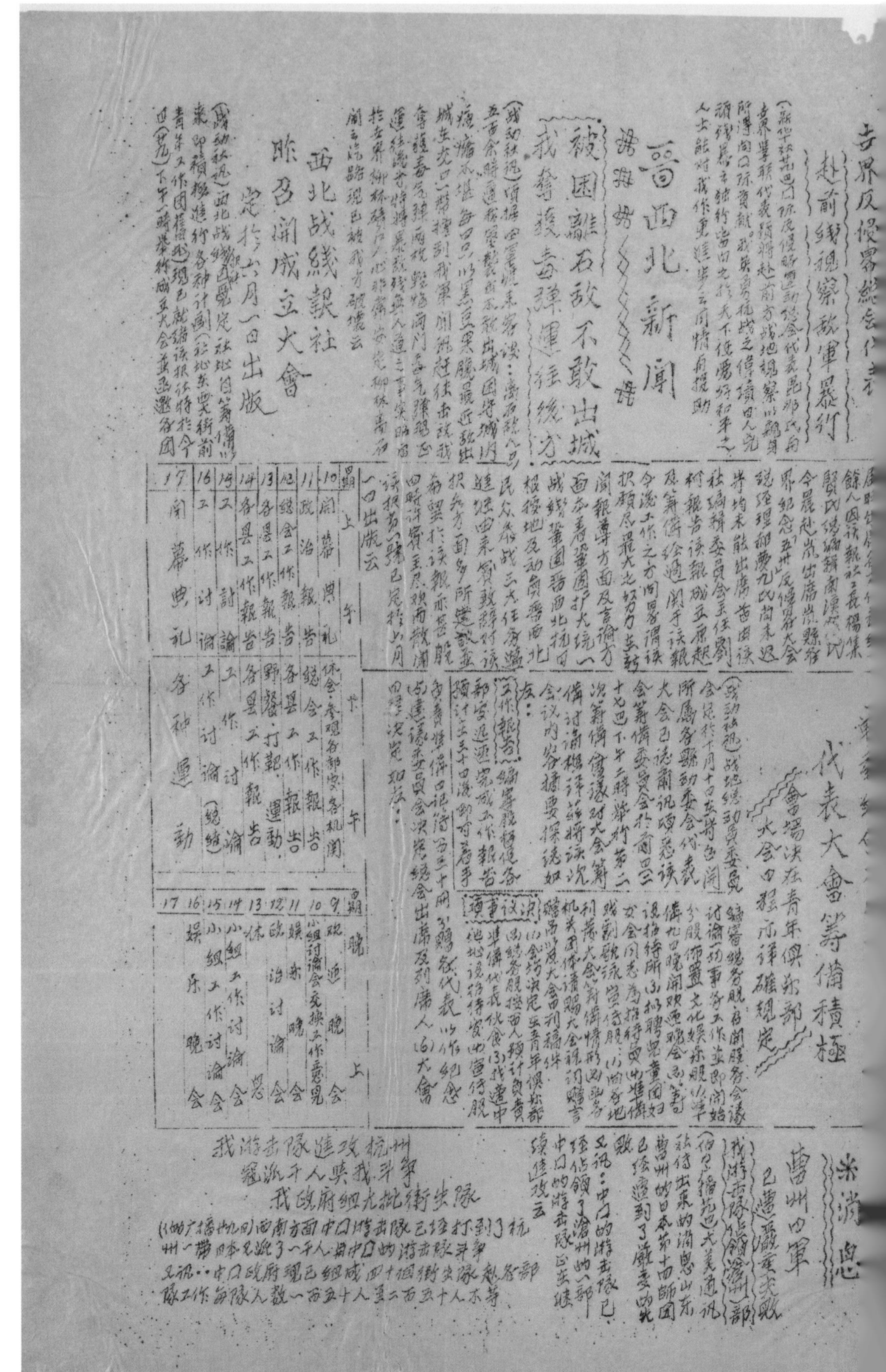

## 世界反侵略总会代表 赴前线视察敌军暴行

（新华社延安□日）世界反侵略运动总会代表[illegible]……

## 晋西北新闻

## 被围离石敌不敢出城 我夺获敌弹运往后方

（战动社讯）顷据由离石来客谈：……不敢出城……[illegible]

## 西北战线报社 昨召开成立大会 定于六月一日出版

（战动社讯）西北战线报社自筹备以来，即积极进行各种计划（社址[illegible]），现已就绪，该报社特于今（廿九）日下午一时举行成立大会，并函邀各团……

……六月一日出版云

## 代表大会筹备积极 会场决在青年俱乐部 大会日程亦详确规定

（战动社讯）战地总动员委员会定于十月十日在[illegible]召开……

| 日期 | 上午 | 下午 |
|---|---|---|
| 10 | 开幕典礼 | 休会·参观各部及各机关 |
| 11 | 政治报告 | 总会工作报告 |
| 12 | 总会工作报告 | 各县工作报告 |
| 13 | 各县工作报告 | 野餐·打靶·运动 |
| 14 | 各县工作报告 | 各县工作报告 |
| 15 | 工作讨论 | 工作讨论 |
| 16 | 工作讨论 | 工作讨论（总结） |
| 17 | 闭幕典礼 | 各种运动 |

| 日期 | 晚上 |
|---|---|
| 9 | 欢迎晚会 |
| 10 | 小组讨论会交换工作意见 |
| 11 | 娱乐晚会 |
| 12 | 政治讨论会 |
| 13 | 休息 |
| 14 | 小组工作讨论会 |
| 15 | 小组工作讨论会 |
| 16 17 | 娱乐晚会 |

**工作报告** [illegible]

**议事议决** [illegible]

## 消息

### 曹州日军 已遭严重失败

（战动社讯）我游击队占领沧州一部

（伯力广播廿九日）大美通讯社传出山东的消息：曹州的日本第十四师团已经遭到了严重的失败。

又讯：中国的游击队已经占领了沧州的一部，中国的游击队正在继续进攻云。

### 我游击队进攻杭州 敌派千人与我斗争 我政府组大批卫生队

（伯力广播廿九日）西南方面中国游击队已经打到了杭州一带，日本又派了一千人与中国的游击队斗争。

又讯：中国政府现已组成四十个卫生队赴各部队工作，每队人数一百五十人至二百五十人不等。

史料名称：战动通讯第一六五期（1938 年 5 月 29 日）

尺寸：宽 508，高 372

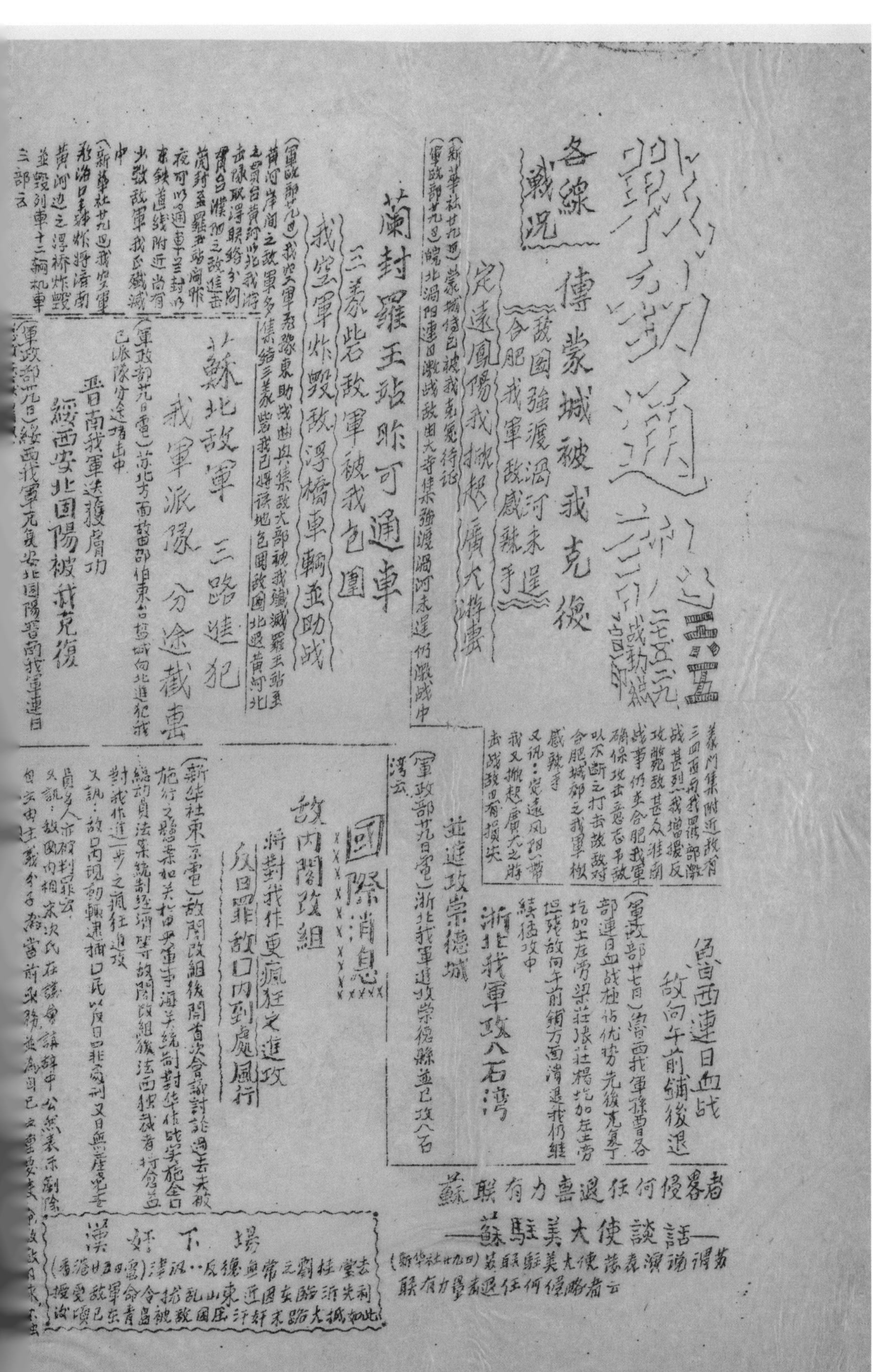

# 戰動通訊

第一六五期 二七.五.二九 戰動總會印

## 各線戰況

### 傳蒙城被我克復

（新華社廿九日）蒙城傳已被我克復待証

（軍政部廿九日）皖北渦陽連日激战敌由大寺集強渡渦河未逞仍激战中

### 敌圖強渡渦河未逞 合肥我軍敌感棘手

蒙門集附近敌有三四百向我罗集部激战甚烈我增援反攻斃敌甚众淮南战事仍在合肥我軍确保攻击意志予敌以不断之打击敌对合肥城郊之我軍极感棘手

又訊：定遠鳳阳一带我又掀起廣大之游击战敌四有损失

### 定遠鳳陽我掀起廣大游擊

### 蘭封羅王站昨可通車

### 三義砦敌軍被我包圍

### 我空軍炸毀敌浮橋車輛並助战

（軍政部廿九日）我空軍飛豫東助战與集敌大部被我殲滅羅王站至黄河岸間之敌軍多集結三義砦我已將該地包圍敌向北退黄河北至曹台黄河以北我游击隊取得聯絡分向賈台濮阳之敌進击蘭封至羅王站間昨夜可以通車至封邱東鉄道线附近尚有少数敌軍我正殲滅中

（新華社廿九日）我空軍飛偽口轟炸將濟南黄河边之浮橋炸毀並毀列車十二輛机車三部云

### 蘇北敌軍三路進犯 我軍派隊分途截击

（軍政部廿九日電）蘇北方面敌由部伯東台鹽城向北進犯我已派隊分途堵击中

### 晉南我軍迭獲膚功 綏西安北固陽被我克復

（軍政部廿九日）綏西我軍克复安北固陽晉南我軍連日[illegible]

### 魯西連日血战 敌向午前鋪後退

（軍政部廿七日）魯西我軍猛冒各部連日血战極佔優勢先後克复丁垓加土左房梁莊張莊楊垓加左王房垓殘敌向午前鋪方面潰退我仍継續猛攻中

### 浙北我軍攻八石灣 並進攻崇德城

（軍政部廿九日電）浙北我軍進攻崇德縣並已攻八石灣云

## 國際消息

### 敌內閣改組 將對我作更瘋狂之進攻 反日罪敵口內到處風行

（新華社東京電）敌閣改組後閣首次會議討論過去未被施行之總動員法案如关于由央軍事海关統制對華作战实施全部總動員法案統制经济等敌閣改組後法西独裁者打算益對我作進一步之瘋狂進攻

又訊：敌占國內現動輒逮捕口民以反日罪為詞又日無産党員多人亦被判罪云

又訊：敌國內相末次氏在議會講辞中公然表示剷除[illegible]

### 蘇聯有力量擊退任何侵略者 —蘇駐美大使談話—

（新华社廿九日）蘇聯駐美大使特羅揚諾夫斯基謂蘇聯有力量擊退任何侵略者云

### 漢奸下場

（香港廿五日電）津訊：反復無常之劉桂堂去年受敌軍命令擾乱山東近因在臨沂失利被[illegible]

# 歐洲提及收回殖民地問題

# 公開綁架英人 英政府提出抗議

敌在青岛

# 暴敌酷行 東北民不聊生

敌压力愈大反抗力亦益大

# 逃跑俘虜已捕獲

# 消息

# 大雨淋淋下舉行 偉大的紀念“五卅”盛况

参加者三千餘人

會場情緒緊張

# 战總會召開代表大會將電請 司令長官及各方派員指導

# 二區各縣長及 商会之長 贈青年俱乐部 錦縵一幅

# 民先晋西北区岢岚縣隊部合辦 岢岚縣城民先全體聯歡大會 今晚在青年俱乐部舉行

史料名称：战动通讯第一六六期（1938年5月30日）

尺寸：宽508，高372

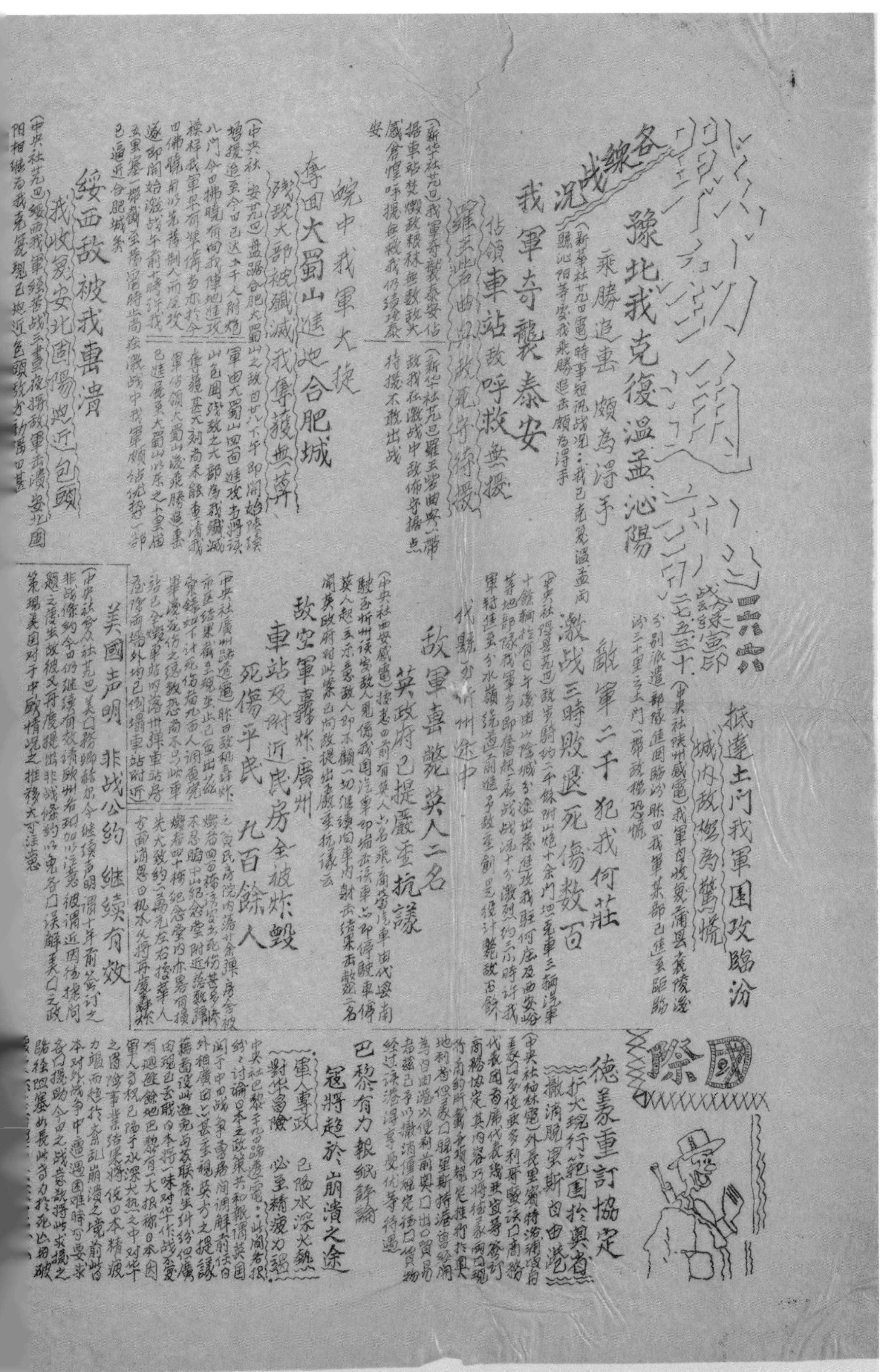

# 战动通讯

一六六期 战动总会宣传部 二七.五.三十.

## 各线战况

### 豫北我克复温孟沁阳 乘胜追击 颇为得手

（新华社廿九日电）时事短讯战况：我已克复温孟两县沁阳等处，我乘胜追击，颇为得手

### 抵达土门我军围攻临汾 城内敌极为惊慌

（中央社陕州感电）我军自收复蒲县襄陵后，分别派遣部队进围临汾，昨日我军某部已进至距临汾三十里之土门一带，敌极恐慌

### 敌军二千犯我何庄 激战三时败退 死伤数百

（中央社[illegible]电）敌步骑约二千余，附山炮十余门，坦克车三辆，汽车十余辆，於有日午后由山阴城分途出发，进攻我驻何庄及西安峪等地部队，我军当即奋起应战，战况十分激烈，约三小时许我军将其击退至分水岭，绕道前进，予敌重创，是役计毙敌百余

### 我军奇袭泰安 占领车站 敌呼救无援

（新华社廿九日电）我军奇袭泰安，占据车站，焚毁敌粮秣无数，敌大感仓惶，呼援无救，我仍续攻泰安

### 罗王岩曲与敌死守待援

（新华社廿九日电）罗王岩曲与[illegible]一带，敌我在激战中，敌仍守据点，待援不敢出战

### 代县至忻州途中 敌军轰毙英人二名 英政府已提严重抗议

（中央社西安感电）据悉日前有英人六名乘商务汽车由代县南驶至忻州途中，敌人见系我国汽车即开枪射击，该车即停驶，车停英人起立示意，敌人即不顾一切继续向车内射击，结果击毙二名，闻英政府对此案已向敌提出严重抗议云

### 皖中我军大捷 夺回大蜀山进逼合肥城 残敌大部被歼灭 我俘获无算

（中央社安庆廿九日电）盘踞合肥大蜀山之敌，自廿八下午即开始陆续增援，迄至今日已达五千人，附炮八门，今日拂晓有向我阵地进攻模样，我军早有准备，亦於今日拂晓前以先发制人而反攻，遂即开始激战，午前十时许我军由大蜀山四面进攻，未将该山包围，残敌之大部为我歼灭，俘获甚夥，刻尚未能查清，我军占领大蜀山后，乘胜追击，已进展至大蜀山以东之大皇庙、五里墩一带，截至落笔时尚在激战中，我军颇占优势，一部已逼近合肥城矣

### 绥西敌被我击溃 我收复安北固阳 迫近包头

（中央社廿九日电）绥西我军经苦战三昼夜，将敌军击溃，安北固阳相继为我克复，现已迫近包头，敌方动摇日甚

### 敌空军轰炸广州 车站及附近民房全被炸毁 死伤平民九百余人

（中央社广州艳电）昨日敌机轰炸市区，结果截至现在止已查出落弹不下廿处，死伤者九百人，调查完竣后死伤之总数恐尚不止此，车站已全毁，车站内落卅弹，车站房屋除两端外均已倒塌，车站附近之贫民房院内落廿余弹，房舍被毁者四百余栋，该处死伤甚多，尤惨者中山纪念堂附近落数弹，毁者四十栋，纪念堂内亦略有损失，大致约二万元左右，据华人方面消息，日机不久将再度轰炸

### 美国声明 非战公约继续有效

（中央社华盛顿廿九日电）美国务卿赫尔今继续声明，谓十年前签订之非战条约，今日仍继续有效，请欧洲各国加以注意，彼谓近因德捷问题之发生，故彼又再度提出非战条约，以免各国误解美国之政策，现美国对于中欧情况之推移，大可注意

## 国际

### 德义重订协定 扩大现行范围於奥者 撤消脑里斯自由港

（中央社柏林电）外长里宾特洛甫与义大利驻[illegible]商务代表团首席代表，签订商务协定，其内容乃将德义两国现行商约所规定者推行於奥地利，前奥国[illegible]里斯特港自由港以便利[illegible]出口贸易，奥国可以撤消[illegible]经过该港得享受优待待遇

### 巴黎有力报纸评论 寇将趋於崩溃之途 军人专政对华冒险 已陷水深火热 必至精疲力竭

中央社巴黎廿九日路透电：此间各报纷纷讨论日本之政策，共和报谓英国前任驻日大使[illegible]，外相广田以甚重视英方之提议，藉图设法避免与苏联发生纠纷，但广田现已去职，日本将一味对华作战，不惜冒险，有此巴黎有一大报称，日本因军人专权，已陷于水深火热之中，对华之冒险事业，结果将使日本精疲力竭，而趋於紊乱崩溃之境，前此各国援助今日之战，[illegible]本对外战争中，遭遇困难时，可要求[illegible]款，将此求援之路径阻塞，如长此专力於死路，必破[illegible]

史料名称：战动通讯第一六七期（1938 年 5 月 31 日）

尺寸：宽 318，高 370

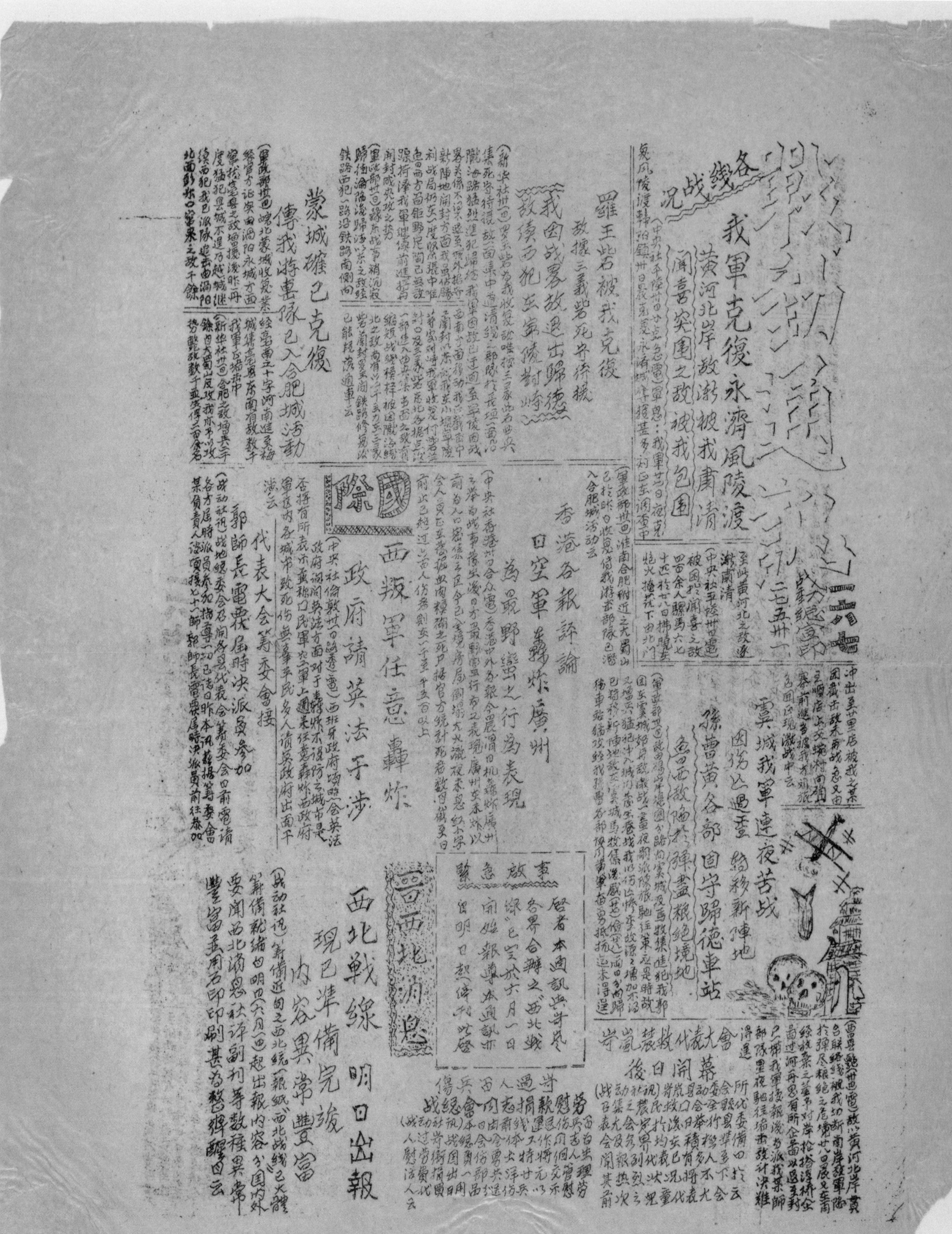

# 战动通讯

第一六七期 二七、五、卅一 战动总会印

## 各线战况

### 我軍克復永濟風陵渡
### 黄河北岸敌溃被我肃清
### 闻喜突围之敌被我包围

（中央社平陆卅日电）军息：我军廿九日夜克复风陵渡、韩阳镇，卅日晨克复永济城，俘获甚多，刻正在肃清中。至此黄河北之敌遂被肃清。

### 羅王砦被我克復
### 敌据三義砦死守待援

### 我困战寨敌退出歸德
### 敌续西犯至寧陵對峙

### 蒙城確已克復
### 傳我游击隊已入合肥城活動

### 冀城我軍連夜苦战
### 因伤亡過重 移新陣地

### 孫曹黄各部 固守歸德車站

### 鲁西敌陷於彈盡粮絕境地

### 香港各報評論
### 日空軍轟炸廣州 為最野蠻之行為表現

## 國際

### 西叛軍任意轟炸
### 政府請英法干涉

### 郭師長電懇屆時決派員参加
### 代表大会筹委會接

### 緊急啟事

啟者：本通訊與其他各界合辦之《西北战線》已定於六月一日開始報導，本通訊亦自明日起停刊，此啟。

### 晋西北消息

### 西北戰線明日出報
### 現已準備完竣 内容異常豐富

### 战總會同志捐款慰勞
### 傷兵百人過岢

### 岢嵐農救代表大會
### 後日開幕

史料名称：告日本士兵书（共5页）

尺寸：宽100~250，高280

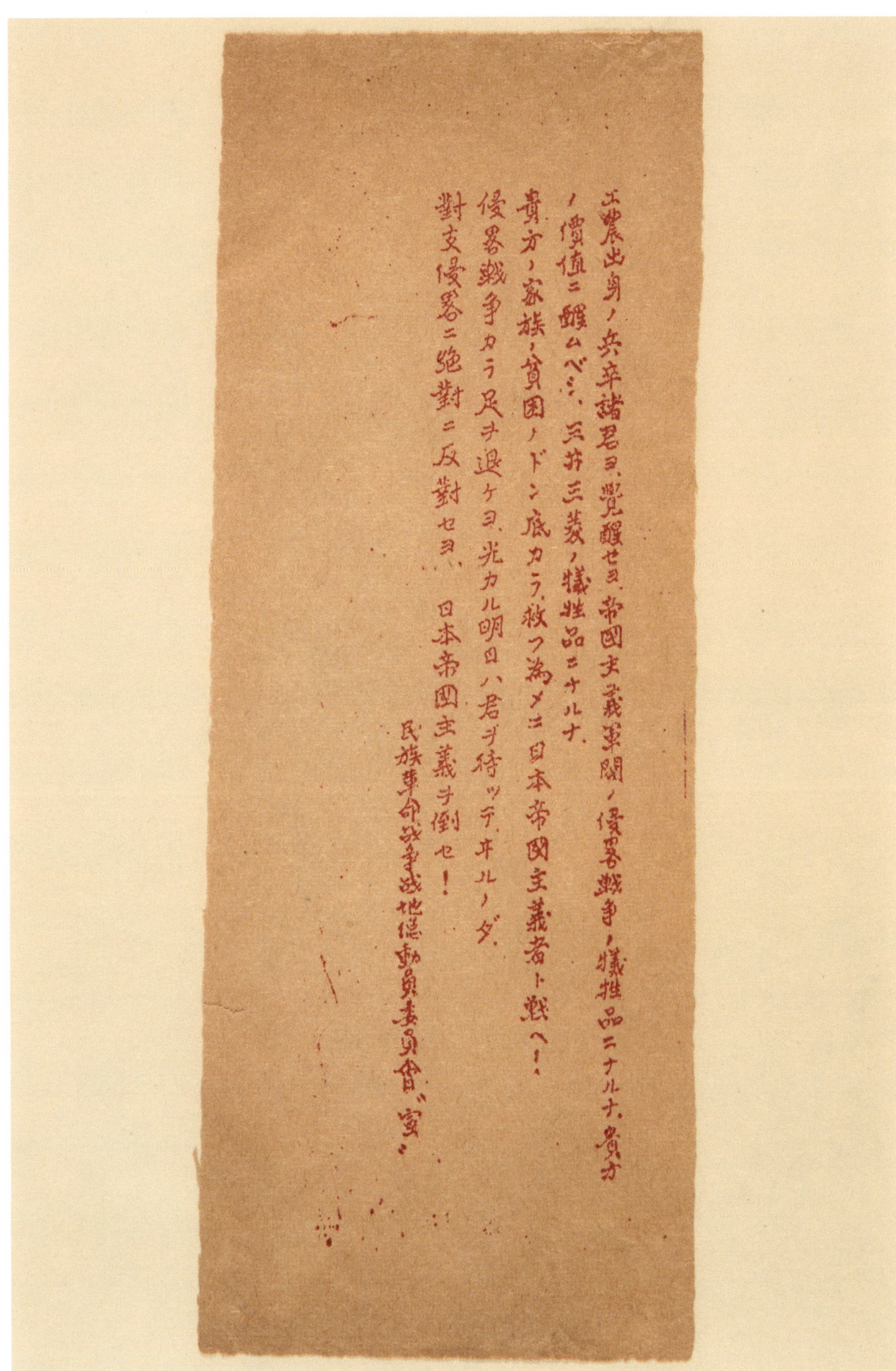

工農出身ノ兵卒諸君ヨ、覺醒セヨ、帝國主義軍閥ノ侵略戰爭ノ犧牲品ニナルナ、貴方ノ價値ニ醒ムベシ、三井三菱ノ犧牲品ニナルナ、

貴方ノ家族ノ貧困ノドン底カラ救フ為メニ日本帝國主義者ト戰ヘ!!

侵略戰爭カラ足ヲ退ケヨ、光カル明日ハ君ヲ待ッテ井ルノダ、

對支侵略ニ絶對ニ反對セヨ、日本帝國主義ヲ倒セ!

民族革命戰爭戰地總動員委員會 宣

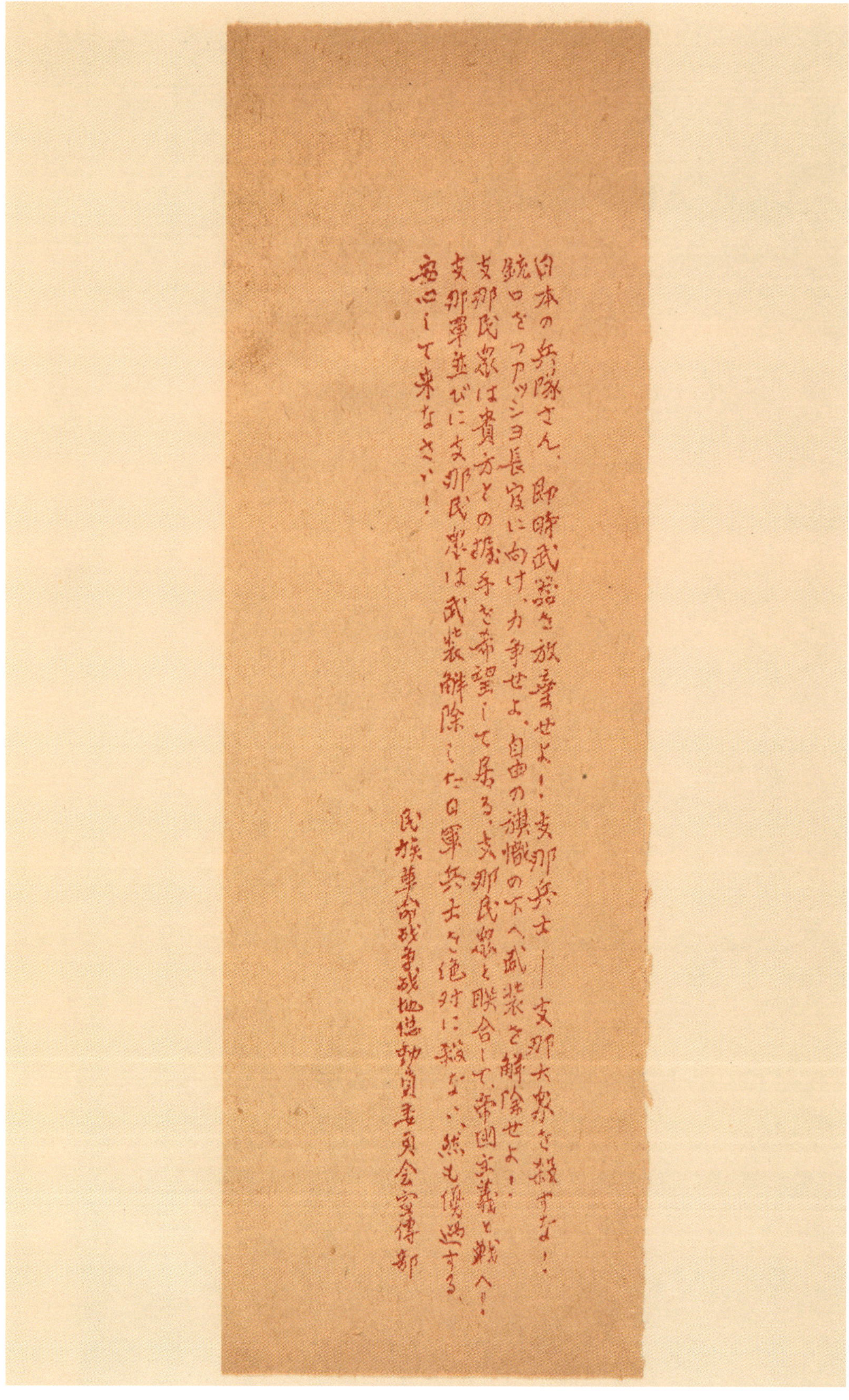

日本の兵隊さん、即時武器を放棄せよ！！支那兵士——支那大衆を殺すな！！
銃口をファッショ長官に向け、力争せよ、自由の旗幟の下へ武装を解除せよ！！
支那民衆は貴方との握手を希望して居る、支那民衆と聯合して、帝国主義と戦へ！！
支那軍並びに支那民衆は武装解除した日軍兵士を絶対に殺さない、然も優遇する、
安心して来なさい！

民族革命戦争戦地総動員委員会宣傳部

# 日本兵卒諸君に告ぐ

日本ファッシスト軍閥は諸君を郷里から駆逐して犠牲な侵略的戦場に立たしめた瘋狂
なる支配階級のわなに迷ふ勿れ、冷静に考へなさい、
惟ふに朝鮮満洲を征服したのは誰の力に頼ったか。それは君等の先輩の無数の生命を
犠牲にして築き上げられた所謂る「皇道楽土」とは正しき三井三菱安田住友等の
地盤ではないか。華々しき若き生命を犠牲して其の反面には日本の労動者農民は塗ま
ぶれな生活を続けて居るではないか。
今や、日本の支配階級ファッシスト軍閥は満洲を掴み取った様な手段を以って北支乃至全支を掴
み取るべく大兵を挙げて侵略戦争を強行した。
中國政府は七年前のそれに非ず中國民衆は今や未曾有の困難に逢って最後の血の一滴をも
犠牲すべし、一致団結して日本帝國主義者と戦った、
中國民衆は諸君が支配階級ファッシスト軍閥に強制されて止むを得なく戦場に赴いたのであ
ることを知って居る。
親愛なる兄弟諸君。日本帝國主義ファッシスト軍閥は、中國民衆の敵のみならず、而も銃を荷
ってる兄弟諸君の敵でもあり、全日本被壓迫大衆の敵でもあるのだ、
武装解除せよ。中國民衆と親密に団結せよ。支配階級軍閥の犠牲品になるな！即時犠牲な
侵略戦争を止ませ、侵略的戦場から足を退げよ、解放なる机会が到来した。即時武器を放
棄せよ、光明なる明日は諸君を待って居るのだ、
大胆にやれ、解放の武器は君等自らの手に在るのだ、奮起せよ、ファッシスト長官を殺せ！
早く魔手から逃れよ。中國軍隊は絶對に捕虜を殺さない、而も優待する、
即時武器を渡せ来なさい、

民族革命戦争戦地総動員委員会宣傳部 一九三八、四、七、

# 日本の軍人に告ぐる歌

民族革命戦争戦地総動員委員会宣伝部

一、日本の軍人よ戦場に去れ。私の歌を聴けよ。私の歌を聴けよ、君等は君等の領土を持ち、我等は我等の山河を持つ。何の為、海を渡って侵略にやってきたか、ほうあ、ほう。何の為か。

二、日本民族は平和を愛し、日本軍閥は実に悪魔だ、惜しいこと、軍閥は貪狂にして軽卒である、専ら侵略に行はれ、私楽に耽り、風波を起し、東亜の平和をも、日本の國運をも顧みず、其の对華政策は、根本的な誤りだ、ほうあ、ほう、誤りだ、

三、日本四十年来、軍火を積み、國防を保つべし、國外の侵略を忘れ勿れ、常に言ふ通り、海軍がアメリカを、陸軍がロシヤを防げ、今や何故海陸空軍を我が中華の陣前に消耗するか、惜しいこと、この禍を自から作った以上、よい結果を得難い、ほうあほう、良い結果を得難い、

四、日本軍火幾程持って居るか、人口幾程持って居るか、我が中華民族が卑怯ではない、断然戦ふぞ、都市を焦土と爆击せよ、海岸を長く封鎖せよ、戦事を二三年に延せよ、人口は三人で一人に当っても、一人も逃せずまで戦ふぞ、考へ給へ、考へ給へ、歳月を蹉跎し、前途は漠然、日本國防実力を弱める、軍火を消耗し尽り、武力は空っぽう、壮丁は死亡し、人力は渉す、國家は空っぽう、ほうあほう、國家は空っぽう、

五、東京大阪横須賀を顧みよ、後方は合作し難い、兵工廠は火事を起し、軍閥は互に内争し、財政は大衆の生活を脅かす、政党は内閣を倒し、商工産業は破れ、社会は生活に愁ひ、租税は重し、徴発は求むる安なし、秩父は昭和に叛き、内乱は既に起し、後の始末は法螺を吹く必要がなし、諸君、胸に手を当て見よ、ほうあほう、

六、これは君等に対する友情の示し、益言で冗談ぢやない、若し敗ったら惜し、一時勝ったら、喜ぶ勿れ、更に将来の禍だ、犠牲は効果なし、考へ給へ、軍閥の行為は條約に背き、各國は安し難い、國際間の感情を害し、侵略、々々、勝利はおぼつかなし、公理に許さず、武器を消耗しばかり、誰かが軍費を負担するか、重症は神薬なし、中華は断然生存を争ひ、日本は自ら衰弱を求む、誰の罪か、軍閥の過ち、ほうあほう、

七、中華の土地は廣く、人口は多い、日本の兵隊は侵入し得るが占領し得ず、数ケ月間、軍火を澤山消耗し、壮丁は澤山死亡す、木更津隊と鹿屋隊は、幾人が残ったか、惜しいこと、将来に於て、日本の國防の実力は弱い、盛んな期間が過ぎて結局敗ける、諸君よ、醒めよ、侵略は根本的な誤りだ、軍閥の自私は平和を害し、若し日本は國防を保つならば、餘りの軍火を残すべし、ほうあ、ほう、日本國内は風波があり、帰りたいならば、早く帰れ、諸君、醒めよ、醒めよ、

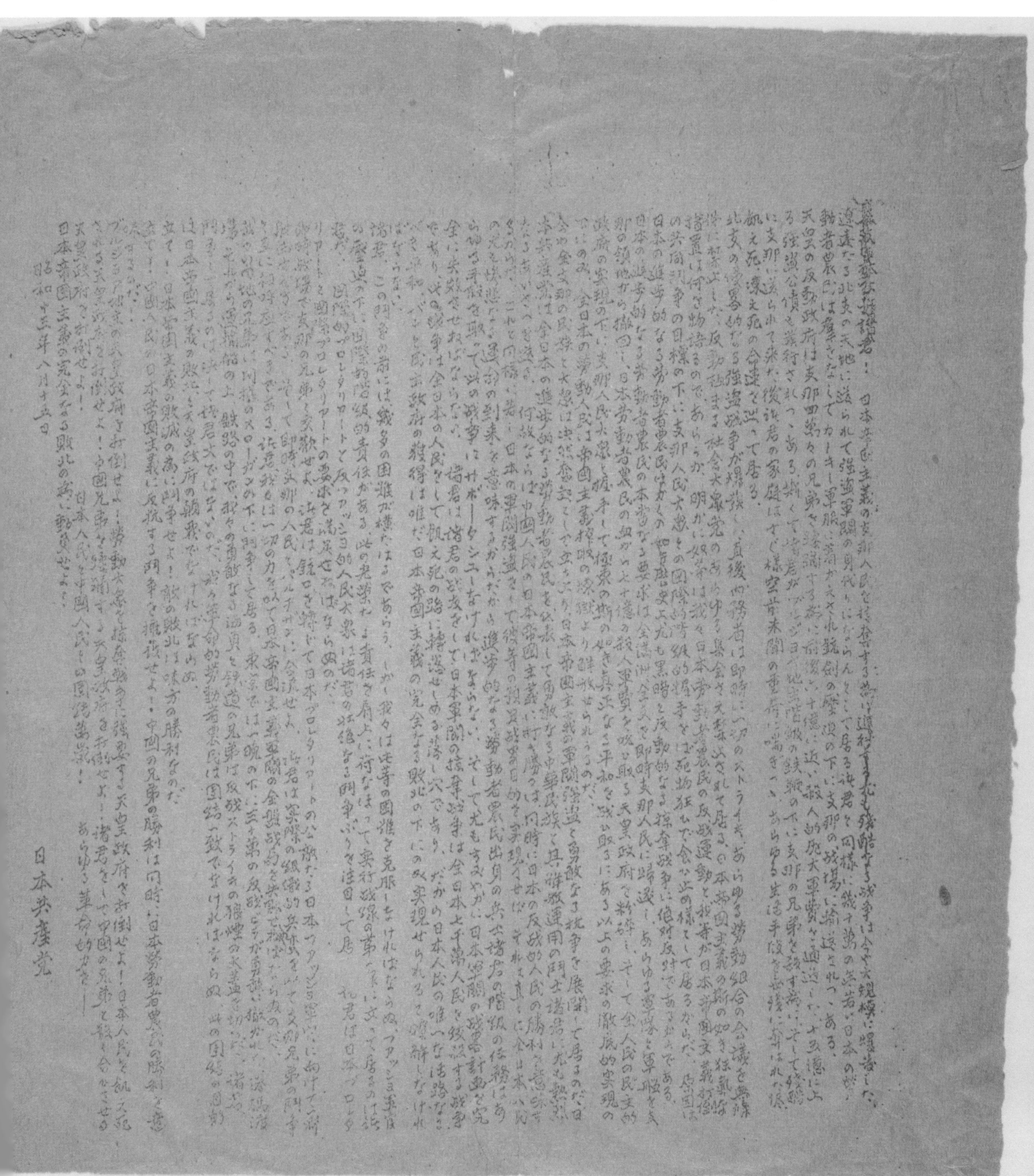

[illegible]兵士諸君！　日本帝国主義の支那人民を搾奪する為に遂行する最も残酷なる戦争は今や大規模に爆発した。

遼遠たる北支の天地に送られて強盗軍閥の身代りにならんとして居る諸君と同様に幾十萬の兵若い日本の労働者農民は露営なしてカーキー軍服に身をかためて銃剣の監視の下に支那の戦場に輸送されつゝある。天皇の反動政府は支那四萬々の兄弟を搾取する為に前後二十億に近い殺人的厖大軍費を通過した。十五億による強盗公債を発行されつゝある。斯くて諸君がブルジョア地主階級の鉄鞭の下に支那の兄弟を殺す為に支那に送られて来た後諸君の家庭はすぐ様窮苦未聞の重荷に喘ぎつゝあらゆる生活手段を奪はれた諸飢え死凍え死の命運を辿って居る。

北支の侵略的なる強盗戦争が爆発した直後内務省は即時に一切のストライキ、あらゆる労働組合の会議を無条件に禁止した。反動極まる社会大衆党のあらゆる集会さへ禁止されて居る。日本帝国主義の斯の如き狂気の措置は何を物語るのであらうか。明かに奴等は我々日本労働者農民の反戦運動と我等が日本帝国主義打倒の共同闘争の目標の下に支那人民大衆との国際的階級的握手をば死物狂ひで食ひ止め様として居るからだ。今日は日本の進歩的なる労働者農民は斯くの如き歴史上尤も黒暗と反動的なる掠奪戦争に絶対反対であるからである。日本の進歩的なる労働者農民の本当なる要求は全満洲全支から即時支那人民に帰還し、あらゆる軍隊と軍艦を支那の領地から撤回し、日本労働者農民の血から七十億の殺人軍費を吸ひ取る天皇政府を粉砕し、そして全人民の民主的政府の実現の下に支那人民大衆と握手して極東の斯の如き真正なる平和を戦ひ取るにある。以上の要求の徹底的実現のためにのみ、全日本の労働人民は帝国主義掠奪の牢獄より解放せられうるのだ。

今や全支那の民族と大衆は決然奮起して立ち上り、日本帝国主義の軍閥強盗と勇敢なる抗争を展開して居るのだ。日本共産党は全日本の進歩的なる労働者農民を代表して勇敢なる中華民族と其の解放運動の闘士諸君に尤も熱烈なる挨拶をさへ送る。何故ならば中国人民の日本帝国主義に打ち勝つは同時に日本の反戦的人民の勝利を意味するからだ。これと同様に若し日本の軍閥強盗をして彼等の掠奪戦争目的を実現せしめば、それは直ちに全日本人民の光を暗黒たらしむ運命の到来を意味するからだ。進歩的なる労働者農民出身の兵士諸君の階級的任務はあらゆる手段を取って此の戦争をサボタージュしなければならない。そして尤もすみやかに日本軍閥の戦争計画を完全に失敗させねばならない。諸君は諸君の敵を[illegible]して日本軍閥の掠奪戦争は全日本七千萬人民を絞殺する戦争であり、此の戦争は全日本の人民をして飢え死の路に彷徨せしめる落し穴であり、だから日本人民の唯一なる活路なるべき平和、パンと民主政府の獲得は唯だ日本帝国主義の完全なる敗北の下にのみ実現せられると理解しなければはならない。

諸君、この闘争の前には幾多の困難が横たはるであらう。しかし我々は此等の困難を克服しなければならぬ。ファッショ軍閥の圧迫の下に、国際的階級的責任がある。此の光栄ある責任を肩上に荷なはって、実行戦線の第一線に立って居るのは諸君だ。国際的プロレタリアートと反ファッショ的人民大衆は諸君の壮絶なる闘争ぶりを注目して居る。諸君は日本プロレタリアートと国際プロレタリアートの要求を満足せねばならぬのだ。即時戦場で支那の兄弟と交歓せよ。諸君は銃口を轉じて日本プロレタリアートの公敵たる日本ファッショ軍閥に向けて銃[illegible]せよ。そして即時支那の人民とパルチザンに合流せよ。諸君は実際の組織的兵力を以て支那兄弟の闘争を更に積極的に支援すべきである。諸君、我々は一切の力を以て日本帝国主義軍閥の全盤戦局を失敗に撤かせねばならぬのだ。[illegible]其他の工場に同様のスローガンの下に闘争して居る。東京では一晩の下に三十萬の反戦ビラが奇蹟的に撒かれた。[illegible]の勇敢なる議員と鉄道の兄弟は反戦ストライキの狼煙の火蓋を切った。闘争して居るのは決して諸君丈ではないのだ。我々革命的労働者農民は團結一致でなければならぬ。此の團結の[illegible]は日本帝国主義の敗北と天皇政府の顛覆でなければならぬ。

立て！日本帝国主義の敗滅の為に闘争せよ！敵の敗北は味方の勝利なのだ

立て！中国人民の日本帝国主義に反抗する闘争を擁護せよ！中国の兄弟の勝利は同時に日本労働者農民の勝利を意味するのだ。

ブルジョア地主の天皇政府を打倒せよ！勞働大衆を搾奪する天皇政府を打倒せよ！日本人民を飢え死させる天皇政府を打倒せよ！中国兄弟を惨殺する天皇政府を打倒せよ！諸君をして中国の兄弟を殺し合はせる天皇政府を打倒せよ！

日本人民と中国人民との團結萬歳！　あらゆる革命的力を——

日本帝国主義の完全なる敗北の為に動員せよ。

昭和十三年八月十五日

日本共産党

史料名称：中日国民亲善同盟传单十六种（共 4 页）

尺寸：宽 200，高 280

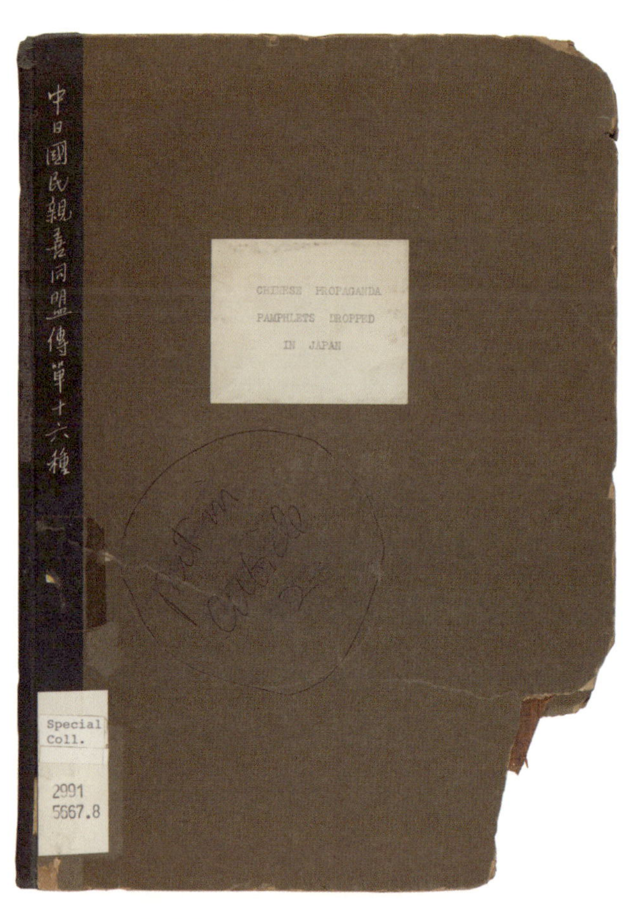


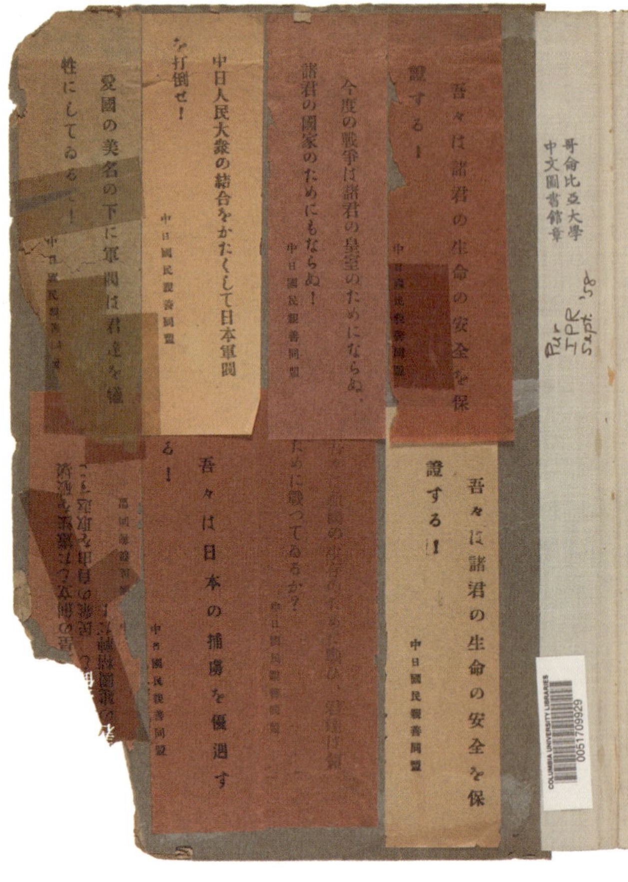


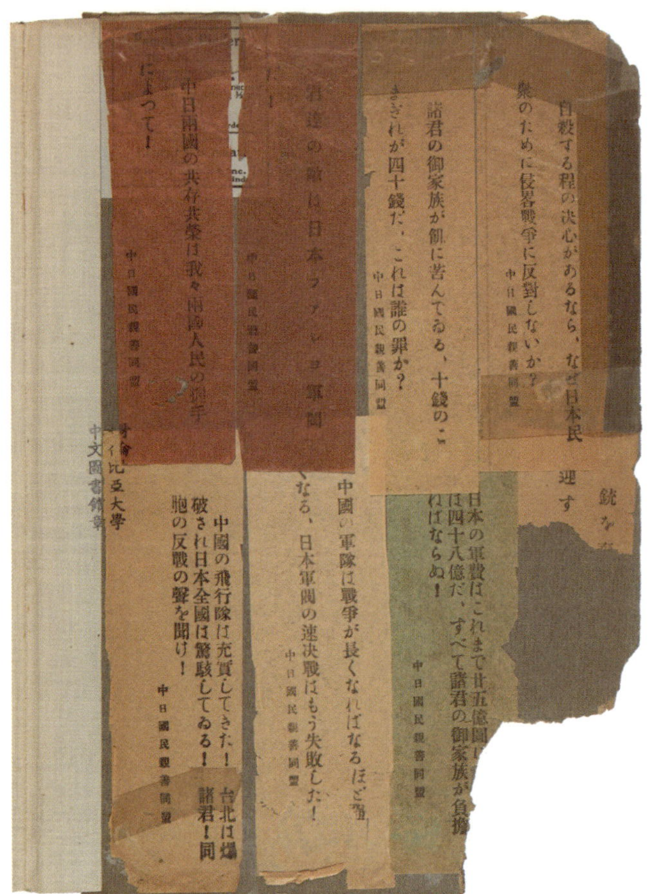

史料名称：中国国民党抗战建国纲领（共 4 页）

尺寸：宽 160，高 280

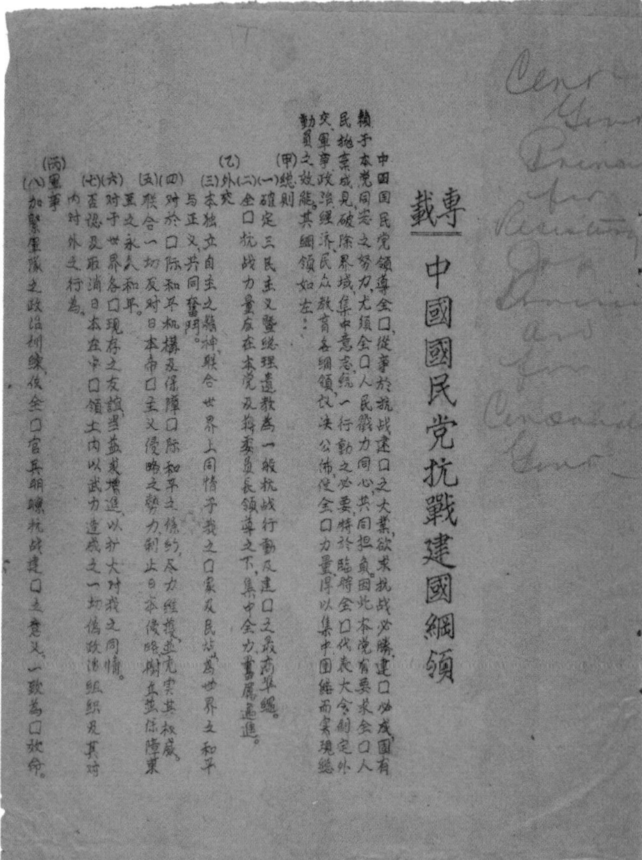

專載

中國國民党抗戰建國綱領

中国国民党领导全口，从事於抗战建口之大業，欲求抗战必胜，建口必成，固有赖于本党同志之努力，尤须全口人民戮力同心，共同担负。因此本党有要求全口人民抛弃成见，破除界域，集中意志，统一行动之必要，特於临时全口代表大会制定外交、军事、政治、经济、民众、教育各纲领，决议公布，使全口力量得以集中，因而实现总動员之效能。其纲领如左：

(甲)总则

(一)确定三民主义暨总理遗教为一般抗战行動及建口之最高準绳。

(二)全口抗战力量应在本党及蒋委员长领导之下，集中全力，奮厲邁進。

(乙)外交

(三)本独立自主之精神，联合世界上同情于我之口家及民族，为世界之和平与正义共同奮鬥。

(四)对於口际和平机構及保障口际和平之條约，尽力维護並充实其权威。

(五)联合一切反对日本帝口主义侵略之势力，制止日本侵略，树立並保障東亚之永久和平。

(六)对于世界各口现存之友谊，当益求增進，以扩大对我之同情。

(七)否认及取消日本在中口领土内以武力造成之一切伪政治组织及其对内对外之行为。

(丙)军事

(八)加紧军队之政治训练，使全口官兵明瞭抗战建口之意义，一致为口效命。

(九)训练全口壮丁，充实民众武力，補充抗战部队，对于华侨回口效力疆場者，则按照其技能施行特殊训练，使之保衛祖口。

(十)指導及援助各地武装人民，在各战区司令长官指挥之下，与正式军队配合作战，以充分發挥保衛鄉土，捍卫外侮之效能，並在敌人後方發動普遍的游击战，以破坏及牵制敌人之兵力。

(十一)抚慰伤亡官兵，安置残废，並优待抗战人员之家屬，以增高士气，而为全口動员之鼓動。

(丁)政治

(十二)组织口民参政机関，团结全口之力量，集中全口之思虑与见识，以利口策之决定与推行。

(十三)实行以县为单位，改善並健全民众之自衛组织，以训练加强其能力，並加速完成地方自治條件，以鞏固抗战中之政治的社会基礎，並为宪法实施之準備。

(十四)改善各级政治机構，使之简单化合理化，並增高行政效率，适合抗战需要。

(十五)整飭纲纪，责成各级官吏忠勇奮斗，为口牺牲，並严守纪律，服從命令，为民众倡導，其有不忠职守，貽误抗战者，以军法处治。

(十六)严懲贪官污吏，並没收其财産。

(戊)经济

(十七)经济建设以军事为中心，同时注意改善人民生活，本此目的以实行，並须以经济奖励海内外人民投资，扩大战时生産。

(十八)以全力發展農村经济，奖励合作，调節粮食，並開懇荒地，疏通水利。

(十九)發展矿産，树立重工業的基礎，鼓励轻工業的经营，並發展各地之手工業。

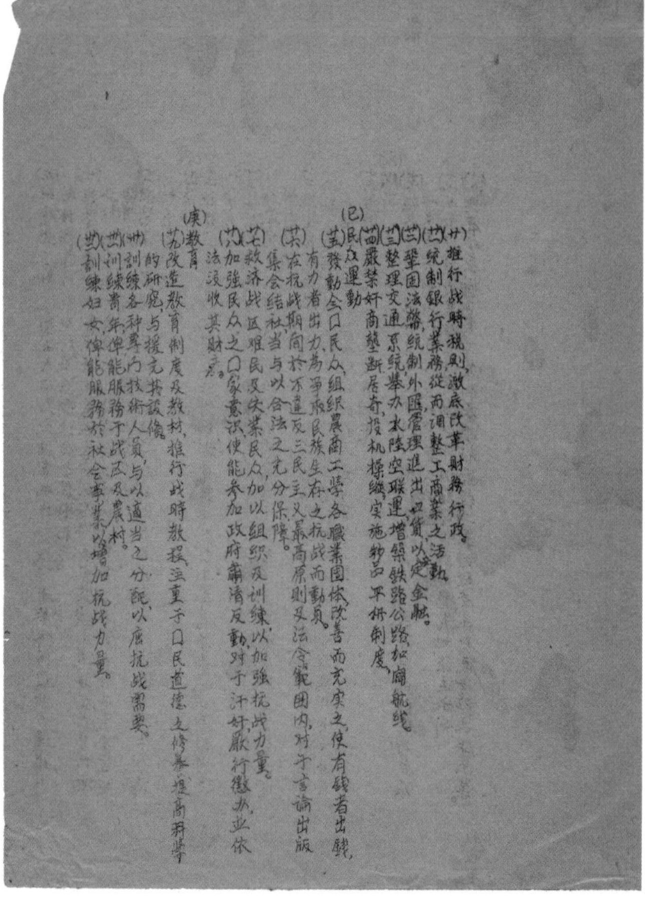

(廿)推行战时税则，澈底改革财务行政。

(廿一)统制银行業務，從而调整工商業之活動。

(廿二)鞏固法幣，统制外匯，管理進出口貨，以安定金融。

(廿三)整理交通系统，举办水陆空联運，增築鐵路公路，加闢航线。

(廿四)严禁奸商壟断居奇，投机操縱，实施物品平价制度。

(己)民众運動

(廿五)發動全口民众，组织農商工學各職業团体，改善而充实之，使有钱者出钱，有力者出力，为争取民族生存之抗战而動员。

(廿六)在抗战期间，於不違反三民主义最高原则及法令範围内，对于言論出版集会结社，当与以合法之充分保障。

(廿七)救济战区难民及失業民众，加以组织及训练，以加强抗战力量。

(廿八)加强民众之口家意识，使能参加政府肃清反動，对于汉奸严行懲办，並依法没收其财産。

(庚)教育

(廿九)改造教育制度及教材，推行战时教程，注重于口民道德之修养，提高科学的研究，与扩充其設備。

(卅)训练各种专门技術人員，与以适当之分配，以应抗战需要。

(卅一)训练青年，俾能服務于战区及農村。

(卅二)训练妇女，俾能服務於社会事業，以增加抗战力量。

# 看到了很多战利品

1938 年 6 月 12 日早晨，卡尔逊从岢岚启程，日行近一百二十里，当天下午来到山西岚县，即赴八路军一二〇师师部，与贺龙师长、萧克副师长等见面，久别重逢，非常高兴。

卡尔逊重访岚县期间，听取了贺龙亲自介绍一二〇师过去四个月以来的抗战经过，向贺龙、萧克提出许多问题并与之讨论，参观缴获的日本大炮和掷弹筒，还在敌军工作部“看到了很多战利品——旗子、信件、日记、神符、照片和一些敌人的宣传品”。卡尔逊抗战史料中有一份一二〇师司令部翻印的《俘获敌军黑田支队作战材料》（译件），主要内容为当年 2 月中旬侵华日军驻蒙第二十六师团向晋西北发起进攻前下达给步兵团司令官黑田重德少将的“极秘”级军事部署和作战命令，其原件当为八路军的战利品之一。

此外还有一份一二〇师参谋处印制的、封面上刻有“谷思慎亲笔写的”《日寇初占领城市乡镇怎样组织维持会》，亦是卡尔逊重访岚县时获得。谷思慎，山西神池人，老同盟会员，1938 年日军侵犯晋西北时被捕，后为八路军一二〇师所救，贺龙司令以礼相待，后聘为晋绥边区临时参议会参议员。谷思慎以亲历见闻书写此文，揭露敌人维持占领区统治的通行伎俩和阴谋，以供对敌斗争参考。

史料名称：俘获敌军黑田支队作战材料（译件）（共 24 页）

尺寸：宽 140，高 190

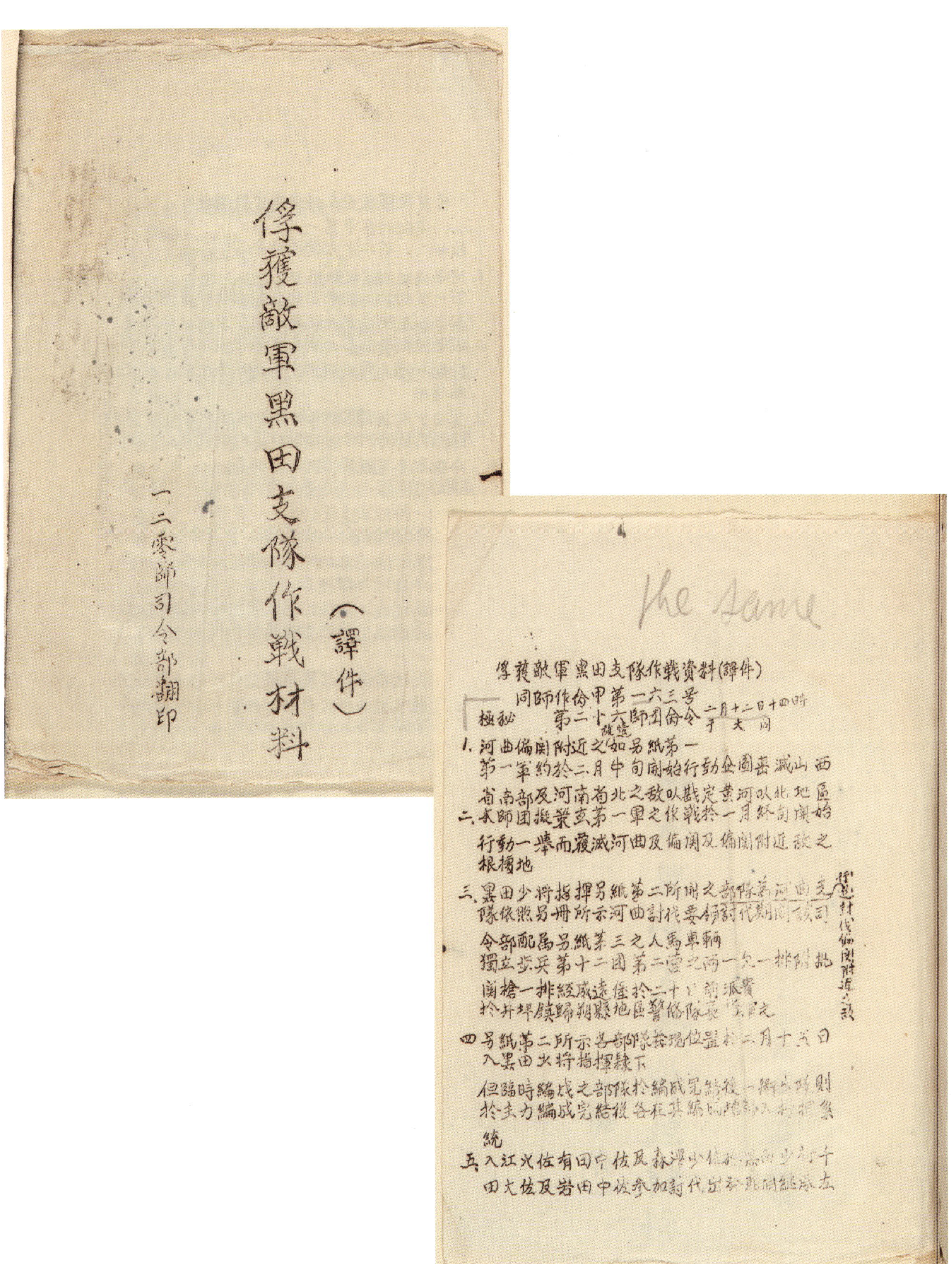

俘獲敵軍黑田支隊作戰材料

（譯件）

一二零師司令部翻印

the same

俘獲敵軍黑田支隊作戰資料(譯件)

同師作命甲第一六三号

極秘　第二十六師团命令　二月十二日十四時 于大同

1. 河曲偏関附近之如另紙第一

第一軍約於二月中旬開始行動企圖毒滅山西省南部及河南省北之敵以戡定黄河以北地區

二. 本師团擬策应第一軍之作戰於一月終旬開始行動一擧而覆滅河曲及偏関及偏関附近敵之根據地

三. 黑田少將指揮另紙第二所開之部隊為河曲支隊依照另冊所示河曲討代要領討代期間該司令部配屬另紙第三之人馬車輛

獨立步兵第十二团第二營之兩一欠一排附挑関槍一排經成遠堡於二十日前派賫於井坪鎮歸朔縣地區警備隊長[illegible]

（旁注：討返討代偏関附近之敵）

四 另紙第二所示各部隊於現位置於二月十五日入黑田少將指揮隷下

但臨時編成之部隊於編成完結後一併[illegible]則於主力編成完結後各在其編成[illegible]入[illegible]系統

五. 入江少佐有田中佐及森澤少佐於[illegible]少將十田大佐及岩田中佐參加討代[illegible]左

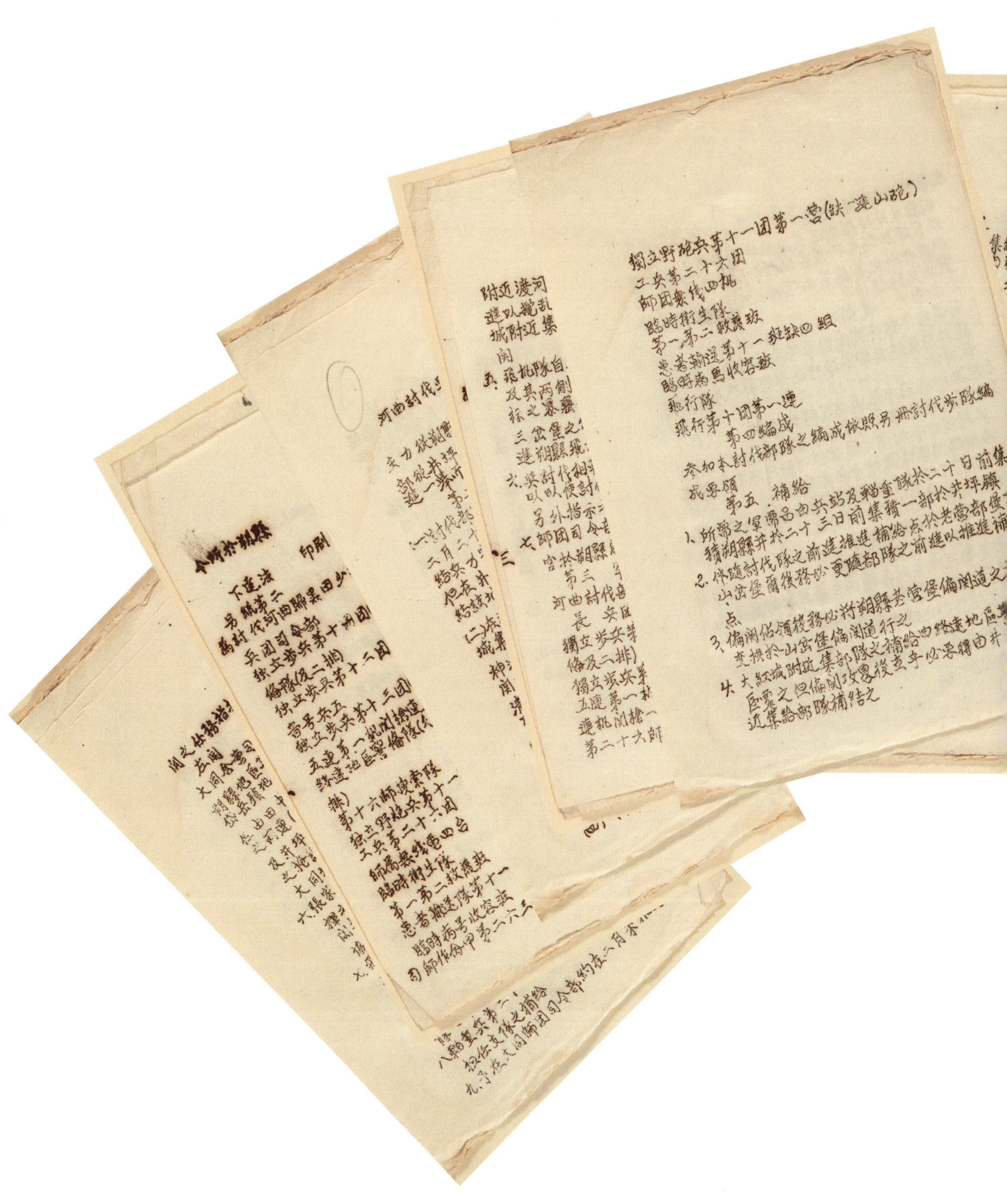

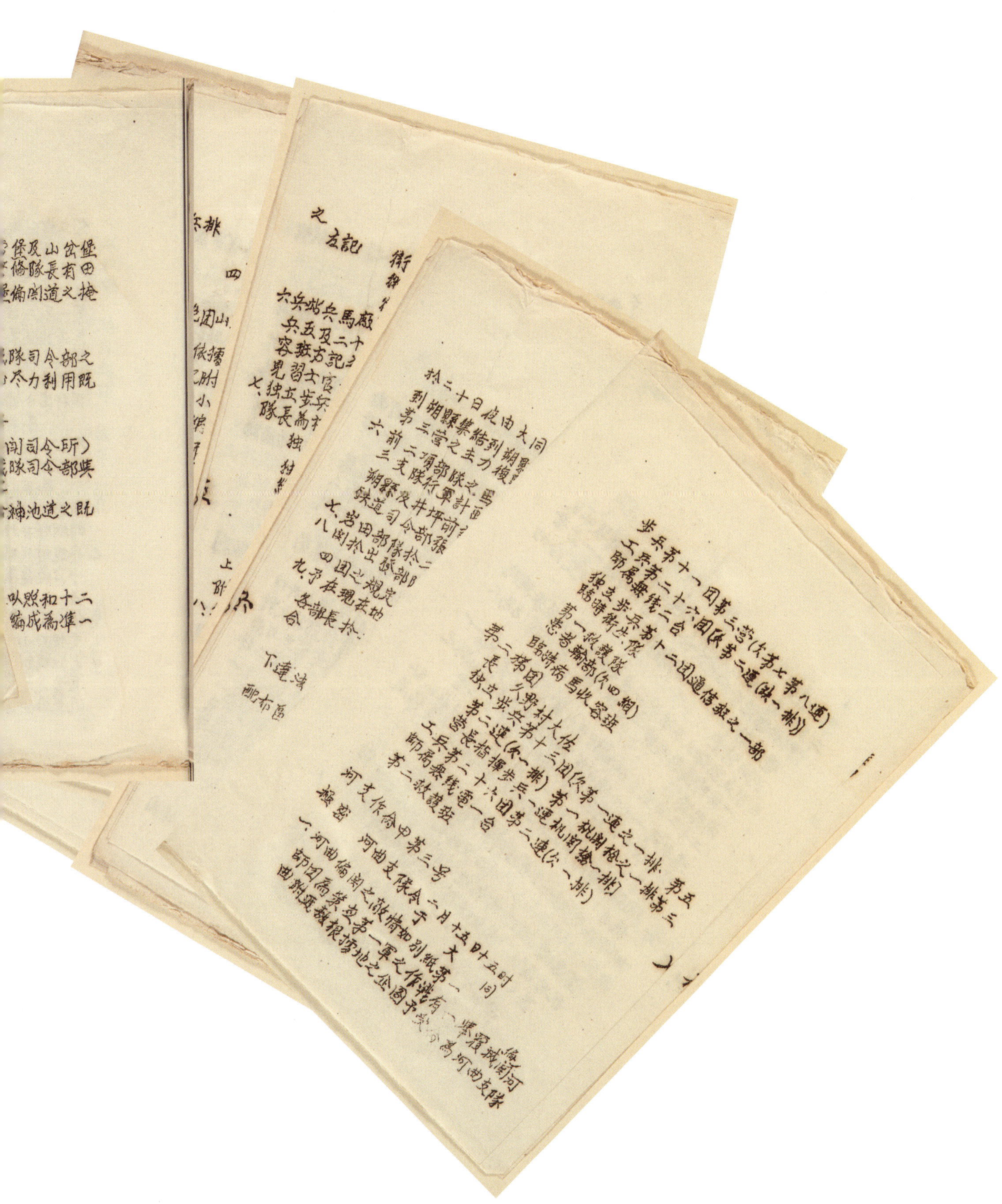

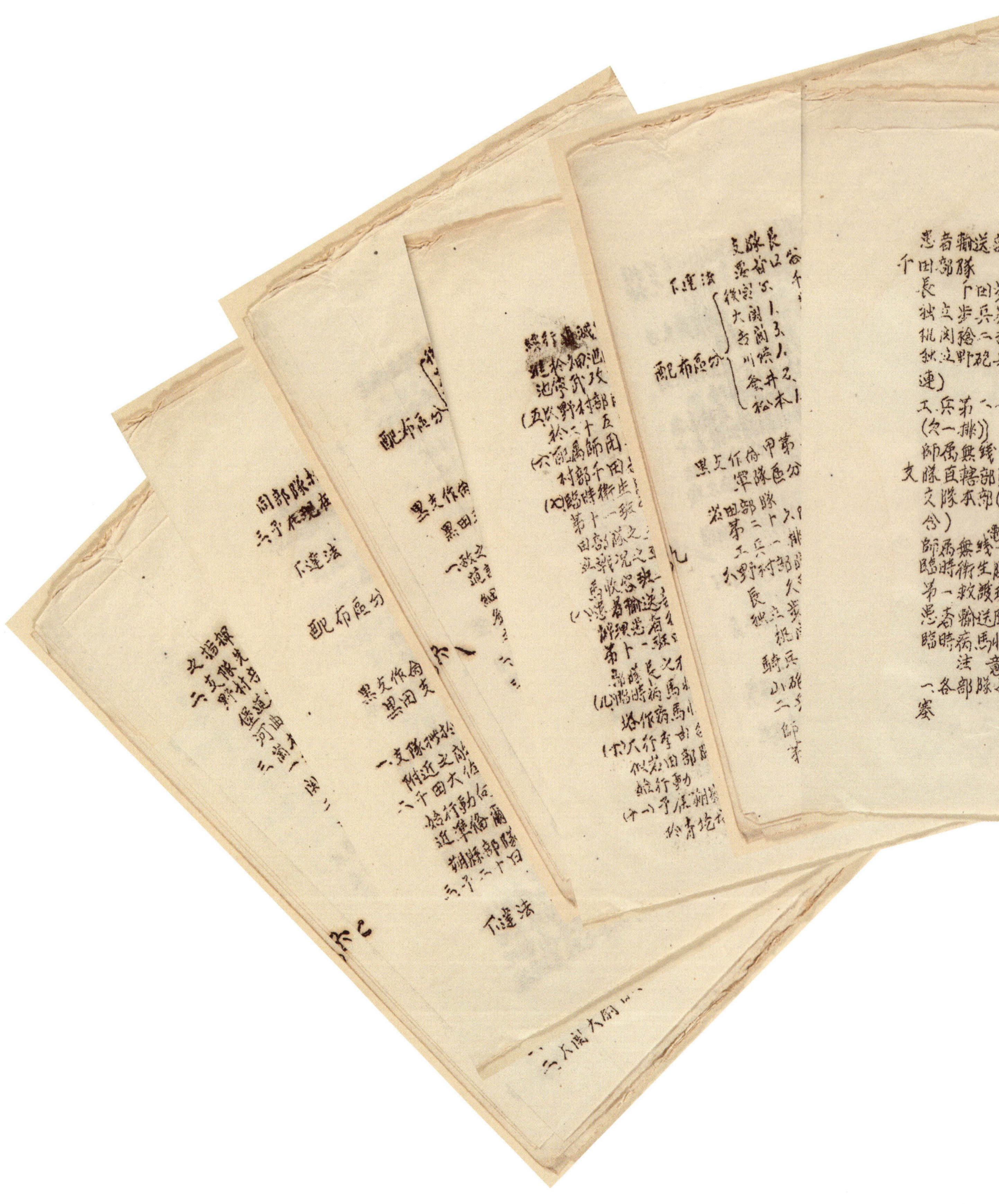

史料名称：日寇初占领城市乡镇怎样组织维持会（共 8 页）

尺寸：宽 140，高 190

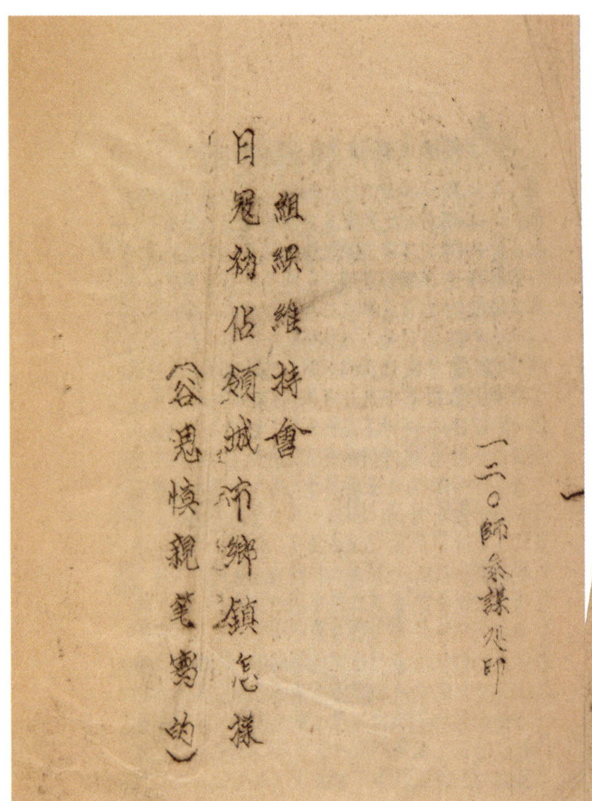

日寇初佔領城市鄉鎮怎樣組織維持會

（谷愚慎親筆寫的）

一二〇師參謀處印

日寇初佔領城市鄉鎮怎樣組織維持會

日寇对於所佔領地方分為和平佔領與武力佔領两种和平佔領換言之即地方汗奸甘心屈服欺侮民心在不費一弹之下日寇就取得如北平大同等地是当日寇轟炸北平四郊時城内巨绅元老及舊官吏奸商等以保存故都之名要求二十九軍退出自行組織持安維持会繼而日寇入城即利用汗奸維持治安会而加以改組先于東南西北四城各宣慰班就原有的各區自治会选出若干人北平是早有保偹投降政策這樣一来親日汗奸分子自然出迷了大同是晋軍退出後由舊官吏豪绅汗奸欢迎日寇于十里之外内中有一青菜商人即二十五年日浪人在大同時的房東日寇初時住紮城外派人欢迎入城視察特务机関汗奸首腦召集各界于商会開会議定入城辦法舉行日寇入城典禮各机関一律参加繼續特务机関的工作人員在商会開会宣布成立偽自治維持会会員以多數票由会員中举出委員由委員中举出委員長(即会長)委員長即代行地方行政職權每個地方政府俱由維持会産生如武力佔領就看地方情狀而各異其辦法如天津的中國地是經過二十九軍抗戰武力取得的天津是日寇特务机関的大本營早有佈置完善但天津有勢的人俱住在租界中國地的人民逃亡一空日寇

是利用汉奸以地方自治号召人民没有有名望的人民不敢冒然出来雖是武力佔領玩弄手段與地方各機關妥協而成立維持会朔縣的維持会是在武力搜索屠殺之下倉卒成立最初廿餘人，内有汉奸親日份子，由一翻譯領導到商会組織，給以白臂章為首的是賈羽生，由這廿餘人沿街召集到維持会、領到白臂章即可平安無事，一日之間到会二百餘人，從此就成功了，又如馬邑鄉是日寇未佔朔縣之前先佔領的，由一翻譯與地方汉奸在附近廿里各村庄散佈各種欺騙宣傳找到廿三個村的村閭長，由這廿三村成立，輪流办事，廣武鎮的維持会是一本村（朝鮮人）翻譯在附近各村劝誘得到十七村成立後又經種種手段劝導擴充至四十村，（代县朔縣山陰的村庄俱有）復於一次改組成立一個区自治維持会，本人所知大概如此，

## 維持會分工制度及組織情形

維持会是分股任事会長副会長（或稱委員長副委員長）以下分六股（一）庶務（二）文書（三）財政（四）交際（五）徵集（六）差务每股股長一人主任一人股員若干人以事務繁簡而定庶務股長司会内一切事項文書股掌一切往来文件財股管理一切收入支出交際股專任各部駐軍接洽徵集

股向商民压榨徵集一切货物差务股专任支应军队差役如派工匠派民夫派骡马车辆主要的是财政徵集差务三股交际次之庶务文书对外联大关系至于组织情形地方有名望的人他是一定邀请加入如或推辞就加以反日抗日罪名在城市中商会街长为主要分子尤其是大商店的铺掌在乡村镇亦是法重绅士村长闾长至少每村须有二人镇乡村的设立大约但是在交通重要地点如横武马邑等县或是距城县较近日寇驻兵认为有设立必要亦即设立取其便于供给

## 维持会的政策和政治动向如何

维持会日寇既认为民意机关日寇以地方自治分化中国他认定中国人苦苦于军阀官吏之苛捐杂税工役求得自治之心甚切日寇一到允许自治组织的人自然愿意日寇建设王道乐土的口号就是以自治的幌子作麻醉人民的症药会是由地方各界人成立办理地方事件的人由会内选定日人此於开始时指导劝谕对会事决不参加县政府的产生县长科长局长人选但为本地人由民意成立的政府当然是民意所在当然是自治自己办自己的事自然勇於负责除汉奸以外一般普人于不知不觉中上了他的当至於政治动向最主要的是利用政治行政自治作领地方秩序的回

復經过一度戰爭留亡失業是一定的現象任如何軍需
供給充足对于就地取材是不能免的維会成立后归民
家供給是由他們偹辦但力量只能及于当地若要指揮全
縣自然非成立縣政府不可日冦未到之先用民俾鼠竊
滑麻木人民之心使人民得到偷安自然佔據有縣政之
地由縣長命令村長只有服從村長指揮人民更無問題
全縣有了秩序当然的供給是便利的但監督的指導官
一來就進行永久佔領工作逐漸改造由日人色辨中国
人当他的奴隷走狗

## 維持会的政治陰謀对軍隊和民众方面

武力取得的地方人民是恐懼是逃避要想有土有財
自然頭招撫流亡組織維持会利用和平手段戰後地
方清涼济人民復業地方物力的用運自如第一步的
陰謀已達了就其設施無上想象不外利用中国人封
建思想地方觀念家庭難棄使你縣縣自私縣之派立
結果奴隷化滿洲化此外尚有种种陰謀無法推斷
維持会的作用以成立縣政府為最大縣政府成立
後隨即成立商会所謂地方机関維持会的会長即現
縣長維持会的職員委員除商人一部任職商会外
餘大部在縣政府任職日冦每有对軍隊的事務俱
委之縣政府主要招撫凡是軍人家属調查十分詳

然对軍人親族务須取聯絡功導解甲歸田地方如口有任偽官的尤其千方百計想利用来歸付他作他工具对民衆方面口蜜腹劍表示愛护如使行商業貸款農業貸款等自上而下的政策对被用物品之給價实际虚偽玩弄榨取血汗有時組织縣府人員隨軍向鄉村講演宣傳中國之糟糕狀况引起人民厭恨地方軍政長官的心理指斥国民党中央政府弊政令人民感覺到国於自己有害無利。

## 維持会受何上級指揮和領導

省府市或自治政府所在地俱設有特務机関這是指揮設立維会全局的最高指揮者是負華北政治總責任的喜多少將各省市及日寇新設立的自治區域其特务机関負一区的責任指揮領到各縣維会隨軍宣政治工作人員是直接成立維持会的指揮者由維会產生縣政府又所謂縣政工作人員来指揮與領導這些人大都是大尉等級軍官推其来源大蓋是日寇的参謀本部部属之

## 日寇未到之区域有無接頭机関及其組織的辦法

日寇自「九一八」事变後对華北著著進攻当然是有布置更乾日寇諜線這時我們幾乎莫处得到他們在華北交通便利之中心城市利用鉄路人員或各部

会公所有設區區或分部的計劃大概是有得但此种謀人国家的机関局外人断难知其真象

## 怎樣来揭破維持会的一切陰謀和政策

維持会的設立不是維持中国人的生命財產而是維持地方供給日寇需要品的来源維持会举出的職員不是要你来辦自治而是要你来做自殺維持会職員要本地人就是教你排斥外鄉人就是分化你的团結力由維会產生的縣政府地方政府不是要你為民保安而是要你充當日寇的奴隷維会奉養少數汗奸官吏士紳的生活是利用他榨取多數人民的血汗在佔領数該出的維持会于初期屠殺中人民毫無補救這可要之于变態下所説窃武的維持会是未佔領前已有組織的对於窃武女子被殺後一翻先而酖四條女眼一切慘酷行為系毫無有救済維持会不是維持本地人這不是確実証據嗎我们要想喚醒被欺騙利用誘惑的人首先用普通社会团体將日寇在佔領地种々暴行择其宣佈用連社会上各种有利関係將維会内容相互宣傳運用秘密的組織在鄉村稍有民族覚的智識份子喚醒对加入維持会的分子鼓励人民反对並隨時隨地来杀鄙弃他们对維会人員的家族親族朋友施行劝導使他覚醒與我们聯絡運用雜要人流亡乞丐等編製俚語唱詞布鄉村间傳佈使老弱婦女均有所感覚用寫生法將日寇在各縣屠殺情状製

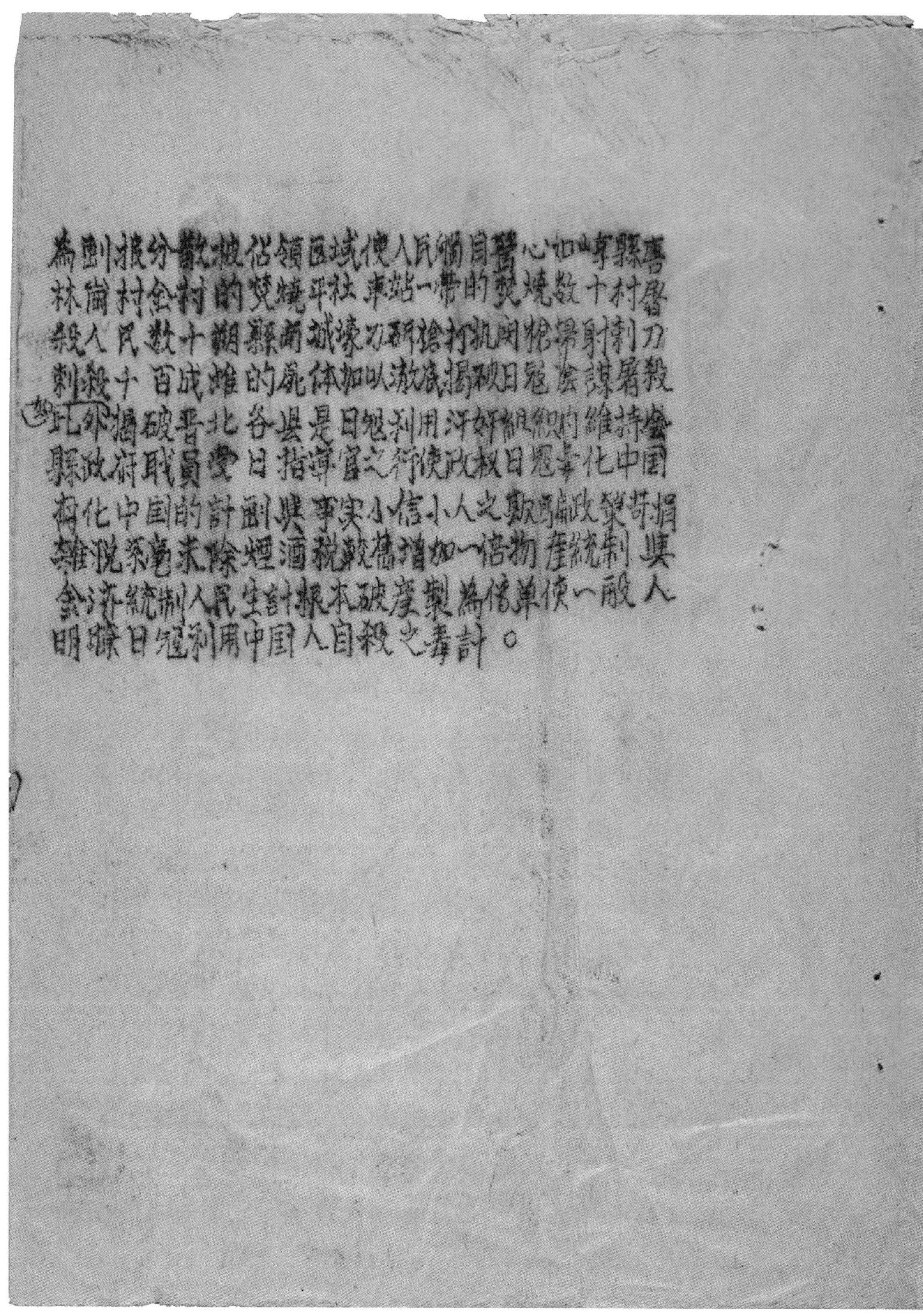

為劃根分散被佔領區域使人民觸目驚心如崞縣唐
林崗村盒村的焚燒平社車站一帶的焚燒數十村屠
殺人民數十潮縣南城壕以刀斫槍打机关槍掃射刺刀
刺殺千百成堆的屍体加以澈底揭破日寇陰謀屠殺
此外揭破晉北各县是日寇利用汗奸組織的維持會
縣政府職員受日指導官之行使政权日寇奴化中国
奴化中国的計劃其事实不信小人之欺騙政策苛捐
雜税茶毫未除烟酒税較舊增加一倍物產統制其
經濟統制人民生計根本破產製為借單使一般人
明瞭日寇利用中国人自殺之毒計。

# 用八路军的伦理哲学整军经武

1938年6月17日上午，卡尔逊与贺龙、萧克、周士第等作别，冒雨前往下一站——山西静乐，第二次造访晋绥军骑兵第一军。

上一次造访是在当年2月9日，当时骑兵第一军刚从绥东转移来不久，因为太原失陷，绥远惨败，军长赵承绶很悲观。先期进驻晋西北的八路军一二〇师贺龙师长得知后，满怀团结抗战的热忱，亲赴骑一军军部，与他共商在晋西北协同对日作战大计。从此，赵与八路军将领日夕来往，八路军坚持抗战的信心，开展游击战争的成功，对他产生了很大的影响。卡尔逊初访该部时，他们正在八路军的帮助下，奋起直追，整军经武。这次重访，赵承绶向卡尔逊介绍说，官兵们在过去的四个月里接受了广泛课程的训练，不仅请八路军教授游击战争的原则和战术，还要学习“八路军使用的伦理哲学”。另据亲历者回忆，除了八路军一二〇师外，中共直接领导的静乐县动委会也派人轮流给骑一军营以上干部讲课。当时骑一军政治部的干部，两党人员参半，政治部主任宋振寰就是中共党员。

卡尔逊前往视察该部军官训练学校和旅、团的训练中心时，那里正在举办第二期军政训练，每连抽出三人受训，为期三个月，已经训练了五星期，卡尔逊的实地观感是，“军官和士兵都是机敏、自尊、奋发、合作的”。如此显著的成效是怎样取得的，卡尔逊向主人索取训练教材，有共产党的《抗日救国十大纲领》、国民党的《抗战救国纲领》和《蒋委员长告全国军民书》、中共参与制定的两党在山西的联合行动纲领——山西《民族革命十大纲领》，有《抗敌救亡统一战线的基本问题》《军队民众运动工作提纲》等授课讲义，以及过去五周的课程表和历次的小组讨论问题结论。不难分辨，其内容多为“八路军使用的伦理哲学”。

1938年7月上旬，即卡尔逊离开静乐不久，大同至阳方口的日军为打通北同蒲线，在飞机大炮的配合下，进犯宁武县城，结果遭到八路军一二〇师与骑一军的钳形夹击，仓皇北撤。第二次国共合作在晋西北的史册上，又添写了光荣的一页。

史料名称：民族革命十大纲领、中国国民党抗战救国纲领（共 8 页）

尺寸：宽 150，高 230

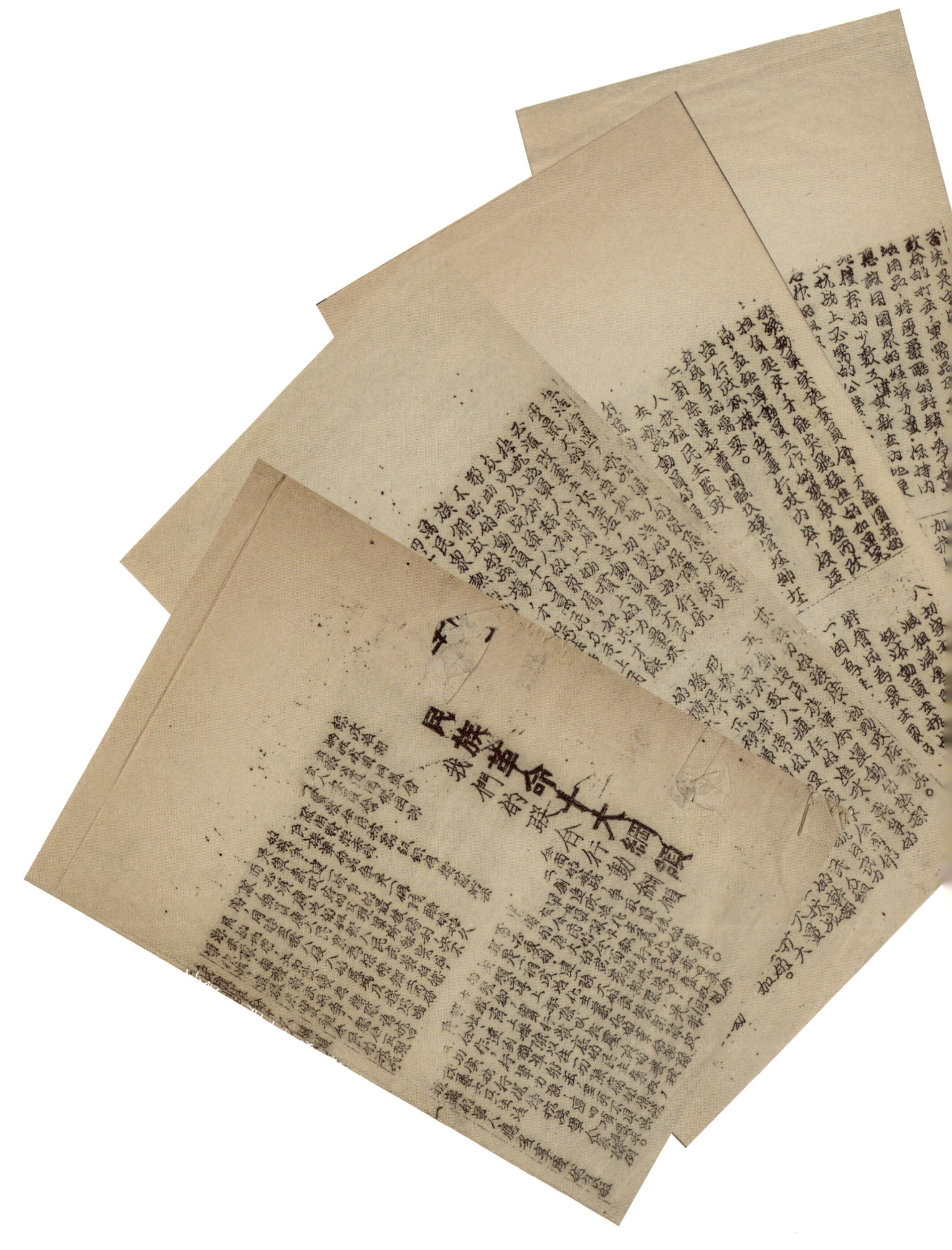

史料名称：抗日救国十大纲领（共 4 页，最后一页为白页，故略去）

尺寸：宽 150，高 230

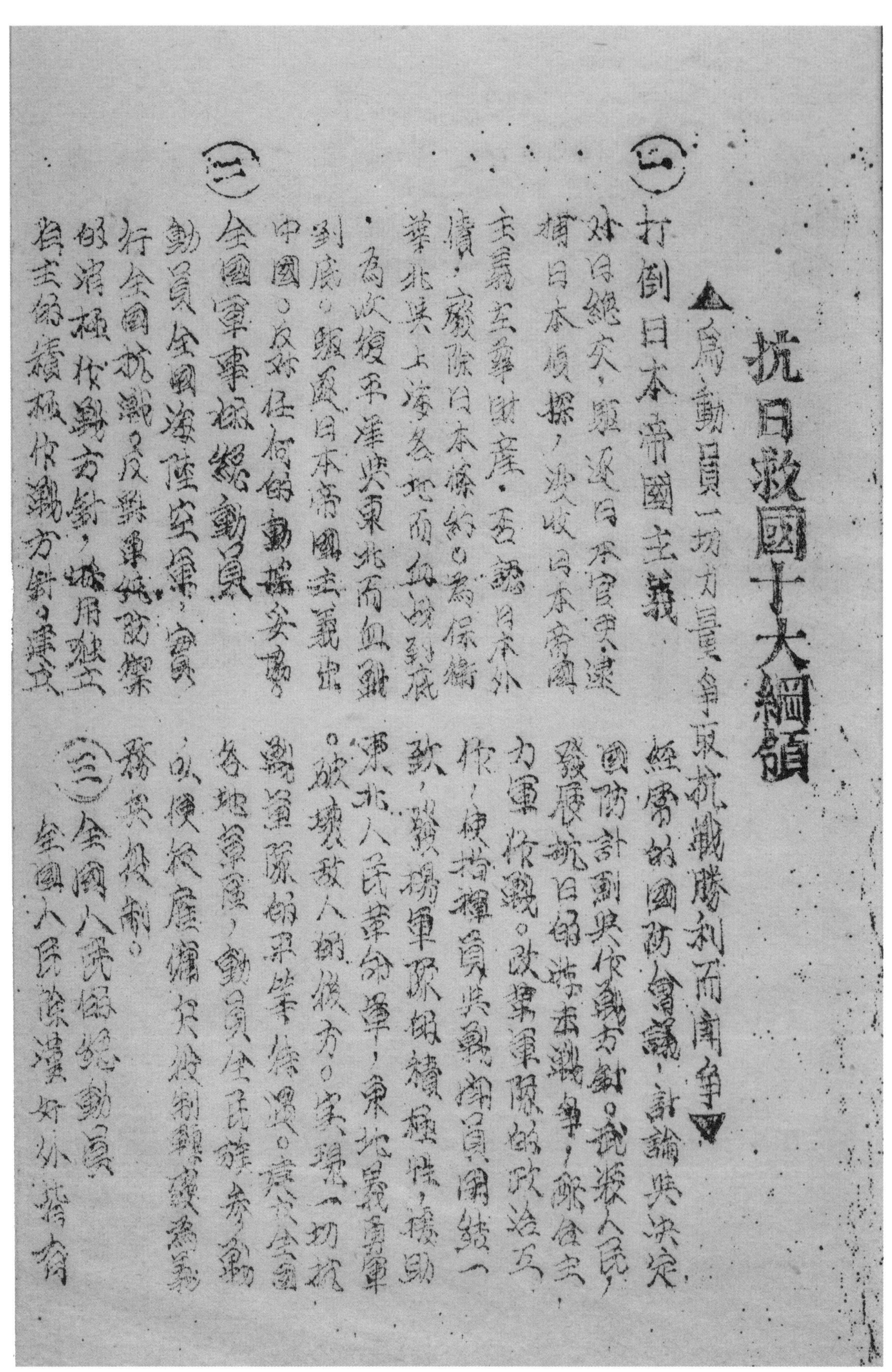

# 抗日救國十大綱領

▲為動員一切力量爭取抗戰勝利而鬥爭▼

（一）打倒日本帝國主義

對日絕交，驅逐日本官吏，逮捕日本偵探，沒收日本帝國主義在華財產，否認日本外債，廢除日本條約。為保衛華北與上海各地而血戰到底。為收復平津與東北而血戰到底。驅逐日本帝國主義出中國。反對任何的動搖妥協。

（二）全國軍事總動員

動員全國海陸空軍，實行全國抗戰，反對單純防禦的消極作戰方針，採用獨立自主的積極作戰方針。建立經常的國防會議，討論與決定國防計劃與作戰方針。武裝人民，發展抗日的游擊戰爭，配合主力軍作戰。改革軍隊的政治工作，使指揮員與戰鬥員團結一致，發揚軍隊的積極性，援助東北人民革命軍，破壞敵人的後方。實現一切抗戰軍隊的平等待遇。建立全國各地軍區，動員全民族參戰，以便從雇傭兵役制轉變為義務兵役制。

（三）全國人民總動員

全國人民除漢奸外，皆有

抗日救國的言論、出版、集會、結社及武裝抗戰之自由。廢除一切束縛人民愛國運動的舊法令，頒佈革命的新法令。釋放一切愛國的革命的政治犯。開放黨禁。全中國人民動員起來，武裝起來，參加抗戰，實現有力出力，有錢出錢，有槍出槍，有知識出知識。動員蒙民、回民及其他一切少數民族在民族自決，民族自治的號召底下共同抗日。

(四)改革政治機構

召集真正人民代表的國民大會，通過真正的民主憲法，決定抗日救國方針，選舉國防政府，它須吸收各黨各派及人民團體的革命份子，驅逐親日份子。國防政府採取民主集中制，它是民主的，又是集中的。國防政府執行抗日救國的革命政策，實行地方自治，剷除貪官污吏，建立廉潔政府。

(五)抗日的外交政策

在不喪失領土主權的範圍內，與一切反對日本侵略主義的國家訂立反侵略的聯盟，及抗日的軍事互助協定。擁護和平陣線，反對德日意侵略陣線。聯合朝鮮，台灣及日本國內的工農人民，反對日本帝國主義。

(六)戰時的財政經濟政策

財政政策以有錢出錢，沒收漢奸財產作抗日經費為原則。經濟政策是整頓與擴大國防生產，發展農村經濟，保証戰時農產品的自給，提倡國貨，改良土產，禁絕仇貨，取締奸商，反對投機操縱。

(七)改良人民生活

改良工人、農民、職員、教員及抗日軍人的待遇，优待抗日軍人的家屬。廢除苛捐雜稅，減租、減息，救濟失業，調節糧食，賑濟災荒。

(八)抗日的教育政策

改變教育的舊制度，舊課程，實行以抗日救國為目標的新制度新課程，實施普及的義務教育，免費的教育方案，提高人民民族覺悟的程度。實行全國學生的武裝訓練。

(九)肅清漢奸賣國賊親日派，鞏固後方。

(十)抗日的民族團結，在國共兩黨親密合作的基礎上，建立全國各黨各派各界各軍的抗日民族統一戰線，領導抗日戰爭，精誠團結，共赴國難。

一九三八，六，十

史料名称：抗敌救亡统一战线的基本问题（共 4 页）

尺寸：宽 150，高 230

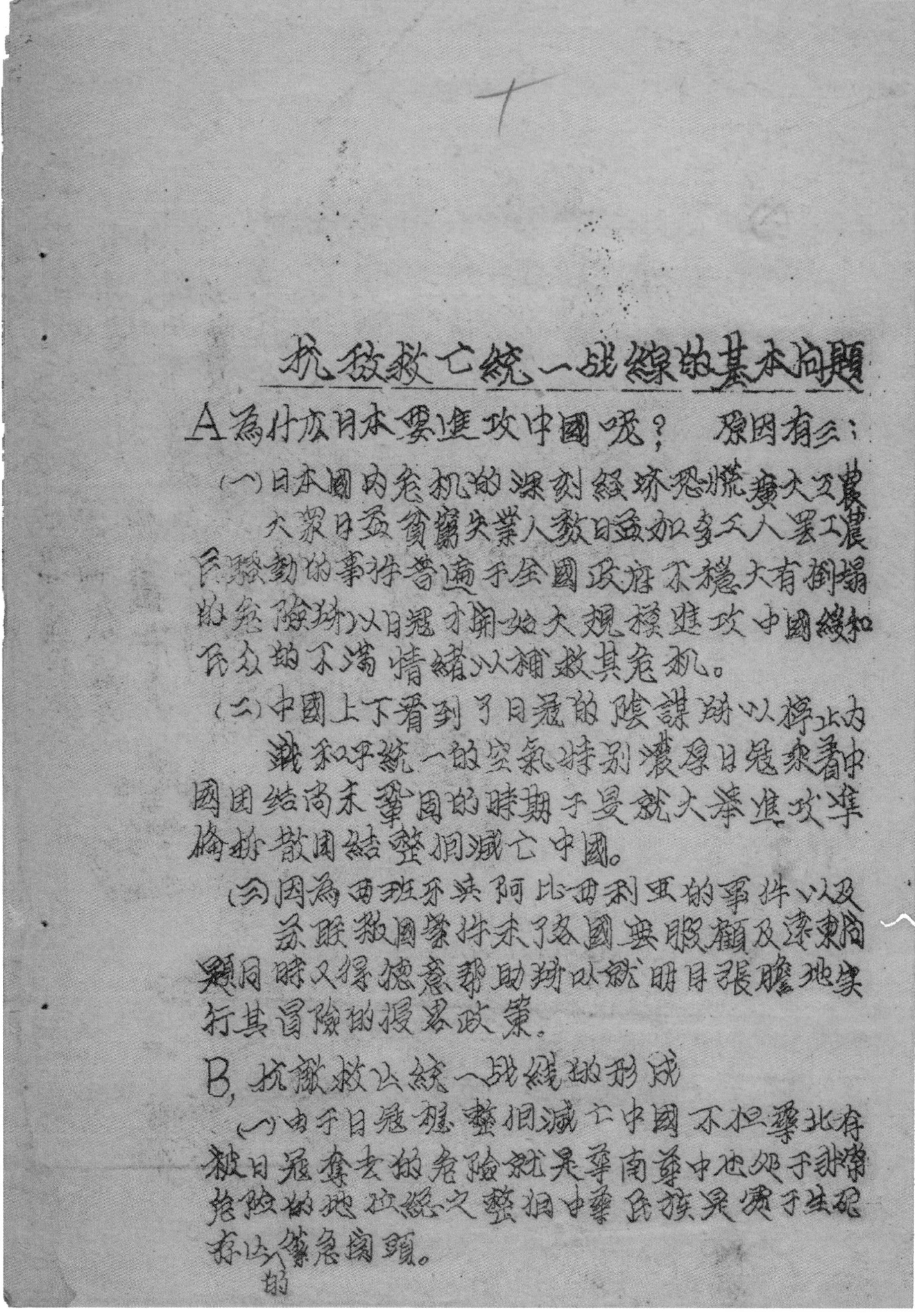

# 抗敌救亡統一战線的基本问題

A 為什么日本要進攻中國呢？　原因有三：

(一)日本國内危机的深刻經济恐慌擴大及農大衆日益貧窮失業人数日益加多又人罢工農民騷動的事件普遍于全國政府不穩大有倒塌的危險所以日寇才開始大規模進攻中國緩和民众的不滿情緒以補救其危机。

(二)中國上下看到了日寇的陰謀所以停止内戰和平統一的空氣特别濃厚日寇乘着中國团結尚未鞏固的時期于是就大举進攻準備拆散团結整個滅亡中國。

(三)因為西班牙與阿比西利亚的事件以及蘇联致國際拘束了各國無暇顧及遠東問題同時又得德意帮助所以就明目張膽地實行其冒險的侵略政策。

B, 抗敵救亡統一战線的形成

(一)由于日寇想整個滅亡中國不但華北有被日寇奪去的危險就是華南華中也処于非常危险的地位總之整個中華民族是處于生死存亡的緊急関頭。

(二)全國各階層不論資產階級地主都願意一致抗日其中尤其工農小資產階級抗日情緒特別高漲。

(三)國共兩黨為了抵抗共同敵人——日本帝國[illegible]轉变兩黨的政策結束十年的內战精誠团結共赴國难。

(四)國际和平战线的發展

C,抗敌救亡統一战线的基本問題參加成份與革命對象

(一)參加成份是工農小資產階級與抗日民族資產階級一切不願做亡國奴的人民。

(二)革命对象是日本帝國主義與汉奸不是對到一切帝國主義和國內地主資產階級

(三)抗敌救亡統一战线與人民战线的差別

a,人民战线是資本主義國家的產物抗[illegible]救亡統一战线是殖民地半殖民地的[illegible]物人民战线是民主與独裁鬥爭抗敌救亡統一战线是侵略者與被侵略者的鬥爭。

b,人民战线是反对法西斯蒂爭取民主抗敌救亡統一战线是反对侵略者——日本爭取民族的解放。

c,人民战线參加的成份(小資產階級工農)救亡統一战线參加的成份是全

民族不願当亡國奴的人们（汉奸除外）

九、抗敌救亡统一战线的实質與內容。

（一）一定是两個派別集团政党或二個以上的才可以实現。

（二）為共同綱領和共同目的而鬥争。

（三）創造自由幸福的新中國

（四）共同領綱有

（五）共同綱領外各有不同的主張與組織在抗日的總目標下磨擦可以減輕但不会完全消滅可以因力量的不同在民主原則下解决問題而不應有誰投降誰或誰推翻的陰謀

（六）以抗日第一為最高原則消除門户之見用共同討論共同協商共同諒解共同讓步共同負責共同領導的方法求得意見的合理解决反对磨擦变為对立变為破坏统一战线的罪恶行為。

（七）以國共两大党的親密合作為基礎团结其他党派及廣大的民众因為國共两党是中國最大最有威信的政党只有两党的親密合作才能成為全國的团结之模範只有两两党合作才能領導全国民众参加统一战线

（八）统一战线是战略方針不是策略手段

和陰謀所以各黨各派的合作目的是互相帮助共同發展反对乘火打刼削弱异己須知各個抗日部隊力量的損失就是自己的損失。

（九）联合世界上主張和平的國家及国际愛好和平的人民

世界上有兩大战线（一）侵略战线和（二）反战线中國抗战可以促進世界反侵略战线的發展和平战线的發展也能帮助中國抗战所以我们要联合世界上主張和平的國家及國际愛好和平的人民。

七、抗敌救亡统一战线現在的弱点。

（一）中下層团結還不澈底

（二）小团体的心理與意氣用事尚不能完全消滅。

（三）偏袒自己組织苛責他人組织

（四）整個組织不堅固敌人容易混入挑撥離間。

八、抗敌救亡统一战线的前途

（一）有人因为不了解中國社会的情况因偏見私見成見太深所以统一战线会長期鞏固怀疑统一战线將来必然会破裂這最危險的説法最容易受汉奸敌挑撥離间

（二）為什么统一战线会長期鞏固下去呢理

史料名称：军队民众运动工作提纲（共 6 页）

尺寸：宽 150，高 230

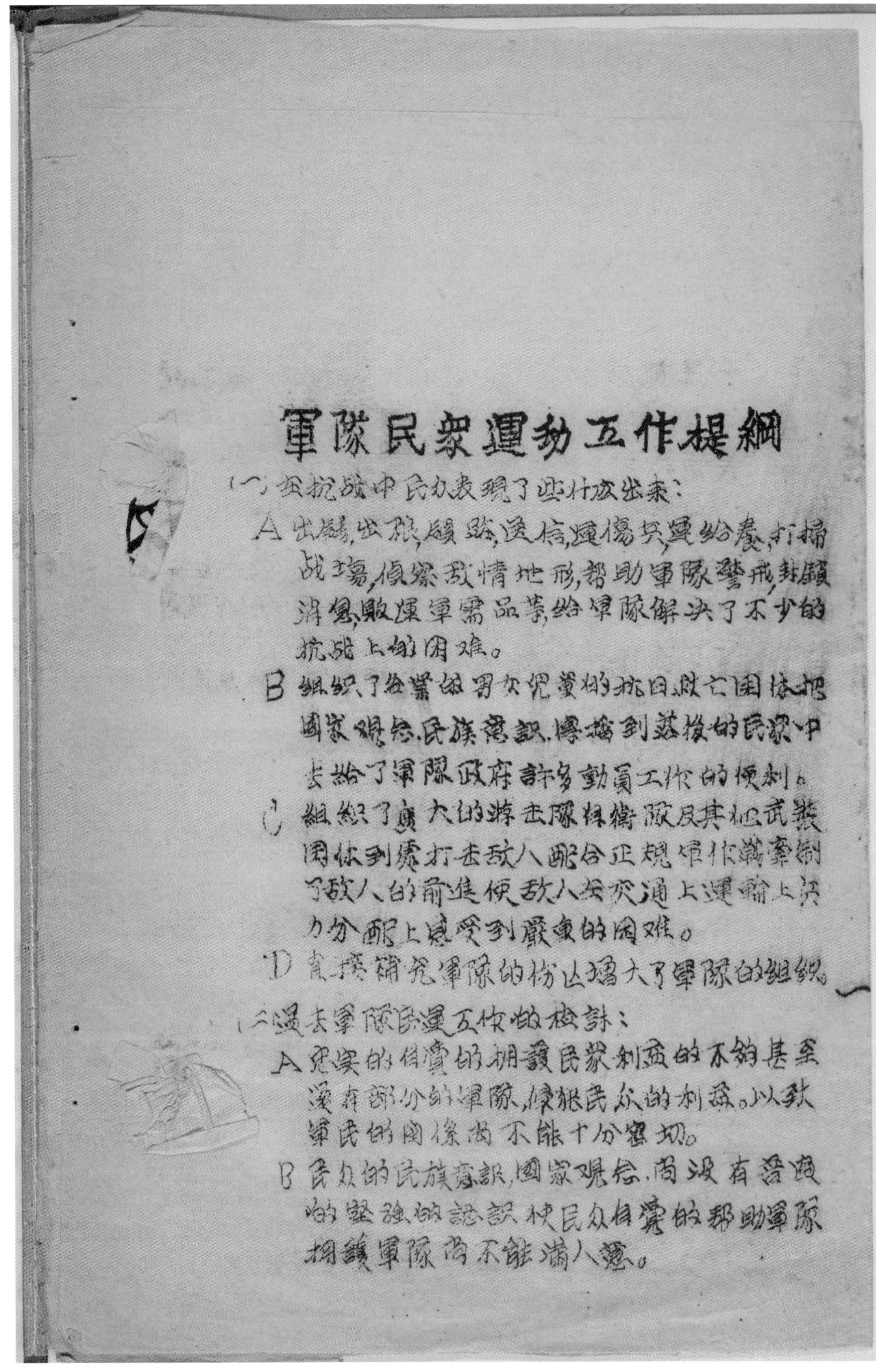

軍隊民眾運動工作提綱

（一）在抗戰中民眾表現了些什麽出來：

A 出錢，出糧，修路，送信，運傷兵，買給養，打掃戰場，偵察敵情地形，幫助軍隊警戒，封鎖消息，購買軍需品等，給軍隊解決了不少的抗戰上的困難。

B 組織了各業的男女兒童們的抗日救亡團体，把國家觀念、民族意識，傳播到落後的民眾中去，給了軍隊政府許多動員工作的便利。

C 組織了廣大的游击隊、自衛隊及其他武裝團体，到處打击敵人，配合正規軍作戰，牽制了敵人的前進，使敵人在交通上、運輸上、兵力分配上感受到嚴重的困難。

D 直接補充軍隊的兵源，擴大了軍隊的組織。

（二）過去軍隊民運工作的檢討：

A 忠实的負責的擁護民眾利益的不夠，甚至還有部分的軍隊，侵犯民众的利益。以致軍民的關係尚不能十分密切。

B 民众的民族意識，國家觀念，尚沒有普遍的堅強的認識，使民众自覺的幫助軍隊擁護軍隊尚不能滿人意。

C 没有依據抗戰的形勢與民众覺醒與要求組織了大量的強大的武裝組織與一般的民众救國团体就是已有的团体的領導亦是十分不够幹部的提拔與訓練亦不够。

D, 对抗日的民族统一戰线的鞏固與擴大的不够沒有完善的给敌人"以華制華"的政策以有力回答，甚至在揭破敌人的陰謀上面亦做的不够。

E 在剷除漢奸敌探的工作上亦没很好的動員了廣大民众去進行。

F 没有灵活的正確的执行了各种政策甚至还創造一套救亡理論出来。

G 在抽調壯丁動員民众帮助工作上面發生了許多的贿賂強制打罵禁閉等的嚴重錯誤。

(三) 民運工作的總的基本原則：

A 抗日高于一切一切服從抗日的民族统一战线。

(1) 部份的個别的利益服從整個民族的利益。

(2) 民众部份的政治的或經济的合理要求應使满足。

B, 堅决的積極的擁護國民政府蒋委員長司令長官領導抗戰。

1, 政府軍隊與民众打成一片不使有一絲的隔膜

2, 政府軍隊與民众的摩擦，要善意的調解，

3, 善意的耐心的，誠懇的批評政府和軍隊的弱点。

C 肅清漢奸敌探賣國賊：

1, 目標要清晰堅决地消滅至死不悟而為敌人效勞者。

2, 争取政治覺悟不够，或被敌人脅迫效勞者到抗日的统一战线来。

3, 对真心為國而犯了一些錯誤的人耐心地教育不要隨意加上"汉奸"的帽子。

D 民運工作的统一

1, 根據抗戰的原則民主的原則统一起来但不是誰吞併誰。

2, 在抗日的共同目标下由具（修）的工作一致發展到完全的统一。

E 民众運動中各种組織的公開與民主

1, "事不可告人言"

2, 上下級互相討論，公開解决。

3, 組织的公開與民主。

F 工作方法

1，游击区的工作是动员民众参战等

2，抗战部队的工作要帮助政府作征兵计划运输与组织民众增加抗战力量。

3，敌人占领而力量薄弱区域的工作是集中力量武装民众发动自卫战建立公开半公开的工作。

4，在敌人、力量强大的城市则应利用一切公开的合法的机会进行工作待时而动。

G 推动先进份子教育落后份子先进份子不脱离落后份子

H 选拔干部培养干部

1，坚强的民族意识、国家观念。

2，对民族解放抗战胜利有无限的信心忠实与诚恳。

3，有做事的才干。

4，有大公无私刻苦耐劳的精神。

(四) 民运工作的任务

A 把山西做成坚持华北全国抗战的根据地

1，巩固与扩大民族统一战线坚决拥护政府抗日回答敌人《以华制华》的挑拨离间的欺骗手段。

2，把抗战的基础坚强、有组织地放在民众面上。

B 帮助改善人民生活帮助优待及组织抗战军人家属。

C，树立民主政治制度的基础发动民众运动。

D，肃清汉奸敌探卖国贼使敌人的统治建立不起来恢复与巩固我们的政权。

E，瓦解敌军削弱并分散敌人的力量使敌愈孤立愈好。

(五) 军队民运工作的条件：

A，把握紧抗战的形势

B，坚决抗战。C，军队的纪律好不侵犯民众的利益。

D 全体同志都能随时教育民众动员民众组织民众。

(六) 民运的工作方式

A 敌人占领区域工作一般的策略方法。

1，对汉奸 汉奸政权，汉奸武装。

2，对"保境安民，拒绝抗日部队"的人们。

3，对一般民众

4，对不愿甘心做亡国奴的爱国份子。

5，优待抗日军人家属。

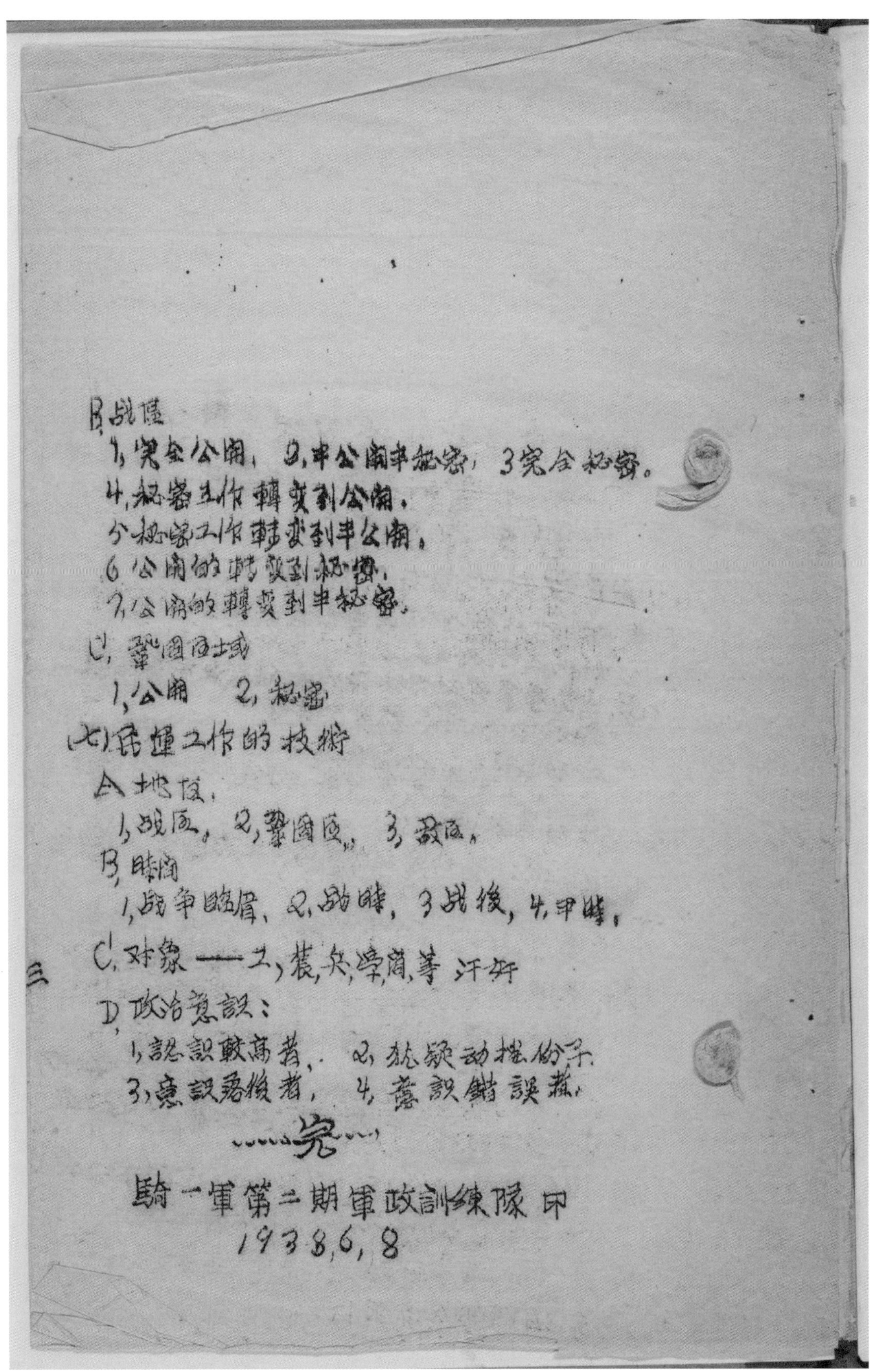

B,战區

1,完全公開, 2,半公開半秘密, 3完全秘密。

4,秘密工作轉变到公開。

分秘密工作轉变到半公開。

6,公開的轉变到秘密。

7,公開的轉变到半秘密。

C,鞏固區域

1,公開　2,秘密

(七)民運工作的技術

A,地區,

1,战區, 2,鞏固區, 3,敌區,

B,時間

1,战争臨眉, 2,战時, 3战後, 4,平時,

三 C,对象——工,農,兵,學,商,等 汗奸

D,政治意識:

1,認識較高者, 2,懷疑动搖份子,

3,意識落後者, 4,認識錯誤者,

……完……

騎一軍第二期軍政訓練隊印

1938,6,8

史料名称：骑兵第一军第二期军政训练队课程表第一教授班（第一周至第四周）（共 4 页）

尺寸：宽 220，高 310

（第一週）

騎兵第一軍第二期軍政訓練隊課程表

第一教授班

| 時間 \ 區別 | 星期一 | 星期二 | 星期三 | 星期四 | 星期五 | 星期六 | 星期日 |
|---|---|---|---|---|---|---|---|
| 上午 六時至八時 | | 術科 | 仝 | 仝 | 仝 | 仝 | |
| | | | 仝 | 仝 | 仝 | 仝 | |
| 八時至八時三十分 | | 講話 | 仝 | 仝 | 仝 | 仝 | |
| | | 軍長 | | 參謀長 | | 秉主任 | |
| 九時三十分至十時三十分 | | 集會規程 | 仝 | 仝 | 仝 | 政治報告 | |
| | | 楊映秋 | 仝 | 仝 | 仝 | 郝鍾秀 | |
| 十時四十分至十一時四十分 | | 軍政工作 | 仝 | 仝 | 仝 | 仝 | |
| | | 秉主任 | 仝 | 仝 | 仝 | 仝 | |
| 下午 一時三十分至二時三十分 | | 中日對比 | 仝 | 仝 | 仝 | 仝 | |
| | | 張育才 | 仝 | 仝 | 仝 | 仝 | |
| 二時四十分至三時四十分 | | 騎兵抗戰史 | 步兵操典 | 野外勤務 | 射擊教範 | 游擊戰術 | |
| | | 參謀長 | 張參謀 | 姜隊長 | 鄭參謀 | 李參謀 | |
| 四時三十分至六時 | | 技術 | 唱歌 | 游戲 | 技術 | 唱歌 | |
| 六時三十分至八時 | | 小組會議 | 自習 | 自習 | 小組會議 | 自習 | |

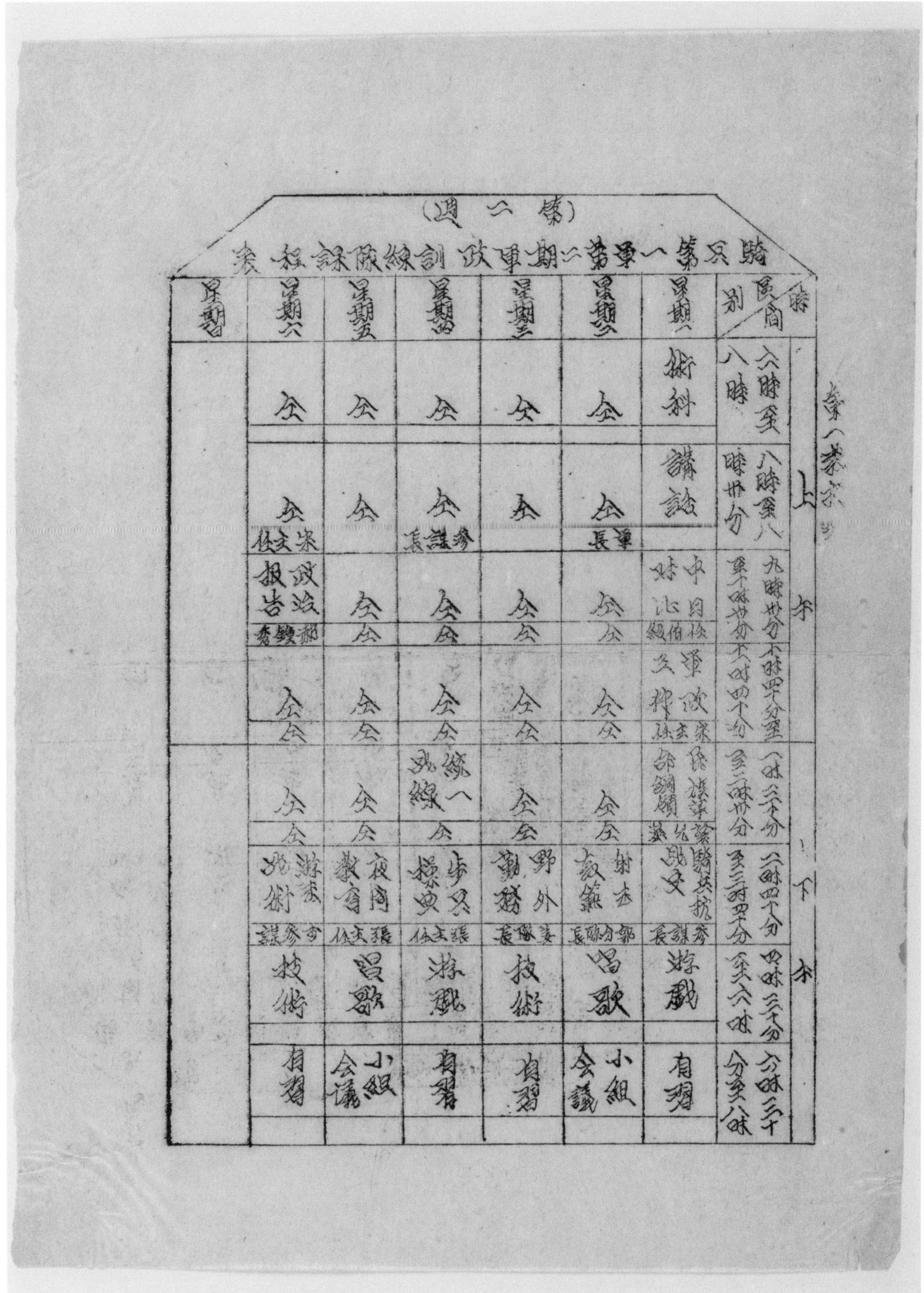

附表八

骑兵第一军第二期军政训练队课程表

（第二周）

| 时间 | 区别 | 星期一 | 星期二 | 星期三 | 星期四 | 星期五 | 星期六 | 星期日 |
|---|---|---|---|---|---|---|---|---|
| 上午 | 六时至八时 | 术科 | 仝 | 仝 | 仝 | 仝 | 仝 | |
| | 八时至八时卅分 | 讲话 | 仝 | 仝 | 仝 | 仝 | 仝 | |
| | | | 军长 | | 参谋长 | | 朱文彬 | |
| | 九时卅分至十时卅分 | 中日[illegible] | 仝 | 仝 | 仝 | 仝 | 政治报告 | |
| | | [illegible] | 仝 | 仝 | 仝 | 仝 | [illegible] | |
| | 十时四十分至十一时四十分 | [illegible] | 仝 | 仝 | 仝 | 仝 | 仝 | |
| | | 朱文彬 | 仝 | 仝 | 仝 | 仝 | 仝 | |
| 下午 | 一时三十分至二时卅分 | [illegible]纲领 | 仝 | 仝 | 八一纪念 | 仝 | 仝 | |
| | | [illegible] | 仝 | 仝 | 仝 | 仝 | 仝 | |
| | 二时四十分至三时四十分 | 骑兵抗战 | 射击教范 | 野外勤务 | 步兵操典 | 夜间教育 | 游击战术 | |
| | | 参谋长 | [illegible]分队长 | [illegible]队长 | 张文佐 | 张文佐 | [illegible]参谋 | |
| | 四时三十分至六时 | 游戏 | 唱歌 | 技术 | 游戏 | 唱歌 | 技术 | |
| | 六时三十分至八时 | 自习 | 小组会议 | 自习 | 自习 | 小组会议 | 自习 | |

第一教授班（第三週）

騎兵第一軍第二期軍政訓練隊課程表

| 時 | 區別 | 星期1 | 星期2 | 星期3 | 星期4 | 星期5 | 星期6 | 星期日 |
|---|---|---|---|---|---|---|---|---|
| 上午 | 六時至八時 | 術科 | 仝 | 仝 | 仝 | 仝 | 仝 | |
| 上午 | 八時至八時三十分 | 講話 | 仝<br>軍長 | 仝 | 仝<br>參謀長 | 仝 | 仝<br>宋主任 | |
| 上午 | 九時卅分至十時卅分 | 中日對比<br>佐伯紹 | 仝 | 仝 | 仝 | 仝 | 政治報告<br>王文閣 | |
| 上午 | 十時四十分至十二時四十分 | 軍政工作<br>宋主任 | 仝<br>仝 | 仝<br>仝 | 仝<br>仝 | 仝<br>仝 | 仝<br>仝 | |
| 下午 | 一時三十分至二時卅分 | 民族革命綱領<br>楊耿秋 | 仝<br>仝 | 仝<br>仝 | 統一戰綫<br>黎九蓀 | 仝<br>仝 | 仝<br>仝 | |
| 下午 | 二時四十分至三時四十分 | 游擊戰術<br>李參謀 | 騎兵抗戰史<br>參謀長 | 射擊教範<br>郭隊長 | 步兵操典<br>張參佐 | 野外勤務<br>姜隊長 | 夜間教育<br>張參佐 | |
| 下午 | 四時三十分至六時 | 自習 | 小組會議 | 自習 | 自習 | 小組會議 | 自習 | |
| 下午 | 六時三十分至八時 | 游戲 | 唱歌 | 技術 | 游戲 | 唱歌 | 技術 | |

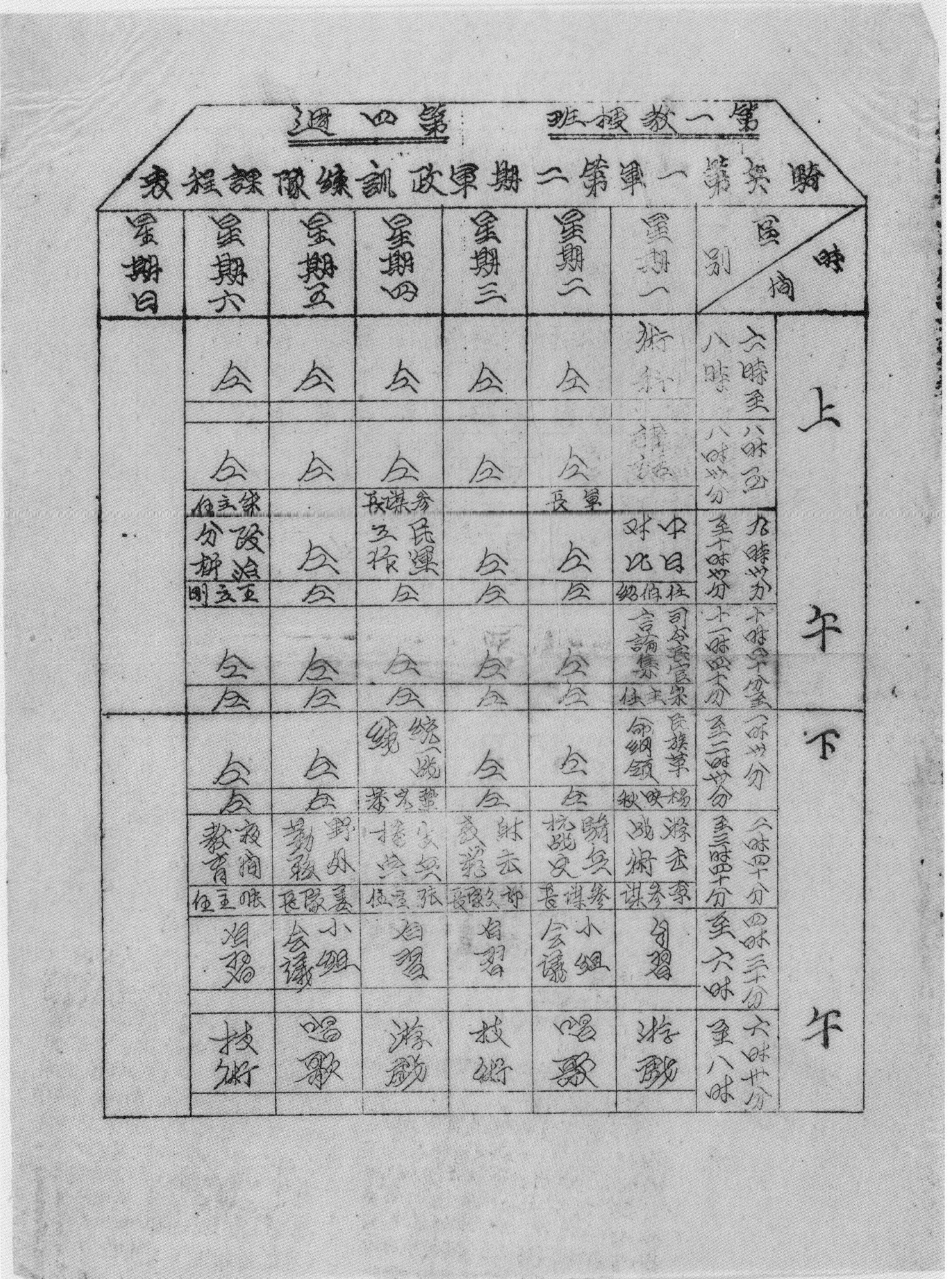

第一教授班　第四週

騎兵第一軍第二期軍政訓練隊課程表

| | 时间 / 区别 | 星期一 | 星期二 | 星期三 | 星期四 | 星期五 | 星期六 | 星期日 |
|---|---|---|---|---|---|---|---|---|
| 上午 | 六时至八时 | 术科 | 仝 | 仝 | 仝 | 仝 | 仝 | |
| | 八时至八时卅分 | [illegible] | 仝 | 仝 | 仝 | 仝 | 仝 | |
| | | | 军长 | | 参谋长 | | 徐主任 | |
| | 九时卅分至十时卅分 | 中日对比 | 仝 | 仝 | 民运工作 | 仝 | 政治分析 | |
| | | 杜伯绍 | 仝 | 仝 | 仝 | 仝 | 王立明 | |
| | 十时四十分至十一时四十分 | 司令长官言论集 | 仝 | 仝 | 仝 | 仝 | 仝 | |
| | | 宋主任 | 仝 | 仝 | 仝 | 仝 | 仝 | |
| 下午 | 一时卅分至二时卅分 | 民族革命纲领 | 仝 | 仝 | 统一战线 | 仝 | 仝 | |
| | | 杨映秋 | 仝 | 仝 | 黄光荣 | 仝 | 仝 | |
| | 二时四十分至三时四十分 | 游击战术 | 骑兵抗战史 | 射击教练 | 步兵操典 | 野外勤务 | 夜间教育 | |
| | | 李参谋 | 参谋长 | 郭大队长 | 张主任 | 姜队长 | 张主任 | |
| | 四时三十分至六时 | 自习 | 小组会议 | 自习 | 自习 | 小组会议 | 自习 | |
| | 六时廿分至八时 | 游戏 | 唱歌 | 技术 | 游戏 | 唱歌 | 技术 | |

史料名称：骑兵第一军第二期军政训练队学课表第一、第二教授班（第五周）（共 1 页）

尺寸：宽 429，高 283

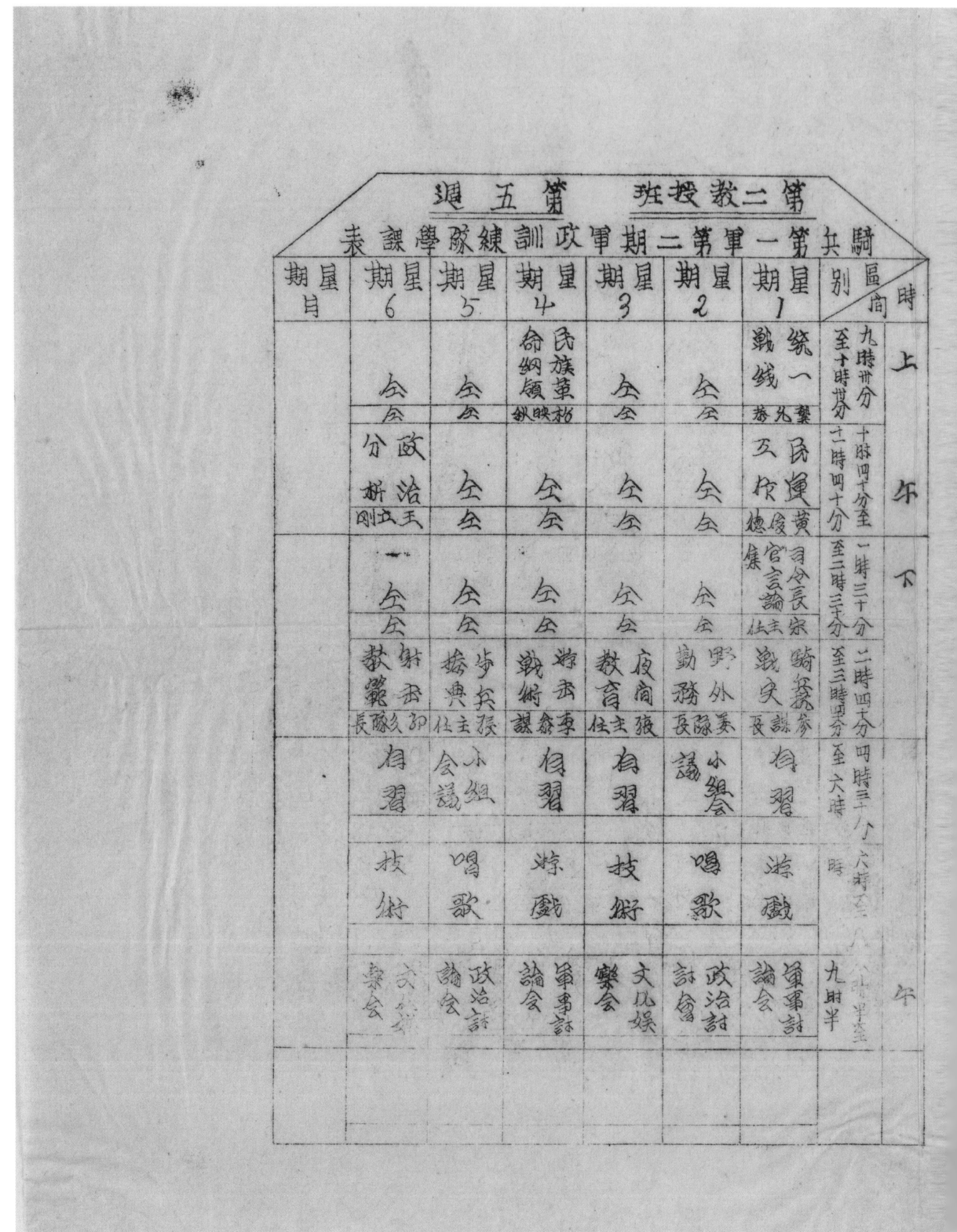

第二教授班　第五週

騎兵第一軍第二期軍政訓練隊學課表

| 時 | 區別 週 | 星期1 | 星期2 | 星期3 | 星期4 | 星期5 | 星期6 | 星期日 |
|---|---|---|---|---|---|---|---|---|
| 上午 | 九時卅分至十時卅分 | 統一戰線<br>蔡九岑 | 仝<br>仝 | 仝<br>仝 | 民族革命綱領<br>秋映杉 | 仝<br>仝 | 仝<br>仝 | |
| | 十時四十分至十一時四十分 | 民運工作<br>黃俊德 | 仝<br>仝 | 仝<br>仝 | 仝<br>仝 | 仝<br>仝 | 政治分析<br>王立剛 | |
| 下午 | 一時三十分至二時三十分 | 司令長官言論集<br>宋主任 | 仝<br>仝 | 仝<br>仝 | 仝<br>仝 | 仝<br>仝 | 仝<br>仝 | |
| | 二時四十分至三時四十分 | 騎兵戰術<br>參謀長 | 野外勤務<br>姜隊長 | 夜間教育<br>張主任 | 游擊戰術<br>李參謀 | 步兵操典<br>張主任 | 射擊教範<br>邱分隊長 | |
| | 四時三十分至六時 | 自習 | 小組會議 | 自習 | 自習 | 小組會議 | 自習 | |
| | 六時至八時 | 游戲 | 唱歌 | 技術 | 游戲 | 唱歌 | 技術 | |
| 午 | 八時半至九時半 | 軍事討論会 | 政治討論會 | 文化娛樂会 | 軍事討論会 | 政治討論会 | 文化娛樂会 | |

第一教授班　　第五週

# 騎兵第一軍第二期軍政訓練隊學課表

| 時間 | 區別 | 星期1 | 星期2 | 星期3 | 星期4 | 星期5 | 星期6 | 星期日 |
|---|---|---|---|---|---|---|---|---|
| 上午 | 九時三十分至十時三十分 | 民運工作 | 仝 | 仝 | 仝 | 仝 | 政治分析 | |
| | | 黃俊德 | 仝 | 仝 | 仝 | 仝 | 王文剛 | |
| | 十時四十分至十一時四十分 | 司令長官言論集 | 仝 | 仝 | 仝 | 仝 | 仝 | |
| | | 宋主任 | 仝 | 仝 | 仝 | 仝 | 仝 | |
| 下午 | 一時三十分至二時三十分 | 民族革命綱領 | 仝 | 仝 | 統一戰綫 | 仝 | 仝 | |
| | | 楊映叙 | 仝 | 仝 | 龔光泰 | 仝 | 仝 | |
| | 二時四十分至三時四十分 | 游擊戰術 | 騎兵抗戰史 | 射擊教範 | 步兵操典 | 野外勤務 | 夜間教育 | |
| | | 李參謀 | 蔡課長 | 郭分隊長 | 張主任 | 姜隊長 | 張主任 | |
| | 四時三十分至六時 | 自習 | 小組會議 | 自習 | 自習 | 小組會議 | 自習 | |
| | 六時至八時 | 游戲 | 唱歌 | 技術 | 游戲 | 唱歌 | 技術 | |
| | 八時三十分至九時卅分 | 軍事討論會 | 政治討論会 | 文化娛樂会 | 軍事討論会 | 政治討論會 | 文化娛乐会 | |

史料名称：骑兵第一军第二期军政训练队课程表第二教授班（第一周至第四周）（共 4 页）

尺寸：宽 220，高 310

（第一週）

# 騎兵第一軍第二期軍政訓練隊課程表

第二教授班

| 區別 | 時間 | 星期一 | 星期二 | 星期三 | 星期四 | 星期五 | 星期六 | 星期日 |
|---|---|---|---|---|---|---|---|---|
| 上午 | 六時至八時 | | 術科 | 仝 | 仝 | 仝 | 仝 | |
| | 八時至八時三十分 | | 講話 | 仝 | 仝 | 仝 | 仝 | |
| | | | 軍長 | | 參謀長 | | 宋主任 | |
| | 九時三十分至十時三十分 | | 中日對比 | 仝 | 仝 | 仝 | 仝 | |
| | | | 張有才 | 仝 | 仝 | 仝 | 仝 | |
| | 十時四十分至十一時四十分 | | 集會規程 | 仝 | 仝 | 仝 | 政治報告 | |
| | | | 楊映秋 | 仝 | 仝 | 仝 | 郝鈞秀 | |
| 下午 | 一時三十分至二時三十分 | | 軍政工作 | 仝 | 仝 | 仝 | 仝 | |
| | | | 宋主任 | 仝 | 仝 | 仝 | 仝 | |
| | 二時四十分至三時四十分 | | 游擊戰術 | 射擊教範 | 騎兵抗戰史 | 野外勤務 | 步兵操典 | |
| | | | 李參謀 | 郭參謀 | 參謀長 | 姜隊長 | 張參謀 | |
| | 四時三十分至六時 | | 技術 | 唱歌 | 游戲 | 技術 | 唱歌 | |
| | 六時三十分至八時 | | 小組會議 | 自習 | 自習 | 小組會議 | 自習 | |

## 騎兵第一軍第二期軍政訓練隊課程表

（第六週）

第六教授班

| 時間 \ 別 | 星期一 | 星期二 | 星期三 | 星期四 | 星期五 | 星期六 | 星期日 |
|---|---|---|---|---|---|---|---|
| 六時至八時 | 術科 | 仝 | 仝 | 仝 | 仝 | 仝 | |
| 八時至八時三十分 | 講話 | 仝 | 仝 | 仝 | 仝 | 仝 | |
| | | 軍長 | | 參謀長 | | 宋主任 | |
| 九時三十分至十時卅分 | 統一戰線 | 仝 | 仝 | 擁護革命綱領 | 仝 | 仝 | |
| | 蔡先生 | 仝 | 仝 | 仝 | 仝 | 仝 | |
| 十時四十分至十一時四十分 | 中日外交 | 仝 | 仝 | 仝 | 仝 | 政治報告 | |
| | 任伯[illegible] | 仝 | 仝 | 仝 | 仝 | 郝[illegible]秀 | |
| 一時三十分至二時廿分 | 軍政工作 | 仝 | 仝 | 仝 | 仝 | 仝 | |
| | 宋主任 | 仝 | 仝 | 仝 | 仝 | 仝 | |
| 二時四十分至三時四十分 | [illegible]教範 | 野外勤務 | 夜間教育 | 騎兵抗戰史 | 游擊戰術 | 步兵操典 | |
| | 孫支隊長 | 姜隊長 | 張主任 | 參謀長 | 李參謀 | 張主任 | |
| 四時卅分至六時 | 游戲 | 唱歌 | 技術 | 游戲 | 唱歌 | 技術 | |
| 六時卅分至八時 | 自習 | 小組会议 | 自習 | 自習 | 小組会议 | 自習 | |

第二教授班（第三週）

騎兵第一軍第二期軍政訓練隊課程表

| 時間／區別 | 星期1 | 星期2 | 星期3 | 星期4 | 星期5 | 星期6 | 星期日 |
|---|---|---|---|---|---|---|---|
| 上午 六時至八時 | 術科 | 全 | 全 | 全 | 全 | 全 | |
| 八時至八時三十分 | 講話 | 全<br>軍長 | 全 | 全<br>參謀長 | 全 | 全<br>宗主任 | |
| 九時卅分至十時卅分 | 統一戰線<br>龔允泰 | 全<br>全 | 全<br>全 | 民族革命綱領<br>楊默秋 | 全<br>全 | 全<br>全 | |
| 十時四十分至十二時四十分 | 中日對比<br>杜伯銘 | 全<br>全 | 全<br>全 | 全<br>全 | 全<br>全 | 政治報告<br>王[illegible]剛 | |
| 下午 一時三十分至二時三十分 | 軍政工作<br>宗主任 | 全<br>全 | 全<br>全 | 全<br>全 | 全<br>全 | 全<br>全 | |
| 二時四十分至三時四十分 | 騎兵抗戰史<br>參謀長 | 野外勤務<br>參謀長 | 夜間教育<br>張主任 | 游擊戰術<br>參謀長 | 步兵操典<br>張主任 | 射擊教範<br>郭大隊長 | |
| 四時三十分至六時 | 自習 | 小組會議 | 自習 | 自習 | 小組會議 | 自習 | |
| 六時卅分至八時 | 游戲 | 唱歌 | 技術 | 游戲 | 唱歌 | 技術 | |

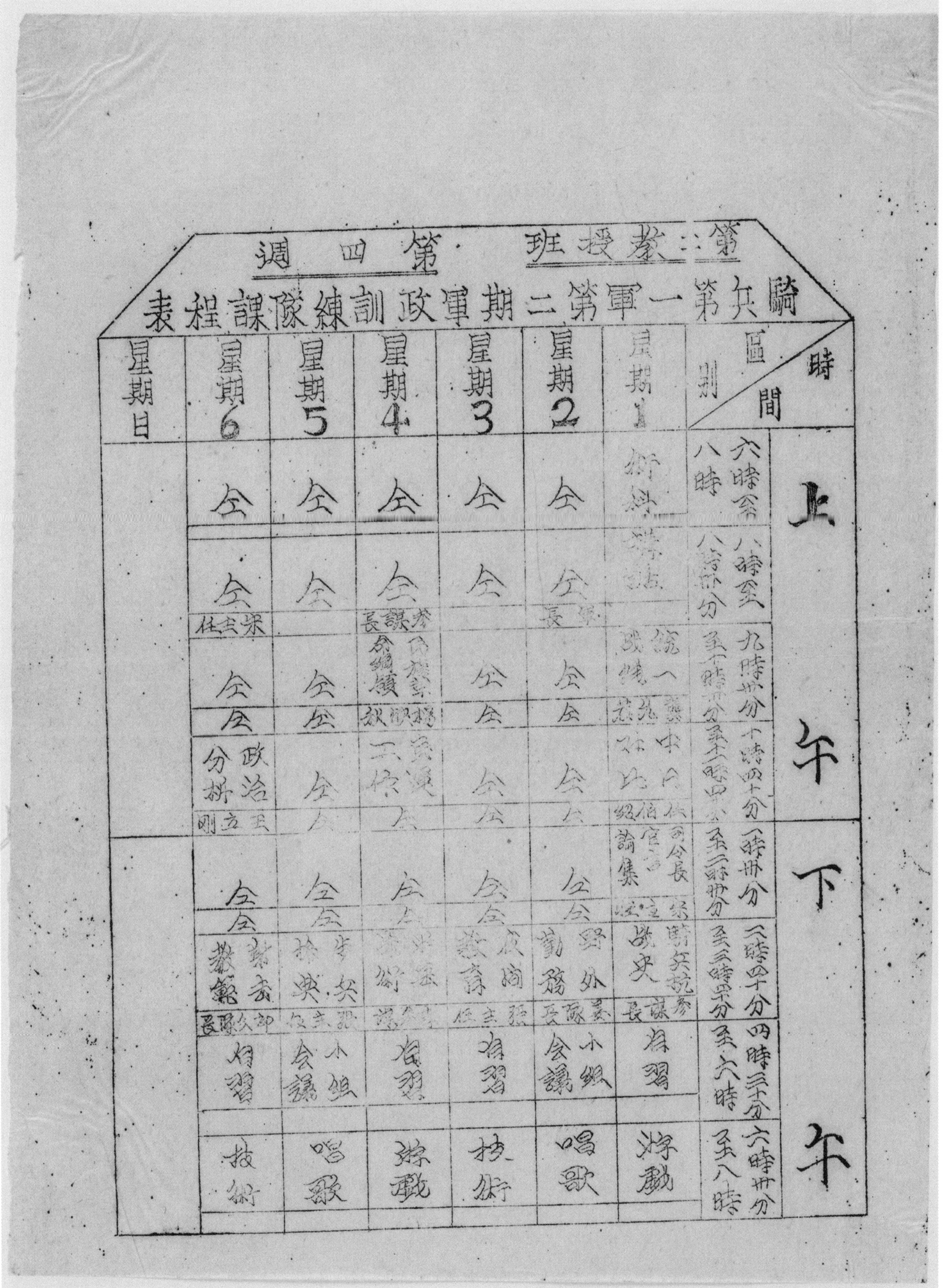

第三教授班　第四週

騎兵第一軍第二期軍政訓練隊課程表

| 時間 區別 | | 星期1 | 星期2 | 星期3 | 星期4 | 星期5 | 星期6 | 星期日 |
|---|---|---|---|---|---|---|---|---|
| 上午 | 六時至八時 | 術科[illegible] | 仝 | 仝 | 仝 | 仝 | 仝 | |
| | 八時至八時卅分 | [illegible] | 仝 | 仝 | 仝 | 仝 | 仝 | |
| | 九時卅分至十時卅分 | 統一戰線 | 仝（參謀長） | 仝 | [illegible]（參謀長） | 仝 | 仝（宋主任） | |
| | | [illegible] | 仝 | 仝 | [illegible] | 仝 | 仝 | |
| | 十時四十分至十二時四十分 | 中日[illegible]比（[illegible]伯鈞） | 仝 | 仝 | [illegible]工作（仝） | 仝 | 政治分析（王立剛） | |
| 下午 | 一時卅分至二時卅分 | 司令長官言論集（[illegible]） | 仝 | 仝 | 仝 | 仝 | 仝 | |
| | | | 仝 | 仝 | 仝 | 仝 | 仝 | |
| | 二時四十分至三時四十分 | 騎兵戰史（參謀長） | 野外勤務（[illegible]隊長） | [illegible]教育（[illegible]主任） | [illegible]戰術（[illegible]） | [illegible]典（[illegible]主任） | 騎兵教範（部隊長） | |
| | 四時三十分至六時 | 自習 | 小組會議 | 自習 | 自習 | 小組會議 | 自習 | |
| | 六時卅分至八時 | 游戲 | 唱歌 | 技術 | 游戲 | 唱歌 | 技術 | |

史料名称：骑一军军政训练队第二期第一次、第二次、第三次小组会议讨论问题结论（共8页）

尺寸：宽150，高210

# 騎一軍軍政訓練隊第二期第一次小組會討論問題結論

## 你為什麽要來受訓？

(一) 來受訓練的動机是什麽？

A, 因為政治認識不夠想學些政治知識好增加抗戰的決心與信心

B, 因為軍事智識欠缺想學些較深的軍事知識和技能好增加抗戰的力量。

C, 想要戰勝日本，求得民族的解放，必須軍民合作，全民動員，為達到這種目的，必須懂得政治軍事所以才來受訓。

D, 為了想把舊的落伍的不適宜的腦筋变成新的合時代的有用的腦筋。

(二) 受訓練對自己有什麽好處？

A, 能武裝我們的腦筋到戰時能沈着能鎮定及能靈活的打擊敵人避免無謂的犧牲

B, 能明瞭我們為什麽來當兵為什么要抗日，與犧牲的代價是什麽好消滅逃跑的心理，

C, 能學些擴大部隊與鞏固部隊的智識方法和手段

D, 能學些較深的軍事與政治的智識和方法作將來軍隊中完善的領導人。

E，可以使我们不为时代所遗弃而能生存于现代的社会

（三）在受训期间自己应怎样去学习？

A，要自动的专心的努力的在时间的去学习。

B，要在日常生活上、课外的一切活动上去学习。

C，课堂上要好好的的听和记忆，不明了的地方要向教官发问。

D，在操场上要注意教官的动作指挥和姿势加以记忆，每次动作的要领不明了时即宜请示长官求得真正的清楚，毫不可含糊了事。

E，在有闲暇时要常与同学讨论各种问题。

附：第八次小组会各指导人总批评

甲，一般的缺点：

A，发言多离开题旨，不能抓住每个问题的中心。

B，发言时有多数同学常在偷笑，致大家精神不能集中。

C，会场中常有互相私谈，者致秩序时有紊乱。

D，大家对讨论问题的情绪不十分

緊張不感大的兴趣。

乙，主席與紀錄的缺点：——

A，沒有注意到会场的秩序。

B，作結論不能簡明扼要。

C，複述別人的意見常超出原意或不合原意。

d，發言中間時間相隔太長主席不能加以催促。

e，紀錄太慢。

## 第二次小組会議討論問題結論

## 軍民合作

（一）軍民合作有什么好处？

A 在前線上能帮助軍隊運輸一切的軍需品保守我們的秘密封鎖並偵察敵人的消息、及護送傷兵等一切利於我們部隊的工作。

B，在後方能使秩序井然、供給和補充我們部隊的日常必需品像衣服鞋襪日常必需品及糧秣的不斷供給等事項。

C,常能擴大我们的部隊補充前線的伤亡,
使戰鬥力不至減少反能加強抗战的力量使,
在長期抗战的過程中時常保持充分的力量。
長久的抗战下去。

d,能使抗敌救亡統一战線在軍民之間鞏固,
擴大起來繼續長期的抗战直至求得最
後的勝利。

(二)軍民不合作有什麽壞處。?

A,不但得不到上述軍民合作的好處反
而給民衆以不好的印象使民衆痛恨軍隊
妨礙軍隊甚至乘机消滅軍隊。

B,能使我們的民衆轉為敵人的所利用,
反成我們的敵人不但不能增加我們抗敵
二 的力量反而減少我們抗敵的力量.

(三)怎樣才能做到軍民合作?

A,要絕对的嚴守軍隊的紀律和一切
條例的規定。

B,要視老百姓的利益就像我們的利益
一樣的愛護,

C,要時常開軍民联欢大会和老百姓联絡
的感情,

D不斷的用口頭的宣傳和文字的宣傳喚

老老百姓知道軍隊與民衆的關係甚為密切。

E、要在可能的範圍以內尽量的設法幫助老百姓解除他們的困難，要與老百姓的生活打成一片、

F 和老百姓接交談話要婉轉，態度要和藹，事事要公平，千萬不要欺壓老百姓，有時甚至為了討取他們的好感與喜歡，就是吃些小虧也是需要的。

## 各指導人總批評

1、大部份同學的討論情緒很熱烈，很有精神，發言亦很踴躍，惟少數同學表現苦悶。

2、有一部份同學對於言語上的字句的組織不完善，致有時詞不達意或說得理由不大圓滿。

3、發表意見，仍有少數人難開口或與別人重複者。

4、主席有不能注意会場秩序者，

5、主席的結論仍多不能簡單扼要。

## 第三次小組会議討論問題結論

## 怎樣教育新兵

(一)採用打罵的辦法好不好呢？有什么理由？

答、採用打罵的辦法是最不好的教育新兵的办法，是一種最野蛮不合理的办法。

1，新兵的知識無論那一方面都是不夠，尤其是剛從鄉下來的新兵多存着一種懼怕甚或討厭軍隊生活的心理，假如要是罵的話，他的心不免不安定，怎樣還能學習得好呢？

2，從鄉下來的新兵都是笨手笨脚的，一切的動作更是呆板不靈活的，假使你不耐心的慢慢去教他說服他，使他懂得動作的要領，他們學習的進度一定是很慢的。

3，人是理性的動物，適當的是有廉恥心的，假如要用打罵的方法去教育他，上下的感情決不能融洽，僵着性情狹頑的士兵，不但有机會他要偷跑，甚而有机会还要暗害官長。



4，教育新兵如若要用打罵的方法去压服他，而不說明其錯誤的理由及其改正的方法，必使士兵永無改过之机会。

5，如用打罵的方法不但使士兵要發生逃跑，不能鞏固，甚至对民衆有不好的影响，隊伍也难擴大。

6，用打罵的方法教育新兵，只能使他們被動的學着，决不能引起學習的兴趣

因而學習次數將很快的進步，即使勉強的學習一些也難使盡量發揮其才能

(二) 採用說服的辦法好不好呢？有什麼理由？

B、說服的辦法是最好的最文明的最適於教育部隊的方法

(1) 能安定士兵的心理使其專心操課，

2、能使士兵知道學習的要領和好處，增加其練習的興趣和效率。

3、能使官兵上下一致感情融洽，在困難的環境內亦能團結堅固克服困难。

4、不但能改正一人之錯誤並且還能糾正其他士兵之錯誤。

5、能使士兵知道錯誤的原因與改正之方法，使其永不犯過。

6、因採取說服教育能使士兵心悅誠服並增進官兵之團結，兵與兵之團結以鞏固部隊、

7、因採取說服教育，使士兵精神愉快生活愉快，因而更能將軍隊生活之優良直接間接宣傳於一般民眾，使之能自動的參加部隊，因而能使部隊扩大。

8、因採用說服教育，能使士兵逐漸明白

學習的好處，覺悟自己的責任而自動的去學習

各組指導人總批評

(1) 發言為普遍踴躍，惟意見多很簡单，未能說出圓滿理由。

(2) 對題的界限分不清楚，致發言時將兩個小題目的內容往往混在一起。

(3) 当主席的都不大熟練，不能同時顧及会场的發言，紀錄，複述，及秩序等，

(4) 紀錄仍太瑣碎，不能將每人的重要意見簡单紀出。

△同志們对任何問題、都應該發動討論，只有經過大家的討論這個問題才能獲得適当的解決，所以討論就是探求真理的方法之一。

史料名称：骑一军第二期训练队第四次小组会议讨论问题结论（共 4 页）

尺寸：宽 150，高 230

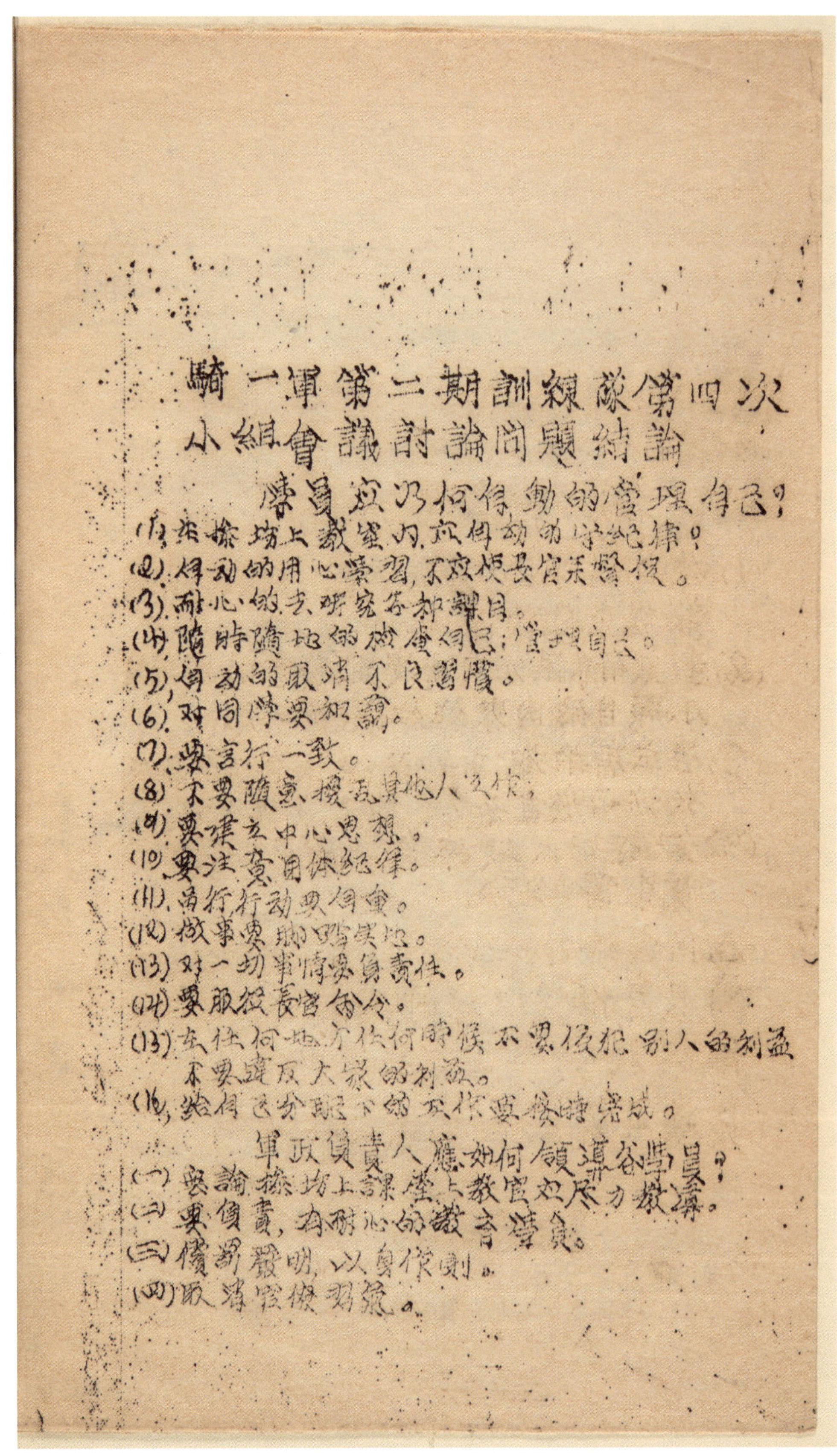

騎一軍第二期訓練隊第四次
小組會議討論問題結論

學員應如何積極的管理自己？

(1) 在操場上教室內應積極的守紀律。
(2) 積極的用心學習，不應使長官來督促。
(3) 耐心的去研究各部課目。
(4) 隨時隨地的檢查自己，管理自己。
(5) 積極的取消不良習慣。
(6) 对同學要和藹。
(7) 要言行一致。
(8) 不要隨意擾亂其他人工作，
(9) 要確立中心思想。
(10) 要注意團体紀律。
(11) 言行行動要慎重。
(12) 做事要腳踏實地。
(13) 对一切事情要負責任。
(14) 要服從長官命令。
(15) 在任何地方任何時候不要侵犯別人的利益，不要違反大眾的利益。
(16) 給自己分配下的工作要按時完成。

軍政負責人應如何領導各學員？

(一) 無論操場上課堂上教官應盡力教導。
(二) 要負責，有耐心的教育學員。
(三) 賞罰嚴明，以身作則。
(四) 取消官僚習氣。

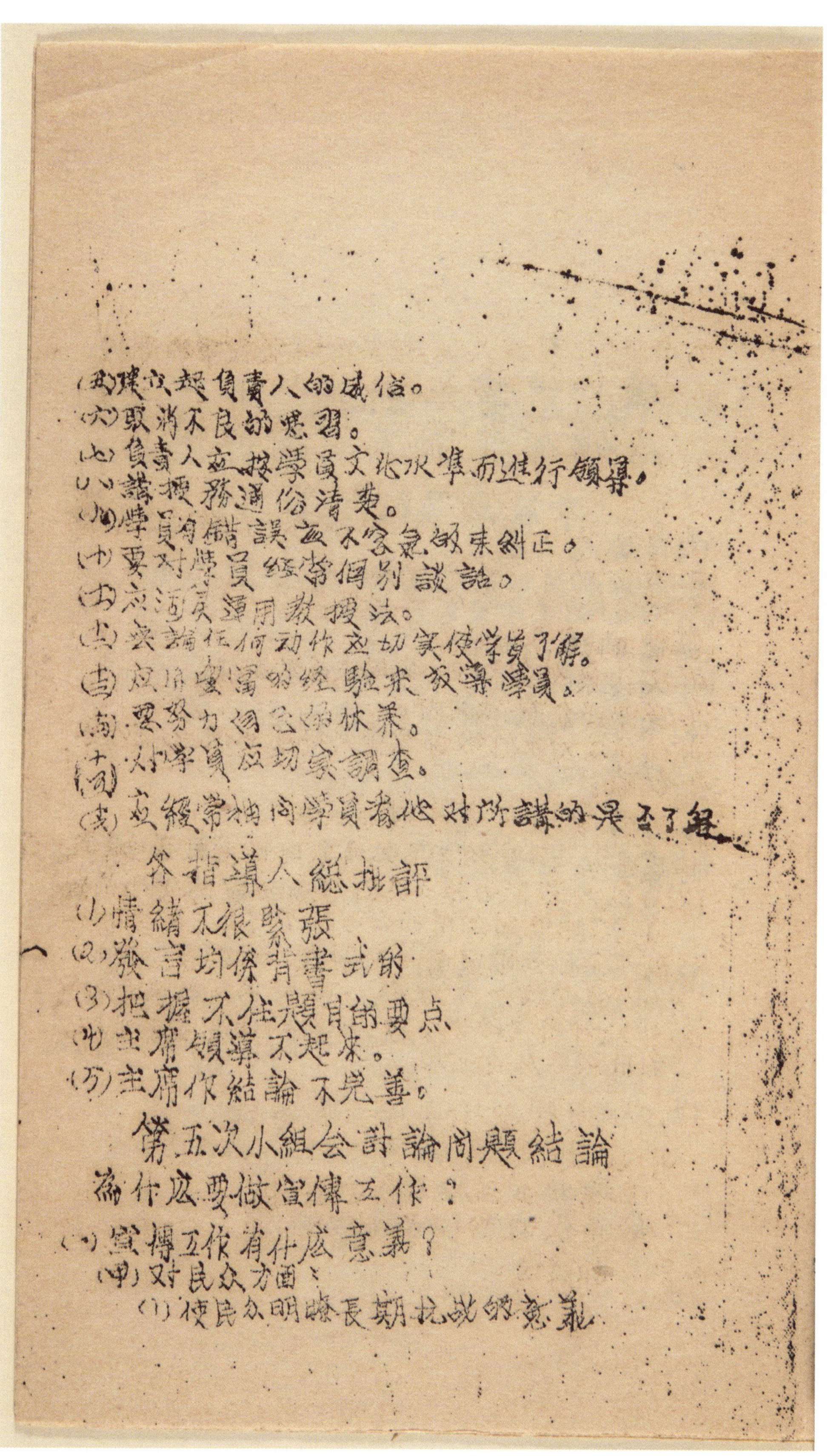

(五)建立起負責人的威信。
(六)取消不良的惡習。
(七)負責人应按學員文化水準而進行領導。
(八)講授務通俗清楚。
(九)學員有錯誤应不客氣的來糾正。
(十)要对學員經常個別談話。
(十一)应活泼運用教授法。
(十二)無論任何动作应切實使学員了解。
(十三)应用豐富的經驗來教導學員。
(十四)要努力自己的修養。
(十五)对學員应切實調查。
(十六)应經常地向學員看他对所講的是否了解

各指導人總批評

(1)情緒不很緊張
(2)發言均係背書式的
(3)把握不住題目的要点
(4)主席領導不起來。
(5)主席作結論不完善。

第五次小組会討論問題結論

為什麼要做宣傳工作？

(一)宣傳工作有什麼意義？
(甲)对民众方面：
(1)使民众明瞭長期抗战的意義

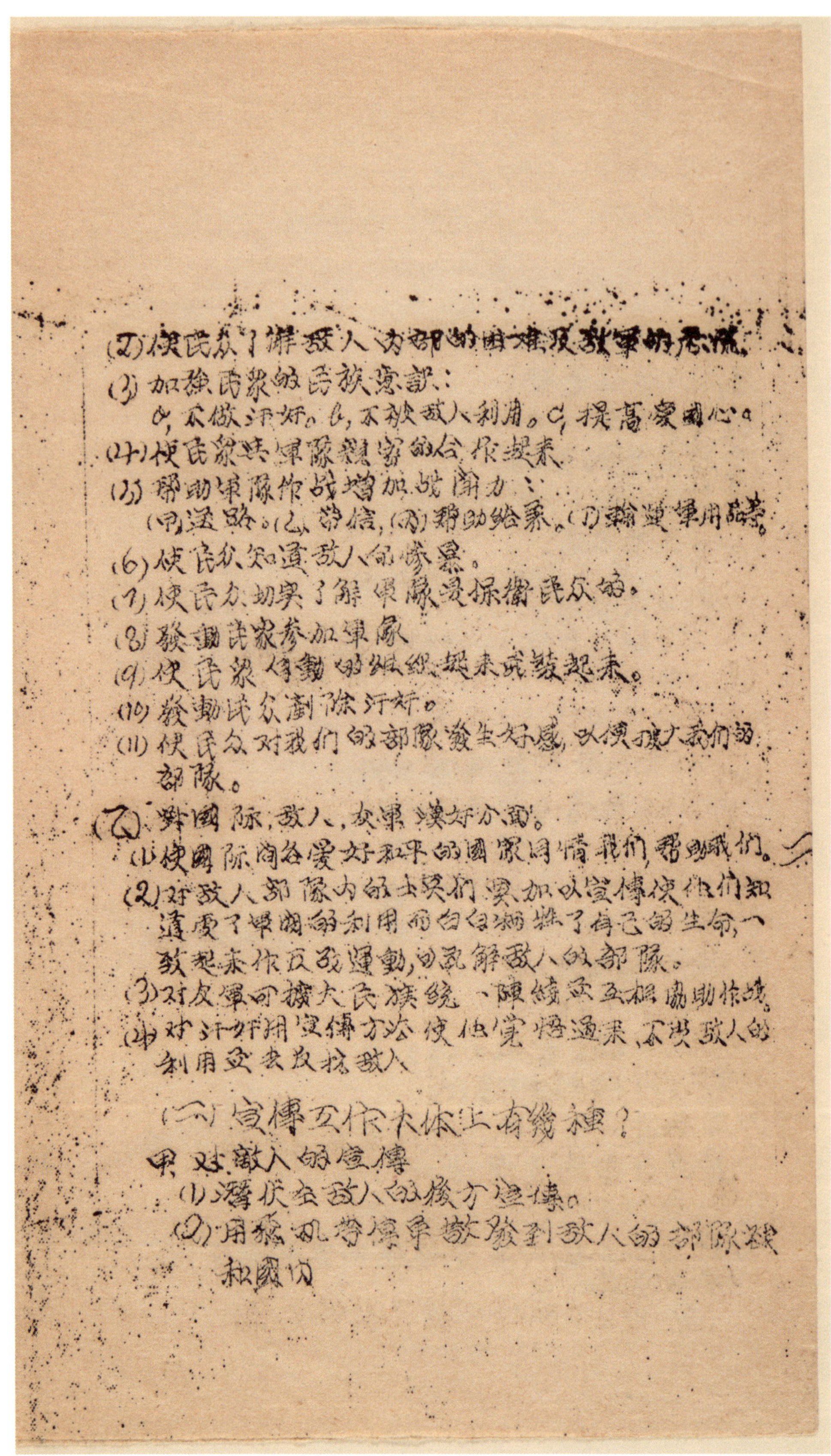

(2)使民众了解敌人内部的困难及敌军的恐慌。
(3)加强民众的民族意识：
a，不做汉奸。b，不被敌人利用。c，提高爱国心。
(4)使民众与军队亲密的合作起来。
(5)帮助军队作战增加战斗力：
(甲)送路。(乙)带信，(丙)帮助给养。(丁)输送军用品。
(6)使民众知道敌人的残暴。
(7)使民众切实了解军队是保卫民众的。
(8)发动民众参加军队
(9)使民众自动的组织起来武装起来。
(10)发动民众剷除汉奸。
(11)使民众对我们的部队发生好感，以便扩大我们的部队。
(乙)对国际，敌人，友军，汉奸介绍。
(1)使国际间各爱好和平的国家同情我们，帮助我们。
(2)对敌人部队内的士兵们要加以宣传使他们知道受了军阀的利用而白白牺牲了自己的生命，一致起来作反战运动，自乱解敌人的部队。
(3)对友军可扩大民族统一阵线来互相协助作战。
(4)对汉奸用宣传方法使他觉悟过来，不受敌人的利用並去反抗敌人

(二)宣传工作大体上有几种？
甲 对敌人的宣传
(1)潜伏在敌人的后方宣传。
(2)用飞机将传单散发到敌人的部队狱和国内

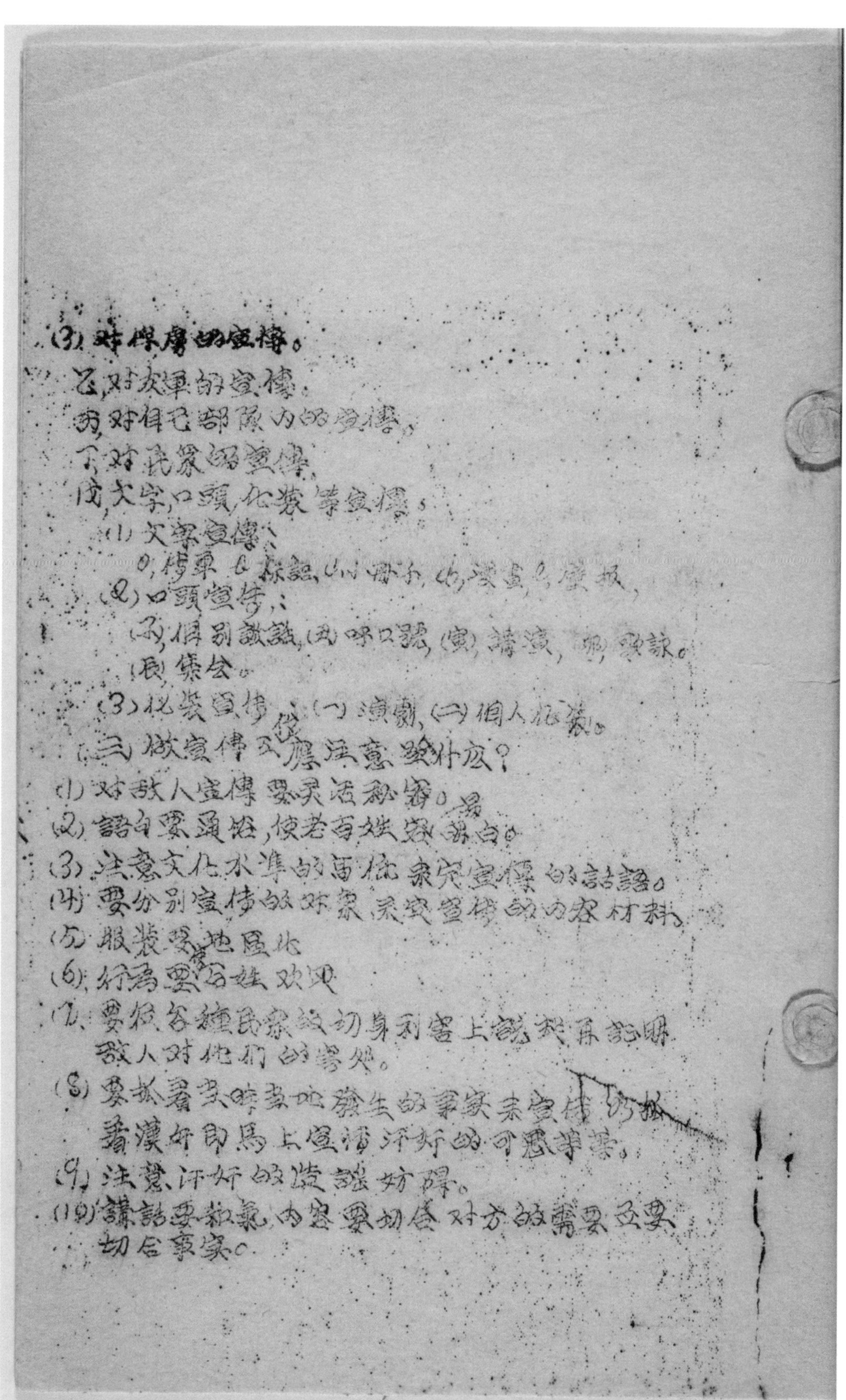
(3)对俘虏的宣傳。
乙、对友軍的宣傳。
丙、对自己部隊内的宣傳。
丁、对民眾的宣傳。
戊、文字、口頭、化裝等宣傳。
(1)文字宣傳：
a、傳單 b、標語 (c)冊子 (d)漫畫 e、壁報，
(2)口頭宣傳：
(子)個别談話，(丑)呼口號，(寅)講演，(卯)歌詠。
(辰)集会。
(3)化裝宣傳：(一)演劇，(二)個人化裝。
(三)做宣傳应注意些什么？
(1)对敌人宣傳要灵活秘密。
(2)語句要通俗，使老百姓容易明白。
(3)注意文化水準的高低來定宣傳的話語。
(4)要分别宣傳的对象來定宣傳的内容材料。
(5)服裝要地區化
(6)行為要受百姓欢迎
(7)要從各種民眾的切身利害上説起，再説明敌人对他們的害处。
(8)要抓着当時当地發生的事實來宣傳，如抓着漢奸即馬上宣傳汉奸的可惡事實。
(9)注意汉奸的造謠妨碍。
(10)講話要和氣，内容要切合对方的需要，更要切合事實。

史料名称：蒋委员长告全国军民书（共4页）

尺寸：宽150，高200

Given me by Ho Lung

A discussion of the Generalissimo's declaration of Dec 16 issued by Gen Ho! 8th RA

# 蔣委員長告全國軍民書

（一月份[illegible]教材之一）

1.蔣委員長告全國軍民書是什么時候發出的？

蔣委員長告全國軍民書是十二月十六日在漢口發出的。

2、這個告軍民書講了些什么東西呢？

告軍民書的大意可分兩点來講。

第一点蔣委員長申明他[illegible]抗戰到底的决心並且指出最後的勝利必屬於我们中華民族。

第二点蔣委員長從(一)國民革命的過程(二)目前形勢(三)國际形勢三個方面来說明我们堅持抗戰的必要

3.蔣委員長對抗戰抱怎樣的决心呢？

蔣委員長說"抗戰到現在前方战士傷亡總數已有三十萬以上人民生命財產的損失更大這种重大的犧牲是中國歷史上对外抗戰中所未有的我做了統帥這种重大損失我完全負責我的心裡的痛苦比死了的將士和民眾还要沉重我只要还有一口氣决

要犧牲自己的生命来報効國家希望全國同胞貫徹抗戰到底的主張求得國家民族的生存由此可見蔣委員長已經下定最大的决心領導全國抗戰到底。

4、蔣委員長這樣的决心有什么意義呢？

第一蔣委員長這樣的决心取得全國廣大民眾的熱烈擁護蔣委員長是全國最高的軍事領袖抗日自衛戰争有了這樣堅強的領導就更快的向前發展并且加強了取得最後勝利的保證。

第二蔣委員長這樣的决心使全國軍民的决心也更堅决了有一部份軍民因為看見日本鬼子佔領了中國許多重要城市因而懷疑抗戰的前途的也因此堅定起来了。

第三蔣委員長這樣的决心給了那些主張妥協投降的漢奸賣國賊親日派以最痛切的打击那些漢奸賣國賊親日派曾經想在日本帝國主義帮助之下逼蔣委員長下野成立親日政府以便與日本鬼子談判賣國的和平現在是完全失敗了。

第四蔣委員長是國民党最高的領袖蔣委員長的决心也就是國民党的决心國民党更加决心抗戰到底國共合作就会更加鞏固起来抗日自衛戰争的勝利也就更有把握。

因此總結起来說蔣委員長的告軍民書在抗戰中有極其重大的意义應該受到全體中國人的熱烈擁護的八路軍的同志們要首先最熱烈的来擁護他。

5.蔣委員長指出為什么最後勝利一定是我们的呢？

蔣委員長指出兩個理由；

第一現在日本帝國主义是想一口把中國吞下去這种侵略的方法比起日本帝國主義從前所用的逐步剥蝕中國的方法来更容易被人認識清楚已經使全中國的人民都起来反对他了。

第二既然全中國的人民都起来反对日本帝國主義那末决勝的地方就不在南京不在别的大城市而是全國到处的人民到处與敵人死戰終久有一天会取得最後勝利。

6、為什么為了國民革命我们非堅持抗戰下去不可呢？

蔣委員長說國民革命是要實現三民主义三民主義就是对外要使中國成為獨立的國家对内要使大家能夠生存但是要想實現三民主义就非經過長期的奮鬥不可現在抗日的自衛戰争是被侵略的民族反对侵略者爭取獨立的戰争是國民革命过程中不可免的這個戰争越是犧牲艱苦所得到的勝利也就愈大所以我们雖然有了很大的犧牲為了求完國民革命[illegible]義無反顧的向前奮鬥到徹底。

7、為什么在現在的形勢下我们非堅决抗戰下去不可呢？

蔣委員長說：第一、現在的形勢之下屈服就是自取滅亡了就永無希望堅决抗戰雖然一時敗了也有轉敗為勝的一天。

第二敵人已經深入我國領土如果屈服就恰恰的中了敵人不戰而亡中國的企圖只有堅决與敵人抗戰下去敵人愈加深入就愈陷入被動地位我们愈加取得主動地位這樣就一定可以取得最後勝利。8、為什么在現在的國际形勢下面我们非堅决抗戰下去不可呢？

# 在太行山上

1938年6月22日夜晚，卡尔逊一行和一支驮队在八路军佯攻县城的掩护下，在原平和崞县之间越过日军沿同蒲路设置的封锁线，第二次进入晋察冀边区考察，其间重访五台，多次与聂荣臻、彭真、宋劭文等长谈，参观了从阜平迁到五台山的军政学校。十多天后，再从河北定县寨西站附近越过平汉铁路，开始对冀中、冀南抗日根据地进行考察。

此行历经定县、安国、博野、蠡县、高阳、任丘、安平、深州、束鹿、南宫、清河等十多个县，到处拜访、开会、参观、阅兵、谈话、看戏，与党政军民及各团体广泛交集，收获极为丰富。在博野，应卡尔逊要求，冀中区党委书记黄敬详细介绍了依靠人民在平原地区开展游击战争的有利条件和经验。在任丘，他与冀中军区司令吕正操数度畅谈，还坚持要吕把“冀中仅这一本”的《红星照耀中国》送给了他。在南宫，卡尔逊来到由八路军一二九师抽调兵力组建的东进抗日游击纵队司令部，与一二九师政委邓小平、副师长徐向前、东进纵队兼冀南军区政委宋任穷等多次晤谈。为卡尔逊做翻译的欧阳山尊在日记中写道，邓小平介绍一二九师的三次大战役后，“卡尔逊问了他很多有趣而又奇怪的问题，邓政委都非常巧妙而准确地回答了”。沿途自卫队、儿童团严格盘查路条，冀南正在进行的旨在使敌人无城可守的拆城墙运动，以及对敌缴获战利品之丰富，等等，也都给他们留下了深刻印象。

在冀中和冀南，卡尔逊搜集到不少文献资料，有根据地政府和部队颁行的《村农会简章》《农会工作纲领》《抗日自卫队组织条例》《抗日游击队组织条例》，有刘伯承写的《抗日自卫队的三个基本任务》，还有八路军一二九师政治部及东进纵队政治部等翻印的《河北省政府主席兼第一战区游击总司令鹿钟麟告河北省民众书》等。八路军印发国民党的文告，这也从一个侧面体现了中共与八路军致力国共合作、团结抗战的实际情况。

此外，卡尔逊抗战史料中有一本日本士兵家信摘译，油印件，分两部分，共 24 页，篇首引文写明这是在“响当铺战斗胜利中获得日军士兵家信其重要的摘译”。响当铺战斗是 1938 年 3 月下旬八路军一二九师在太行山东麓响当铺（亦名响堂铺）全歼日军四百余人的一场伏击战；信摘内容多是盘踞山西长治一带的侵华日军第 108 师团（师团长下元熊弥中将）官兵向家人述说他们在华北烧杀抢掠的暴行，及不断遭受八路军沉重打击的困境。估计这本家信摘译也是卡尔逊从一二九师获得的。

史料名称：村农会简章（草案）

尺寸：宽 368，高 313

The prinples of the village ~~Peas~~ peasant association

# 村農會簡章（草案）

（一）定名　村農會

（二）宗旨　团結、武裝和動員農民參加抗日工作，並在抗日高於一切原則下，改善農民生活，实現民主，保障民族自衛戰爭的最後勝利。

（三）會員、凡本村有抗日决心，躬自耕作的農民，自願加入者得為本會會員。

（四）組織、

A. 以全体大會為最高權利机关，由大會選出执行委員五人組織执行委員會（簡称执委會），並推一人為执委會主席

B. 除主席外各执行委員分担以下各股工作：①組織股②宣傳股③農民武裝股④生活改善股。

C. 各股設幹事若干人由各股長自行酌聘，但須經过执委會的通过。

D. 全体會員分若干小組（三—五人）並在每組内推选一人為組長

E. 另設僱農小組

（五）職權

A 主席：①推動与檢查一切工作的進行，②管理一切不屬各股事宜。

B 組織股：①負責本會一切會員成份的審查登記統計与教育工作；②組織農民合作社识字班，春耕秋收团等農民团体、

C. 宣傳股：①設立傳隊作普遍的口头宣傳。②組織劇团歌詠团，利用一切民間戲劇小調的形势啓發民众抗日情緒。

D. 農民武裝股：①發動民众組織自衛隊、游擊隊参加抗战；②組織農民對敵封鎖消息，破坏交通，堅壁清野；③進行軍事政治教育，武裝人民头腦；④肅清漢奸敌探。

E 生活改善股：①解决農民生活上的一切困难；②調解仲裁農民生活上的一切糾紛；③救济难民及失業農民；④設法優待抗日軍人家屬。

（六）紀律

A. 本會會員必須堅决遵守并执行本會一切决議与規定；

B. 不得在開會時無故不到及不遵守工作時間；

C. 反禁怠工；

D. 不准濫用職權　凡違反以上紀律者①勸告②警告③開除。

（七）會期

A 全体會員大會每月開會一次；非执委會每週一次C小組會五日一次；D組長聯席會每月一次

（八）經費

實行有錢的出錢，捐募酬集之。

【附】

一、本簡章草案經村農會全体大會通過后施行之。

二、本簡章草案如有不適合處，可經全体大會隨時修正。

史料名称：农会工作纲领（草案）
尺寸：宽 368，高 323

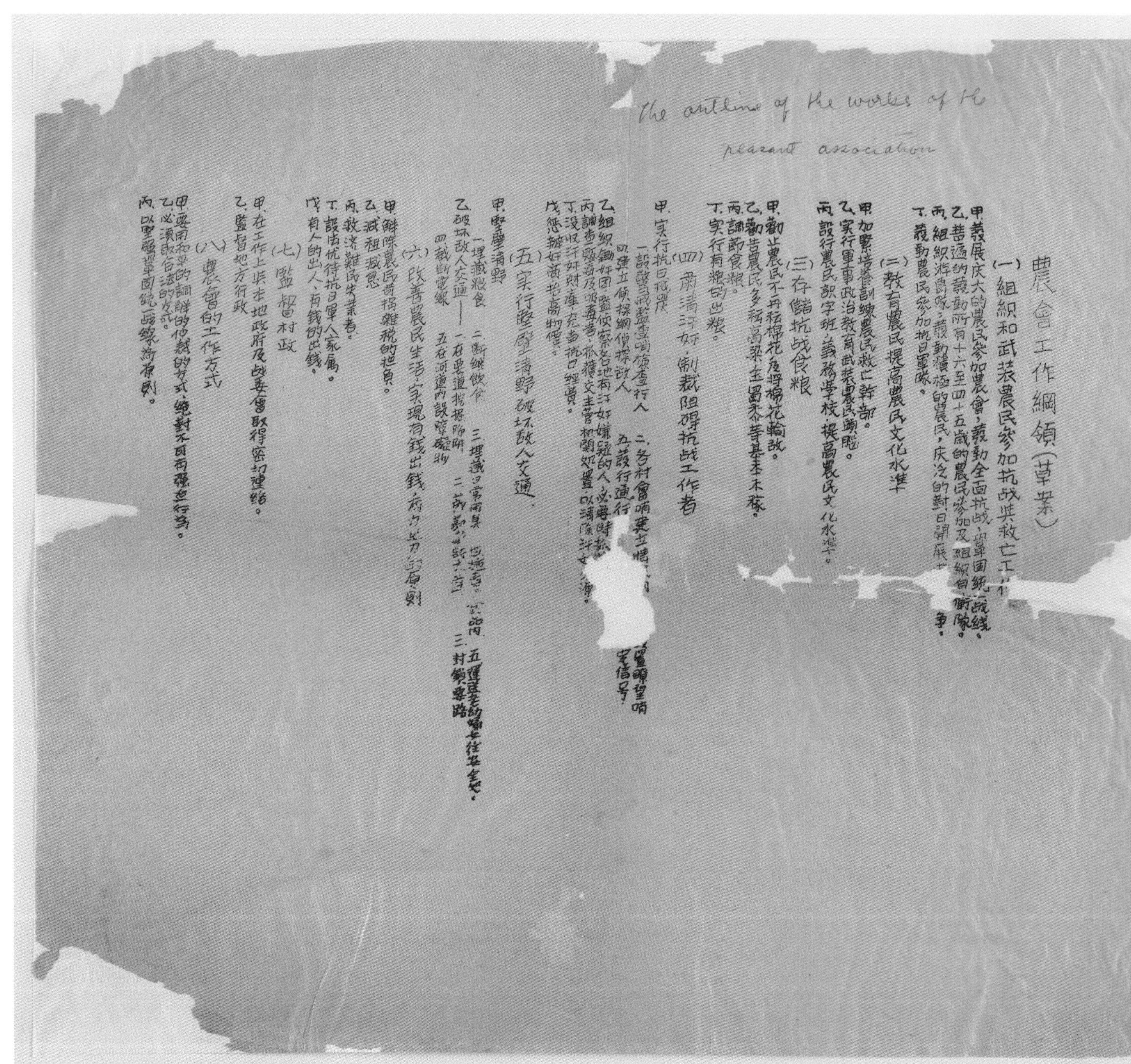
The outline of the works of the peasant association

農會工作綱領(草案)

(一)組織和武裝農民參加抗战與救亡工作
甲.發展広大的農民參加農會，發動全面抗战，鞏固統一战線。
乙.普遍的發動所有十六至四十五歲的農民參加及組織自衛隊。
丙.組織游擊隊，發動積極的農民，広泛的對日開展[illegible]争。
丁.發動農民參加抗日軍隊。

(二)教育農民提高農民文化水準
甲.加緊培養訓練農民救亡幹部。
乙.实行軍事政治教育，武裝農民頭腦。
丙.設行農民識字班，義務學校，提高農民文化水準。

(三)存儲抗战食粮
甲.勸止農民不再種棉花及將棉花輸敵。
乙.勸告農民多種高粱、玉蜀黍等基本禾稼。
丙.講節食粮。
丁.实行有粮的出粮。

(四)肅清汗奸，制裁阻碍抗战工作者
甲.实行抗日戒嚴
一.設置戒嚴盤查哨，檢查行人　二.各村會哨[illegible]置瞭望哨[illegible]号
四.建立偵探網，偵探敵人　五.發行通行[illegible]
乙.組織鋤奸團，監視察各地有汗奸嫌疑的人，必要時抓[illegible]
丙.調查吸毒者，抓獲交主管机關处置，以清除汗奸[illegible]源。
丁.没收汗奸財產，充當抗日經費。
戊.懲辦奸商抬高物價。

(五)实行堅壁清野，破坏敵人交通
甲.堅壁清野
一.埋藏粮食　二.斷絕飲食　三.埋藏日常用具　四.[illegible]　[illegible]　五.運送老幼婦女往安全地。
乙.破坏敵人交通——一.在要道挖掘陷阱　二.[illegible]　三.封鎖要路
四.截斷電線　五.在河道內設障礙物

(六)改善農民生活，实現有钱出钱，有力出力的原則
甲.解除農民苛捐雜稅的担負。
乙.減租減息
丙.救濟難民失業者。
丁.設法优待抗日軍人家屬。
戊.有人的出人，有钱的出钱。

(七)監督村政
甲.在工作上與本地政府及战委會取得密切連絡。
乙.監督地方行政

(八)農會的工作方式
甲.要用和平的調解的仲裁的方式，絕對不可有强迫行為。
乙.必須取合法的方式。
丙.以堅强中國統一战線為原則。

史料名称：抗日自卫队组织条例

尺寸：宽 368，高 312

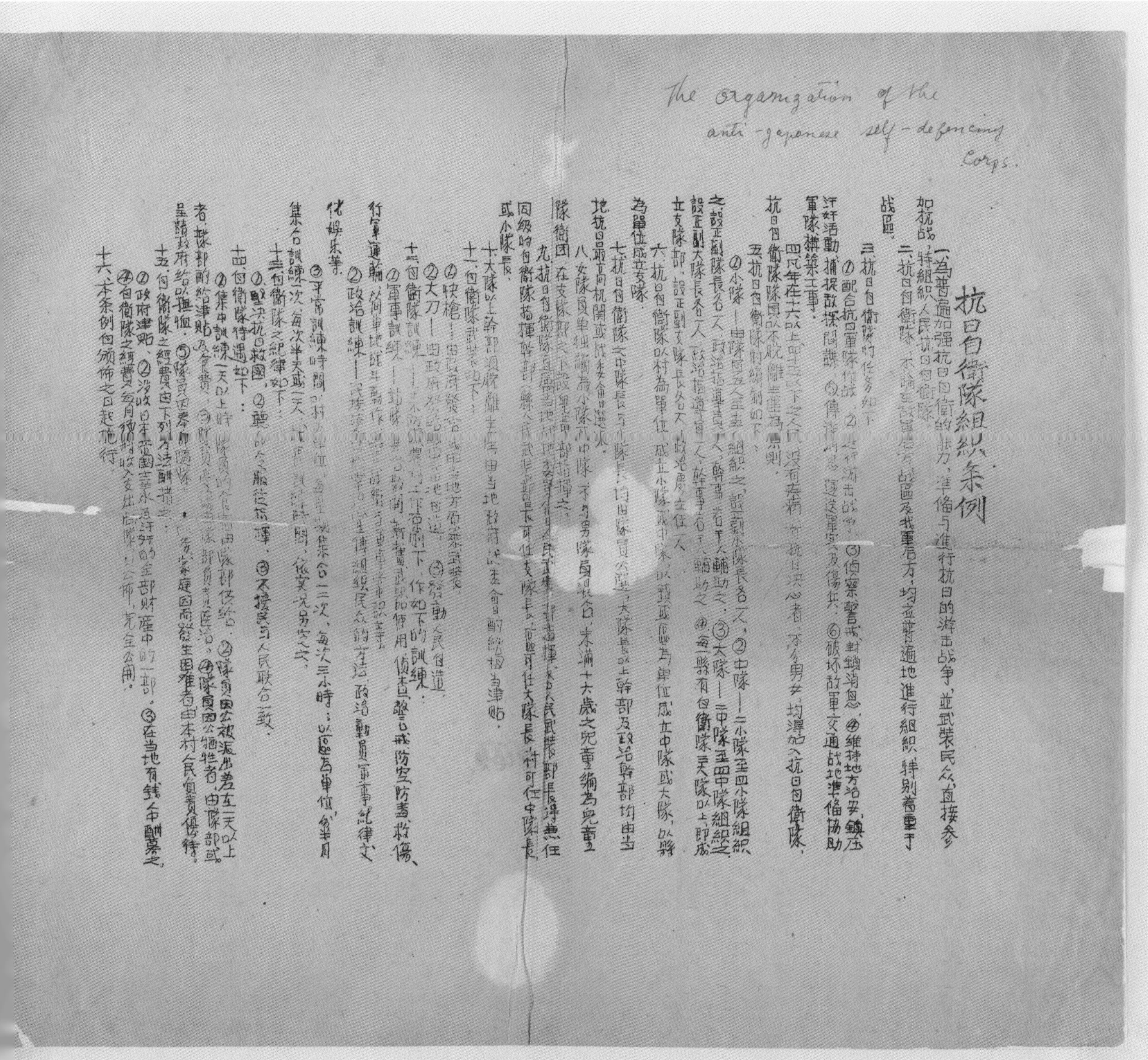

The organization of the anti-japanese self-defencing Corps.

抗日自衛隊組織条例

一、為普遍加強抗日自衛的能力，準備与進行抗日的游击战爭，並武裝民众，直接参加抗战，特組織人民抗日自衛隊。

二、抗日自衛隊，不論在敌軍后方、战區及我軍后方，均应普遍地進行組織，特別着重于战區。

三、抗日自衛隊的任务如下：①配合抗日軍隊作战，②進行游击战爭，③偵察警戒，封鎖消息，④維持地方治安，鎮压汗奸活動，捕捉敌探間諜，⑤傳遞消息，運送軍实及傷兵，⑥破坏敌軍交通，战地準備，協助軍隊構築工事。

四、凡年在十六以上四十五以下之人民，沒有疾病，有抗日決心者，不分男女，均得加入抗日自衛隊。

五、抗日自衛隊的編制如下：①小隊——由隊員五人至[illegible]人組織之，設正副小隊長各一人，②中隊——二小隊至四小隊組織之，設正副隊長各一人，政治指導員一人，幹事若干人輔助之，③大隊——二中隊至四中隊組織之，設正副大隊長各一人，政治指導員一人，幹事若干人輔助之，④每一縣有自衛隊三大隊以上，即成立支隊部，設正副支隊長各一人，政治處主任一人。

六、抗日自衛隊以村為單位成立小隊或中隊，以鎮或區為單位成立中隊或大隊，以縣為單位成立支隊。

七、抗日自衛隊之中隊長与小隊長，均由隊員公選，大隊長以上幹部及政治幹部均由当地抗日最高机關或民眾会[illegible]選派。

八、女隊員單独編為小隊或中隊，不与男隊員混合，未滿十六歲之兒童編為兒童[illegible]隊衛团，在支隊部之下設[illegible]部指揮之。

九、抗日自衛隊直屬当地[illegible]人民武装部指揮，[illegible]人民武装部長得兼任同級的自衛隊指揮幹部（縣人民武装部長可任支隊長，區可任大隊長，村可任中隊長或小隊長）。

十、大隊以上幹部須脫離生產，由当地政府或民眾会議酌給伙食津貼。

十一、自衛隊武裝如下：①快槍——由政府發給或由当地方原來武装，②大刀——由政府発給或由当地自造，③發動人民自造[illegible]。

十二、自衛隊訓練——[illegible]作如下的訓練：①軍事訓練——[illegible]新舊武器的使用，偵查、警戒、防空、防毒、救傷、行軍運輸，以簡單地[illegible]動作[illegible]等，②政治訓練——[illegible]組織民众的方法、政治動員、軍事紀律、文化娛乐等，③平常訓練時間以村為單位，每[illegible]集合一二次，每次三小時；以區為單位，每半月集合訓練一次，每次半天或一天，[illegible]時間，依实况另定之。

十三、自衛隊之紀律如下：①堅決抗日救國，②聽命令服從指揮，③不擾民与人民联合一致。

十四、自衛隊待遇如下：①集中訓練一天以上時，隊員的伙食由隊部供給，②隊員因公被派出差在一天以上者，隊部酌給津貼及伙食費，③[illegible]由隊部負责医治，④隊員因公犧牲者，由隊部或呈請政府給以撫恤，⑤隊員因[illegible]隨隊[illegible]务，家庭因而發生困难者由本村人民負責優待。

十五、自衛隊之經費由下列方法酬措之：①政府津貼，②沒收日本帝国主義及汗奸的全部財產中的一部，③在当地有錢人中酬募之，④自衛隊之經費每月[illegible]收入支出向隊[illegible]公佈，完全公用。

十六、本条例自頒佈之日起施行。

史料名称：抗日游击队组织条例

尺寸：宽 365，高 310

The outline of the organization of the anti japanese partisan groups.

# 抗日游擊隊組織條例

一、為了組織群众、武装群众对敵作战，争取抗战的最后勝利，人民淂組織游擊隊。

二、举凡勇敢堅决机敏强壯，有抗战决心和自願參加者均淂為游擊隊員。

三、游擊隊的編制依其人數及具体环境（地理給養及群众條件）的需要分為游擊小組、游擊隊及獨立營、獨立團等編制。

四、游擊隊的首長，應由隊員公選，政治堅定，有軍事知識及勇敢强壮克苦耐劳者充任；或由本區抗日最高机関委派有威信的人員充任。

五、游擊隊的武器，開始時候是自帶，不論新旧笞可，以后在战鬥中要奪取敵人的武器來改善自己。

六、游擊隊以脫離生產為原則，其所需之給養及用品應从行動地區之漢奸賣國賊身上及敵人方面取淂，必要時或不得已時始淂向人民徵集。

七、游擊隊的任务主要的有以下三項：

①經常伏擊、袭擊、牵制、擾乱敵人，配合主力軍作战，故組成以后應經常出外游擊；

②發動和組織群众；

③扩大自己的隊伍。

八、游擊隊的紀律不是强迫的，而是自覺的，應严格地遵守那有名的三大紀律：（①實行抗日救國綱領，②服從上級指揮，③不拿老百姓一点東西）和八项注意：（①進出宣傳，②打掃清潔，③講話和氣，④買賣公平，⑤借物送還，⑥損物賠償，⑦不乱屙尿，⑧不殺俘擄）

九、游擊隊應受本區最高抗日机関或战委會、人民武裝部的指揮。

第八路軍東進抗日游擊縱隊政治部

三、十五，一九三八 五、三、再印。

史料名称：抗日自卫队的三个基本任务（共 8 页）

尺寸：宽 150，高 200

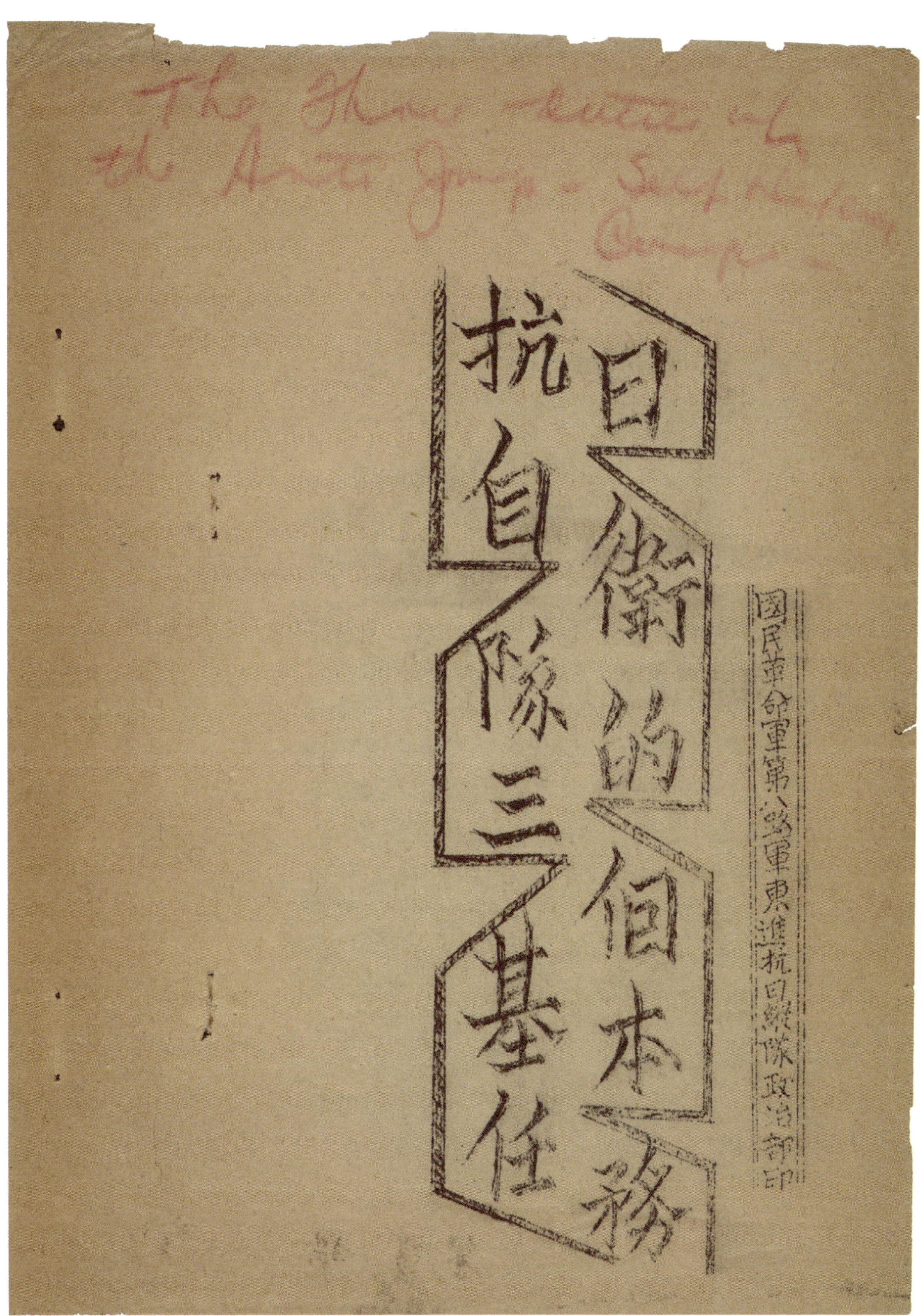

The three duties of the Anti Jap - Self Defense Groups -

抗日自衛隊的三個基本任務

國民革命軍第八路軍東進抗日縱隊政治部印

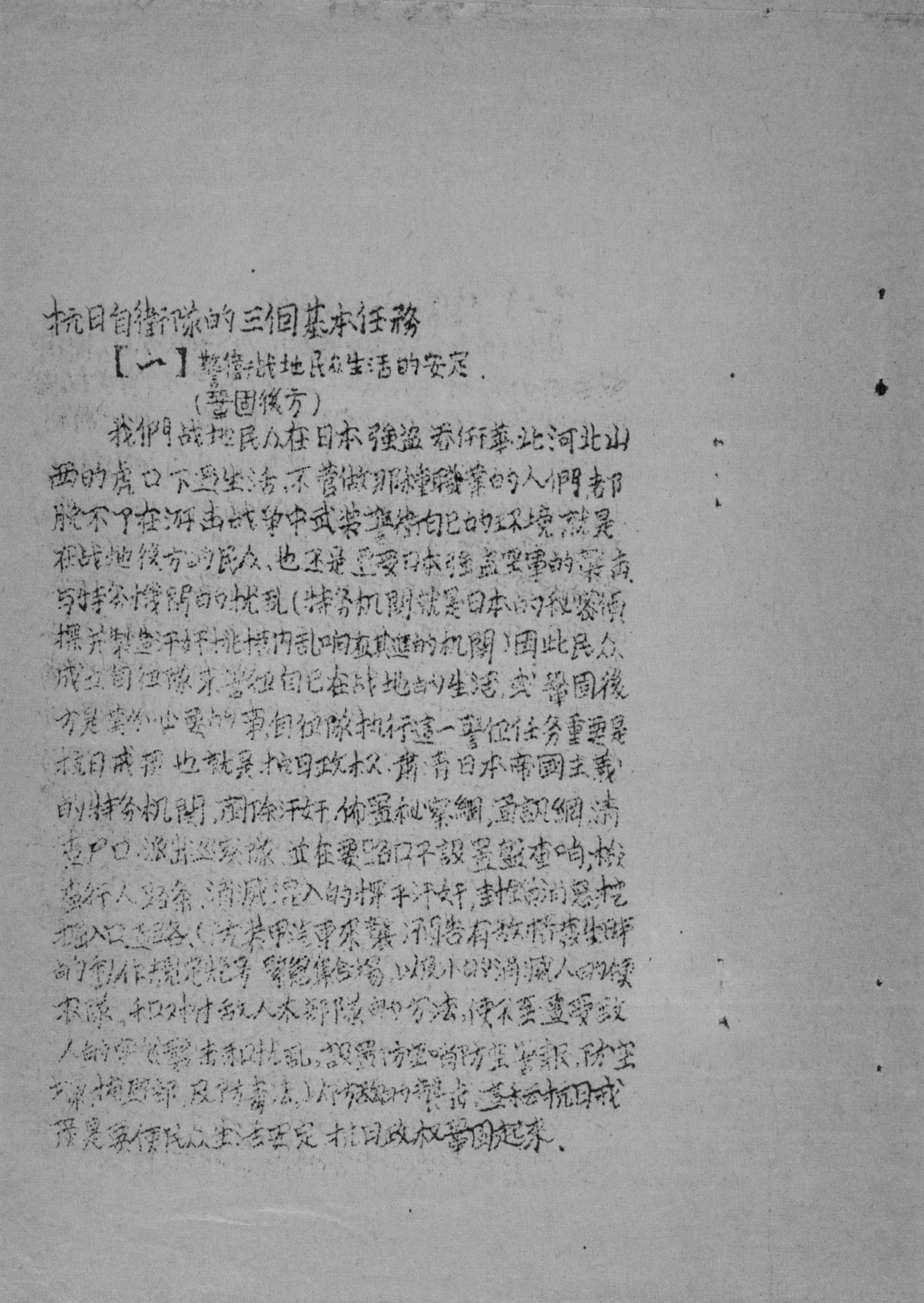

抗日自衛隊的三個基本任務

【一】警衛战地民众生活的安定。

（鞏固後方）

我們战地民众在日本強盜吞併華北河北山西的虎口下過生活，不管做那種職業的人們，都脫不了在游击战争中武裝警衛自己的环境，就是在战地後方的民众，也还是要受日本強盗軍事的襲击与特务機關的扰乱（特务机關就是日本的秘密偵探并製造汉奸挑撥內乱向我進攻的机關）因此民众成立自衛隊來警衛自己在战地的生活，與鞏固後方是萬分必要的。自衛隊執行這一警衛任务重要是抗日武装也就是抗日政权，肃清日本帝國主義的特务机關，剷除汉奸，佈置秘密網，查訊網，清查户口，派出巡察隊，並在要路口子設置盤查哨，檢查行人路条，消滅混入的探子汉奸，封鎖敌人的[illegible]入口道路。（在敌軍突然襲击，預先有敌情報告時的動作規定地方，緊急集合場，以便小部的消滅敌人的便衣隊，和对付敌人本部隊的方法，使不受重要敌人的突然襲击和扰乱，設置防空哨，防空警報，防空壕，掩蔽部，及防毒法），以作为敌的袭击，这样抗日武装是要使民众生活安定，抗日政权鞏固起來。

【二】积蓄和发扬抗战力量

自卫队是不脱离生产的民众所组成的，同时动员城市乡村十六岁以上四十以下的男女（自卫队女队员要编为妇女组，不与男队员混合编制，未满十六岁的儿童另编为儿童自卫团）依其住在地，觉有系统的编为民军式的部队，从连级（不以定用营连名称）起码，以上的指挥干部须系干部，都是脱离生产。专门做自卫队领导工作。同时在自卫队中选出优秀的分子，脱离生产在各区成立自卫队的模范队，作为全区自卫队的训练者，及游击队的核心。在敌人可侵入的区域内，并依靠这模范队来扩大成为游击队的组织，游击敌人。经验告诉我们，中心区域自卫队有好些勤劳积极分子成为脱离生产的游击队，整出边区到敌人们后方去游击，这样是一则加强了游击战争的力量，使敌人处于被动地位，不易侵入本区，二则是锻炼了游击队的战斗力，在敌人侵入我区时打击游击战。这些自卫队都是在日本强盗侵略战争中保卫自己的家乡，为争取自己的民族解放的前途而奋斗的。组成部队以后，应当在战斗环境中去过士兵军事生活，得着民族革命主义的指导，指明抗战目标前途，揭发敌人欺骗阴谋教育的政治文化娱乐，在军事上则教以使用新旧武器，（使用刀矛棍、土枪、地雷、新式枪、手榴弹，）的技术及夺获敌人的武器的方法，以及游击袭击破坏道路，侦探敌情和本身执行的任务一切必要的动作，这样自卫队特别是从实际环境锻炼出来的自卫队，确实是积极了民族抗战的深厚的广大的生存力量，也就是游击队及一切基干部队扩充的兵源，这一抗战力量是推动抗战向前胜利前途的开展的。

【三】配合基干部队消灭敌人

在敌将侵入自卫队驻在该地域时，自卫队就要探明敌人的动向，通报友邻区域的队伍好协同动作，并在敌人的可能道路上，实行清野工作，把妇人先行移开，粮食衣服搬到在山寨，水井埋藏，破坏道路，（使装甲汽车骑兵炮兵都不能来）在要隘处埋地雷安土炮，插旗子迷惑敌疑兵，杀戮傍偟的敌兵，同时使用本身的游击队和配合其他地方的游击队，不断的到处伏击袭击，使日本强盗无路可走、无饭可吃，无人可见，无物可用，处于四方受敌的绝境，加之以散布瓦解日军的宣传品，使他兵

這是個組游擊隊協助部隊打擊敵人的好辦法，
可以使敵人很難立足。如有地方軍隊独立
開展，基幹游擊隊，在有自衛隊地域時，則
自衛隊運用上述動作，配合其作战，是很
容易消滅敵人的。譬如這些基幹軍隊要
秘密迅速，堅決勇敢地消滅敵人，在未到战
場之前，先須自衛隊游擊隊去接近敵人，緊
報敵情，封鎖消息，掩護部隊兵力，幫助
警戒，偵察地形等。在作战以前自衛隊游擊
隊，在敵人們的行動，特別在敵人潰退時，擱
路的伏擊襲擊，要有消滅敵人的意志。在战 三
斗結束時，以前自衛隊打掃戰場，救護傷員
搬運勝利品，監視俘虜，並協助迅速完全任務。
以使這些基幹隊伍保持自己的机動，毫無累贅。
至于自衛隊幫助兵站的運輸，擔架之事
的傳達，那更是自衛隊幫助基干軍隊的勝
利的事。

附一般的抗日自衛隊——
組織系統表和自衛隊的[illegible]

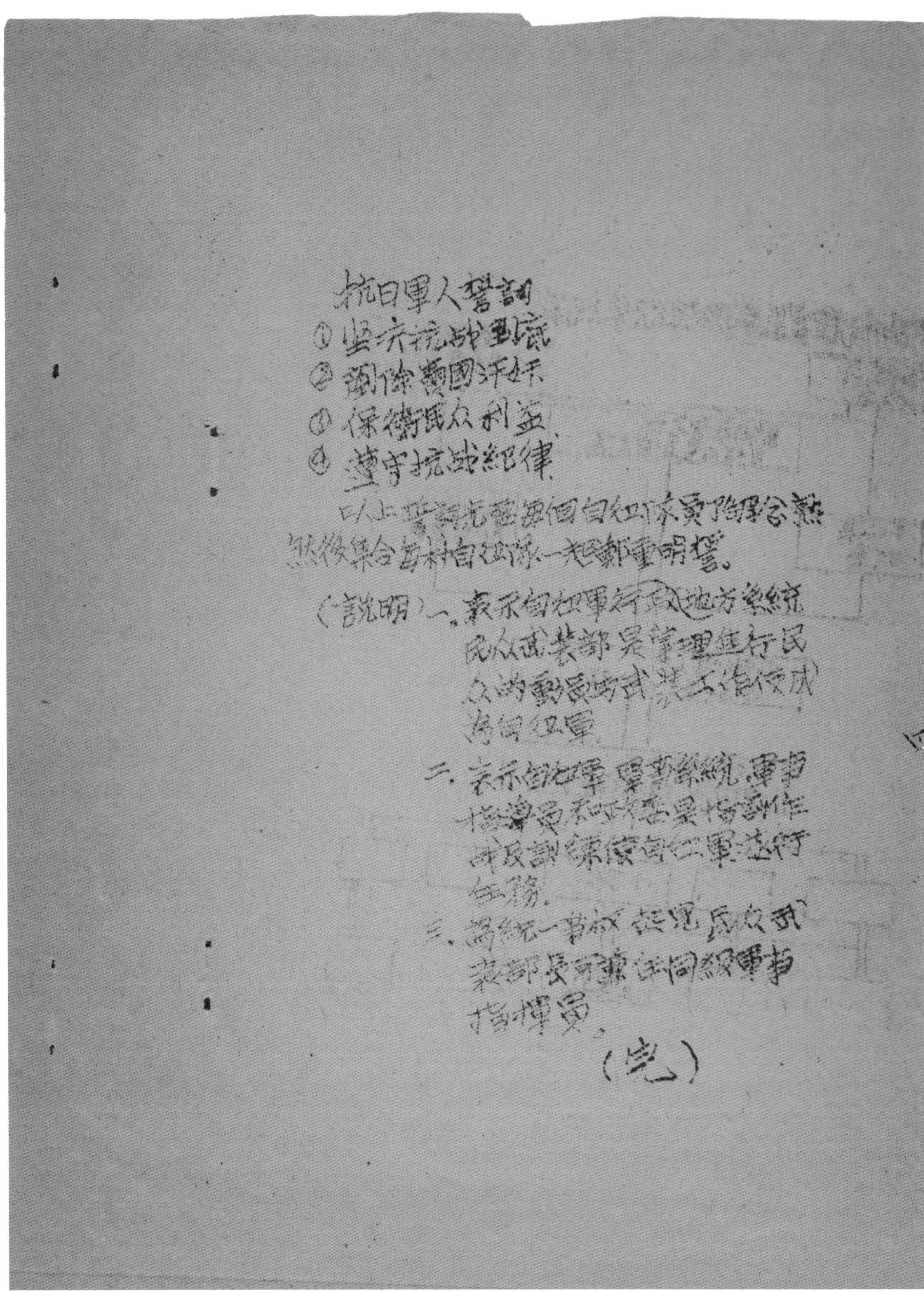

抗日軍人誓詞
① 堅决抗戰到底
② 剷除賣國汉奸
③ 保衛民众利益
④ 遵守抗戰紀律

以上誓詞先經每個自衛隊員背得念熟然後集合各村自衛隊一起鄭重明誓。

（説明）一、表示自衛軍在地方系統民众武装部是掌理進行民众的動員與武装工作使成為自衛軍

二、表示自衛軍軍事系統，軍事指導員和政委員指揮作戰及訓練使自衛軍進行任務。

三、為統一系統起見民众武装部長可兼任同級軍事指揮員。

（完）

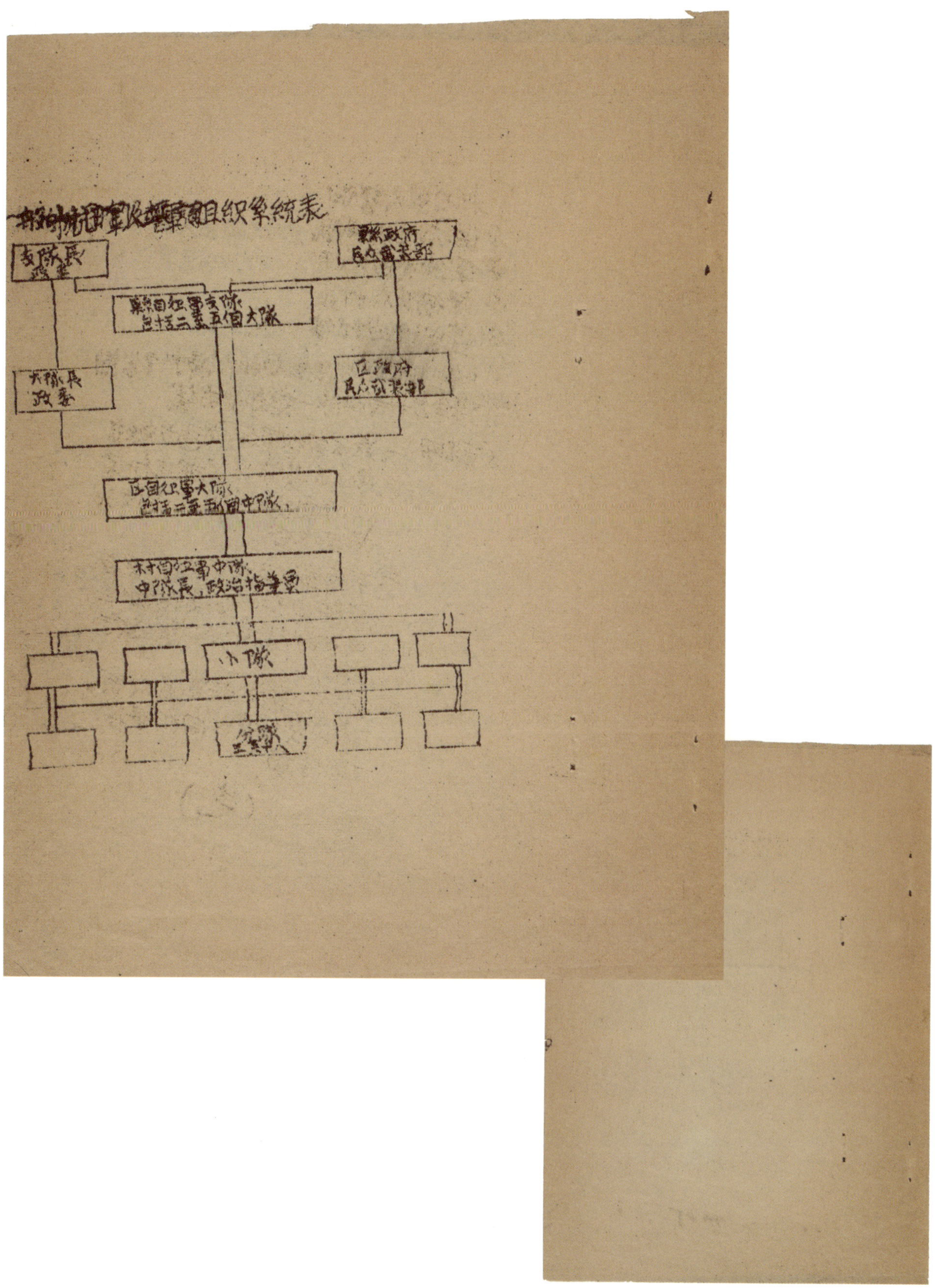

組織系統表
支隊長
政委
縣政府
民众武装部
縣自衛軍支隊
包括二至五個大隊
大隊長
政委
区政府
民众武装部
区自衛軍大隊
包括三至五個中隊
村自衛軍中隊
中隊長，政治指導員
小隊

史料名称：日本士兵家信摘译（共 24 页）

尺寸：宽 150，高 210

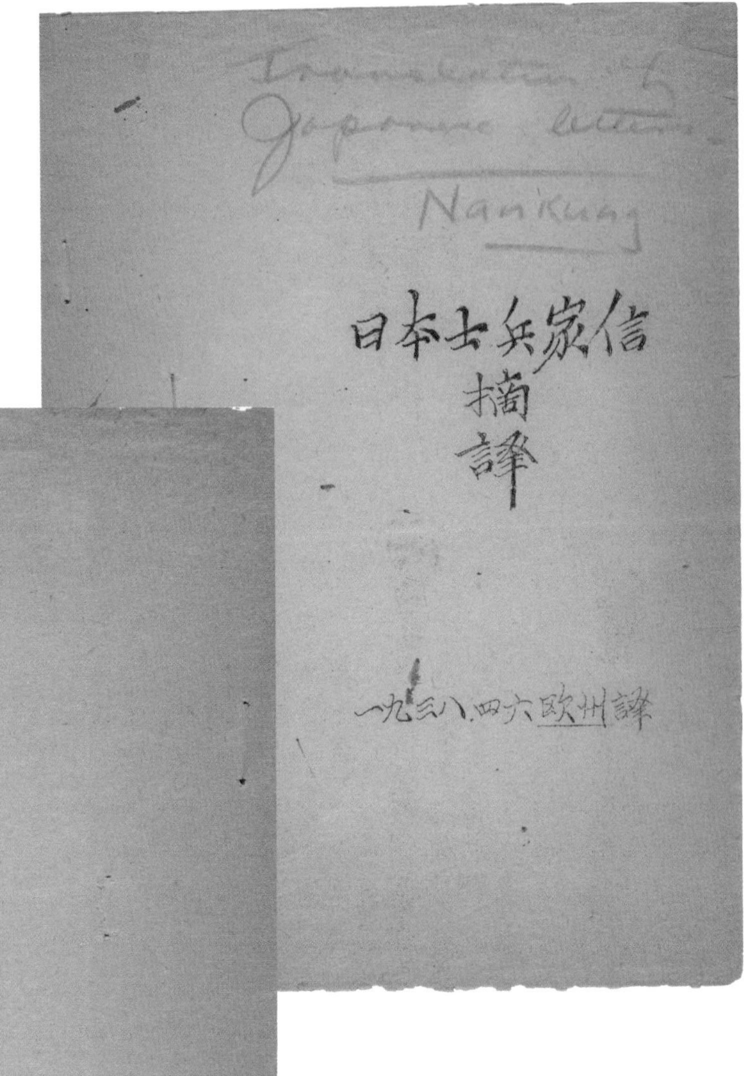

Translation of Japanese letters

日本士兵家信

摘

譯

一九三八.四六 欧州譯

响當鋪戰鬥勝利中獲得日軍士兵

家信其重要的摘譯如下：

日士兵家信摘譯.

> 以下所譯皆為日士兵家書，因日軍有檢查信件制故，不能看到詳情，僅若干遺露和略示而已。

信一.

"现在一面听着次期作战的情報，一面使心中跳动。在最近期間，為着击破集中于榆社的敌軍約四個師，將在出动警備，实在忙殺，我军已有一部到所定的地点。至于我们部隊大约在四月初旬出動吧！我实尚有二師的协力（恐係廿師团及十六师团——譯者）恐怕当这信件到你手裡，榆社已在我们的手裡吧！"

信二.

"现為討伐潞方的敗残兵起見，將用飛机烘炸，前六三日潞安已造好了飛行场，大概已有几十架飛机停在那裡，只待命令一下，即可出發。"

信三.

"到四月下旬，有個"北"支討伐的模样，敌人約有三萬待我们的攻击，向後要五十里外皆為太行大山脈，恐又不免苦戰。

編成上除用一部戰馬以外其他糧秣之運輸多用汽車。

信五

我们當了旅團司令部中村部隊片片振（？）的四月上旬的攻击娘子関一帶的来得軍，因此地為山地，真是够受的了。四月初旬又將向北西移現在長治警備，四月上旬將向北西討伐。

信六

攻入臨汾的是中村部隊，即是永山前步兵联隊長之名，工兵联隊自入山西後亦屬于中村联隊，其他

所有番号中村部隊　二十五旅　森川別　西〇四旅
中村部隊　西五十二联隊　松崎　西十七联隊
海老名部隊　西三十二联隊　工藤　西〇五联隊

信七

自佔領臨汾以迫潞安之時途中受共產軍一個师的截击，当時吾等皇軍計五六部隊（　二名，在激戰中突然，弹药不足，以為我皇軍將全滅矣，但天無絕人之路突與皇軍另力部隊取得联絡，因此敵軍像棄掉許多伤亡者，我们則伤少數，但是此後受敵襲甚多，我之戰死伤亦多，詳細之事難以

筆述，總之共產軍之勇敢实足驚人。

信八

下月十日左右將有一大討伐，對手為四川軍共產軍閻錫山軍之混成者，是中國軍最強者，他們利用太行山在山上建造堡壘，向沿谷而上之我軍施行游擊，故我等防禦实覺寒心。他們常常利用村中鄉民施投手榴彈和安置地雷，故我軍將　的民房（自黎城到臨汾之戰斗時——譯者）尽行燒光，甚至將中國土民（除婦女和小孩以外）一律殺死，利害的甚至有將替我們飲馬的土民加以砍头，這都是由于受共產党危害太大，不得不如此警戒也，中國人不如此，不足以辨別善惡，自潞安至臨汾的村庄，大批被飛机轟炸，僕尽，在此潞安後方時有敌人出沒，故與後方的聯絡断了五六天，因此我們的粮秣也不能順利的支給，常吃小米麵粉，米則一日只有一頓。

我營來的部隊（係一屬下之師团之旅团——譯者）將于四月之初向北出發。本部隊現在潞安，過明天（二十八日）開赴高平（江島部隊及川隊）

信九

現在的敗殘兵匪，誇言用游擊戰，实則他

们不敢和我皇軍作正而堂堂的戦術，而用做賊的手段專门襲擊後方的輜重，还洋洋自得，現在絶宋在不期作戦中擊破他们的根據地，該他们的後方連絡已經斷絶，彈藥粮秣之補充極难，故容易掃蕩也。

信十

近来因在山岳地点作戦，故運輸困难，没有吃的米，祇得已中国人常吃的玉蜀麦，拌些苞包蒸着吃，实在难以充饥。

信十一

山西省有朱德所組織的共產軍，正旺的宣傳着軍民合作，利用民衆过着日子。据我在山東河南河北行軍的經驗，要算山西省对日本惡宣傳最利害。各民房之墙上，都有打倒日本，打倒日本帝國主義，日本鬼子等。從步兵到臨汾沿途被炮所燬的同時被兵士所燒的有百分之八十以上。附近有敗殘兵甚多，决于最近間决定掃蕩。

信十二

"現在潞安城外滯在待命于第三次的作战"

信十三

在山西方面的我们所殺的中国兵。

負伤的一万人鹵獲武器不下二万人步枪三西支與

重炮三门，重机枪多数，步枪弹百万发，手榴弹千个，其他中国的大行李五十台，都是落花生面粉。

信十四

山西軍隊以共產軍第八路軍為中心，由共產党大人物朱德所指揮與土民軍合作其勢力实难侮也，我等之苦战一月，將其主力擊破但他们还散在各地準備継続抵抗，故我们也預備加以澈底的掃蕩。虽為膺懲之聖战，但轉战数月变成狂暴性及粗魯性，又加之看到戰场的屍骸之殺戮情形，時被郷愁所忧也。目下在山西某地為次期作战而休养着，山西是共產党之巣故各地像仁丹药的广告一樣寫满了"打倒日本帝国主義""軍民一致""改善人民生活""武装人民起來"等，但現在已改為成"日支親善""日本山西朋友""日本和平等等

信十五

看見新聞知道上海方面已有凱旋回国的隊伍，但我们何日可以回国呢？現在沿路安警備听說附近之敌為朱德所率之共產軍，彼等利用天險施行游擊戰争，实在難战之極，同時又長於宣傳甚至村民亦来反抗我的，故在此非注意不可也。

现在为了补给粮秣弹药，然后对此高山地带加以彻底的讨伐，此地山岳地带，故运输不便，三月十七日师团之辎重兵一中队受到敌袭，成了全灭战，死者有百七十名。因中国兵缺了粮食，所以专门夺取良民，又来袭击日本军的大行李。因辎重兵没有什么武器，所以被中国兵看中了眼，被我军击退之敌多逃入深山中，时时出没袭击后方兵站线，故此地与邯郸之联络非常困难，粮秣亦不能支领，大家都减了食。”

信十六

十六日师团辎重队受了残败兵的袭击，有了相当的损害。

信十七

十六日辎重之中队及十六师团（加纳部队）的辎重为敌人几乎全灭，死者二百五十六名，其中有五六个行方不明（失踪）

信十八

因在山间僻地，故食粮不能满足的补充，只有征发村中所有的杂小麦粉、小米等，但还不足充饥，故有几天没有吃着东西而行军。

信十九

现在山中驻屯邯郸东南二百四十里左右，故

交通不发白米極少，故只好吃小米及玉蜀黍。

信二十

現在我帝国遭受到千古未有的大国難，經济方面有英国之敌，武力方面有苏联之敌，我以為除前進以外別無他徑也。我等深思此种重任，决定以日本為枢軸，使世界之东亚有新的轉回。唯此一念，使我对长期之事变，决忍耐持久从事以拯諸公正義也。山西之軍民，均為共產党，故日本軍受到各种損害，戦死者受伤者相当的多，因此潞安滞在後五八師团还受到相当損害。我们最近之内傳說可以凱旋，恐在五月末六月初可到弘前。

信廿一

自入晋以来，對于稍有共產軍气息之部落之居民，除小孩外老少男女都加残殺，並燒掉部落。吾軍期于四月上旬决行大討伐。　現在已是午后十時，但遠遠的西南方还有不絕的枪声，不知到了什麼時候，才有听不見枪声的好日子到来呢？時常在报紙上寫的長期交战，一看到就令人心内难過。工兵们赤裸的在河中架桥，还有吃浮着中国兵馬死屍的池水，其他的苦痛極多，但由于軍律上不的筆述。　希望最後之戦爭趕緊開始結束，則能退兵，得歸桑梓。

## 信二十二

二月二十七日攻到臨汾，在臨汾停留了三天，又取原路返回。途中和敗殘兵衝突了二次，本兩中隊方面僅傷二名。三月十日安返潞安，現在陸續的相当準備之責，到四月時听說到地方五十里（抵中国三百里——譯者）之地方大討伐，時下还談不上凱旋。

三月廿七日，下元部隊武藤部隊中嶋隊。

## 信二十三

十九日夜我们工兵為爆破城门（潞安）而登數丈高的城樓上，[illegible]敌彈，將校及兵们戰死負傷者很多，並且各部隊都[illegible]戰死負傷者，那時本内的柏崎少尉[illegible]的戰死……二十八日佔領了臨汾城，該地方有不可勝數的敌的武器彈藥……此地全是共產主義的人，連土民對日軍都有反感，[illegible]的兵及沒有糧食吃的大小部隊都穿上土地的衣服。共產軍是戰鬥力很强的軍隊，但對于日軍是不適当的，我一人殺了好几十人，但是因了敗散兵，無論旅团或各部隊都苦戰了……三月十日又回到潞安城，此地與後方的連絡已斷絶，没有是粮上次為從後方運粮食支团輜重隊々及兵站輜重隊行軍之中被多数的敌兵襲击，战死并負伤者四百名。從生还的兵们听說無戰斗加的隊部被殘殺了。……前几天臨汾的残備隊（我们的元小隊）各隊正在修補道路與後方之联络之际，被敌人四十襲击。戰死者五十三名，戰伤者一百一十名这是臨汾二十二日警備司令部的電因没粮食吃小米及麥面。

二月廿三日 下元部隊江島部隊及川隊々。

第五頁

信二十四

現在第二期作戰的山岳戰已告了一段落，我们（步兵第二中隊）住在山西省潞安西南針章村……戰況漸々入了長期抗戰了。我们老兵当然，不会二年二年站在草去第戰线的第一线。然而不会一下子能解决的樣子，對日本軍强則逃，弱則出來中国兵的厭倦極了。三月廿九日。

信二十五

河北省是一望千里的平原，而山西則不同，在層層的山里，行軍也是不行軍，戰闹也不是戰闹，總之以言語是表現不出来的，粮食全然不能继续、馬餓死人病死，实际上仅工兵隊速兵者六十名以上，戰死者七名，戰傷者二十餘名，患病者日益增加，真是遺憾之事。現在在潞安担任警備之团，四月十四五日我想總会出發去討伐，大概總在末六月初前后……在武安與潞安之間，輜重隊約四百名為運輸食粮被敵襲擊全滅了，死者三百名以上。三月廿九日，臨汾守備之一個大隊與工兵一個小隊為修理道路正在動之中，被四五千之敵襲擊，死者五十六名，傷者百一十二名之内工兵小隊以下死傷者約有二十五名。

信廿六

離開鐵道路綫一百八九十里，以汽車輜重隊運搬師团，虽然極的守着秘密，三月十七八兩日運搬食粮的輜重隊受了二千以上的共產軍和土民的襲擊，百八師团的一樁空前之事。現在我們工兵隊方面的木匠們作遺骨作了三百五十個，又兵站部隊方面也造成一百個以上，因為車輛是三百五十輛，輜重兵與特务兵合起來，好像戰死百人以上的樣子，幸而小林安藏的中隊不同，得到免了遇險運粮兵這樣的被襲擊，所以我們的粮食，不能够繼續。現在只吃每日定粮之半，每天以一合半之米麥和中國豆醬茄子鮮就過着生活，虽是警備之中，实際是困難，並且簡直没有办法，所以做小米麥面吃，甚至連五分錢一個雞蛋都買着吃。

這個路要地方飲水，甚至連一桶水兩角都買着吃，想起来战斗之事，就以為有没有錢，都不成問題似的，然而警備之中十個月十元錢（日兵每月津貼八元八角——註者）也不會有積蓄的，再想到明天這個生命就不是自己的生命了的時候，就以為營养的東西，也应該吃一点保持着身体，如果運好，能得到無恙的而凱旋的話，我想把这個被太陽晒過的黑黝黝的臉供本兒送給母親，姪子以及你們各位看。

下元部隊江島部隊及川隊。

信廿七

奥田君之事也寫在信上，他現在從上海派遣軍司令部轉松林精部隊佐藤隊前些日子，我曾經接到他来的信，我好像参加南京攻击以後到現在担任警備之事，六月廿六日之信也同時收到了伊東兄来到華北之事，我是初次聽說，我收到就發信去了，伊田部隊，好像担任第一線的山西北平汴線後方之警備，到我凱旋的時候，或者能遇到。

這次你寄来的東西还未接到，此地離鉄路線很遠，連粮秣的補充，都做不到，况且是小包的運搬呢？大概現在邯鄲的野战倉庫，一三四天前我夢到一個不好夢，我老想是不是家中有什么不吉之事啊！近来凱旋之事，連夢也做不到（不可能之意——譯者）然而听說五月五日左右在老家在開第一次之慰灵祭（追悼會）這個会完畢之後我若能回国，又不一定等等。兵们因此而喜欢的也有。然而实际不知怎樣。

三月廿六日 下元部隊江島部隊城田隊

信廿八

山西之道路與滿洲全然不同，差不多都是山岳地帶，道路也全是石头，相当的受苦了，並且当地抗日思想特別劇烈，每天都受袭。廿七日午前七時，臨汾陥落在城外約三里之地，住了一天又返回潞安，在途中三月四五六七日，四天在山脈之頂上，敌兵三個師团的袭击，我们的部隊因不是战斗的部隊，所以武器很少，擔架兵便是步兵一個中隊完全被敌兵包圍，因連续的交战，所以子弹已完，一点办法也没有了，並且與前衛部隊也断了連絡，的确成了囊中之鼠，已經死心塌地，到了寫最後日記的地步了，在這個時候，決死隊傳騎五名與前衛部隊取上連絡，得到援助好容易才搶得性命，這算是嘗到第一线的味道了，以後平安無事三月一日到了一〇八師团司令部所住的潞安，這算安了一下心，其後為担任警備住在此地，本月末听説又要向某方討伐匪賊，我们的部隊因為師团病院，好像在潞安能久停的样子。

三月十八日 下元部隊 各部隊二七二

信卅九

以前我以為这時候總可以回到鉄路附近，然而敌最近又越發的横行起来，時常受了夜袭或者討伐，战争連一天也未停止過，就中最近通訊机关的電話被割断，屢々次々遭到敌之奇袭，所以其不能聯絡，因是這种情况，不能得到如意的去到鉄道附近，终于两天前我軍運食的輜重兵受了敌之奇袭（在山中）我们去援助，打死中国兵五六百，活俘五十人（譯注：這封信是在本十七日發的，可是信中説二日前被中国軍隊袭击，那末這個战鬥是有五十日了，虽然不是神头战斗了，而在什么地方與友軍那一部更無由可知，如果是神头战斗，而本人把日子記錯了的話，那末日本人的逆宣傳如何，由此可想見一般了，發信的写人好像是軍官似的——一一譯者）這樣報告給你，你以為中国軍是薄弱啦，然而你们都知道吧，以游击隊這种战術，像這樣精强的皇軍也有被他们优的時候，然而万一的時候，受了十倍

三月二十七日
下元部隊木播隊
（完了）

之敵人奇襲，我們的战斗員決不恐懼，請你放心吧！

三月十七日 華北派遣軍

高樹部隊石川部隊本部

信三十

現在在潞安担任警備之職，同時也正在準備下次戰斗中，最近就要北上討剿殲滅共產党朱德所率領的軍隊的四個師，離我們現在住的地方約三百里以北榆社北方山岳地帶，聽說是他們的根據地——此地附近之敌，都是共產黨，都有思想性質是惡劣的，現在運用游擊战術防害輜重的連絡，城內（潞安一部者）目下充滿了和平空气，城墻的上面都寫的"中日親善"中日合作建設東亞，以前各地方都寫着"打倒小日本帝国主義"、"把日本鬼子驅逐出中国"、"有血性的男子参加決死隊"等々。

請你將下列的話，轉告給青年學校的學生"為討伐扰乱東洋和平的中国軍隊而牺牲了的十六七万的中国青年，決死隊的純情，因了這种純情，他們（少年決死隊）被思想的"愛国参加上战線"的傳宣騙了，錯誤的行動，虽不害怕而他們的意气是壮而偉。"

# 日軍家信摘譯 二

據報紙傳說上海方面的戰爭已經近於結束而且有些部隊已經歸返內地不知真況若何？

到了春天家裡又多忙了吧！我想最近當可回來，但因此為軍事行動不能確定，而中日又要長期抗戰，故雖于三月十一日返潞安警備，但最近為討伐殘敵，有向某方面出動的消息。

現在潞安修養，此地原為共產軍的根據地，是抗日的盛地，無論日常的食品一律都標明著抗日的文字，並且一般農民，多已共產化。十六日師團以大行李受敵襲擊，約有二百名的戰死者，彼時佐騰君搭師團的汽車去看了一次，說是在道上的死屍堆積如山，不知共匪所停止的是朱德軍隊，有一萬人左右，每日威脅著潞安，故在不得粗心，最近將施行討伐也。

山西這個深山，中國的兵像山裡的猴子一樣，快快逃去，所以不好尋找姑娘，都逃走了，城內只有老頭。

十六日我軍受到極大的損失時，我為了復仇，用手槍殺死一個敵人的敗殘兵，当搜他身上時，拿着許多日本軍的東西，並且还拿了一冊三重县（日本地名）出身兵士的筆記，真是可惡透的王八蛋！所以当時把該地女人小孩都殺燒了六十名，將校们試看殺男子，真是殺得有趣，在美化鎮的战争時也用手槍殺了一人。

山西省之抗日意識，实足驚人，現將其宣傳情形述一二如下："什麼"軍民一致团結打倒日軍長期抗戰爭取最後勝利。人民武装起来捐献蒋委員長"等充满着墙，一到村落，没有一個村民，但自日本軍入城一二日後良民都陸續归来，抗日意識已成為風前之灯。

看見寄来的报上，登着凱旋的事情，使我心胸躍動。

現在山西的東部戰綫上，山西軍（共產軍）实在真强，因為他们是山里的土汴子是鄉下人而且又有極强的抗日思想，所以常々受到他们的攻擊，真是危險。

該地為共產党的本据，故其宣傳戰非常精緻，但現在一地的标語和宣傳画，都已掉換連新民会亦已組織治安日日復舊。

自入山西后因共產主義的關係，使皇軍非常困难現在残敌还很多到邯鄲去的粮秣之大行李及自動車時被袭击故我们的粮秣已感不足這些在菜討伐地的村里發現了許多御賜香煙的空盒及空的慰问袋那是他们從大行李上劫来的。

在微子鎮受袭击成了失踪的一個特务兵已經發見了據逃兵說敌人起初用步槍打一近来就用手榴弹，據說他们和村民有了连络的一看見带红臂章的步兵，就不敢打知是特务兵時就動手恐最近将討伐之。

此地路安城附近土民大都近来時開民众大会在皇軍警備下商賣都開業了很安定。

此次事变和滿州事变不同，敌人都是正規兵，不能粗心。

知到四月将向繁東（太原前面）（想写信的写錯地名——譯者）出動，此次出動之地，皆為山嶽地带故得有飛机之援助才能進行，但可怕的四月中常爱下雨，实使我担心道路既坏水也不可喝，真是难題。

内地此時涼己天暖綠葉叢萌雜草青青而麥田中時耕有你看作工，此种故鄉的和暖的春景時在眼前泛起使我怀恋家鄉。

上海方面，聞有一部已經交代归返内地，但華北方面在××附近，將也于最近開始交代，但不知自己究竟何日可凱旋也。

我的旅团芮米地（步兵一〇四旅团隸）有工藤部隊（百〇五联隊）及中村部隊（五十二联隊）

潞安城内之中国人小孩亦與我們兵士相當熟悉，而且城内商店已經漸漸地從事生產了。

見敌屍堆積如山，此乃自生以来第一次所看到的死人數目，当時的感想最好像看見壘壘的石塊一樣，雖然如此，但蒋軍依然執迷不悟，還不從依存主義容共之迷夢中醒来，還誇其最后勝利。

一切物資極其困難，一支香烟兩人合抽，而

二 且只能喝点小米粥。

本隊二月八日由蘄順德到邯鄲配屬于一〇八師团（下尤部隊）經西方之武安涉縣黎城潞安、潞城屯留臨汾路越太行山脈，二月廿八日入臨汾城，我二月廿八日到臨汾追及到本隊，在這期間内曾經過了一次戰斗但平安無事的抵了潞安……

因泉山地敌以游击战術而日軍也有点感覺困

難，並且山西省是共產軍、四川軍、閻錫山等的軍的混成，所以是抵抗力很強的軍隊，甚至連土民都援助中国軍。途中沿道路線的中国民房全部被我们燒盡，除女子小孩子以外所有的男子，都被槍斃，平汉線附近稱讚着「新国家的樹立」，然而這地因受了共產軍的威脅，毫無平汉線的味道，雖然這樣說中国人漸次的回來的樣子，我想這也不會遠了。

就是現在因這附近是山岳地帶，敗敵之散匪是還是很多，步兵部隊及砲兵大隊之一個中隊時常的出動，下月（四月）十日过還有大討伐，討伐後，大概是再回到河北省。

三月廿七日

下元部隊武藤部隊本部

林茂雄

潞安的城外有朱德的軍隊一万，何時出什么事情，也不一定，所以很緊張的警備着，一点不能鬆懈……

三月廿七日

下元部隊神谷隊

齋藤金次郎于潞安城内。

自二十日至二十四日到潞城東方十公里之地去討伐了，那個地方也是大山脈，是更困難，

尚且最近預定以約兩個星期的期間到西北方
面去討伐，日期还未決定，大概在四月二三号吧！
目的是完全消滅共產軍的領袖朱德……

三月廿七日

武藤部隊道家隊

中貝

現在山西等待应該来的新銳兵团中的
期间中（由此可証明敌有交代兵的企圖——
譯者）討伐頭目朱德所率領的共產軍完畢以
後再到鉄路沿線……

三月廿六日

元下兵团粕谷部隊中林隊

川村一元

這次继续的战了四十天，今天虽然休息着，
說不定明天又發現了敌人而出動此山中之中
国兵是共產軍是最强的軍隊，我们也因了大
激战牺牲者也相当的多，前些日子水泽井陽
君也战死了真令人憾恨，我们是下元部隊
每回战斗都参加已經继續了数十回的战斗
消滅這方面的敌的時机就在現在不战斗
是不成的。何時能回家真是不得而知，我想過

了三年能得到回家吧！

三月廿八日

下元部隊白浜部隊齋藤隊

藪樂先光

# 孔夫子故乡的战斗

1938 年 7 月 19 日，卡尔逊向邓小平、徐向前等人告别后，前往共产党八路军与山东第六区专员范筑先将军等共同创建的鲁西北抗日根据地。他在回忆中给这一章取名为《孔夫子故乡的战斗》。此行历经临清、聊城、阳谷、朝城、观城、濮县，所至访问军政各界、参观考察外，处处受到民众热情欢迎，最忙碌时，一天出席四个群众大会作四次讲演。

鲁西北之行又一次展示了抗日民族统一战线的巨大影响和力量。自 1937 年 10 月韩复榘退过黄河南逃的严峻时刻，惟有共产党人砥柱中流，岿然不动，谱写了“二十八宿卫聊城”的传奇以来，迄今已建立了二十多个县的抗日政权、三十多支抗日游击队和大批抗日救亡群众团体。在聊城，由中共鲁西北特委协助范筑先创办的山东省第六区干部政治学校，教学内容和方法完全仿照延安抗日军政大学，校训也是“团结、紧张、严肃、活泼”八个大字，据卡尔逊的翻译欧阳山尊记述，这里有不少人来自“抗大”和“陕公”，“随着他们的足迹，延安的学风和歌声也传到这里了”。该校培养了大批军队政工干部，对坚持鲁西北抗日游击战争作出了重要页献。在阳谷各界欢迎大会上，儿童团代表无比自豪地告诉美国朋友：“范司令的队伍打日本人时，我们来帮忙，站岗、放哨、带路……都行。”就在卡尔逊到访的半个月前，即 7 月 3 日，这片热土上刚打完一场“四六八合作”（指四专区、六专区、八路军）的破袭战，津浦线北段 100 多华里全部瘫痪。天津的敌伪报纸惊呼：“鲁西国民党残军同八路军实行配合，津浦路又遭破坏……”

不过正在鲁西视察的国民党山东省政府主席沈鸿烈对此不以为然，还在私下抱怨对八路军所训练的一批“民先”工作干部，很是头痛，因为他们不照他的方法做。卡尔逊在信中告诉罗斯福总统：“沈是个忠义的爱国人士，同时又是老式保守派的中国人。他不认为应该去组织民众……八路军在做沈鸿烈的工作，让他接受他们的观点，但在我逗留期间，他仍然顽固不化。”其实卡尔逊也曾试图说服沈鸿烈，据欧阳山尊日记，7 月 22 日，“饭后卡尔逊与沈（鸿烈）谈了半天民众运动。卡尔逊说了民众的重要性，并且说到各国对于这个问题的重视。”7 月 23 日，卡尔逊私下询问八路军七六九团团长孔庆德，“他是不是可以与沈谈一谈八路军的政治纲领，好让沈了解。这一点八路军当然是同意的，这样是有助于统一战线的。……晚上，卡尔逊与沈谈八路军的政治纲领至深夜。”但是沈终究没有被他说服，反而送了他一本代表国民党主张的《本省施政方针》供其学习。孔庆德知道后，希望能看一下这份东西，欧阳山尊转告了卡尔逊，他很痛快地说：“就将这份给你吧。”欧阳说：“那你呢？”他说：“我可以向沈再要一份。”

但是卡尔逊显然对体现八路军政治纲领的那些做法更感兴趣，所以他在鲁西北搜集并保存下来的，更多的是阳谷青年救国团工作纲领、阳谷妇女救国会纲领、阳谷儿童救国团简章附行动纲领这些材料。另据欧阳山尊日记，聊城有一份共产党人主持的《抗战日报》，铅印四开，总编辑齐燕铭特为送了卡尔逊一套“五一”创刊以来的合订本，可惜未能在哥大史带东亚图书馆藏的卡尔逊抗战史料中发现。

告别鲁西北后，卡尔逊历经濮阳、滑县、延州、原武直至郑州，完成了此行最后一程——对豫西北的考察。此地划归国民党第一战区，卡尔逊写道，“这条路线所经过的地方，抗日力量还没有很好地组织起来”，这种状况直到原武才见改观。卡尔逊抗战史料中的《自卫会自卫队组训大纲》等件，就是他在这段行程中留下的。

8 月 6 日午后，从延安出发全程陪同卡尔逊完成这次长途考察的欧阳山尊等人在郑州车站为他送行——

卡尔逊要我代他向毛主席、林伯渠、洛甫、马海德等致意。临行依依，他拉着我的手谈了好久……我们彼此的眼睛都湿了。汽笛声中，他跨上了火车，在窗口向我们挥手作别；我们也一面向他挥手，一面唱起来他爱听的《游击队歌》。

史料名称：本省施政方针（共 18 页，第 2 页及最后两页为空白页，故略去）

尺寸：宽 120，高 180

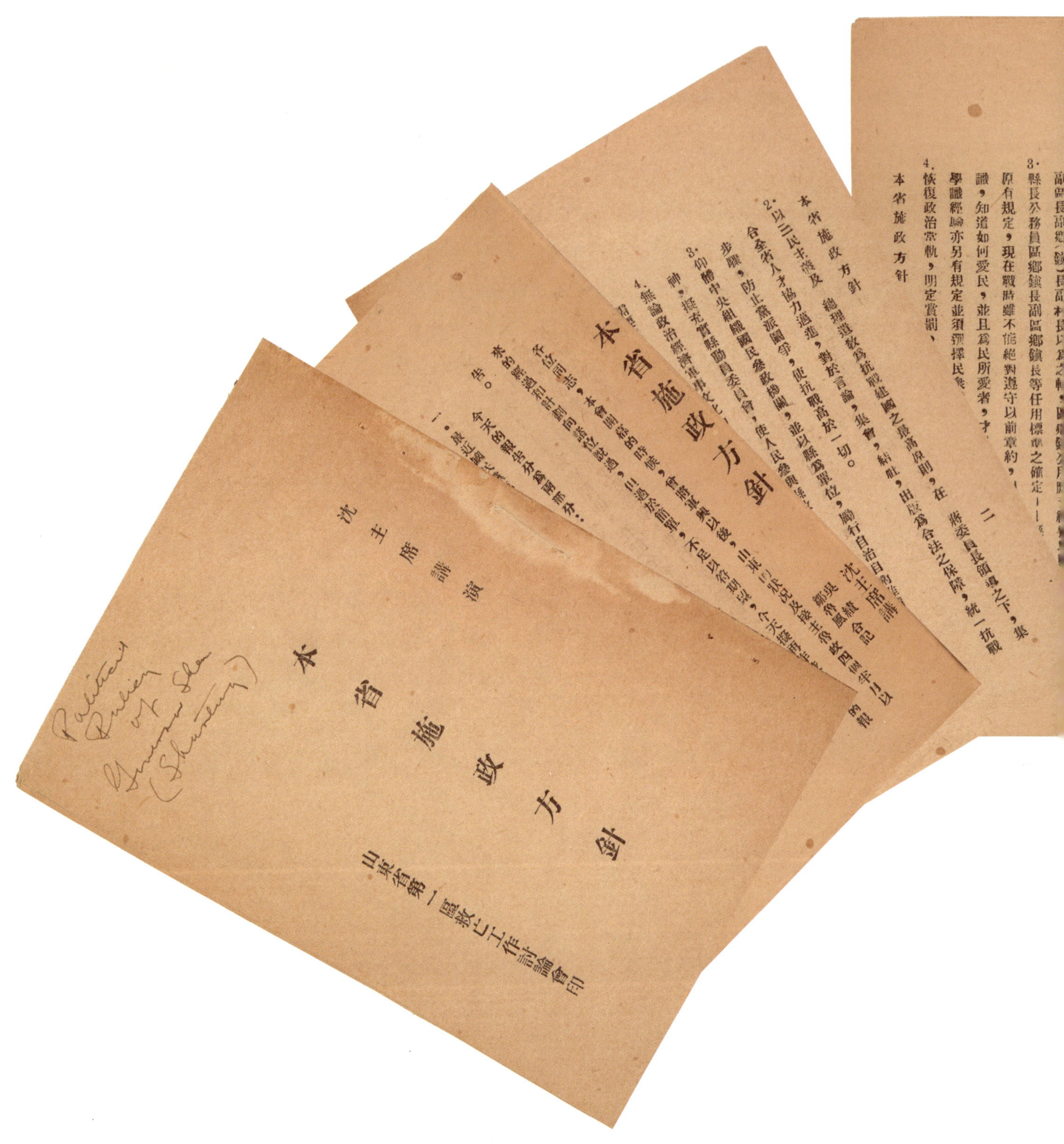

本省施政方針

能相互流通，將來再由省府設一全省總合作社，整個經濟問題打成一片，且此項合作社之主要目標，在使合作……，不由政府統治，這樣人民才有力量，國民經濟才能穩定，纔能於抗戰之中……國的根基，此項事業至爲重大，希望各位特爲盡力。

戊、軍事——軍事之原則爲自衛與抗戰合一，自衛就是解決土匪，肅清漢奸，抗戰就是打敵人，這兩者須合而爲一，因爲不能自衛是不能抗戰的，所以要抗戰必須先能自衛，目前最需要者的有五項：

1.編練保安隊整理游擊部隊——目前山東專員的保安隊，數多少不同，有的很多很亂，有的又很少或者沒有，現在預備有計劃的整編訓練，規定給養，不許隨便向民衆攤派，劃定防區各負專責，不許東移西遷，游而不擊，必須如此方可使之成爲自衛抗戰的骨幹。

史料名称：为欢迎美国参赞卡尔逊先生来阳谷考察告各界民众书

尺寸：宽 370，高 310

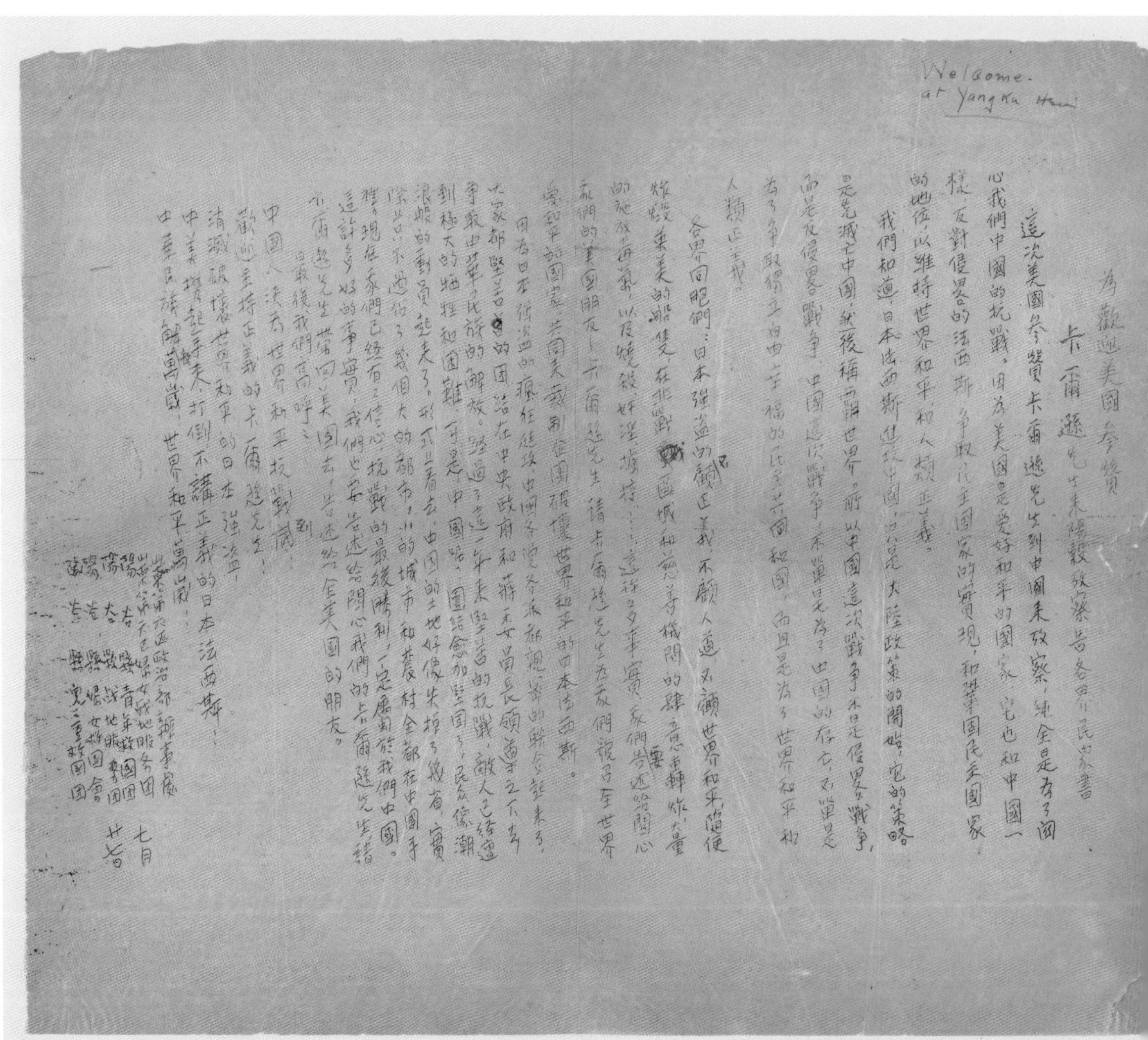

Welcome at Yang Ku Hsien

為歡迎美國參贊卡爾遜先生來陽穀考察告各界民眾書

這次美國參贊卡爾遜先生到中國來考察，純全是為了關心我們中國的抗戰。因為美國是愛好和平的國家，它也和中國一樣，反對侵略的法西斯，爭取民主國家的實現，和華國民主國家的地位，以維持世界和平，和人類正義。

我們知道，日本法西斯進攻中國，只是大陸政策的開始，它的策略是先滅亡中國，然後稱霸世界。所以中國這次戰爭不是侵略戰爭，而是反侵略戰爭，中國這次戰爭，不單是為了中國的存亡，不單是為了爭取獨立自由幸福的民主共和國，而且是為了世界和平和人類正義。

各界同胞們：日本強盜的蔑視正義，不顧人道，不顧世界和平，隨便轟炸，大量焚燬英美的船隻，在非戰區域和慈善機關的肆意轟炸，大量的施放毒氣，以及燒殺、奸淫、擄掠……這許多事實，我們要告述給關心我們的美國朋友——卡爾遜先生，請卡爾遜先生為我們說給全世界愛和平的國家，共同來制止企圖破壞世界和平的日本法西斯。

因為日本強盜的瘋狂進攻，中國各黨各派都親密的聯合起來了，大家都堅苦的團結在中央政府和蔣委員長領導之下來爭取中華民族的解放。經過了這一年來堅苦的抗戰，敵人已經遭到極大的犧牲和困難，可是，中國呢，團結愈加堅固了，民眾像潮浪般的動員起來了。形式上看去，中國的土地好像失掉了幾省，實際上不過佔了幾個大的都市，小的城市和農村全都在中國手裡。現在我們已經有了信心，抗戰的最後勝利，一定屬於我們中國。這許多好的事實，我們也要告述給關心我們的卡爾遜先生，請卡爾遜先生帶回美國去，告述給全美國的朋友。

最後，我們高呼：

中國人決為世界和平抗戰到底！

歡迎主持正義的卡爾遜先生！

消滅破壞世界和平的日本強盜！

中美攜起手來，打倒不講正義的日本法西斯！

中華民族解放萬歲！世界和平萬歲！

山東第六區政治部辦事處

山東第六區婦女戰地服務團

陽谷縣青年救國團

陽谷縣戰地服務團

陽谷縣婦女救國會

陽谷縣兒童救國團

七月廿七日

史料名称：自卫会自卫队组训大纲（共 10 页）
尺寸：宽 230，高 290

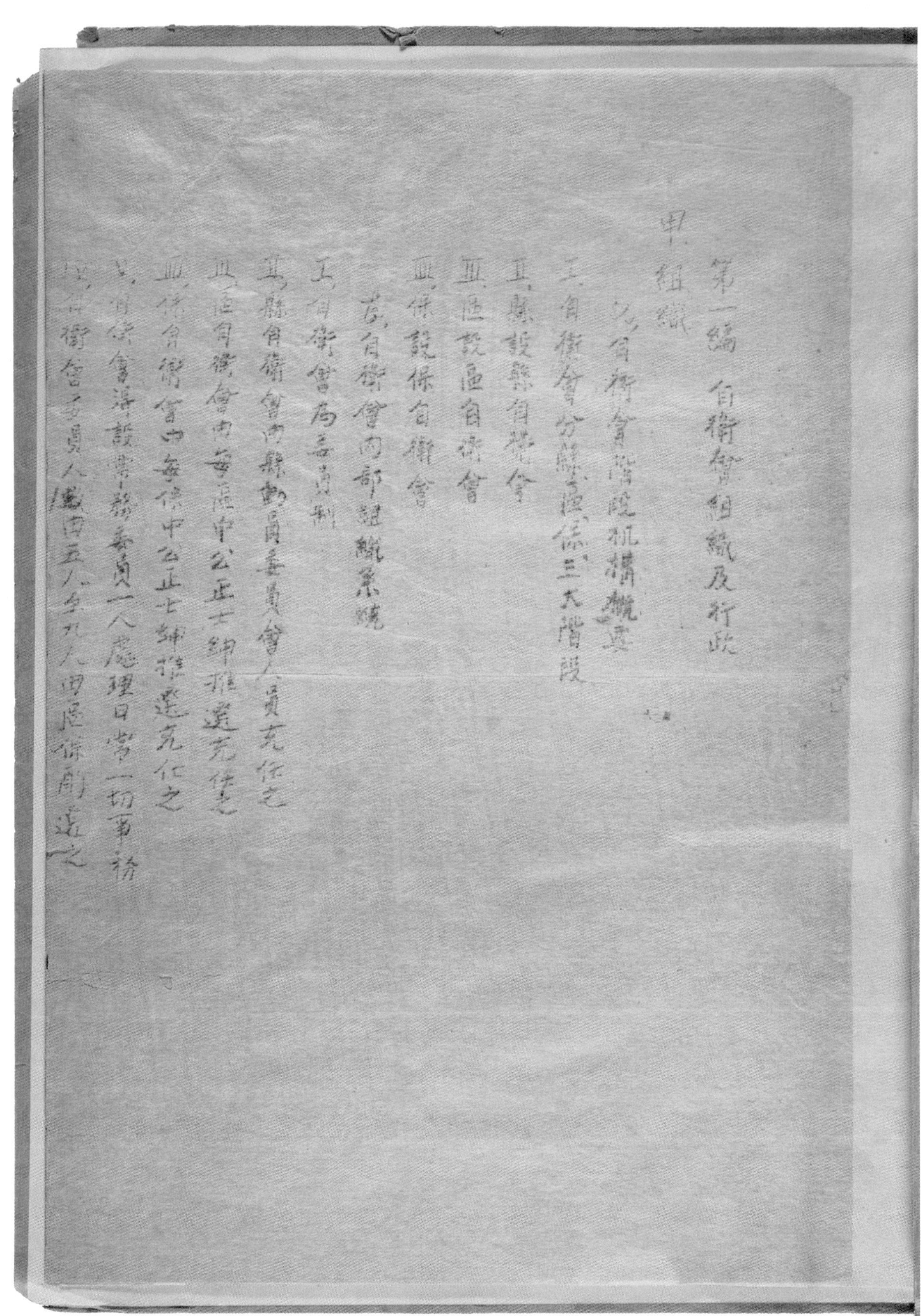
第一編 自衛會組織及行政

甲、組織

乙、自衛會暫設機構概要

〡、自衛會分縣、區、保三大階段

〢、縣設縣自衛會

〣、區設區自衛會

〤、保設保自衛會

丙、自衛會內部組織系統

〡、自衛會為委員制

〢、縣自衛會由縣動員委員會人員充任之

〣、區自衛會由每區中公正士紳推選充任之

〤、保自衛會由每保中公正士紳推選充任之

〥、自衛會得設常務委員一人處理日常一切事務

〦、自衛會委員人數由五人至九人由區保開選之

乙、自衛會階段管轄區

Ⅰ、自衛會為彈形順序分會節制之階段組成

Ⅱ、縣自衛會轄區自衛會區自衛會聯保自衛會

Ⅲ、自衛會為民眾動員劃區保家最富機動性之行政[illegible]
組應有之權利

丙、自衛會行政

Ⅰ、自衛會負指導自衛隊責任

Ⅱ、自衛會負發揚民眾及自衛隊愛國思想之使命

Ⅲ、發動軍隊慰勞及抗戰期中地方應辦事宜

Ⅳ、自衛會負諜報巡情敵況之重大任務每發現敵情之時向上
級自衛會及軍政機關陳報

Ⅴ、自衛會負救濟各該階段自衛會所轄區域內無嗜好純正良民而
受凍餓之男女老少設法籌食給衣使不能流為盜賊亦不致干犯法

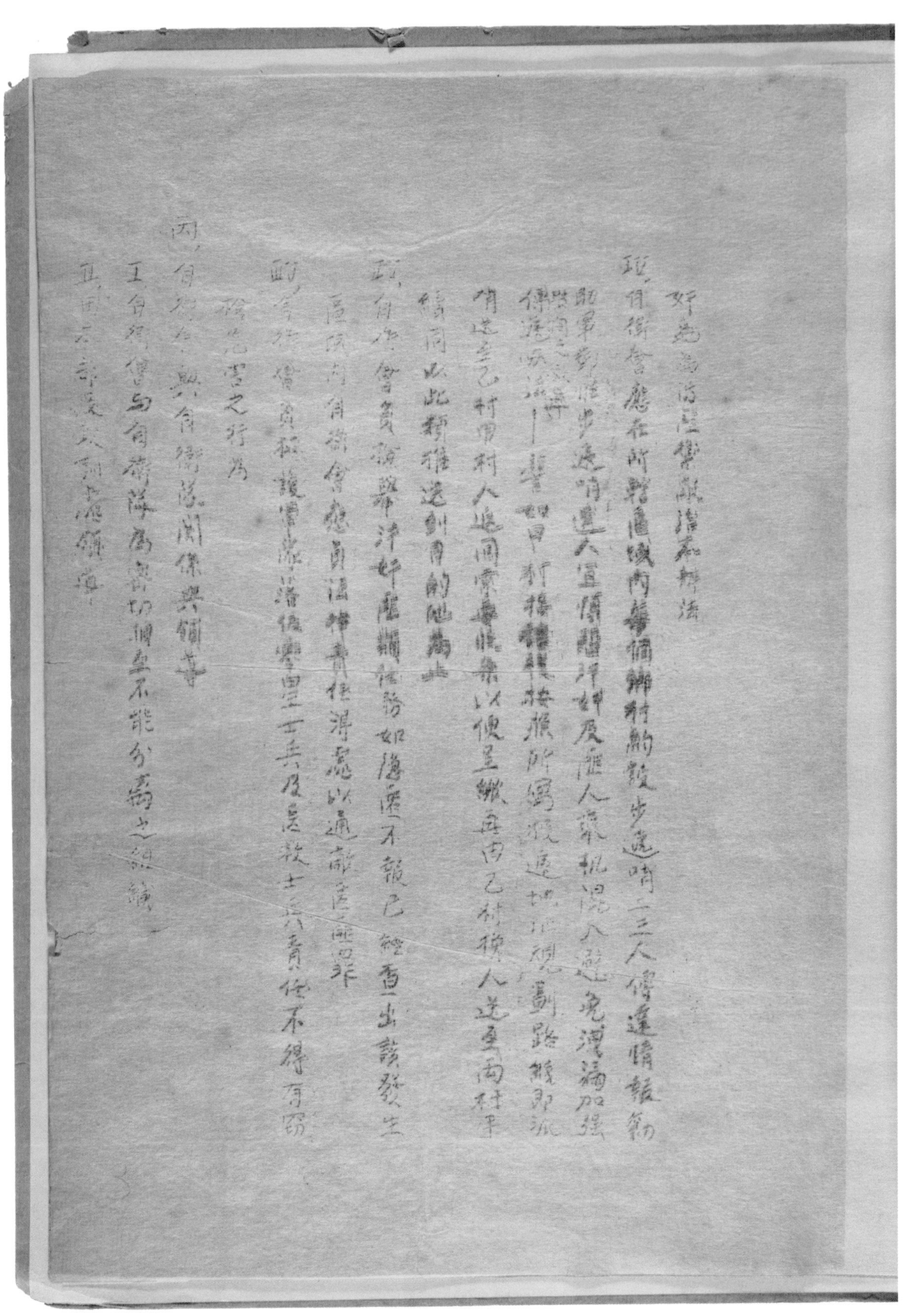

[illegible]防止偽諜[illegible]辦法

[illegible]、自衛會應在所轄區域內普遍[illegible]村[illegible]散步遊哨二三人傳遞情報勸[illegible]軍[illegible]步遊哨遇人盤查[illegible][illegible]人[illegible]入[illegible]兇滲漏加強[illegible]傳[illegible]——[illegible]如甲村[illegible]獲[illegible]所屬[illegible][illegible]劃路線即派哨送至乙村由村人送回[illegible]以便呈繳再由乙村換人送至丙村[illegible]村同此類推送到有關的地為止

[illegible]、自衛會負責[illegible]奸[illegible]細[illegible]務如隱匿不報已經查出該發生區域內自衛會應負責[illegible]處以通敵之罪

[illegible]、各村[illegible]負[illegible][illegible]落[illegible]士兵及[illegible]救士[illegible]責任不得有[illegible][illegible]害之行為

[illegible]、自衛會與自衛隊關係與領導

1 自衛會為自衛隊為密切[illegible]不能分離之組織

2 [illegible]受[illegible]領導

第一號 自衛隊組織編制及訓練

甲、組織 一、自衛隊組織系統

工、化本縣自衛隊分隊部（設有情報處直向本部副官處及戰訓處擔任）

耳、分隊以下酌編若干分隊部

各自衛隊隊部設隊長人選）

工、總隊長由本部派員充任之，副隊長由本縣自衛會遴選富

有軍事知識人員充任之

耳、各自衛隊大隊長由各自衛會遴選富有軍事知識人員充

任之

耳、保自衛隊每保先編一分隊，保編齊後再由此若干分隊中

遴選中隊長十二人，其體系編為分隊，以便指揮而利單位之

多有確統制

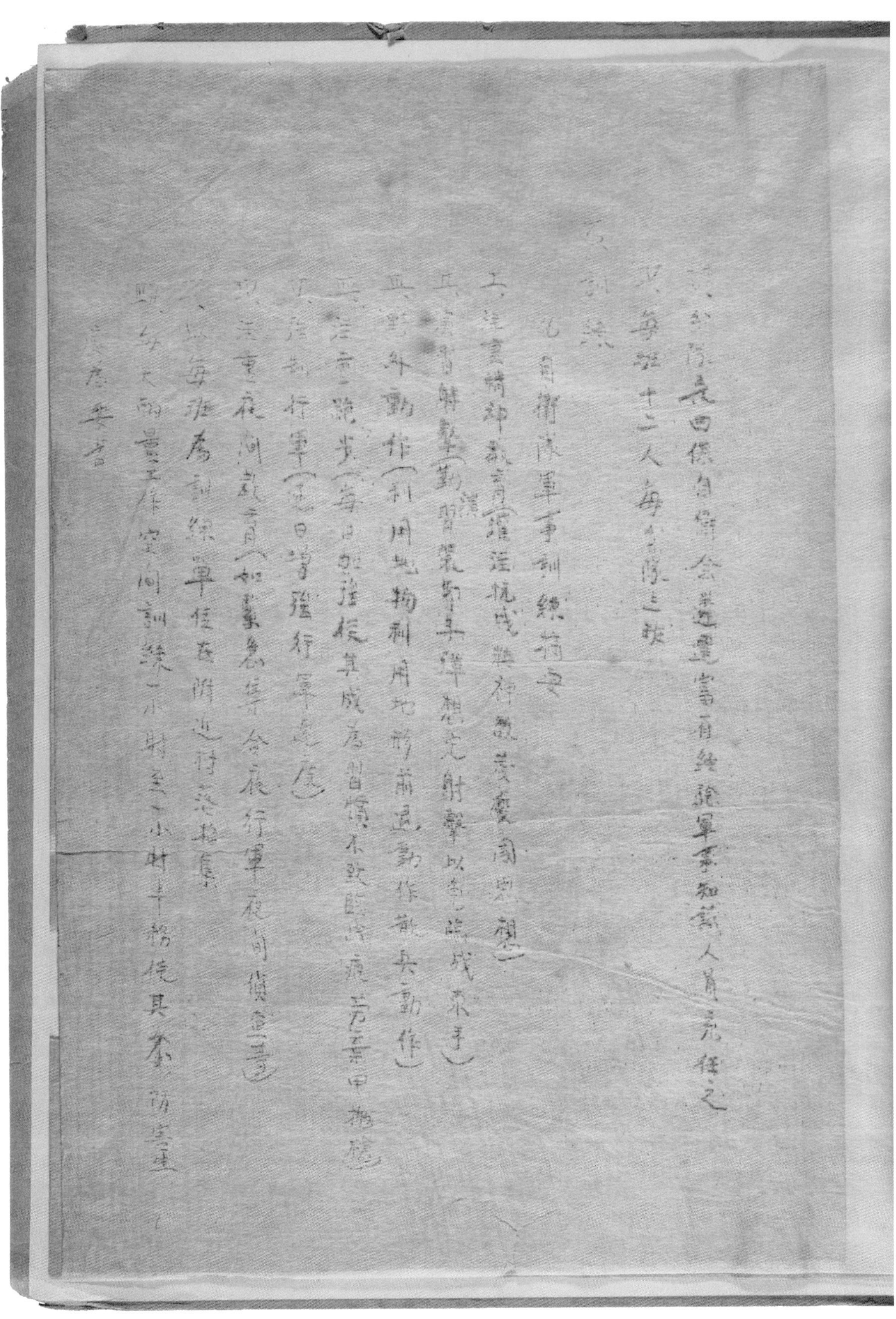

六、分隊長由保衛會并選富有經驗軍事知識人員充任之

四、每班十二人每分隊三班

丙、訓練

乙、自衛隊軍事訓練摘要

一、注重精神教育（灌注抗戰精神激發愛國思想）

二、注重射擊訓練（演習裝填子彈想定射擊以免臨戰束手）

三、野外動作（利用地物利用地形前進動作散兵動作）

四、注重跑步（每日加强練習成為習慣不致臨戰疲乏棄甲抛槍）

五、注重行軍（每日增强行軍速度）

六、注重夜間教育（如警急集合夜行軍夜間偵查等）

七、以每班為訓練單位在附近村落召集

野外大雨農工作空間訓練一小時至一小時半務使其不妨害生

產為要旨

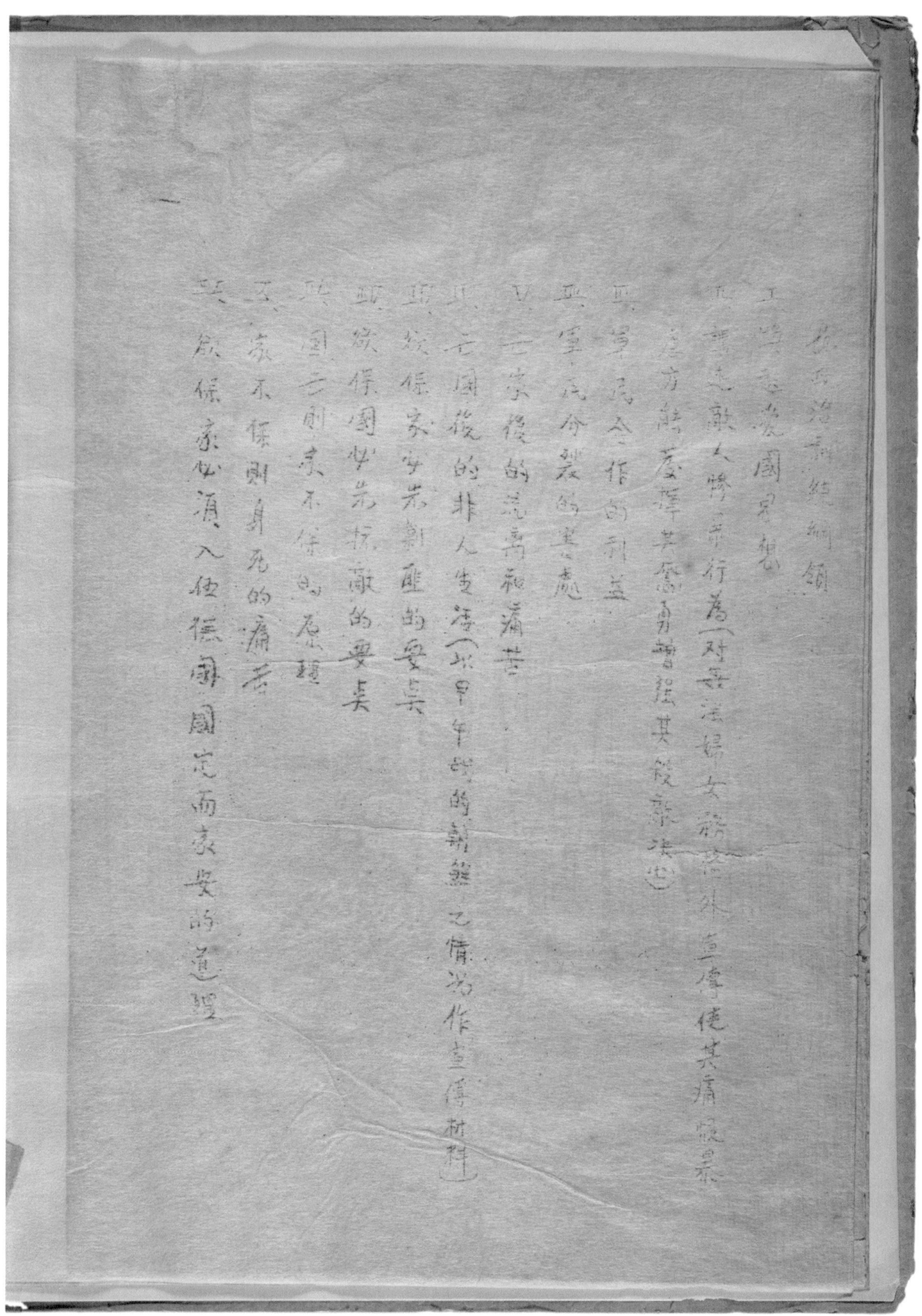

政治訓練綱領

I 喚起愛國思想

II 揭示敵人慘毒行為（对姦淫婦女掠奪財外宣傳使其痛恨暴敵

是方能奮發其奮勇增强其殺敵決心）

III 軍民合作的利益

IV 軍民分裂的害處

V 亡家後的流离和痛苦

VI 亡国後的非人生活（以甲午战的朝鮮之情况作宣傳材料）

VII 欲保家必先剿匪的要点

VIII 欲保國必先抗敵的要点

IX 国亡則家不保的原理

X 家不保則身死的痛苦

XI 欲保家必須入伍保國國定而家安的道理

[illegible]漢奸之危害民族
[illegible]漢奸之盜賣祖國
[illegible]漢奸之陰毒政策
[illegible]漢奸是慘殺同胞的劊子手
[illegible]漢奸是爲敵父母妻子兄弟姊妹的[illegible]是

結尾餘聲：

以上關於軍事及政治訓練摘要和綱領不過略舉一作爲訓練提綱，按每一條的意義去發揚去演述可以說其中的意思都可編成演好小冊，但是因爲編者的工作時集不能[illegible]以作[illegible]敘，將來可是軍訓和政訓的實施者只能根據綱要來作那原[illegible]的[illegible]式的做似的了人同志時間環境和種種關係，以此時要把綱領[illegible]將來[illegible]和[illegible]中[illegible]依著本旨實現訓練的目的，同志發揚光大和大家的學習才能收穫[illegible]的效果哩！

編者 第一戰區騎兵第八[illegible] [illegible]支隊[illegible]司令 王震東

[illegible]

史料名称：阳谷青年救国团工作纲领

尺寸：宽 370，高 312

陽穀青年救國團工作綱領

史料名称：阳谷青年救国团章程（共 8 页）

尺寸：宽 140，高 190

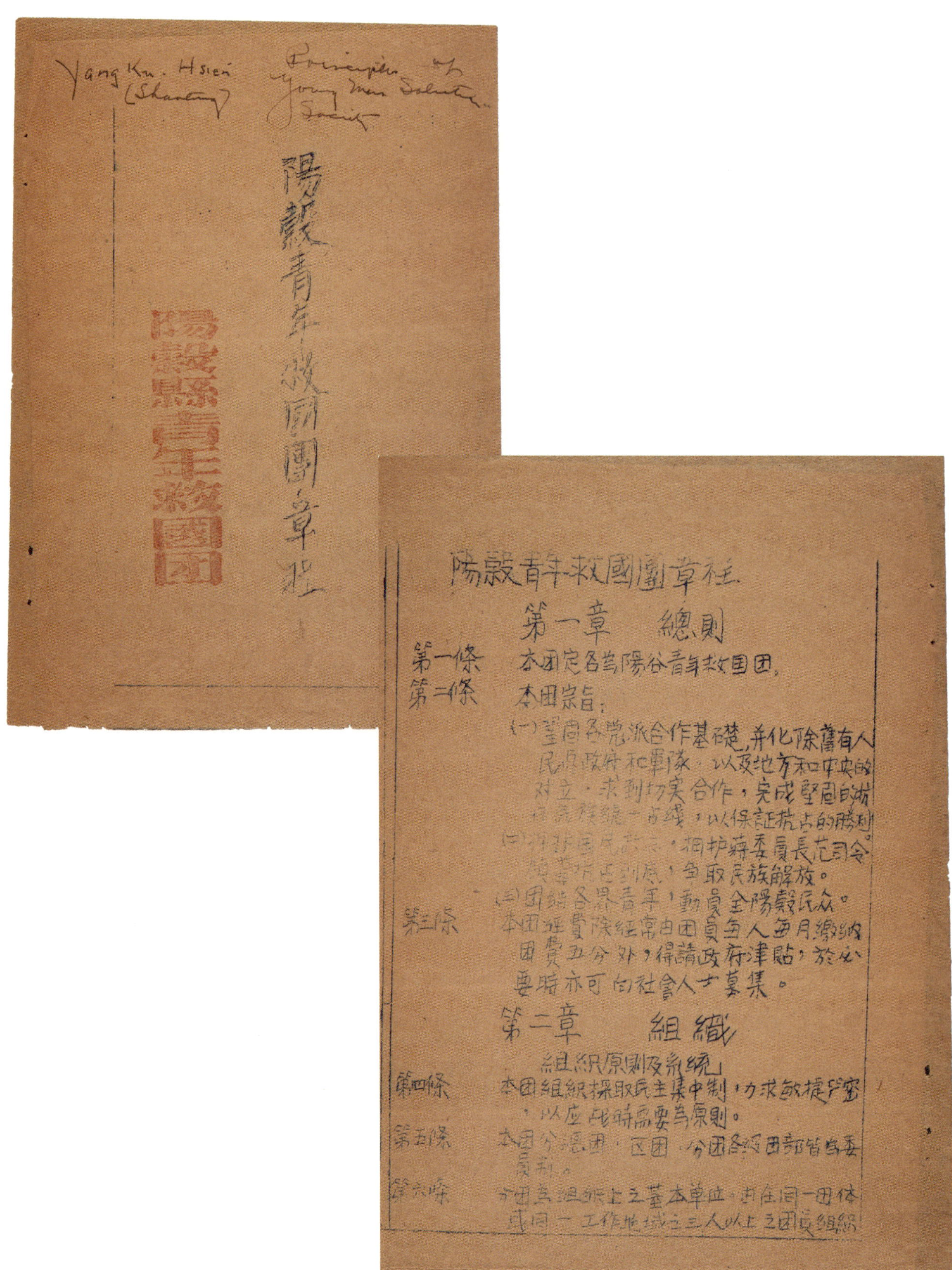

Yang Ku Hsien (Shantung)

Principles of Young Men Salvation Society

陽穀青年救國團章程

陽穀縣青年救國團

陽穀青年救國團章程

第一章 總則

第一條 本团定名为陽谷青年救国团。

第二條 本团宗旨：

(一)鞏固各党派合作基礎，并化除舊有人民与政府和軍隊，以及地方和中央的对立，求到切实合作，完成堅固的抗日民族統一战线，以保証抗战的勝利。

(二)拥护国民政府，拥护蒋委員長范司令領導抗战到底，争取民族解放。

(三)团結各界青年，動員全陽穀民众。

第三條 本团經費除經常由团員每人每月繳納团費五分外，得請政府津貼，於必要時亦可向社會人士募集。

第二章 組織

組織原則及系統

第四條 本团組織採取民主集中制，力求敏捷严密，以应战時需要为原則。

第五條 本团分總团，区团，分团各級团部皆为委員制。

第六條 分团为組織上之基本单位，由在同一团体或同一工作地域之三人以上之团員組織之。分团得按人数多寡分為若干小隊，不足三人者，編入附近分团。

第七條　区团由某区一市鎮或鄉村之各分团組成之。為联系總团與分团之樞紐，独立的工作单位。

## 团　員

第八條　凡贊成本团宗旨且願為其实現而奮斗之青年，經团員一人之介紹，或由本人申請，經分团部許可後，即得為本团团員。

第九條　本团团員之权利：

(一)參加本团一切集体活動。

(二)選舉罷免監察及被選舉等权。

(三)工作上組織上之建議。

第十條　本团团員之義務：

(一)遵守本团团章及決議。

(二)發展本团之組織。

(三)繳納团費。

第十一條　团員应經常參加小隊会議，經常討論目前抗战形勢，各种自我教育問題，並对工作加以檢討和計劃，且根据团部決議分任工作。

## 团員大会及代表大会

第十二條　本团之最高权利机关為全体团員大会或代表大会。代表大会由各分团所選出之代表組成之，每三個月由總团部負責招集一次，于必要時得經执行委員会決議或过半数之团

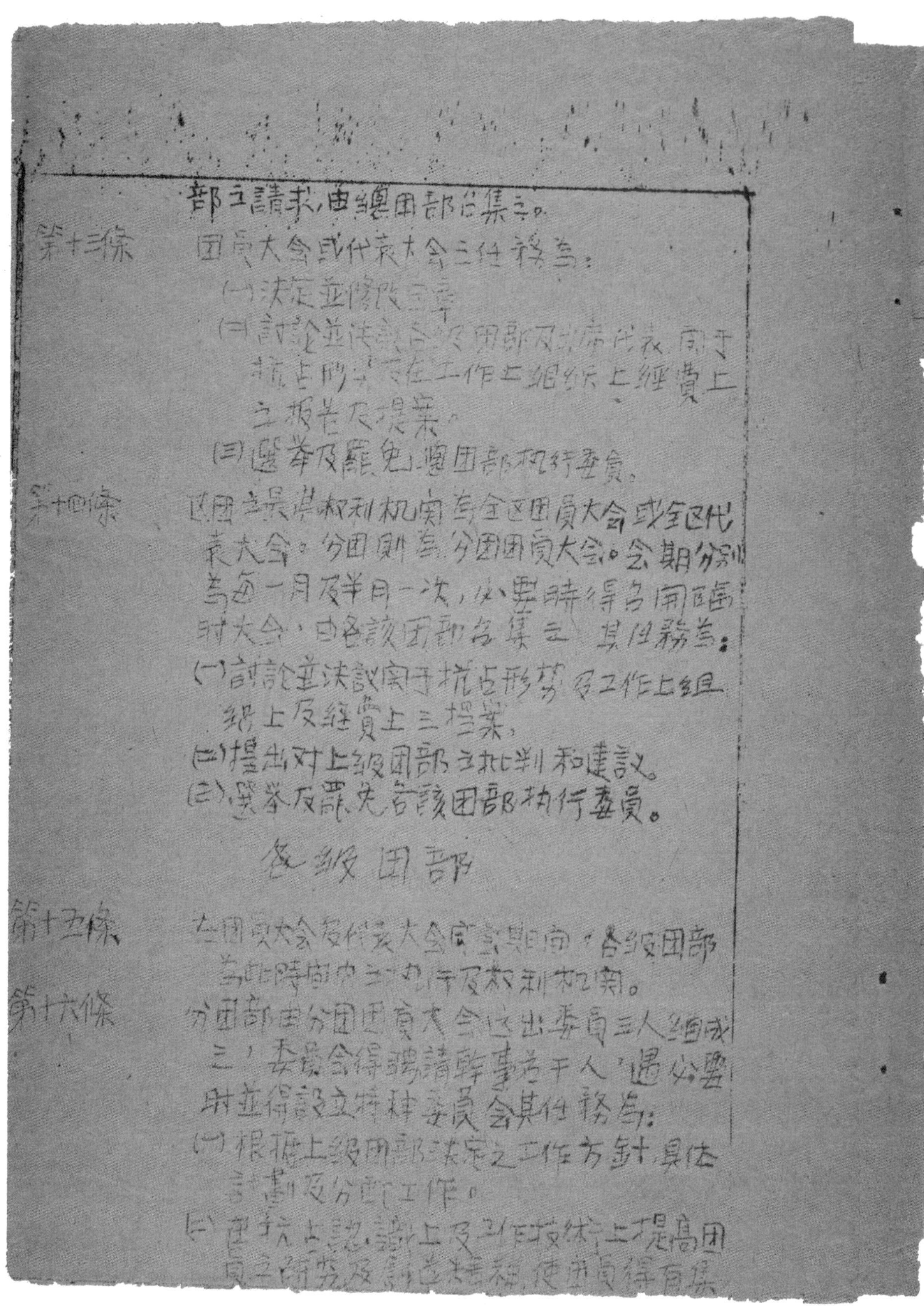

部之請求，由總团部召集之。

第十三條　团員大會或代表大會之任務為：

（一）決定並修改团章

（二）討論並決議各級团部及出席代表關于抗戰形勢在工作上組織上經費上之報告及提案。

（三）選舉及罷免總团部執行委員。

第十四條　区团之最高权利机关為全区团員大會或全区代表大會，分团則為分团团員大會。會期分別為每一月及半月一次，必要時得召開臨時大會，由各該团部召集之。其任務為：

（一）討論並決議關于抗戰形勢及工作上組織上及經費上之提案，

（二）提出对上級团部之批判和建議。

（三）選舉及罷免各該团部執行委員。

各級团部

第十五條　在团員大會及代表大會閉會期間，各級团部為此時間中之執行及权利机关。

第十六條　分团部由分团团員大會选出委員三人組成之，委員會得聘請幹事若干人，遇必要時並得設立特种委員會，其任務為：

（一）根據上級团部決定之工作方針，具体計劃及分配工作。

（二）在抗戰認識上及工作技術上提高团員之研究及創造精神，使团員得有集生活，並鼓勵团員工作情緒。

(三)对区团部提出关于抗占形势及在組織上工作上經費上之报告。

第十七條　区团部由全区团員大会或代表大会选出委員七人組成之，設總務委員二人，組織委員二人，宣傳委員二人及訓練委員一人，各股得聘幹事，必要時得設立特种委員会。区团部每週開会一次，於必要时得召開臨时会議，由總務股召集，其任務：

(一)接受分团部关于抗占形势及組織上工作上經費上之报告，幫助分团部解決組織工作上技術上之困难。

(二)討論並執行總团部区团大会或代表大会之決議，詳細布置分配工作。

(三)主持区团内的集体生活及分团間的工作合作競賽，在工作中發揚团員之情緒。

(四)按情形裁撤或增設並合併分团部。

(五)对總团部及区团大会或区代表大会提出关于抗占形势及在工作上組織上經費上之报告。

第十八條　總团部由全体团員大会或代表大会选出執行委員九人組成之，設總務組織委員各二人，交际訓練宣傳委員各一人，各部之上，設正副主任委員各一人。各部将视工作之繁简由执行委员会聘请干事若干人。必要时得设立特种委员会。总团部每周开会一次，必要时得召开临时会，由主任委员召集之，其任务为：

(一)讨论并执行全体团员大会或全团代表大会关于抗占形势，工作上组织上及经费上之决议，并报告抗占形势之变化及区团部之报告。具体规定本团之任务与工作方针。

(二)主持全体集体活动及教育工作。

(三)联络当地一切救亡力量协助政府完成民族解放。

(四)按情形裁撤合併或增设各区团部。

(五)召集全体团员大会，或代表大会，提出关于抗占形势，及在工作上组织上经费上之报告。

## 第三章 选举及罢免

第十九条 本团采取民主的间接选举法。

第廿条 出席各级代表大会之代表，由各分团选出之，十五人以上之分团选举代表一人，廿人以下者选二人，其余每增一倍，多选代表一人。

第廿一条 各级团部执行委员，由各该级团员

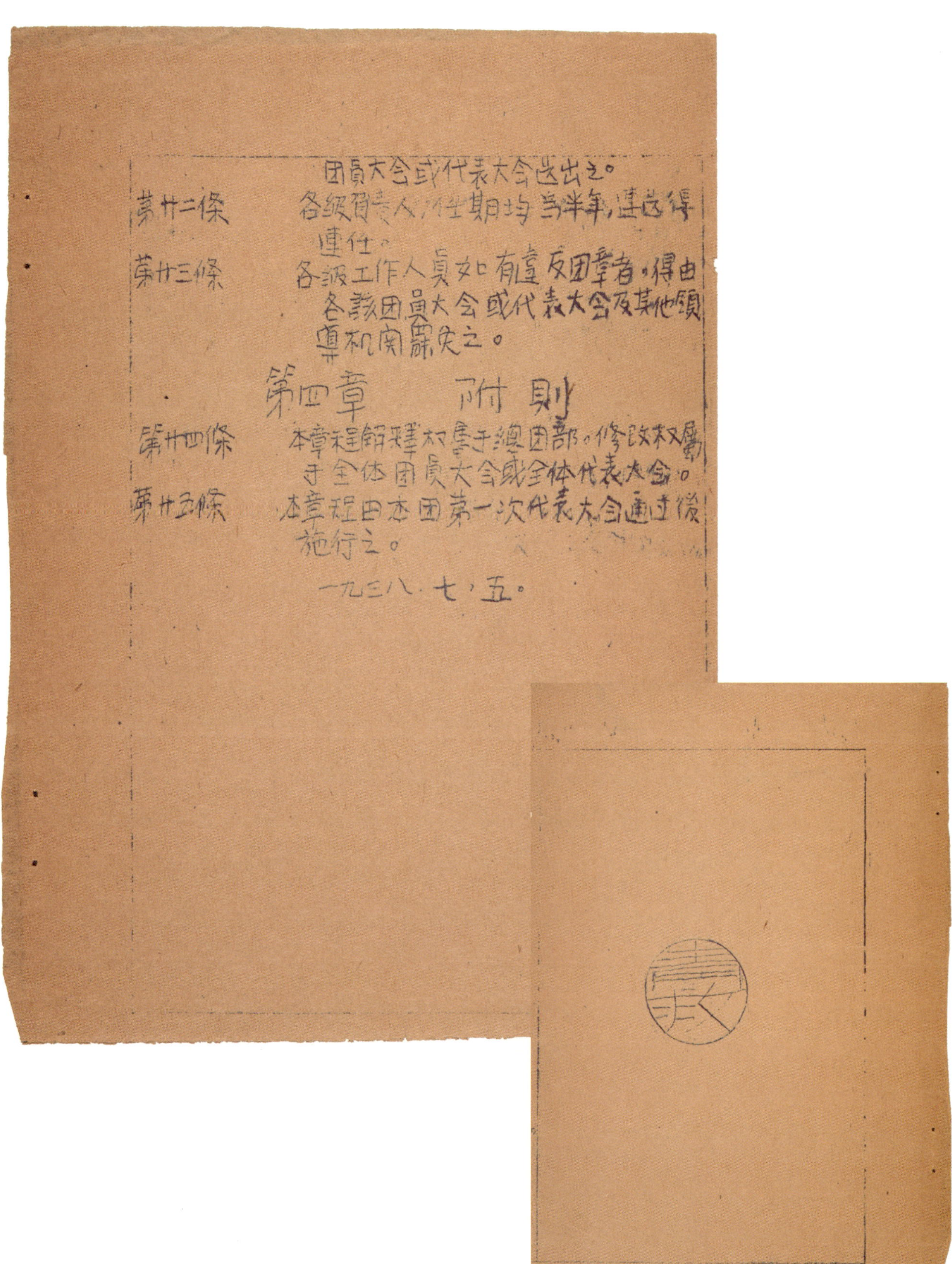

团員大会或代表大会选出之。

第廿二条　各级負責人，任期均为半年，連选得連任。

第廿三条　各级工作人員如有違反团章者，得由各該团員大会或代表大会及其他領導机関罷免之。

第四章　附則

第廿四条　本章程解釋权屬于總团部。修改权屬于全体团員大会或全体代表大会。

第廿五条　本章程由本团第一次代表大会通过後施行之。

一九三八．七．五。

史料名称：阳谷儿童救国团简章附行动纲领（共 6 页，最后两页为白页，故略去）

尺寸：宽 140，高 190

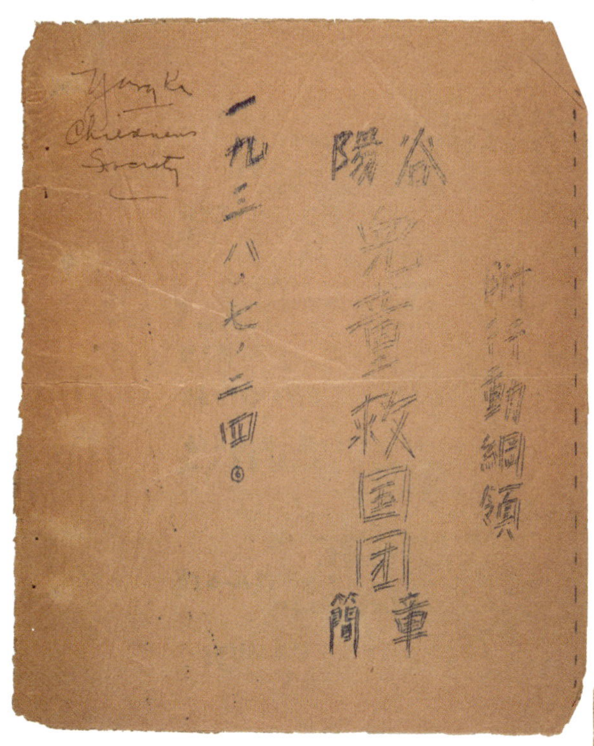

Yang Ku Children's Society

陽谷兒童救國團簡章

附行動綱領

一九三八，七，二四。

陽穀縣兒童救國團簡章

一、定名：陽谷縣兒童救國團。

二、宗旨：①動員全縣的小朋友參加兒童救國團。

②推動義務教育運動，救濟失學兒童。

③學習戰時常識，幫助政府抗戰。

三、團員：凡五歲以上，十五歲以下不願作亡國奴的兒童，經本團團員一人以上的介紹，或自願的向本團請求的，都可為本團團員。

四、組織：①本團分總團、區團、分團。

②最高權力機關為團員大會或代表大會。

③由大會選出執行委員五人，組織執行委員會，推一人為執委會的主席，另外四人分別擔任總務、組織、宣訓、服務四部工作。

④每部設幹事若干人，由各部部長提請執委會通過聘請。

⑤本團團員編制為總隊、大隊、小隊，總隊隊長由總團主席兼任，大隊長由區團主席兼任，小隊隊長由分團主席兼任。

五、職權：①主席——

甲、推動和檢查本團一切工作。

乙、管理本團各部事宜。

②總務——管理文書、會計、庶務和一切不屬於其他各部的事情。

③組織——

甲、負責本團團員的審查、登記、統計等。

乙、負責組織鋤奸隊，偵查隊、募捐隊……等。

④宣訓——

甲、組織宣傳隊，作街頭宣傳和家庭訪問。

乙、組織歌詠团、話劇团等。

丙、印刷各種抗日救亡的宣傳品。

丁、創設兒童識字班、讀報會等。

⑤服務——協助政府和軍隊，作一切有關社會服務的事情，如鋤奸，情报，運輸，交通，公安，衛生等。

⑥隊長——總隊大隊小隊隊長負一切軍事行動責任。

六、紀律：①团員必須遵守和執行本团一切決議。

②不得怠工。

③開會不缺席。

④不濫用職權。

處罰方式：1.劝告、2.警告、3.開除。

七、會期：①全体大會或代表大會每月舉行一次。主席召集。

②執行委員会由各級团部主席召集，每星期一次。

③各区分团联席會每兩周一次，由总团主席召集。

以上各會於必要時可以臨時召集。

八、經費：①团員每缴纳团費二分，但家庭困难的，经本团許可後，得斟酌情形減免之。

②於必要時募捐。

九、本简章經团員大會通過後施行。

十、本简章如有不適宜的地方，有三分之一的团員提議修改時，可以召開团員大會或代表大會修改。

陽谷兒童救國团行動綱領

(一) 日本鬼子想亡我們中國,我們工作的目的是打倒日本帝國主義。

(二) 我們眼前需要做的,是促成各党派的緊密团結,鞏固抗日民族统一战线。

(三) 中央政府地方地政府,都是我們抗日的支持,我們要在政府領導下,作一切救亡工作。

(四) 我們要把国家民族利益放在個人利益以上,去開展救亡工作。

(五) 我們的一切工作,要為实現長期抗战而奮鬥到底。

(六) 我們加強救亡的組織生活,同時負責組織沒有組織的兒童。

(七) 發動募捐和慰劳運動,並且在鄰近作普遍宣傳。

(八) 敵探漢奸托匪是中華民族的罪人,所以我們要担負起鋤奸的責任。

(九) 因為日本的侵略,弄得我們不能好好的過日子,所以我們最迫切的工作,是請求地方政府,實施义务教育和战時教育。

(十) 我們要請地方文化界發動义务教育運動,来救濟失学兒童。

(十一) 我們学習偵探、看護、防空、防毒……等知識,来幫助政府抗战。

(十二) 我們發起不買仇貨運動,先從自己的家庭和鄰近村庄作起。

史料名称：阳谷妇女救国会纲领（共 4 页）

尺寸：宽 390，高 280

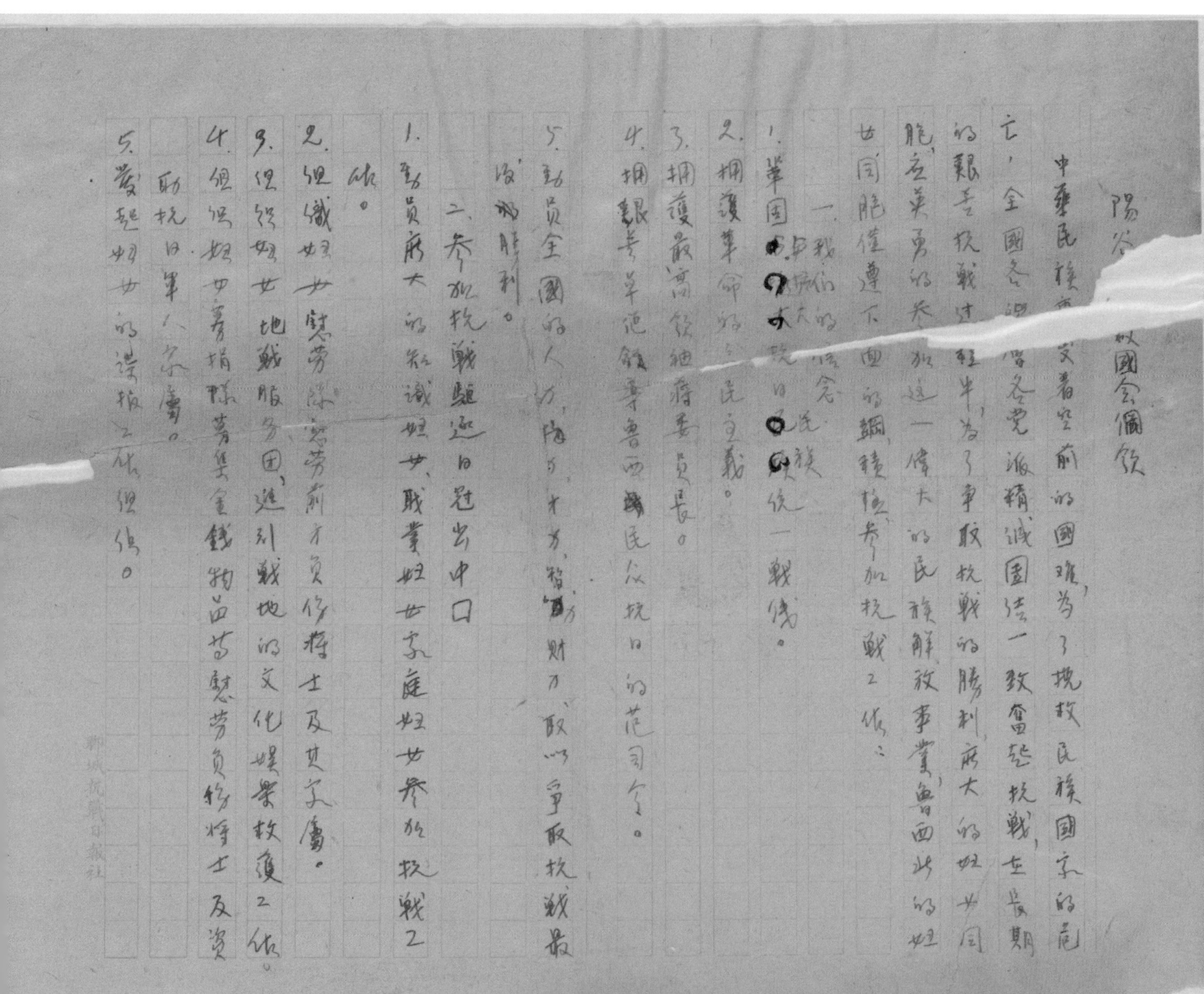

陽谷婦女救國會綱領

中華民族面臨着空前的國難，為了挽救民族國家的危亡，全國各階層各黨派精誠團結一致奮起抗戰，在長期的艱苦抗戰過程中，為了爭取抗戰的勝利，廣大的婦女同胞應英勇的參加這一偉大的民族解放事業，魯西北的婦女同胞但遵下面的綱領，積極參加抗戰工作：

一、我們的信念

1. 華國[illegible]抗日民族統一戰線。

2. 擁護革命的三民主義。

3. 擁護最高領袖蔣委員長。

4. 擁護魯西北革命領導魯西北民眾抗日的范司令。

5. 動員全國的人力，物力，才力，智力，財力，以爭取抗戰最後的勝利。

二、參加抗戰驅逐日寇出中國

1. 動員廣大的知識婦女、職業婦女家庭婦女參加抗戰工作。

2. 組織婦女慰勞隊，慰勞前方負傷將士及其家屬。

3. 組織婦女戰地服務團，進行戰地的文化娛樂救護工作。

4. 組織婦女募捐隊，募集金錢物品，慰勞負傷將士及資助抗日軍人家屬。

5. 發動婦女的諜報工作組織。

6. 組織縫衣隊，縫製慰勞將士所用之衣物。

7. 組織檢查隊，必要時得出發檢查行人，或於平時檢舉漢奸。

8. 組織宣傳隊擴大的向群众向各個角落去宣傳。

三、改善婦女生活

1. 請求當地政府及研究所以減輕婦女負担。

2. 請求政府興辦國防事業，吸收失業婦女。

3. 用組織的力量減少婦女在家庭工作的繁重，使有餘時從事学習与娛樂。

4. 用組織的力量減輕職業及勞動婦女工作負担。

5. 用組織力量處出家庭婦女的打算。

6. 提高婦女政治認識，以求自身的解放。

四、提高文化水準

1. 以職業、地域、年齡為單位，成立各种識字班，教育文盲婦女。

2. 以一城、一鄉、一街或一定區域為單位，成立婦女文化娛樂室，使其在娛樂中学習實際知識。

3. 以一城、一鄉或一街道，經常舉行婦女晚会，講述抗戰情況、演說、宣傳、劇劇，于娛樂中提高婦女對時事的認識。

4. 以城市、鄉村為單位，經常召集大会，並邀請名人演講。



五、爭取政治上的民主權利

1. 在抗戰過程中，團結婦女界，以組織的名义与力量向地方政府提出有關婦女生活的意見，請其採納。

2. 在政治上爭取婦女的地位，使婦女得參加各种政治活動，及救亡工作。

六、建立永久性的組織

1. 入会会員以街巷為單位，分成若干區，區內以若干戶為小組，設組長一人，由小組会選舉之。每組每一二週開会一次，討論生活、政治問題。開会時得請派人出席，講述各种時事及問題。

2. 各小組可經常的集会，提出意見，要求本会[illegible]允許之。

3. 在会員大会中各組可提出文化娛樂意見及改善生活的意見，通过後，以本團集体力量，請求地方政府採納与實現。

Women's War Area
Workers Society
Fu Nu Chan Ti Fu Wu Tuan
婦女戰地服務團
A Society formed in
the 6th Admin Area
of Shantung.
Duties - Goes to front
Does nursing
Does general organiza-
tion work.
Keeps mobilizing
soldiers.

# 游击队夜袭张八岭

1940 年 9 月 27 日，卡尔逊在历经 6000 多公里包括新四军作战地区在内的南方考察途中，获得一本曲江县河西印刷工业合作社赠送的《游击队夜袭张八岭》，这是一部以抗战初期某抗日游击队成功破袭敌占区铁路为题材的木刻连环画。

据陪同卡尔逊第二次深入华北敌后的欧阳山尊战地日记记载，卡尔逊最爱听贺绿汀创作的《游击队歌》，亦特别赞赏中国共产党倡导的武装民众，用灵活机动的游击形式打击敌人的战法。在寄给罗斯福总统的第四封信里，卡尔逊对此有精辟概括："中国共产党人在军事和政治策略中一个重要做法是，当他们进入新占领的地区后，立即就把当地民众组织起来。另外就是把平民百姓组织成武装集团，将他们称作'游击队'。这样，所有的民众都被动员起来抗击侵略者。部队也就不必分兵去保卫交通线，而由游击队来执行。他们也接受过破坏敌占区的铁路、水源、供应基地等活动的训练。"本书既为游击战法提供了鲜活真实的一例，也是抗战木刻艺术和抗日连环画史的珍稀资源。

史料名称：游击队夜袭张八岭（共 20 页，包括正反面，此处略去反面及其余空白页，仅保留有字画页面）
尺寸：宽 120，高 190

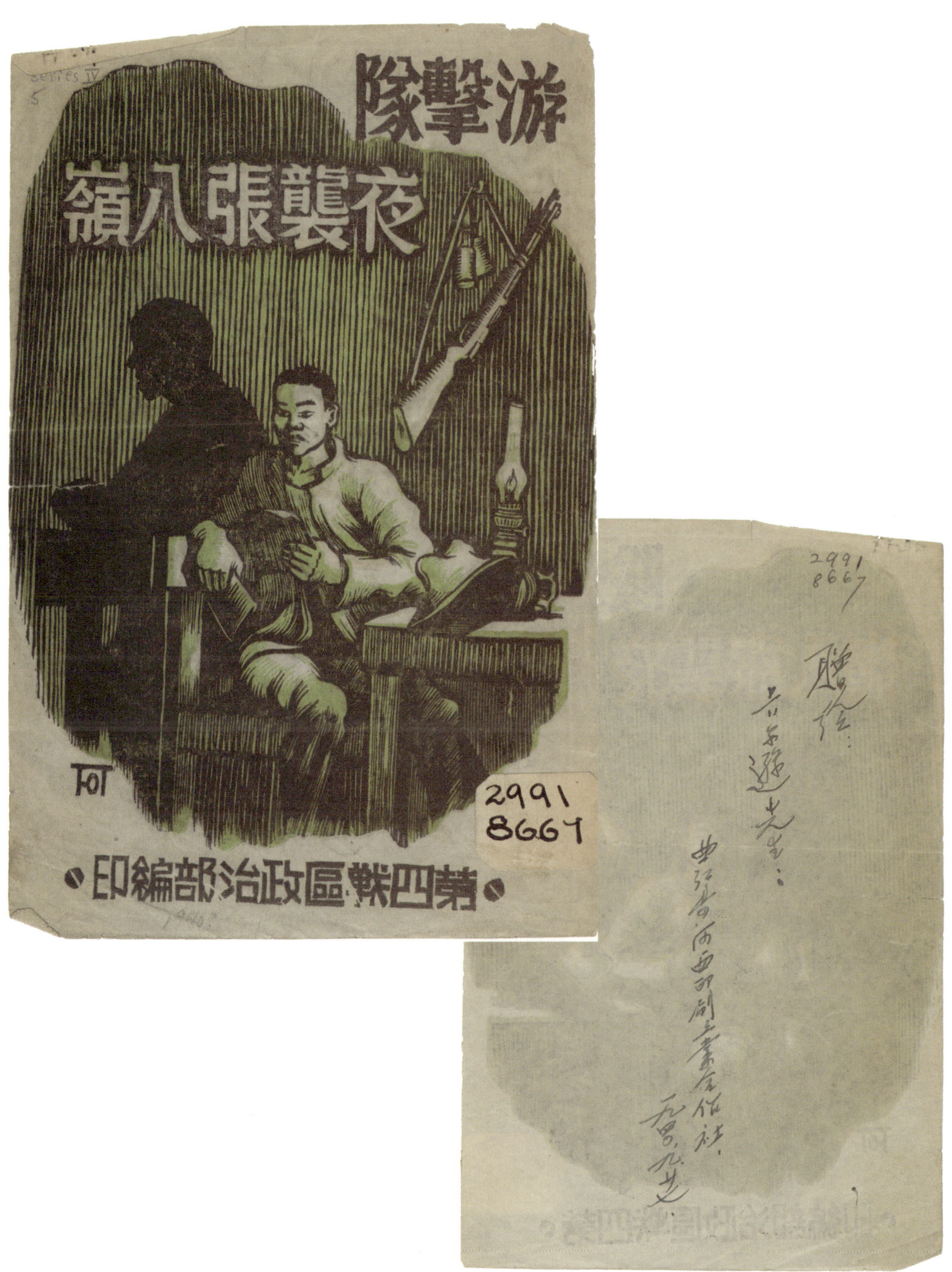

# 游擊隊夜襲張八嶺



## （一）

在安徽境內，津浦鐵路經過滁州，再往北去，有一個車站叫張八嶺，是被敵人佔領了的，而附近的民衆已經組織了游擊隊，單單朱家村上高老九領導的游擊隊就有一百多人。

有一天晚上，滿天都是陰雲，五尺開外，對面都看不見人。高老九忽然吹起一聲尖銳的哨子，這些游擊隊員就很迅速地集合到廣場上來，他們都受過了訓練，行動的時候，沒有大聲的呵叱與談笑，一切都有紀律。

## （二）

高老九捏着嗓子喊過立正以後，報數時，剛剛是一百二十四個人。

接着高老九興高采烈英氣勃勃的當衆報告說：「諸位弟兄：今天接到總指揮的命令，派我們這一隊人，在本夜十二點鐘，到達張八嶺，破壞鐵道，截斷敵人的聯絡，並且襲擊他們的軍火車。現在我們先挑選四十個人充做突擊隊，在破壞鐵道時作掩護工作；在襲擊軍火車時衝鋒。」

許多游擊隊員都搶着要做突擊隊，弄得高老九不好應付，最後，他想出一個辦法，就是誰背着好槍的，誰就充當突擊隊員。

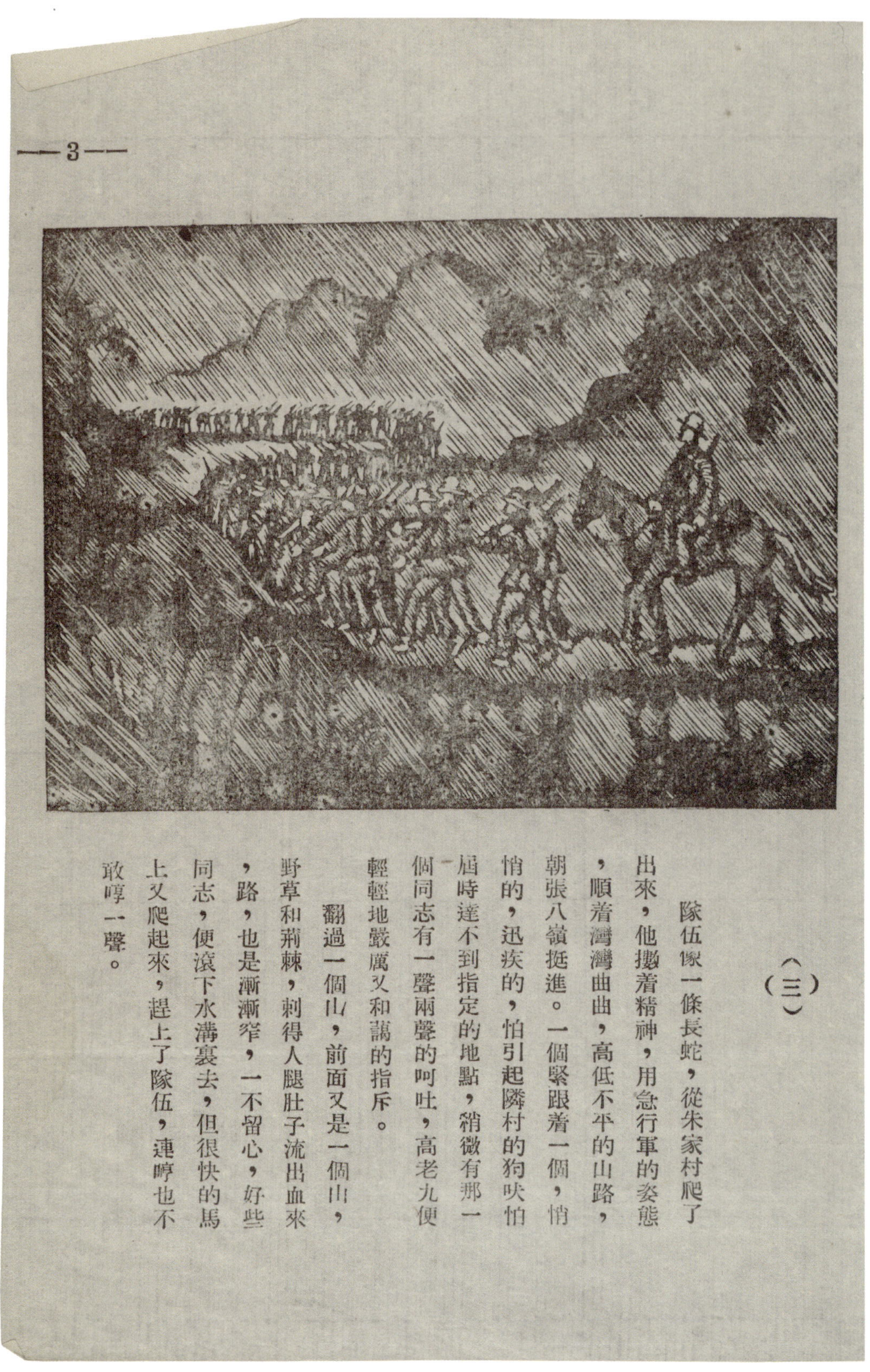



（三）

隊伍像一條長蛇，從朱家村爬了出來，他擻着精神，用急行軍的姿態，順着灣灣曲曲，高低不平的山路，朝張八嶺挺進。一個緊跟着一個，悄悄的，迅疾的，怕引起隣村的狗吠怕屆時達不到指定的地點，稍微有那一個同志有一聲兩聲的呵吐，高老九便輕輕地嚴厲又和藹的指斥。

翻過一個山，前面又是一個山，野草和荊棘，刺得人腿肚子流出血來，路，也是漸漸窄，一不留心，好些同志，便滾下水溝裏去，但很快的馬上又爬起來，趕上了隊伍，連哼也不敢哼一聲。

（四）

當他們在磨盤峰休息的時候，離鐵路不過有十里路，遠遠望去，可以看見張八嶺火車的電火了，天開始下雨，越下越大，繼續出發時，衣服都濕了，雨水從帽子上流下來，像簷底下的急溜，泥水滲到黑布襪子裏去，走一下，就咕嘰一聲。

—5—

（五）

剛才十一點鐘，就到達了鐵路邊。這兒離車站還有八里路，是一個偏僻險惡的地方，長長的兩條鐵軌，像黑線一樣從山肚裏直伸過來，張八嶺則隱隱約約被雲霧遮住了。

高老九冒着狂風暴雨，坐在馬上，心裏想道：「多謝天！這正是我們的好機會！」

高老九很快的下了馬，先指揮四十個突擊隊員，分派散開，伏在鐵道四週的田野裏，警備鬼子的襲擊，然後派着六十個弟兄，拿着斧頭，拿着十字鎬，迅速的破壞鐵道。

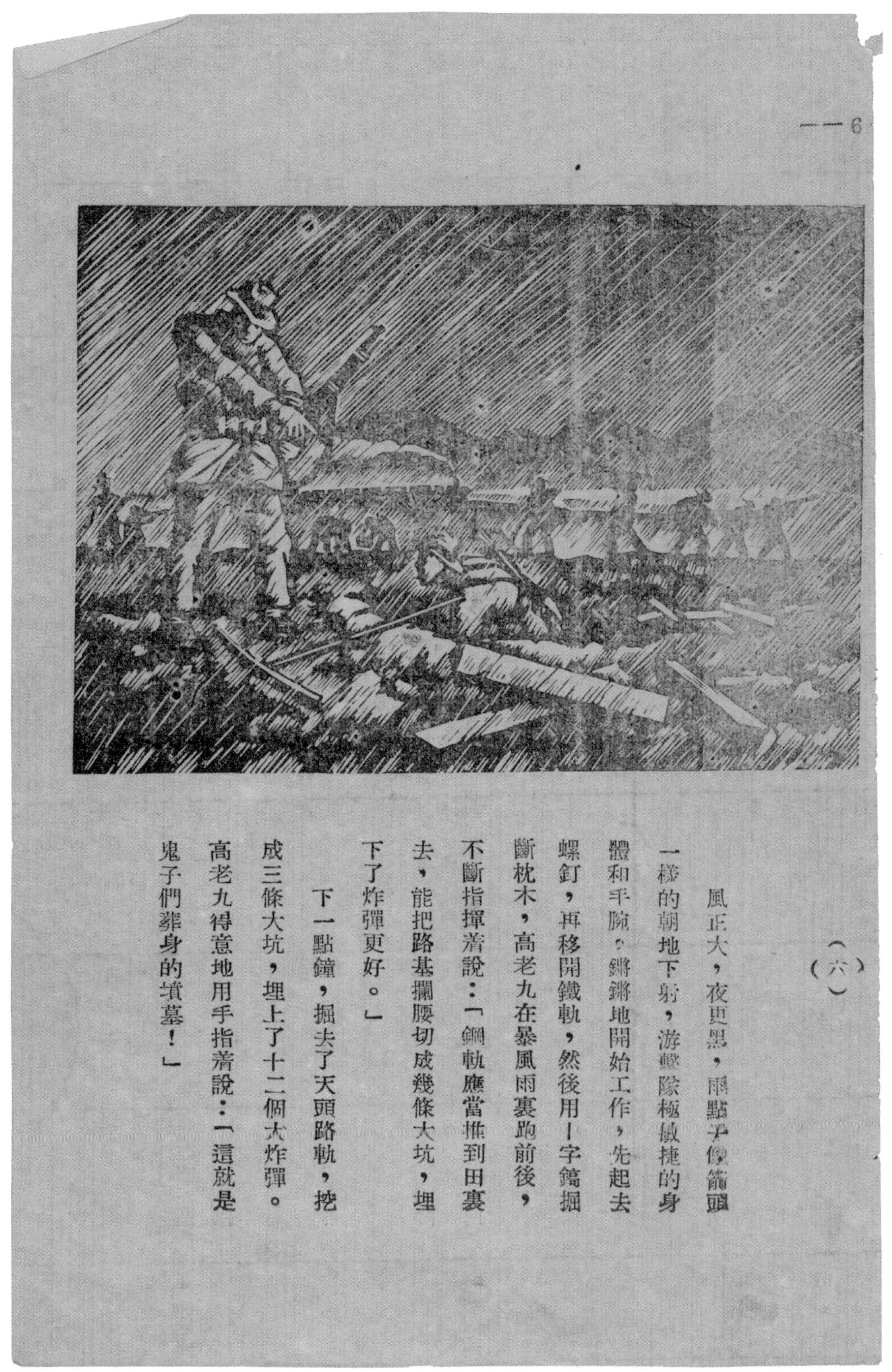

（六）

風正大，夜更黑，雨點子像箭頭一樣的朝地下射，游擊隊極敏捷的身體和手腕，鏘鏘地開始工作，先起去螺釘，再移開鐵軌，然後用丁字鎬掘斷枕木，高老九在暴風雨裏跑前後，不斷指揮着說：「鋼軌應當推到田裏去，能把路基攔腰切成幾條大坑，埋下了炸彈更好。」

下一點鐘，掘去了天頭路軌，挖成三條大坑，埋上了十二個大炸彈。高老九得意地用手指着說：「這就是鬼子們葬身的墳墓！」

——7——

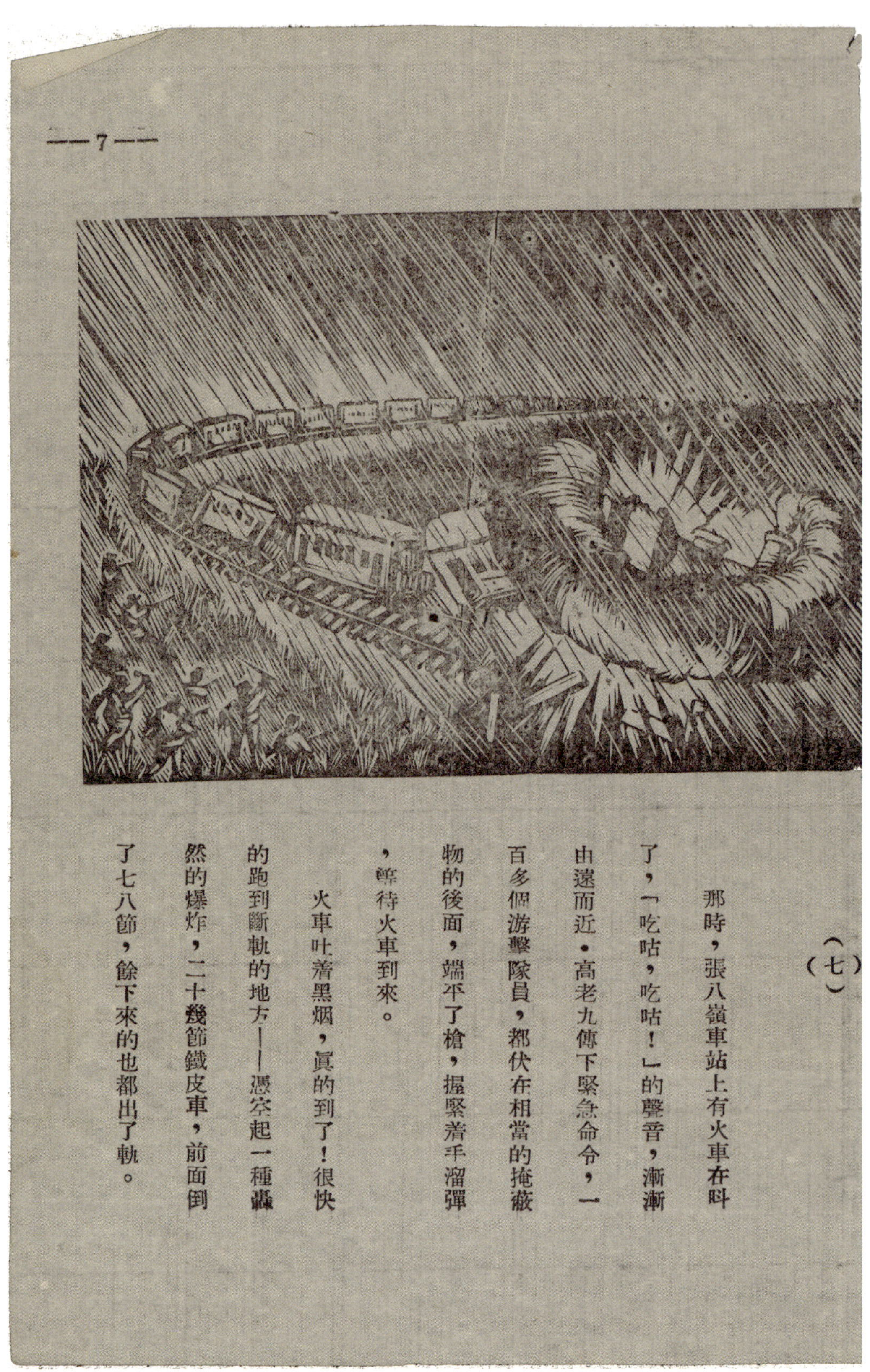

（七）

那時，張八嶺車站上有火車在叫了，「吃咕，吃咕！」的聲音，漸漸由遠而近。高老九傳下緊急命令，一百多個游擊隊員，都伏在相當的掩蔽物的後面，端平了槍，握緊着手溜彈，等待火車到來。

火車吐着黑烟，真的到了！很快的跑到斷軌的地方——憑空起一種轟然的爆炸，二十幾節鐵皮車，前面倒了七八節，餘下來的也都出了軌。

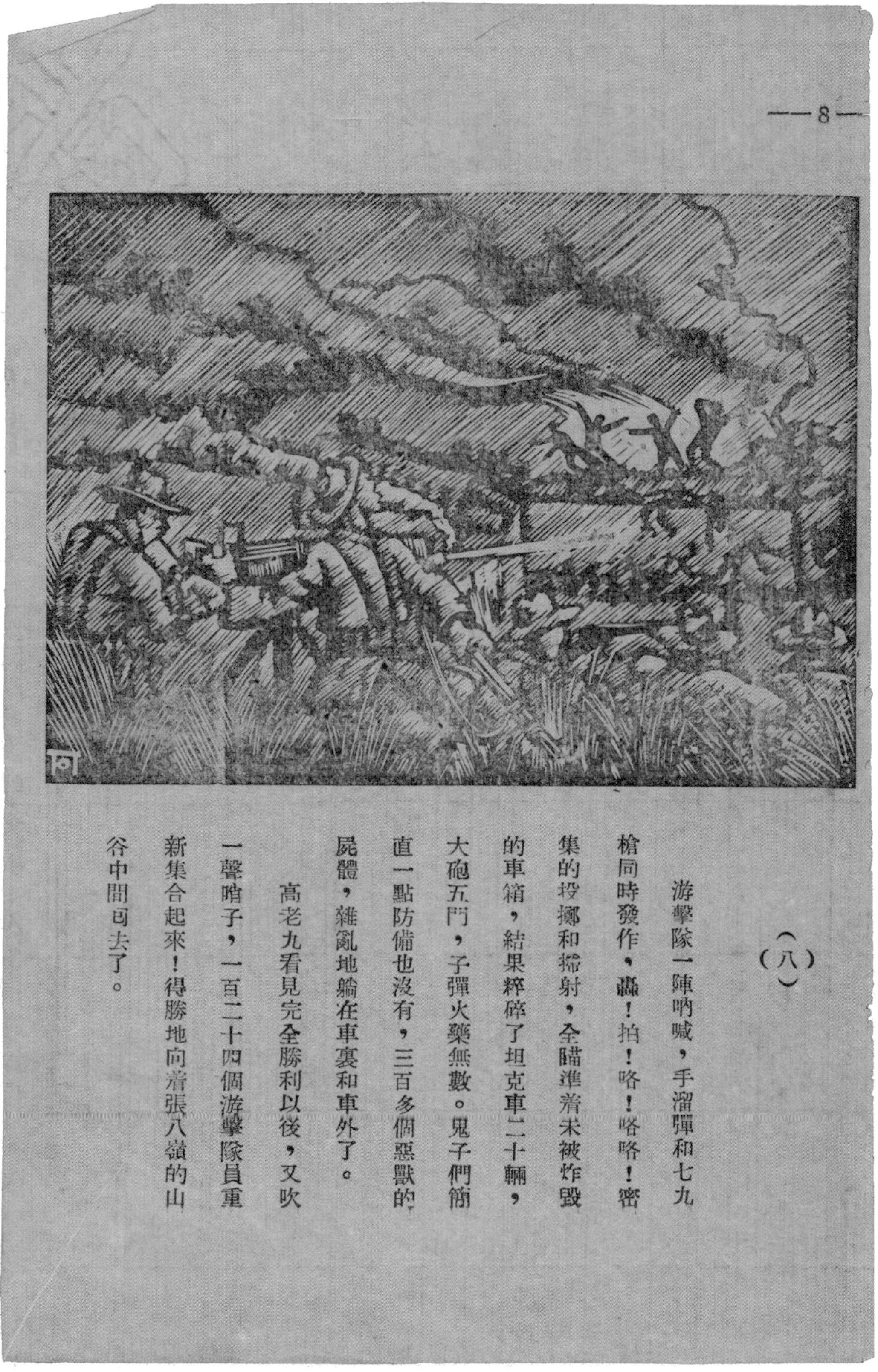

（八）

游擊隊一陣吶喊，手溜彈和七九槍同時發作，轟！拍！咯！咯咯！密集的投擲和掃射，全瞄準着未被炸毀的車箱，結果粹碎了坦克車二十輛，大砲五門，子彈火藥無數。鬼子們簡直一點防備也沒有，三百多個惡獸的屍體，雜亂地躺在車裏和車外了。

高老九看見完全勝利以後，又吹一聲哨子，一百二十四個游擊隊員重新集合起來！得勝地向着張八嶺的山谷中間回去了。

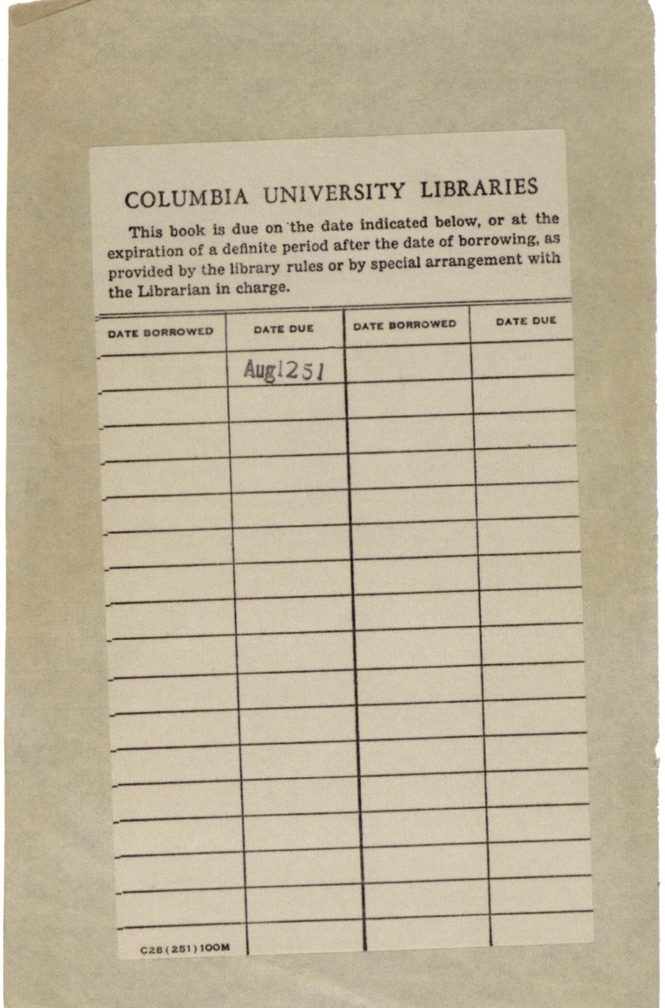

COLUMBIA UNIVERSITY LIBRARIES

This book is due on the date indicated below, or at the expiration of a definite period after the date of borrowing, as provided by the library rules or by special arrangement with the Librarian in charge.

| DATE BORROWED | DATE DUE | DATE BORROWED | DATE DUE |
|---|---|---|---|
| | Aug 12 51 | | |

C28(251)100M

图书在版编目（CIP）数据

中流砥柱：卡尔逊抗战史料 / 中共上海市委党史研究室，上海市政协文史资料委员会编著.
—上海：上海书店出版社，2017.11
ISBN 978-7-5458-1558-0
Ⅰ. ①中… Ⅱ. ①中… ②上… Ⅲ. ①卡尔逊（Carlson,Evans Fordyce 1896-1947）—生平事迹
②抗日战争—史料—中国—1937—1938 Ⅳ. ①K827.125.2 ②K265.06
中国版本图书馆CIP数据核字（2017）第251459号

**中流砥柱：卡尔逊抗战史料**

中共上海市委党史研究室 上海市政协文史资料委员会　编著

责任编辑　马丽娟
编　　审　梁健民
装帧设计　郦书径
内文设计　张冬煜
技术编辑　吴　放
出　　版　上海世纪出版股份有限公司上海书店出版社
发　　行　上海世纪出版股份有限公司发行中心
地　　址　200001　上海福建中路193号
　　　　　www.ewen.co
印　　刷　上海　丽　　佳® 制版印刷有限公司
开　　本　889mm×1194mm　1/16
印　　张　20.75
版　　次　2017年11月第一版
印　　次　2017年11月第一次印刷
书　　号　ISBN 978-7-5458-1558-0/K·297
定　　价　980.00元